안나현 경찰 형사법
기출 OX
형법총론

2025 경찰 시험 대비

INTRO
머리말

『2025 안나현 경찰 형사법 기출 OX』을 내면서

『2025 안나현 경찰 형사법 기출 OX』 기출 지문의 구성은 다음과 같습니다.

① 2024년 5월 상반기까지 변호사시험, 법원직, 국가직 7급, 국가직 9급, 경찰 채용, 경찰승진, 경찰 간부 등 각종 형사법을 출제하는 과목에서 다루었던 기출 지문을 엄선하여 OX 지문으로 출제하였습니다. 최근 출제된 지문을 통해서 짧은 시간 안에 출제 포인트를 확인할 수 있도록 한 수험서입니다.

② 비슷한 유형이나 중복 지문은 삭제하였습니다. 그러나 변형된 형태의 지문은 다시 한번 확인할 수 있도록 하여 출제 지문이 실제로 어떻게 변형되는지 그 감각을 익힐 수 있도록 하였습니다. O 지문의 경우에는 해당 지문을 이해할 수 있을 만한 해설을 수록해 두었습니다. X 지문은 오답이 된 이유를 모두 달아서 이해하고 핵심을 정리할 수 있도록 해설을 덧붙였습니다. 지문 자체로 판례의 문구 또는 조문 그 자체에 해당하는 맞는 지문은 판례번호 또는 조문 번호만 표기하였습니다.

③ 출간 전까지 개정된 법령 및 조문 내용을 완벽 반영하였습니다. 또한 기출 OX 시리즈의 마지막 권인 형사소송법의 말미에는 개정된 수사 준칙을 표로 정리하여 부록으로 첨부하였습니다. 또한 고득점을 위한 출제 예상지문 및 최신판례의 지문도 빠르게 확인할 수 있도록 부록에 함께 수록하였습니다.

④ 기출 OX를 통한 공부의 목적은 고득점에 있습니다. 그리고 박스형 문제를 정확하게 풀어나갈 수 있는 훈련과 기본서에서 놓친 부분을 확인하는 것을 한 권의 교재를 통해 반복할 수 있도록 하는 것입니다. 초심자의 경우 기본서와 병행할 것을 추천해 드립니다.

2024년 6월
법학박사 안나현

네이버 안나현 형사법 교실 https://cafe.naver.com/nhlawsuccessfulpass

STRUCTURE
구성과 특징

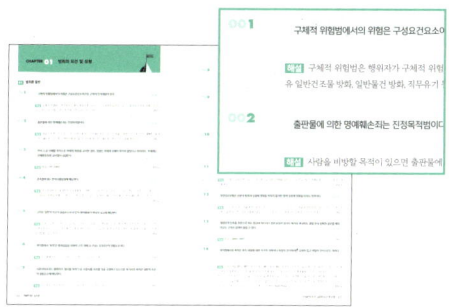

분석을 통해 엄선한 기출 지문 OX

최근 기출 지문 중 실제 출제 빈도가 높거나, 앞으로 재출제될 가능성이 높을 것으로 보이는 지문을 선별하여 OX 문항으로 수록하였습니다. 수많은 문제를 기계적으로 풀어보게 하는 것이 아니라, 잘 선별된 문제를 집중적으로 학습할 수 있도록 구성하였습니다.

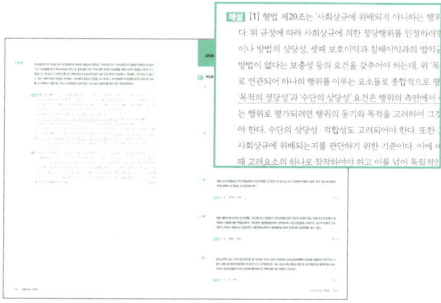

최신 출제 트렌드 반영

최근 출제 경향에 따라 판례 학습을 강화하는 데 집중하였습니다. 판례의 주요 문구에는 밑줄을 넣어 시각적으로 쉽게 확인할 수 있도록 하였습니다. 아울러 주요 법령도 개정 원문을 한 번 더 확인할 수 있도록 수록하여 학습에 빈틈이 없도록 하였습니다.

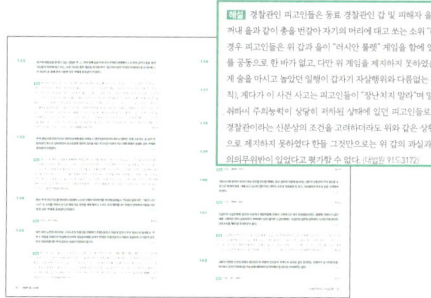

지문을 하나씩 뜯어보는 완벽한 최종 마무리

기출문제의 학습 포인트는 기출 지문을 정확히 이해하고 실전 문제 풀이에 적용할 수 있어야 한다는 것입니다. 주요 기출 지문을 하나씩 OX로 풀어보고, 변형문제를 연속적으로 수록하여 어떤 지점이 학습의 포인트가 되는지 자연스럽게 파악할 수 있도록 하였습니다.

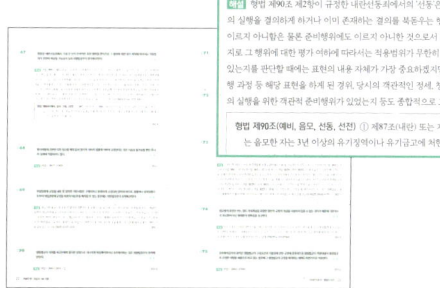

최신 개정 법령, 판례 반영

출간 전까지 개정된 법령과 주요 최신 판례를 반영하여 학습의 최종 단계에서 가장 정확한 내용을 학습할 수 있도록 하였습니다. 최신 내용을 최종 점검하여 더 완벽한 학습을 도모하도록 하였습니다.

CONTENTS 목차

PART 01 형법의 기본 이론

CHAPTER 00 개관 8

CHAPTER 01 형법의 의의
    01 죄형법정주의 9
    02 형법의 적용범위 29

PART 02 범죄론

CHAPTER 01 범죄의 요건 및 유형
    01 범죄론 일반 44

CHAPTER 02 구성요건론
    01 행위의 주체 57
    02 구성요건적 고의 61
    03 구성요건 착오 70
    04 과실범 77
    05 결과적 가중범 89
    06 인과관계 98
    07 부작위범 107

CHAPTER 03 위법성론
    01 위법성 일반이론 120
    02 정당방위 122
    03 긴급피난 131
    04 자구행위 133
    05 피해자 승낙 135
    06 정당행위 145

CHAPTER 04 책임론
    01 책임론 일반 159
    02 책임능력 160
    03 원인에 있어 자유로운 행위 168
    04 법률의 착오(금지의 착오)의 이론 173
    05 법률의 착오(금지의 착오)와 판례 177
    06 기대가능성 186

CHAPTER 05 미수론

- **01** 미수범 일반이론 — 193
- **02** 예비·음모죄 — 205
- **03** 장애미수 — 215
- **04** 중지미수 — 224
- **05** 불능미수 — 226

CHAPTER 06 공범론

- **01** 정범 및 공범의 일반이론 — 229
- **02** 공동정범 — 247
- **03** 간접정범 — 258
- **04** 교사범 — 262
- **05** 방조범 — 268
- **06** 공범과 신분 — 275

CHAPTER 07 죄수론

- **01** 죄수의 일반이론 — 281
- **02** 일죄 — 283
- **03** 수죄 — 291

PART 03 형벌과 보안처분

CHAPTER 01 형벌론

- **01** 형벌의 의의와 종류 — 310
- **02** 형의 양정 — 320
- **03** 누범 — 331
- **04** 선고유예·집행유예·가석방 — 332
- **05** 형의 시효·소멸·기간 — 343

PART 01

형법의 기본 이론

CHAPTER 00 개관
CHAPTER 01 형법의 의의

CHAPTER 00 개관

001 형법은 형벌이라는 수단을 통하여 주로 '법익을 보호하는 기능'을 하며, '법익'이란 법률을 통해 보호할 가치 있는 이익을 의미한다. ○ ×

해설 형법의 기능 중 보호적 기능에 대한 설명이다. 법익보호기능이란 일반국민들이 평화로운 공동생활을 영위하기 위하여 필요불가결한 조건들을 내·외의 공격과 침해로부터 보호해 주는 형법의 기능을 말한다. 법익보호는 법전체의 기능이나, 형법은 형벌과 같은 특수한 강제력을 수단으로 한다는 점에서 고유한 법익보호기능을 갖는다. 정답 ○

002 형법은 법규범으로 법공동체의 평화를 유지하기 위하여 부과된 것으로서 강제력이 수반되기 때문에 신중하게 규정되어야 한다. ○ ×

해설 형법의 기능 중 사회보호적 기능에 대한 설명이다. 형법은 형법 이외의 다른 사회적·법적 통제수단에 의해서는 법익을 보호하는 것이 불가능한 경우에만 적용되는 최후의 수단이다. 따라서 형법은 다른 규범에 의한 사회통제에 대해서 보충적 성격을 가지므로 형법이 사회통제의 중심수단이 될 경우에는 그 정당성이 상실된다. 정답 ○

003 형법은 일반 국민에게 일정한 행위를 금지하거나 일정한 행위를 명령함으로써 행위의 준칙을 제시하는 행위규범이며, 법관을 수명자로 하여 법관에게 형벌권 행사의 한계를 설정함으로써 사법(司法)작용을 규제하는 재판규범이기도 하다. ○ ×

해설 형법의 규범적 성격 중 행위규범과 재판규범에 대한 설명이다. 형법은 일반국민에게 일정한 행위를 금지 또는 명령함으로써 행위의 준칙을 제시하는 행위규범의 성격을 갖는다. 행위규범으로서의 형법은 금지규범과 명령규범을 그 내용으로 한다. 한편 형법은 법관 등 사법관계자들의 사법활동에 대하여 일정한 기준을 제시하고, 형벌권을 확정하는 법관의 사법활동을 규제하는 재판규범으로서의 성격을 갖는다. 정답 ○

004 형법은 보호적 기능과 보장적 기능을 모두 가지며, 어느 한 기능을 강조하면 다른 한 기능도 함께 강화되는 상호 비례관계에 있다. ○ ×

해설 형법은 보호적 기능과 보장적 기능을 가지는데 형법은 법익침해를 수단으로 법익을 보호하므로 어느 한 기능을 강조하면 다른 한 기능이 그만큼 소홀하게 되는 반비례관계에 있다. 형법은 법익침해를 수단으로 법익을 보호하므로 어느 한 기능을 강조하면 다른 한 기능이 그만큼 소홀하게 되는 반비례관계에 있다. 그 이유는 1) 형법은 보호적 기능을 위한 침해권한의 규정인 동시에 보장적 기능을 위한 침해한계의 선언이고, 2) 일반인과 범죄인의 구별은 가변적이므로, 범죄인보장은 일반인보호의 또 다른 측면이 되며, 3) 헌법상의 기본권주체에는 일반인뿐만 아니라 범죄인도 포함되므로 형법은 일반인보호와 같은 정도로 범죄인을 형벌권의 남용으로부터 보장해야 할 헌법적 요청을 받고 있기 때문이다. 따라서 보호적 기능과 보장적 기능은 각 국가의 법문화·법현실과 관련된 정의의 기준에 의한 균형과 조화가 필요하다. 정답 ×

CHAPTER 01 형법의 의의

01 죄형법정주의

001 공개명령 제도가 시행되기 전에 범한 범죄에도 공개명령 제도를 적용하도록 「아동·청소년의 성보호에 관한 법률」이 개정되었다면, 이는 소급입법금지의 원칙에 반한다. ○ ×

해설 공개명령제도가 형벌이라고 보기 어렵기 때문에, 공개명령제도가 시행된 2010.1.1. 이전에 범한 범죄에도 공개명령제도를 적용하도록 아동청소년 성보호에 관한 법률이 2010.7.23. 개정되었더라도 소급입법금지원칙에 반한다고 볼 수 없다. (대법원 2010도14393) 정답 ×

002 「폭력행위 등 처벌에 관한 법률」 제4조 제1항에서 규정하고 있는 범죄단체 구성원으로서의 '활동'의 개념은 추상적이고 포괄적이므로 명확성의 원칙에 위배된다. ○ ×

해설 폭처법상 활동에 해당하는지 여부는 사회통념과 건전한 상식에 따라 구체적, 개별적으로 정해질 수밖에 없는 것이므로, 다소 불명확하여도 법관의 보충적 해석으로 명확히 할 수 있는 것이다. 따라서 명확성 원칙에 위배되지 않는다. (헌법재판소 2009헌바56) 정답 ×

003 구성요건이 신설된 상습강제추행죄가 시행되기 이전의 범행은 상습강제추행죄로는 처벌할 수 없고 행위시법에 기초하여 강제추행죄로 처벌할 수 있을 뿐이며, 이 경우 그 소추요건도 상습강제추행죄에 관한 것이 아니라 강제추행죄에 관한 것이 구비되어야 한다. ○ ×

해설 대법원 2015도15669 정답 ○

004 가정폭력범죄의 처벌 등에 관한 특례법상 사회봉사명령을 부과하면서, 행위시법상 사회봉사명령 부과시간의 상한인 100시간을 초과하여 상한을 200시간으로 올린 신법을 적용한 것은 위법하다. ○ ×

해설 대법원 2008어4 정답 ○

005 2011.1.1. 이전에 아동·청소년 대상 성폭력범죄를 범하고 아직 유죄판결이 확정되지 아니한 자에 대하여는 판결과 동시에 고지명령을 선고할 수 있는 근거를 따로 두고 있지 아니하므로, 2011.1.1. 이후 '아동·청소년 대상 성폭력범죄를 저지른 자'에 대하여만 판결과 동시에 고지명령을 선고할 수 있다고 보아야 한다. ○ ×

해설 아청법을 2010.4. 개정하면서 아동성범죄자의 신상을 이웃 주민이나 인근 학교 등에 알리는 고지명령제도를 신설하였는데, 아청법 자체는 2010.7. 시행하지만 고지명령은 2011.1.1.부터 시행한다는 부칙을 두었다. 그리고 아울러 아동청소년성범죄자로 보호관찰 대상자에게 신고의무를 부과했는데, "2008.4.16 ~ 2010.12.31. 사이에 아동청소년성범죄를 범하고 유죄판결(벌금형 제외)이 확정되어 종전 규정에 따라 공개명령을 받은 사람에게도 적용"하도록 하면서, "이 경우 검사가 여성가족부장관의 요청을 받아 해당자에 대해 제1심판결을 한 법원에 고지명령을 청구한다"고 규정하고 있을 뿐이다. 즉 2011.1.1. 이전에 아동성범죄를 범하고 아직 유죄판결이 확정되지 아니한 자에 대해서는 위와 같은 요건 아래 유죄판결 확정 후 고지명령을 청구하는 절차를 할 수 있을 뿐, 곧바로 판결과 동시에 고지명령을 선고할 수 있는 근거규정이 따로 없으므로 판결과 동시에 고지명령을 선고할 수는 없다. 따라서 판결과 동시에 고지명령을 선고하는 것은 2011.1.1. 이후 아동청소년 성범죄를 저지른 자에 대해서만 가능하다. (대법원 2013도14349) 정답 ○

006 국내 특정 지역의 수삼과 다른 지역의 수삼으로 만든 홍삼을 주원료로 하여 특정 지역에서 제조한 홍삼절편의 제품명이나 제조·판매자명에 특정 지역의 명칭을 사용한 행위를 '원산지를 혼동하게 할 우려가 있는 표시를 하는 행위'라고 해석하는 것은 죄형법정주의에 위배된다. ○ ×

해설 대법원 2014도14191   정답 ○

007 형벌법규를 하위법령에 위임할 때 처벌법규의 기본사항에 관하여 구체적 기준이나 범위를 정함이 없이 포괄적으로 하위법령에 위임하였다면 명확성의 원칙에 위배되어 죄형법정주의에 반한다. ○ ×

해설 헌법재판소 99헌가15   정답 ○

008 죄형법정주의의 핵심적 내용의 하나인 소급처벌금지의 원칙은 대법원 양형위원회가 설정한 양형기준에도 적용되므로, 그 양형기준이 발효하기 전에 이미 공소가 제기된 범죄에 대하여는 그 양형기준을 참고하여 형을 양정 할 수 없다. ○ ×

해설 대법원 양형위원회가 설정한 '양형기준'이 발효하기 전에 공소가 제기된 범죄에 대하여 위 '양형기준'을 참고하여 형을 양정한 사안에서, 소급적용금지의 원칙을 위반한 것이 아니다. (대법원 2009도11448)   정답 ×

009 보안처분 중 신상정보공개명령, 위치추적전자장치부착명령에는 소급처벌금지의 원칙이 적용된다. ○ ×

해설 보안처분 중 신상정보 공개 고지명령은 형벌과는 구분되는 비형벌적 보안처분으로서 어떠한 형벌적 효과나 신체적 효과를 가져오지 아니하므로 소급처벌금지원칙이 적용되지 않는다. (헌법재판소 2010헌가82) 전자감시제도는 범죄행위를 한 자에 대한 응보를 주된 목적으로 그 책임을 추궁하는 사후적 처분인 형벌과 구별되어 그 본질을 달리하는 것으로서 형벌에 관한 소급입법금지의 원칙이 그대로 적용되지 않으므로, 위 법률이 개정되어 부착명령 기간을 연장하도록 규정하고 있더라도 그것이 소급입법금지의 원칙에 반한다고 볼 수 없다. 따라서 전자부착명령제도는 처벌적인 효과를 나타낸다고 보기 어려워 부착명령은 형벌과 구별되는 비형벌적 보안처분으로서 소급효금지원칙이 적용되지 않는다. (대법원 2010도11996, 2010전도86)   정답 ×

010 「공공기관의 운영에 관한 법률」 제53조가 공공기관의 임직원으로서 공무원이 아닌 사람은 「형법」제129조의 적용에서는 이를 공무원으로 본다고 규정하고, 동법 제4조 제1항에서 구체적인 공공기관은 기획재정부장관이 지정할 수 있도록 규정한 것은 죄형법정주의에 위반되지 아니한다. ○ ×

해설 공공기관의 운영에 관한 법률 제53조가 공기업의 임직원으로서 공무원이 아닌 사람은 형법 제129조의 적용에서는 이를 공무원으로 본다고 규정하고 있을 뿐 구체적인 공기업의 지정에 관하여는 하위규범인 기획재정부장관의 고시에 의하도록 규정한 것이 죄형법정주의에 위배되거나 위임입법의 한계를 일탈한 것으로 볼 수 없다. (대법원 2013도1685) 정답 ○

011 「국가공무원법」제66조(집단 행위의 금지) 제1항에서 '공무 외의 일을 위한 집단행위'로 포괄적이고 광범위하게 규정하고 있는 것은 명확성의 원칙에 반한다. ○ ×

해설 '노동운동'의 개념은 근로자의 근로조건의 향상을 위한 단결권·단체교섭권·단체행동권 등 근로3권을 기초로 하여 이에 직접 관련된 행위를 의미하는 것으로 좁게 해석하여야 하고, '공무 이외의 일을 위한 집단행위'의 개념도 모든 집단행위를 의미하는 것이 아니라 공무 이외의 일을 위한 집단행위 중 공익에 반하는 행위로 축소하여 해석하여야 하는데, 법원도 위 개념들을 해석·적용함에 있어서 위와 유사하게 해석하고 있다. 아울러 '사실상 노무에 종사하는 공무원'의 개념은 공무원의 주된 직무를 정신활동으로 보고 이에 대비되는 신체활동에 종사하는 공무원으로 명확하게 해석된다. (헌법재판소 2003헌바51) 정답 ×

012 이미 수신이 완료된 전기통신에 관하여 남아 있는 기록이나 내용을 열어보는 등의 행위는 통신비밀보호법에 규정된 통신제한조치 중 '전기통신의 감청'에 원칙적으로 해당한다. ○ ×

해설 '전기통신의 감청'은 전기통신이 이루어지고 있는 상황에서 실시간으로 그 전기통신의 내용을 지득·채록하는 경우와 통신의 송·수신을 직접적으로 방해하는 경우를 의미하는 것이지 이미 수신이 완료된 전기통신에 관하여 남아 있는 기록이나 내용을 열어보는 등의 행위는 포함하지 않는다. (대법원 2016도8137) 정답 ×

013 형법 제65조에서 '형의 선고가 효력을 잃는다'는 의미는 형의 실효와 마찬가지로 형의 선고에 의한 법적 효과가 소급하여 소멸한다는 것이다. ○ ×

해설 집행유예의 효과에 관한 형법 제65조에서 '형의 선고가 효력을 잃는다'는 의미는 형실효법에 의한 형의 실효와 같이 형의 선고에 의한 법적 효과가 장래에 향하여 소멸한다는 취지이다. (대법원 2014도7088) 정답 ×

014 대주가 차주의 신용 상태를 인식하고 있어 장래의 변제 지체 또는 변제불능에 대한 위험을 예상하고 있었던 경우에는 다른 특별한 사정이 없는 한 차주가 제대로 변제하지 못하였다는 사정만으로 차주에게 편취의 범의가 있었다고 단정할 수 없다. ○ ×

해설 대법원 2012도14516 정답 ○

015 정비사업조합의 임원이 조합 임원의 지위를 상실하거나 직무수행권을 상실하였다면 조합 임원으로 등기되어 있는 상태에서 실질적으로 조합 임원으로서 직무를 수행해 왔다 하더라도 형법상 뇌물죄의 적용에서 공무원으로 볼 수는 없다. ○ ×

해설 정비사업조합의 임원이 그 정비구역 안에 있는 토지 또는 건축물의 소유권 또는 그 지상권을 상실함으로써 조합임원의 지위를 상실한 경우나 임기가 만료된 정비사업조합의 임원이 관련 규정에 따라 그 후임자가 선임될 때까지 계속하여 그 직무를 수행하다가 후임자가 선임되어 그 직무수행권을 상실한 경우, 그 조합 임원이 그 후에도 조합의 법인 등기부에 임원으로 등기되어 있는 상태에서 계속하여 실질적으로 조합 임원으로서의 직무를 수행하여 왔다면 그 조합 임원은 임원의 지위 상실이나 직무수행권의 상실에도 불구하고 도시정비법 제84조에 따라 형법 제129조 내지 제132조의 적용에 있어서 공무원으로 보아야 한다. (대법원 2015도15798) 정답 ×

016
행위 당시의 판례에 의하면 처벌대상이 되지 아니하는 것으로 해석되었던 행위를 재판 시에 해석을 달리하여 처벌하는 것은 형벌불소급의 원칙에 반한다. ○ ✕

해설 행위 당시의 판례에 의하면 처벌대상이 되지 아니하는 것으로 해석되었던 행위를 판례의 변경에 따라 확인된 내용의 형법 조항에 근거하여 처벌한다고 하여 그것이 헌법상 평등의 원칙과 형벌불소급의 원칙에 반한다고 할 수는 없다. (대법원 97도3349)

정답 ✕

017
「공직선거법」 제262조의 '자수'를 통상 관용적으로 사용되는 용례와는 달리 범행발각 전에 자수한 경우로 한정하여 해석하여도 유추해석금지의 원칙에 위반되지 않는다. ○ ✕

해설 공직선거법 제262조의 "자수"를 '범행발각 전에 자수한 경우'로 한정하는 풀이는 "자수"라는 단어가 통상 관용적으로 사용되는 용례에서 갖는 개념 외에 '범행발각 전'이라는 또 다른 개념을 추가하는 것으로서 결국은 '언어의 가능한 의미'를 넘어 공직선거법 제262조의 "자수"의 범위를 그 문언보다 제한함으로써 공직선거법 제230조 제1항 등의 처벌범위를 실정법 이상으로 확대한 것이 되고, 따라서 이는 단순한 목적론적 축소해석에 그치는 것이 아니라, 형면제 사유에 대한 제한적 유추를 통하여 처벌범위를 실정법 이상으로 확대한 것으로서 죄형법정주의의 파생원칙인 유추해석금지의 원칙에 위반된다. (대법원 96도1167 전합)

정답 ✕

018
"약국 개설자가 아니면 의약품을 판매하거나 판매 목적으로 취득할 수 없다"고 규정한 구 「약사법」 제44조 제1항의 '판매'에 무상으로 의약품을 양도하는 '수여'를 포함시키는 해석은 죄형법정주의에 위배된다. ○ ✕

해설 국내에 있는 불특정 또는 다수인에게 무상으로 의약품을 양도하는 수여행위도 구 약사법 제44조 제1항의 '판매'에 포함된다고 보는 것이 체계적이고 논리적인 해석이라 할 것이고, 그와 같은 해석이 죄형법정주의에 위배된다고 볼 수 없다. (대법원 2011도6287)

정답 ✕

019
「군형법」 제64조 제1항의 상관면전모욕죄의 구성요건은 '상관을 그 면전에서 모욕하는' 것인데, 여기에서 '면전에서'라 함은 얼굴을 마주 대한 상태를 의미하는 것임이 분명하므로, 전화를 통하여 통화하는 것을 면전에서의 대화라고는 할 수 없다. ○ ✕

해설 대법원 2002도2539

정답 ○

020
개정 「형사소송법」 시행 당시 공소시효가 완성되지 아니한 범죄에 대한 공소시효가 위 법률이 개정되면서 신설된 제253조 제3항에 의하여 피고인이 외국에 있는 기간 동안 정지된 경우, 공소제기시에 공소시효의 기간은 경과되지 아니하였다. ○ ✕

해설 대법원 96도3376 전합

> 형사소송법 제253조(시효의 정지와 효력) ③ 범인이 형사처분을 면할 목적으로 국외에 있는 경우 그 기간 동안 공소시효는 정지된다.

정답 ○

021

「유해화학물질관리법」 제35조 제1항에서 금지하는 환각물질을 구체적으로 명확하게 규정하지 아니하고 다만 그 성질에 관하여 '흥분·환각 또는 마취의 작용을 일으키는 유해화학물질로서 대통령령이 정하는 물질'로 그 한계를 설정하여 놓고 같은 법 시행령 제22조에서 이를 구체적으로 규정하게 하고, 같은 법 제35조 제1항의 '섭취 또는 흡입'이라고만 규정하고 그 섭취 기준을 따로 정하지 않은 것은 죄형법정주의에 반한다. ○ ×

해설 유해화학물질관리법 제35조 제1항에서 금지하는 환각물질을 구체적으로 명확하게 규정하지 아니하고 다만 그 성질에 관하여 '흥분·환각 또는 마취의 작용을 일으키는 유해화학물질로서 대통령령이 정하는 물질'로 그 한계를 설정하여 놓고, 같은 법시행령 제22조에서 이를 구체적으로 규정하게 한 취지는 과학 기술의 급격한 발전으로 말미암아 흥분·환각 또는 마취의 작용을 일으키는 유해화학물질이 수시로 생겨나기 때문에 이에 신속하게 대처하려는 데에 있으므로, 위임의 한계를 벗어난 것으로 볼 수 없고, 한편 그러한 환각물질은 누구에게나 그 섭취 또는 흡입행위 자체가 금지됨이 마땅하므로, 일반적으로 술을 마시는 행위 자체가 금지된 것이 아니라 주취상태에서의 자동차 운전행위만이 금지되는 도로교통법상의 주취상태를 판정하는 혈중알코올농도와 같이 그 섭취 기준을 따로 정할 필요가 있다고 할 수 없으므로, 같은 법 제35조 제1항의 '섭취 또는 흡입'의 개념이 추상적이고 불명확하다거나 지나치게 광범위하다고 볼 수도 없다. (대법원 2000도4187)

정답 ×

022

「게임산업진흥에 관한 법률 시행령」 제18조의3의 시행일 이전에 위 시행령 조항 각 호에 규정된 게임머니를 환전, 환전 알선, 재매입한 영업행위를 처벌하는 것은 형벌법규의 소급효금지의 원칙에 위배된다. ○ ×

해설 대법원 2008도11017

정답 ○

023

「도로교통법」 제148조의2 제1항 제1호에서 정하고 있는 '「도로교통법」 제44조 제1항을 2회 이상 위반한' 것에 개정된 「도로교통법」이 시행된 2011.12.9. 이전에 구 「도로교통법」 제44조 제1항을 위반한 음주운전 전과까지 포함되는 것으로 해석하는 것이 형벌불소급의 원칙에 위배된다고 할 수 없다. ○ ×

해설 대법원 2012도10269

정답 ○

024

반의사불벌죄에서 처벌을 희망하지 않는다는 의사표시 또는 처벌희망 의사표시의 철회는 이른바 소극적 소송조건에 해당하고, 소송조건에는 유추해석금지의 원칙이 적용되지 않는다. ○ ×

해설 처벌을 희망하지 않는다는 의사표시 또는 처벌희망 의사표시의 철회는 이른바 소극적 소송조건에 해당하고, 소송조건에는 죄형법정주의의 파생원칙인 유추해석금지의 원칙이 적용된다고 할 것인데, 명문의 근거 없이 그 의사표시에 법정대리인의 동의가 필요하다고 보는 것은 유추해석에 의하여 소극적 소송조건의 요건을 제한하고 피고인 또는 피의자에 대한 처벌가능성의 범위를 확대하는 결과가 되어 죄형법정주의 내지 거기에서 파생된 유추해석금지의 원칙에도 반한다. (대법원 2009도6058 전합)

정답 ×

025 죄를 지어 외국에서 형의 전부 또는 일부가 집행된 사람에 대해서는 그 집행된 형의 전부 또는 일부를 선고하는 형에 산입한다. ○ ×

해설 형법 제7조(외국에서 집행된 형의 산입) 죄를 지어 외국에서 형의 전부 또는 일부가 집행된 사람에 대해서는 그 집행된 형의 전부 또는 일부를 선고하는 형에 산입한다.

정답 ○

026 범죄에 의하여 외국에서 형의 전부 또는 일부의 집행을 받은 자에 대하여는 형을 감경 또는 면제할 수 있다. ○ ×

해설 형법 제7조(외국에서 집행된 형의 산입) 죄를 지어 외국에서 형의 전부 또는 일부가 집행된 사람에 대해서는 그 집행된 형의 전부 또는 일부를 선고하는 형에 산입한다.

정답 ×

027 법률의 시행령이 형사처벌에 관한 사항을 규정하면서 법률의 명시적인 위임 범위를 벗어나 처벌의 대상을 확장하는 것은 죄형법정주의의 원칙에도 어긋나는 것이므로, 그러한 시행령은 위임입법의 한계를 벗어난 것으로서 무효이다. ○ ×

해설 대법원 2015도16014 전합

정답 ○

028 재판 확정 후 법률의 변경에 의하여 그 행위가 범죄를 구성하지 아니하는 때에는 형의 선고를 무효로 한다. ○ ×

해설 형법 제1조(범죄의 성립과 처벌) ③ 재판이 확정된 후 법률이 변경되어 그 행위가 범죄를 구성하지 아니하게 된 경우에는 형의 집행을 면제한다.

정답 ×

029 과거에 이미 행한 범죄에 대하여 공소시효를 정지시키는 법률이라 하더라도 그 사유만으로 형벌불소급의 원칙에 언제나 위배되는 것은 아니다. ○ ×

해설 헌법재판소 96헌가2

정답 ○

030 「청소년보호법」 제30조 제8호 소정의 "풍기를 문란하게 하는 영업행위를 하거나 그를 목적으로 장소를 제공하는 행위"라는 문구는 "청소년에 대하여 이성혼숙을 하게 하거나 그를 목적으로 장소를 제공하는 행위" 등이라고 볼 수 있으므로 명확성원칙에 반하지 않는다. ○ ×

해설 대법원 2003도5980

정답 ○

031 「도로교통법」상 도로가 아닌 곳에서 운전면허 없이 운전한 행위를 무면허운전으로 처벌하는 것은 유추해석금지원칙에 반하지 않는다.   ○ ×

해설 도로교통법 제2조 제26호가 '술이 취한 상태에서의 운전' 등 일정한 경우에 한하여 예외적으로 도로 외의 곳에서 운전한 경우를 운전에 포함한다고 명시하고 있는 반면, 무면허운전에 관해서는 이러한 예외를 정하고 있지 않다. 따라서 도로교통법 제152조, 제43조를 위반한 무면허운전이 성립하기 위해서는 운전면허를 받지 않고 자동차등을 운전한 곳이 도로교통법 제2조 제1호에서 정한 도로, 즉 '도로법에 따른 도로', '유료도로법에 따른 도로', '농어촌도로 정비법에 따른 농어촌도로', '그 밖에 현실적으로 불특정 다수의 사람 또는 차마가 통행할 수 있도록 공개된 장소로서 안전하고 원활한 교통을 확보할 필요가 있는 장소' 중 하나에 해당해야 한다. 위에서 본 도로가 아닌 곳에서 운전면허 없이 운전한 경우에는 무면허운전에 해당하지 않는다. 도로에서 운전하지 않았는데도 무면허운전으로 처벌하는 것은 유추해석이나 확장해석에 해당하여 죄형법정주의에 비추어 허용되지 않는다. 따라서 운전면허 없이 자동차등을 운전한 곳이 위와 같이 일반교통경찰권이 미치는 공공성이 있는 장소가 아니라 특정인이나 그와 관련된 용건이 있는 사람만 사용할 수 있고 자체적으로 관리되는 곳이라면 도로교통법에서 정한 '도로에서 운전'한 것이 아니므로 무면허운전으로 처벌할 수 없다. (대법원 2017도17762)   정답 ×

032 '블로그', '미니 홈페이지', '카페' 등의 이름으로 개설된 사적 인터넷 게시공간의 운영자가 게시공간에 게시된 타인의 글을 삭제할 권한이 있는데도 이를 삭제하지 아니하고 그대로 둔 경우를 「국가보안법」 제7조 제5항의 '소지' 행위로 보는 것은 죄형법정주의에 위배되지 아니한다.   ○ ×

해설 죄형법정주의로부터 파생된 유추해석금지 원칙과 국가보안법 제1조 제2항, 제7조 제1항, 제5항에 비추어 볼 때, '블로그', '미니 홈페이지', '카페' 등의 이름으로 개설된 사적(私的) 인터넷 게시공간의 운영자가 사적 인터넷 게시공간에 게시된 타인의 글을 삭제할 권한이 있는데도 이를 삭제하지 아니하고 그대로 두었다는 사정만으로 사적 인터넷 게시공간의 운영자가 타인의 글을 국가보안법 제7조 제5항에서 규정하는 바와 같이 '소지'하였다고 볼 수는 없다. (대법원 2010도8336)   정답 ×

033 의사가 환자와 대면하지 아니하고 전화나 화상 등을 이용하여 환자의 용태를 스스로 듣고 판단하여 처방전 등을 발급한 행위를 구 「의료법」상 '직접 진찰한 의사'가 아닌 자가 처방전 등을 발급한 경우에 해당한다고 해석하는 것은 죄형법정주의에 위배된다.   ○ ×

해설 대법원 2010도1388   정답 ○

034 성문법률주의란 범죄와 형벌은 성문의 법률로 규정되어야 한다는 원칙을 말하며 여기서의 법률은 형식적 의미의 법률을 의미한다.   ○ ×

해설 헌법재판소 96헌가20   정답 ○

035 '기업구매전용카드'를 이용하여 물품의 판매 등 방법으로 자금을 융통한 경우에 여신전문금융업법 상 '신용카드'의 이용에 해당한다.   ○ ×

피고인이 기업구매전용카드를 이용하여 물품의 판매 또는 용역의 제공을 가장하는 방법으로 자금을 융통하였다고 하여 구 여신전문금융업법 위반으로 기소된 사안에서, 위 카드가 신용카드에 해당하지 않는다. (대법원 2012도4438)   정답 ×

036 구 식품위생법 제11조 제2항이 과대광고 등의 범위 및 기타 필요한 사항을 보건복지부령에 위임하고 있는 것은 과대광고 등으로 인한 형사처벌에 관한 내용을 법률이 아닌 시행령에 규정하고 있다고 판단되므로 위임입법의 한계를 벗어난 것으로 죄형법정주의에 반한다. ○ ×

해설 식품위생법 제11조 제2항이 과대광고 등의 범위 및 기타 필요한 사항을 보건복지부령에 위임하고 있는 것은 과대광고 등으로 인한 형사처벌에 관련된 법규의 내용을 빠짐없이 형식적 의미의 법률에 의하여 규정한다는 것은 사실상 불가능하다는 고려에서 비롯된 것이고, 또한 같은법 시행규칙 제6조 제1항은 처벌대상인 행위가 어떠한 것인지 예측할 수 있도록 구체적으로 규정되어 있다고 할 것이므로 식품위생법 제11조 및 같은법 시행규칙 제6조 제1항의 규정이 위임입법의 한계나 죄형법정주의에 위반된 것이라고 볼 수는 없다. (대법원 2002도2998) 　　정답 ×

037 구 특정 범죄자에 대한 위치추적 전자장치 부착 등에 관한 법률(2012.12.18. 개정되기 전의 것) 제5조 제1항 제3호는, 검사가 전자장치 부착명령을 법원에 청구할 수 있는 경우 중의 하나로 '성폭력범죄를 2회 이상 범하여(유죄의 확정판결을 받은 경우를 포함한다) 그 습벽이 인정된 때'라고 규정하고 있는 바, 피부착명령청구자가 소년법에 의한 보호처분을 받은 전력이 이에 해당한다고 보더라도 죄형법정주의에 위배되지 않는다. ○ ×

해설 '특정 범죄자에 대한 위치추적 전자장치 부착 등에 관한 법률'(이하 '전자장치부착법'이라 한다) 제5조 제1항 제3호는 검사가 전자장치 부착명령을 법원에 청구할 수 있는 경우 중의 하나로 '성폭력범죄를 2회 이상 범하여(유죄의 확정판결을 받은 경우를 포함한다) 그 습벽이 인정된 때'라고 규정하고 있는데, 이 규정 전단은 문언상 '유죄의 확정판결을 받은 전과사실을 포함하여 성폭력범죄를 2회 이상 범한 경우'를 의미한다고 해석된다. 따라서 피부착명령청구자가 소년법에 의한 보호처분(이하 '소년보호처분'이라고 한다)을 받은 전력이 있다고 하더라도, 이는 유죄의 확정판결을 받은 경우에 해당하지 아니함이 명백하므로, 피부착명령청구자가 2회 이상 성폭력범죄를 범하였는지를 판단할 때 소년보호처분을 받은 전력을 고려할 것이 아니다. (대법원 2011도15057, 2011전도249 전합) 　　정답 ×

038 성폭력범죄의 처벌 등에 관한 특례법 제13조는 성적 수치심을 일으킬 수 있는 내용의 말, 글, 물건 등을 통신매체를 이용하여 상대방에게 전달하는 행위를 처벌하고자 함이 명백하므로, 성적 수치심 등을 일으키는 내용의 편지를 피고인이 직접 상대방 주거지 출입문에 끼워 넣음으로써 상대방에게 전달한 행위는 본 규정을 통해 처벌할 수 있다. ○ ×

해설 성폭력범죄의 처벌 등에 관한 특례법 제13조는 "자기 또는 다른 사람의 성적 욕망을 유발하거나 만족시킬 목적으로 전화, 우편, 컴퓨터, 그 밖의 통신매체를 통하여 성적 수치심이나 혐오감을 일으키는 말, 음향, 글, 그림, 영상 또는 물건을 상대방에게 도달하게 한 사람은 2년 이하의 징역 또는 500만 원 이하의 벌금에 처한다."고 규정하고 있다. 따라서 통신매체를 이용하지 아니한 채 직접 상대방에게 말, 글, 물건 등을 도달하게 하는 행위까지 포함하여 위 규정으로 처벌할 수 있다고 보는 것은 법문의 가능한 의미의 범위를 벗어난 해석으로서 실정법 이상으로 처벌 범위를 확대하는 것이다. (대법원 2015도17847) 　　정답 ×

039 자동차관리법 제80조 제7호의2는 구체적 한정적으로 '자동차 이력 및 판매자 정보를 허위로 제공한 자'만을 처벌하는 것이며 제58조 제3항 위반을 일괄적으로 처벌하는 의미가 아니므로 '허위 제공'의 의미를 '단순 누락'의 경우도 포함하는 것으로 해석하는 것은 죄형법정주의 원칙에 어긋나서 허용되지 않는다. ○ ×

해설 대법원 2017도13421 　　정답 ○

040 무면허운전 등을 금지한 도로교통법 제43조는 운전자의 금지사항으로 운전면허를 받지 아니한 경우와 운전면허의 효력이 정지된 경우를 구별하여 대등하게 나열하고 있다. 그렇다면 '운전면허를 받지 아니하고'라는 법률문언의 통상적인 의미에 '운전면허를 받았으나 그 후 운전면허의 효력이 정지된 경우'가 당연히 포함된다고는 해석할 수 없다. ○ ×

해설 대법원 2011도7725 정답 ○

041 형벌법규는 문언에 따라 엄격하게 해석 적용하여야 하고 피고인에게 불리한 방향으로 지나치게 확장해석하거나 유추해석 하여서는 안 된다. ○ ×

해설 대법원 2011도15057, 2011전도249 전합 정답 ○

042 위법성 및 책임의 조각사유나 소추조건, 또는 처벌조각사유인 형면제 사유에 관하여 그 범위를 제한적으로 유추적용하게 되면 행위자의 가벌성의 범위는 확대되어 행위자에게 불리하게 되므로 유추해석 금지의 원칙에 반한다. ○ ×

해설 형벌법규의 해석에서 법규정 문언의 가능한 의미를 벗어나는 경우에는 유추해석으로서 죄형법정주의에 위반하게 되고, 이러한 유추해석금지의 원칙은 모든 형벌법규의 구성요건과 가벌성에 관한 규정에 준용되는데, 위법성 및 책임의 조각사유나 소추조건 또는 처벌조각사유인 형면제 사유에 관하여도 그 범위를 제한적으로 유추적용하게 되면 행위자의 가벌성의 범위는 확대되어 행위자에게 불리하게 되는바, 이는 가능한 문언의 의미를 넘어 범죄구성요건을 유추적용하는 것과 같은 결과가 초래되므로 죄형법정주의의 파생원칙인 유추해석금지의 원칙에 위반하여 허용될 수 없다. (대법원 2008도4762)

정답 ○

043 「가정폭력범죄의 처벌 등에 관한 특례법」이 정한 보호처분 중의 하나인 사회봉사명령은 형벌 그 자체가 아니라 보안처분의 성격을 가지는 것이므로 형벌불소급의 원칙이 적용되지 않고 재판시법을 적용함이 상당하다. ○ ×

해설 사회봉사명령은 가정폭력범죄행위에 대하여 형사처벌 대신 부과되는 것으로서, 가정폭력범죄를 범한 자에게 의무적 노동을 부과하고 여가시간을 박탈하여 실질적으로는 신체적 자유를 제한하게 되므로, 이에 대하여는 원칙적으로 형벌불소급의원칙에 따라 행위시법을 적용함이 상당하다. (대법원 2008어4) 정답 ×

044 헌법재판소가 형벌조항에 대해 헌법불합치결정을 선고하면서 개정시한을 정하여 입법개선을 촉구하였는데도 위 시한까지 법률개정이 이루어지지 않은 경우 공소가 제기된 피고사건에 대하여 「형사소송법」 제326조 제4호에 따라 면소를 선고하여야 한다. ○ ×

해설 피고인이 야간옥외집회를 주최하였다는 취지의 공소사실에 대하여 원심이 집회 및 시위에 관한 법률 제23조 제1호, 제10조 본문을 적용하여 유죄를 인정하였는데, 원심판결 선고 후 헌법재판소가 위 법률조항에 대해 헌법불합치결정을 선고하면서 개정시한을 정하여 입법개선을 촉구하였는데도 위 시한까지 법률 개정이 이루어지지 않은 사안에서, 위 법률조항은 소급하여 효력을 상실하므로 이를 적용하여 공소가 제기된 위 피고사건에 대하여 무죄를 선고하여야 한다고 한 사례이다. (대법원 2008도7562 전합) = 공소기각판결×, 면소판결× 정답 ×

045

「항공보안법」 제42조(항공기 항로 변경죄)의 '항로'에 항공기가 지상에서 이동하는 경로도 포함된다고 해석하는 것은 죄형법정주의에 반한다. ○ ✕

해설 대법원 2015도8335 전합   정답 ○

046

보호관찰은 형벌이 아니라 보안처분의 성격을 갖는 것으로서, 과거의 불법에 대한 책임에 기초하고 있는 제재가 아니라 장래의 위험성으로부터 행위자를 보호하고 사회를 방위하기 위한 합목적적인 조치이므로, 소급효금지원칙이 적용되지 아니한다. ○ ✕

해설 보호관찰은 형벌이 아니라 보안처분의 성격을 갖는 것으로서, 과거의 불법에 대한 책임에 기초하고 있는 제재가 아니라 장래의 위험성으로부터 행위자를 보호하고 사회를 방위하기 위한 합목적적인 조치이므로, 그에 관하여 반드시 행위 이전에 규정되어 있어야 하는 것은 아니며, 재판시의 규정에 의하여 보호관찰을 받을 것을 명할 수 있다고 보아야 할 것이고, 이와 같은 해석이 형벌불소급의 원칙 내지 죄형법정주의에 위배되는 것이라고 볼 수 없다. (대법원 97도703)   정답 ○

047

형벌법규에 대한 체계적·논리적 해석방법은 그 규정의 본질적 내용에 가장 접근한 해석을 위한 것으로서 죄형법정주의의 원칙에 부합한다. ○ ✕

해설 대법원 2016도11429   정답 ○

048

「약사법」 제5조 제3항에서 면허증의 대여를 금지한 취지는 약사자격이 없는 자가 타인의 면허증을 빌려 영업을 하게 될 경우 국민의 건강에 위험이 초래된다는데 있다 할 것이므로, 약사자격이 있는 자에게 빌려주는 행위까지 금지되는 것으로 보는 것은 유추해석에 해당한다. ○ ✕

해설 약사법의 입법 취지와 약사면허증에 관한 규정내용을 종합하여 보면, 약사법 제5조 제3항에서 금지하는 '면허증의 대여'라 함은, 다른 사람이 그 면허증을 이용하여 그 면허증의 명의자인 약사인 것처럼 행세하면서 약사에 관한 업무를 하려는 것을 알면서도 면허증 그 자체를 빌려 주는 것을 의미한다고 해석함이 상당하다. (대법원 2002도6829)   정답 ✕

049

「의료법」 제41조는 "각종 병원에는 응급환자와 입원환자의 진료 등에 필요한 당직의료인을 두어야 한다."라고 규정하고 있을 뿐인데도 시행령에 당직의료인의 수와 자격 등 배치기준을 규정하고 이를 위반하면 「의료법」 제90조에 의한 처벌의 대상이 되도록 한 것은 위임입법의 한계를 벗어난 것으로 죄형법정주의에 반한다. ○ ✕

해설 대법원 2015도16014 전합   정답 ○

050 노역장유치는 그 실질이 신체의 자유를 박탈하는 것으로서 징역형과 유사한 형벌적 성격을 가지므로 형벌불소급원칙의 적용대상이 된다. ○ ✕

해설 대법원 2017도17809 정답 ○

051 위임입법은 수권법률이 처벌대상 행위가 어떠한 것인지를 예측할 수 있을 정도로 구체적으로 정하고, 형벌의 종류 및 그 상한과 폭을 명확히 규정하는 것을 전제로 한다. ○ ✕

해설 대법원 2002도2998 정답 ○

052 법규범의 문언은 어느 정도 가치개념을 포함할 수밖에 없지만 가급적 일반적·규범적 개념을 사용하지 않는 것이 바람직하다는 의미에서, 명확성의 원칙이란 기본적으로 최대한의 명확성을 요구하는 것으로 볼 수 있다. ○ ✕

해설 명확성의 원칙이란 기본적으로 최대한이 아닌 최소한의 명확성을 요구하는 것으로서, 그 문언이 법관의 보충적인 가치판단을 통해서 그 의미내용을 확인할 수 있고, 그러한 보충적 해석이 해석자의 개인적인 취향에 따라 좌우될 가능성이 없다면 명확성의 원칙에 반한다고 할 수 없다. (대법원 2008초기264) 정답 ✕

053 법관의 보충적인 해석을 필요로 하더라도 통상의 해석방법에 의하여 당해 처벌법규의 보호법익과 금지된 행위 및 처벌의 종류와 정도를 알 수 있다면 명확성의 요구에 배치된다고 보기 어렵다. ○ ✕

해설 대법원 2005도9825 정답 ○

054 법률의 시행령이 형사처벌에 관한 사항을 규정하면서 법률의 명시적인 위임 범위를 벗어나 그 처벌의 대상을 확장하는 것은 죄형법정주의의 원칙에 어긋난다. ○ ✕

해설 대법원 98도2816 전합 정답 ○

055 판례의 변경으로 인한 소급처벌은 소급효금지의 원칙에 반하지 아니한다. ○ ✕

해설 대법원 97도3349 정답 ○

056 형벌법규의 해석에서 법률문언의 통상적인 의미를 벗어나지 않는 한 그 법률의 입법취지와 목적, 입법연혁 등을 고려한 목적론적 해석도 가능하다. ○ ✕

해설 대법원 2002도2363 정답 ○

057 형법 제243조의 '음란한 문서·도화'와 제244조의 '음란한 물건'의 '음란'은 불명확하다고 볼 수 없기 때문에 죄형법정주의에 반하지 아니한다. ○ ×

해설 헌법재판소 2006헌바109   정답 ○

058 게임산업진흥에 관한 법률 제28조 제3호에서 게임물 관련 사업자에 대하여 '경품 등의 제공을 통한 사행성 조장'을 원칙적으로 금지하면서 제공이 허용되는 경품의 종류·지급기준·제공방법 등에 관한 구체적인 내용을 하위법령에 위임한 것은 경품의 환전이나 재매입 등의 우려가 없는 등 사행성을 제거할 수 있는 방법이 될 것이라는 예측이 불가능하여 포괄위임금지의 원칙에 반한다. ○ ×

해설 게임산업진흥에 관한 법률 제28조 제3호에서 게임물 관련 사업자에 대하여 '경품 등의 제공을 통한 사행성 조장'을 원칙적으로 금지하면서 제공이 허용되는 경품의 종류·지급기준·제공방법 등에 관한 구체적인 내용을 하위법령에 위임한 것은 경품의 환전이나 재매입 등의 우려가 없는 등 사행성을 제거할 수 있는 방법이 될 것이라는 예측이 가능하고 포괄위임원칙에 위반되지 아니한다. (헌법재판소 2017헌바463, 2018헌바151·386, 2019헌바81)   정답 ×

059 폭력행위등 처벌에 관한 법률 제4조 제1항에서 규정하고 있는 범죄단체 구성원으로서의 '활동'은 명확성의 원칙에 반하지 아니한다. ○ ×

해설 대법원 2008도1857   정답 ○

060 어떤 단체가 특정 후보자를 지지·추천하는지 여부를 공직선거법 제250조 제1항에서 규정한 허위사실공표죄의 '경력 등'에 관한 사실에 해당한다고 해석하는 것은 죄형법정주의에 반한다. ○ ×

해설 대법원 2010도16942   정답 ○

061 도로교통법 (2018.12.24. 법률 제16037호로 개정되어 2019.6.25. 시행된 것) 제148조의2 제1항에서 정한 '제44조 제1항 또는 제2항을 2회 이상 위반한 사람'에 개정된 도로교통법이 시행된 2019.06.25. 이전에 구 도로교통법 제44조 제1항 또는 제2항을 위반한 전과가 포함된다고 해석하는 것은 형벌불소급의 원칙에 반하지 아니한다. ○ ×

해설 대법원 2020도7154   정답 ○

062 특정 범죄자에 대한 위치추적 전자장치 부착 등에 관한 법률에 의한 전자감시제도는 보안처분이지만, 실질적으로 행동의 자유를 지극히 제한하므로 형벌에 관한 소급입법금지원칙이 적용된다. ○ ×

해설 특정 범죄자에 대한 위치추적 전자장치 부착에 관한 법률에 의한 전자감시제도는, 범죄행위를 한 자에 대한 응보를 주된 목적으로 그 책임을 추궁하는 사후적 처분인 형벌과 구별되어 그 본질을 달리하는 것으로서 형벌에 관한 소급입법금지의 원칙이 그대로 적용되지 않으므로, 위 법률이 개정되어 부착명령 기간을 연장하도록 규정하고 있더라도 그것이 소급입법금지의 원칙에 반한다고 볼 수 없다. (대법원 2010도11996, 2010전도86)   정답 ×

063 소급효금지의 원칙은 죄형법정주의의 파생원칙으로서 행위자에게 유리한 사후법의 소급효도 인정되지 않는다.   ○ ✕

> 해설
>
> **형법 제1조(범죄의 성립과 처벌)** ② 범죄 후 법률이 변경되어 그 행위가 범죄를 구성하지 아니하게 되거나 형이 구법(舊法)보다 가벼워진 경우에는 신법(新法)에 따른다.

정답 ✕

064 공소시효가 이미 완성된 경우, 그 공소시효를 연장하는 법률은 진정소급입법으로서 예외 없이 소급효금지의 원칙이 적용된다.   ○ ✕

해설 진정소급입법은 개인의 신뢰보호와 법적 안정성을 내용으로 하는 법치국가원리에 의하여 특단의 사정이 없는 한 헌법적으로 허용되지 아니하는 것이 원칙이고 다만 일반적으로 국민이 소급입법을 예상할 수 있었거나 법적 상태가 불확실하고 혼란스러워 보호할 만한 신뢰이익이 적은 경우와 소급입법에 의한 당사자의 손실이 없거나 아주 경미한 경우 그리고 신뢰보호의 요청에 우선하는 심히 중대한 공익상의 사유가 소급입법을 정당화하는 경우 등에는 예외적으로 진정소급입법이 허용된다. (헌법재판소 97헌바76, 98헌바50 · 51 · 52 · 54 · 55)

정답 ✕

065 「외국환거래법」 제30조가 규정하는 몰수·추징의 대상은 범인이 해당 행위로 인하여 취득한 외국환 기타 지급수단 등을 뜻하고, 여기서 취득이란 해당 범죄행위로 인하여 결과적으로 이를 취득한 때를 말한다고 제한적으로 해석할 필요는 없다.   ○ ✕

해설 형벌법규의 해석은 엄격하여야 하고 명문규정의 의미를 피고인에게 불리한 방향으로 지나치게 확장해석하거나 유추해석하는 것은 죄형법정주의의 원칙에 어긋나는 것으로서 허용되지 아니한다. 외국환거래법 제30조가 규정하는 몰수·추징의 대상은 범인이 해당 행위로 인하여 취득한 외국환 기타 지급수단 등을 뜻하고, 이는 범인이 외국환거래법에서 규제하는 행위로 인하여 취득한 외국환 등이 있을 때 이를 몰수하거나 추징한다는 취지로서, 여기서 취득이란 해당 범죄행위로 인하여 결과적으로 이를 취득한 때를 말한다고 제한적으로 해석함이 타당하다. (대법원 2013도8389)

정답 ✕

066 「성폭력범죄의 처벌 등에 관한 특례법」 제13조는 '성적 수치심이나 혐오감을 일으키는 말, 음향, 글, 그림, 영상 또는 물건을 상대방에게 도달'하게 하는 경우를 처벌하고 있는바, 상대방에게 성적 수치심을 일으키는 그림 등이 담겨 있는 웹페이지의 인터넷 링크를 보내는 행위가 이에 해당된다고 해석하는 것은 죄형법정주의 원칙에 위반된다.   ○ ✕

해설 상대방에게 성적 수치심을 일으키는 그림 등이 담겨 있는 웹페이지 등에 대한 인터넷 링크(internet link)를 보내는 행위를 통해 그와 같은 그림 등이 상대방에 의하여 인식될 수 있는 상태에 놓이고 실질에 있어서 이를 직접 전달하는 것과 다를 바 없다고 평가되고, 이에 따라 상대방이 이러한 링크를 이용하여 별다른 제한 없이 성적 수치심을 일으키는 그림 등에 바로 접할 수 있는 상태가 실제로 조성되었다면, 그러한 행위는 전체로 보아 성적 수치심을 일으키는 그림 등을 상대방에게 도달하게 한다는 구성요건을 충족한다. (대법원 2016도21389)

정답 ✕

067

형법상 내란선동죄에서 '선동'은 단지 언어적인 표현 행위일 뿐이므로 그 행위에 대한 평가 여하에 따라서는 적용범위가 무한히 확장될 가능성이 있어 죄형법정주의 원칙에 반한다. ○ ×

해설 형법 제90조 제2항이 규정한 내란선동죄에서의 '선동'은 '불특정 다수인에 대하여 감정적인 자극을 주어 내란범죄의 실행을 결의하게 하거나 이미 존재하는 결의를 북돋우는 행위'를 말한다. 이러한 내란선동은 내란범죄의 실행행위에 이르지 아니함은 물론 준비행위에도 이르지 아니한 것으로서 단지 언어적인 표현행위일 뿐이므로 내란음모죄와 마찬가지로 그 행위에 대한 평가 여하에 따라서는 적용범위가 무한히 확장될 가능성이 있으므로 내란선동에 실질적인 위험성이 있는지를 판단할 때에는 표현의 내용 자체가 가장 중요하겠지만, 이와 함께 선동자의 경력과 지위, 회합의 개최 경위와 진행 과정 등 해당 표현을 하게 된 경위, 당시의 객관적인 정세, 청중의 수와 인적 구성, 청중의 반응, 해당 표현 전후에 내란의 실행을 위한 객관적 준비행위가 있었는지 등도 종합적으로 고려하여야 한다. (대법원 2014도10978 전합)

> 형법 제90조(예비, 음모, 선동, 선전) ① 제87조(내란) 또는 제88조(내란목적의 살인)의 죄를 범할 목적으로 예비 또는 음모한 자는 3년 이상의 유기징역이나 유기금고에 처한다. 단, 그 목적한 죄의 실행에 이르기 전에 자수한 때에는 그 형을 감경 또는 면제한다.

정답 ×

068

형사처벌에 관련된 모든 법규를 예외 없이 형식적 의미의 법률에 의하여 규정한다는 것은 사실상 불가능할 뿐만 아니라 실제에 적합하지도 않다. ○ ×

해설 대법원 2017도13426

정답 ○

069

위임명령에 규정될 내용 및 범위의 기본사항은 구체적이고 분명하게 규정되어 있어야 하므로, 법률이나 상위명령으로부터 위임명령에 규정될 내용의 대강만을 예측할 수 있는 경우에는 죄형법정주의 원칙에 반한다. ○ ×

해설 위임명령에 규정될 내용 및 범위의 기본사항이 구체적으로 규정되어 있어서 누구라도 당해 법률이나 상위법령으로부터 위임명령에 규정될 내용의 대강을 예측할 수 있어야 하나, 이 경우 그 예측가능성의 유무는 당해 위임조항 하나만을 가지고 판단할 것이 아니라 그 위임조항이 속한 법률의 전반적인 체계와 취지 및 목적, 당해 위임조항의 규정형식과 내용 및 관련 법규를 유기적·체계적으로 종합하여 판단하여야 하며, 나아가 각 규제 대상의 성질에 따라 구체적·개별적으로 검토함을 요한다. (대법원 2013두14238)

정답 ×

070

형벌법규의 의미를 피고인에게 불리한 방향으로 지나치게 확장해석하거나 유추해석하는 것은 죄형법정주의 원칙에 반한다. ○ ×

해설 대법원 2001도2819 전합

정답 ○

071 구 의료법 제87조 제1항 제2호, 제27조 제1항은 대한민국 영역 외에서 의료행위를 하려는 사람에게까지 보건복지부장관의 면허를 받을 의무를 부과하고 나아가 이를 위반한 자를 처벌하는 규정이라고 보기 어려우므로 내국인이 대한민국 영역 외에서 의료행위를 하는 경우에는 구 의료법 제87조 제1항 제2호, 제27조 제1항의 구성요건 해당성이 없다. ○ ×

해설 대법원 2019도19130 정답 ○

072 형법 제125조의 구성요건 중 '그 직무를 행함에 당하여'라 함을 '경찰 등이 그 직무를 행하는 기회'라는 뜻으로 해석한다면, 이런 해석은 다소 포괄적이며 불명확하여 처벌범위를 자의적으로 확장시킨다고 볼 여지가 있어 죄형법정주의의 명확성 원칙에 위반된다. ○ ×

해설 형법(1953.09.18. 법률 제293호로 제정된 것) 제125조 중 '경찰에 관한 직무를 행하는 자 또는 이를 보조하는 자가 그 직무를 행함에 당하여 형사피의자 또는 기타 사람에 대하여 폭행을 가한 때'와 관련된 부분이 죄형법정주의 명확성 원칙에 위반되지 않는다. (헌법재판소 2013헌바140) 정답 ×

073 한국환경공단법 등이 한국환경공단 임직원을 형법 제129조(수뢰·사전수뢰) 내지 제132조(알선수뢰)의 적용에 있어 공무원으로 본다고 규정하고 있으므로 그들 또는 그들이 직무를 행하는 한국환경공단을 형법 제227조의2(공전자기록위작·변작)에 정한 공무원 또는 공무소에 해당한다고 보는 것은 죄형법정주의의 원칙에 반하지 않는다. ○ ×

해설 한국환경공단은 한국환경공단법에 의해 설립된 법인으로서, 그 임직원은 공무원이 아니고 단지 같은 법 제11조, 건설폐기물법 제61조, 폐기물관리법 제62조의2 등에 의하여 형법 제129조부터 제132조까지의 규정을 적용할 때 공무원으로 의제될 뿐이며, 한국환경공단 임직원을 공전자기록 등 위작죄에서 공전자기록 작성권한자인 공무원으로 의제하거나 한국환경공단이 작성하는 전자기록을 공전자기록으로 의제하는 취지의 명문규정은 없다. 그리고 한국환경공단법 등이 한국환경공단 임직원을 형법 제129조 내지 제132조의 적용에 있어 공무원으로 본다고 규정한다고 하여 그들 또는 그들이 직무를 행하는 한국환경공단을 형법 제227조의2에 정한 공무원 또는 공무소에 해당한다고 보는 것은 형벌법규를 피고인에게 불리하게 확장해석하거나 유추해석하는 것이어서 죄형법정주의 원칙에 반한다. (대법원 2016도19170) 정답 ×

074 법규범의 문언은 어느 정도 가치개념을 포함한 일반적·규범적 개념을 사용하지 않을 수 없는 것이기 때문에 기본적으로 최소한이 아닌 최대한의 명확성을 요구한다. ○ ×

해설 명확성의 원칙이란 기본적으로 최대한이 아닌 최소한의 명확성을 요구하는 것으로서, 그 문언이 법관의 보충적인 가치판단을 통해서 그 의미내용을 확인할 수 있고, 그러한 보충적 해석이 해석자의 개인적인 취향에 따라 좌우될 가능성이 없다면 명확성의 원칙에 반한다고 할 수 없다. (헌법재판소 2004헌바45) 정답 ×

075 유추해석금지의 원칙은 형벌법규의 구성요건과 가벌성에 관한 규정에 준용되므로 형벌법규의 적용대상이 행정법규가 규정한 사항을 내용으로 하고 있는 경우에 그 행정법규의 규정을 해석하는 데에도 마찬가지로 적용된다. ○ ×

해설 대법원 2016도17691 정답 ○

076 알 수 없는 경위로 가상자산을 이체받은 자가 가상자산을 사용·처분한 경우 이를 형사처벌하는 명문의 규정이 없다고 하더라도 착오송금시 횡령죄 성립을 긍정한 판례를 유추하여 신의칙을 근거로 배임죄로 처벌하는 것은 죄형법정주의에 반하지 않는다. ○ ×

해설 원인불명으로 재산상 이익인 가상자산을 이체받은 자가 가상자산을 사용·처분한 경우 이를 형사처벌하는 명문의 규정이 없는 현재의 상황에서 착오송금 시 횡령죄 성립을 긍정한 판례를 유추하여 신의칙을 근거로 피고인을 배임죄로 처벌하는 것은 죄형법정주의에 반한다. (대법원 2020도9789) **정답** ×

077 형법 제258조의2 특수상해죄의 신설로 형법 제262조, 제261조의 특수폭행치상죄에 대하여 그 문언상 특수상해죄의 예에 의하여 처벌하는 것이 가능하게 되었다는 이유만으로 형법 제258조의2 제1항의 예에 따라 처벌할 수 있다고 하는 것은 죄형법정주의에 반한다. ○ ×

해설 형법 제258조의2 특수상해죄의 신설로 형법 제262조, 제261조의 특수폭행치상죄에 대하여 그 문언상 특수상해죄의 예에 의하여 처벌하는 것이 가능하게 되었다는 이유만으로 형법 제258조의2 제1항의 예에 따라 처벌할 수 있다고 한다면, 그 법정형의 차이로 인하여 종래에 벌금형을 선택할 수 있었던 경미한 사안에 대하여도 일률적으로 징역형을 선고해야 하므로 형벌체계상의 정당성과 균형을 갖추기 위함이라는 위 법 개정의 취지와 목적에 맞지 않는다. 또한, 형의 경중과 행위자의 책임, 즉 형벌 사이에 비례성을 갖추어야 한다는 형사법상의 책임원칙에 반할 우려도 있으며, 법원이 해석으로 특수폭행치상에 대한 가중규정을 신설한 것과 같은 결과가 되어 죄형법정주의원칙에도 반하는 결과가 된다. (대법원 2018도3443) **정답** ○

078 형벌법규의 적용대상이 행정법규가 규정한 사항을 내용으로 하는 경우 그 행정법규를 해석함에 있어서는 유추해석 금지의 원칙이 적용되지 아니한다. ○ ×

해설 형벌법규의 해석은 엄격하여야 하고, 명문규정의 의미를 피고인에게 불리한 방향으로 지나치게 확장해석하거나 유추해석하는 것은 죄형법정주의의 원칙에 어긋나는 것으로서 허용되지 않으며, 이러한 법해석의 원리는 그 형벌법규의 적용대상이 행정법규가 규정한 사항을 내용으로 하고 있는 경우에 그 행정법규의 규정을 해석하는 데에도 마찬가지로 적용된다. (대법원 2021도10981) **정답** ×

079 유추해석은 피고인에게 유리한 경우에는 가능한 것이나 문리를 넘어서는 이러한 해석은 그렇게 해석하지 아니하면 그 결과가 현저히 형평과 정의에 반하거나 심각한 불합리가 초래되는 경우에 한하여 가능하다. ○ ×

해설 대법원 2004도4049 **정답** ○

080 형법 제232조의2(사전자기록위작 변작)에서 정한 '위작'에 권한있는 사람이 그 권한을 남용하여 허위의 정보를 입력함으로써 전자기록을 생성하는 행위까지도 포함하여 해석하는 것은 유추해석 금지의 원칙에 반한다. ○ ×

해설 형법 제232조의2에서 정한 '위작'의 포섭 범위에 권한 있는 사람이 그 권한을 남용하여 허위의 정보를 입력함으로써 시스템 설치·운영 주체의 의사에 반하는 전자기록을 생성하는 행위를 포함하는 것으로 보더라도, 이러한 해석이 '위작'이란 낱말이 가지는 문언의 가능한 의미를 벗어났다거나, 피고인에게 불리한 유추해석 또는 확장해석을 한 것이라고 볼 수 없다. (대법원 2019도11294 전합) **정답** ×

081 유추해석 금지의 원칙은 모든 형벌법규의 구성요건과 가벌성에 관한 규정에 준용되나, 위법성 및 책임의 조각사유나 소추조건, 또는 처벌조각사유인 형면제 사유에 관하여 그 범위를 제한적으로 적용하여 가벌성의 범위가 확대되더라도 유추해석 금지의 원칙에 반하지 아니한다. ○ ×

해설 형벌법규의 해석에 있어서 법규정 문언의 가능한 의미를 벗어나는 경우에는 유추해석으로서 죄형법정주의에 위반하게 된다. 그리고 유추해석금지의 원칙은 모든 형벌법규의 구성요건과 가벌성에 관한 규정에 준용되는데, 위법성 및 책임의 조각사유나 소추조건, 또는 처벌조각사유인 형면제 사유에 관하여 그 범위를 제한적으로 유추적용하게 되면 행위자의 가벌성의 범위는 확대되어 행위자에게 불리하게 되는바, 이는 가능한 문언의 의미를 넘어 범죄구성요건을 유추적용하는 것과 같은 결과가 초래되므로 죄형법정주의의 파생원칙인 유추해석금지의 원칙에 위반하여 허용될 수 없다. (대법원 96도1167 전합) 정답 ×

082 법률에 특별한 규정이 없음에도 형법 제227조의2(공전자기록위작 변작)의 행위주체에 공무원, 공무소와 계약 등에 의하여 공무와 관련되는 업무를 일부 대행하는 경우까지 포함된다고 해석하는 것은 죄형법정주의 원칙에 반한다. ○ ×

해설 형법 제227조의2(공전자기록위작·변작)는 "사무처리를 그르치게 할 목적으로 공무원 또는 공무소의 전자기록 등 특수매체기록을 위작 또는 변작한 자는 10년 이하의 징역에 처한다."라고 규정하고 있다. 여기에서 '공무원'이란 원칙적으로 법령에 의해 공무원의 지위를 가지는 자를 말하고, '공무소'란 공무원이 직무를 행하는 관청 또는 기관을 말하며, '공무원 또는 공무소의 전자기록'은 공무원 또는 공무소가 직무상 작성할 권한을 가지는 전자기록을 말한다. 따라서 그 행위주체가 공무원과 공무소가 아닌 경우에는 형법 또는 특별법에 의하여 공무원 등으로 의제되는 경우를 제외하고는 계약 등에 의하여 공무와 관련되는 업무를 일부 대행하는 경우가 있더라도 공무원 또는 공무소가 될 수 없다. 형벌법규의 구성요건인 공무원 또는 공무소를 법률의 규정도 없이 확장해석하거나 유추해석하는 것은 죄형법정주의 원칙에 반하기 때문이다. (대법원 2016도19170) 정답 ○

083 개정 「형법」의 시행 이전에 죄를 범한 자에 대하여 개정 「형법」에 따라 보호관찰을 명할 경우, 형벌불소급원칙 또는 죄형법정주의에 위배된다. ○ ×

해설 보호관찰은 형벌이 아니라 보안처분의 성격을 갖는 것으로서, 과거의 불법에 대한 책임에 기초하고 있는 제재가 아니라 장래의 위험성으로부터 행위자를 보호하고 사회를 방위하기 위한 합목적적인 조치이므로, 그에 관하여 반드시 행위 이전에 규정되어 있어야 하는 것은 아니며, 재판시의 규정에 의하여 보호관찰을 받을 것을 명할 수 있다고 보아야 할 것이고, 이와 같은 해석이 형벌불소급의 원칙 내지 죄형법정주의에 위배되는 것이라고 볼 수 없다. (대법원 97도703) 정답 ×

084 종전보다 가벼운 형으로 형벌법규를 개정하면서, 개정된 법의 시행 전의 범죄에 대해서 종전의 형벌법규를 적용하도록 그 부칙에 규정하는 것은 형벌불소급원칙에 반한다. ○ ×

해설 형법 제1조 제2항 및 제8조에 의하면 범죄 후 법률의 변경에 의하여 형이 구법보다 경한 때에는 신법에 의한다고 규정하고 있으나 신법에 경과규정을 두어 이러한 신법의 적용을 배제하는 것도 허용되는 것으로서, 형을 종전보다 가볍게 형벌법규를 개정하면서 그 부칙으로 개정된 법의 시행 전의 범죄에 대하여 종전의 형벌법규를 적용하도록 규정한다 하여 헌법상의 형벌불소급의 원칙이나 신법우선주의에 반한다고 할 수 없다. (대법원 99초76) 정답 ×

085 헌법재판소의 헌법재판은 법정이 아닌 심판정에서 이루어지므로 법정소동죄 등을 규정한 형법 제138조에서의 '법원의 재판'에 헌법재판소의 심판이 포함된다고 해석하는 것은 피고인에게 불리한 확장해석임과 동시에 유추해석이다. O X

해설 본조의 '법정'의 개념도 재판의 필요에 따라 법원 외의 장소에서 이루어지는 재판의 공간이 이에 해당하는 것과 같이(법원조직법 제56조 제2항) 법원의 사법권 행사에 해당하는 재판작용이 이루어지는 상대적, 기능적 공간 개념을 의미하는 것으로 이해할 수 있으므로, 헌법재판소의 헌법재판이 법정이 아닌 심판정에서 이루어진다는 이유만으로 이에 해당하지 않는다고 볼 수 없다. 오히려 헌법재판소법에서 심판정을 '법정'이라고 부르기도 하고, 다른 절차에 대해서는 자체적으로 규정하고 있으면서도 심판정에서의 심판 및 질서유지에 관해서는 법원조직법의 규정을 준용하는 것은(헌법재판소법 제35조) 법원의 법정에서의 재판작용 수행과 헌법재판소의 심판정에서의 헌법재판작용 수행 사이에는 본질적인 차이가 없음을 나타내는 것으로 볼 수 있다. 결국, 본조에서의 법원의 재판에 헌법재판소의 심판이 포함된다고 보는 해석론은 문언이 가지는 가능한 의미의 범위 안에서 그 입법 취지와 목적 등을 고려하여 문언의 논리적 의미를 분명히 밝히는 체계적 해석에 해당할 뿐, 피고인에게 불리한 확장해석이나 유추해석이 아니라고 볼 수 있다. (대법원 2020도12017) 정답 ✕

086 처벌법규의 구성요건은 명확하여야 하므로 처벌법규의 구성요건이 다소 광범위하여 어떤 범위에서는 법관의 보충적인 해석을 필요로 하는 개념을 사용한다면, 이는 헌법이 요구하는 처벌법규의 명확성 원칙에 배치된다. O X

해설 처벌법규의 구성요건이 명확하여야 한다고 하여 모든 구성요건을 단순한 서술적 개념으로 규정하여야 하는 것은 아니고, 다소 광범위하여 법관의 보충적인 해석을 필요로 하는 개념을 사용하였다고 하더라도 통상의 해석방법에 의하여 건전한 상식과 통상적인 법감정을 가진 사람이면 당해 처벌법규의 보호법익과 금지된 행위 및 처벌의 종류와 정도를 알 수 있도록 규정하였다면 처벌법규의 명확성에 배치되는 것이 아니다. (대법원 2013도12939) 정답 ✕

087 형벌을 신설하거나 가중하는 형법법규는 그 시행 이후에 이루어진 행위에 대하여만 적용되고 시행 이전의 행위에까지 소급하여 적용될 수 없다는 것이 소급효금지원칙인데, 이때 소급효는 형벌에 대해서 적용되며, 자유형이든, 벌금형이든, 주형이든, 부가형이든 묻지 않는다. O X

해설 형벌에 대해서는 소급효금지원칙이 적용되며 그것이 자유형이든 벌금형이든, 주형이든 부가형이든 처벌 법률의 시행 전의 행위에 대해서는 적용되지 않는다. 정답 O

088 법률의 시행령이나 시행규칙의 내용이 모법의 입법 취지와 관련 조항 전체를 유기적·체계적으로 살펴보아 모법의 해석상 가능한 것을 명시한 것에 지나지 아니하거나 모법 조항의 취지에 근거하여 이를 구체화하기 위한 것인 때에는 모법에 이에 관하여 직접 위임하는 규정을 두지 아니하였다고 하더라도 이를 무효라고 볼 수는 없다. O X

해설 법률의 시행령이나 시행규칙은 그 법률에 의한 위임이 없으면 개인의 권리·의무에 관한 내용을 변경·보충하거나 법률이 규정하지 아니한 새로운 내용을 정할 수는 없지만, 법률의 시행령이나 시행규칙의 내용이 모법의 입법 취지와 관련 조항 전체를 유기적·체계적으로 살펴보아 모법의 해석상 가능한 것을 명시한 것에 지나지 아니하거나 모법 조항의 취지에 근거하여 이를 구체화하기 위한 것인 때에는 모법의 규율 범위를 벗어난 것으로 볼 수 없으므로, 모법에 이에 관하여 직접 위임하는 규정을 두지 아니하였다고 하더라도 이를 무효라고 볼 수는 없다. (대법원 2012두19526) 정답 O

089

법률의 시행령이 형사처벌에 관한 사항을 규정하면서 법률의 명시적인 위임 범위를 벗어나 그 처벌의 대상을 확장하는 것은 죄형법정주의의 원칙에도 어긋나는 것이므로, 그러한 시행령은 위임입법의 한계를 벗어난 것으로서 무효이다. O X

해설 법률의 시행령은 모법인 법률의 위임 없이 법률이 규정한 개인의 권리·의무에 관한 내용을 변경·보충하거나 법률에서 규정하지 아니한 새로운 내용을 규정할 수 없고, 특히 법률의 시행령이 형사처벌에 관한 사항을 규정하면서 법률의 명시적인 위임 범위를 벗어나 그 처벌의 대상을 확장하는 것은 죄형법정주의의 원칙에도 어긋나는 것이므로, 그러한 시행령은 위임입법의 한계를 벗어난 것으로서 무효이다. (대법원 2015도16014 전합)

정답 O

090

한의사가 진단용 의료기기를 사용하는 것이 한의사의 '면허된 것 이외의 의료행위'에 해당하는지에 관한 새로운 판단 기준에 따르면, 한의사가 초음파 진단기기를 사용하여 환자의 신체 내부를 촬영하여 화면에 나타난 모습을 보고 이를 한의학적 진단의 보조수단으로 사용하는 것은 한의사의 '면허된 것 이외의 의료행위'에 해당하지 않는다. O X

해설 한의사가 진단용 의료기기를 사용하는 것이 한의사의 '면허된 것 이외의 의료행위'에 해당하는지에 관한 새로운 판단 기준에 따르면, 한의사가 초음파 진단기기를 사용하여 환자의 신체 내부를 촬영하여 화면에 나타난 모습을 보고 이를 한의학적 진단의 보조수단으로 사용하는 것은 한의사의 '면허된 것 이외의 의료행위'에 해당하지 않는다고 보는 것이 타당하다. 이유는 다음과 같다.

(가) 한의사의 초음파 진단기기 사용을 금지하는 취지의 규정은 존재하지 않는다
(나) 초음파 진단기기가 발전해온 과학기술문화의 역사적 맥락과 특성 및 그 사용에 필요한 기본적·전문적 지식과 기술 수준을 감안하면, 한의사가 한방의료행위를 하면서 진단의 보조수단으로 이를 사용하는 것이 의료행위에 통상적으로 수반되는 수준을 넘어서는 보건위생상 위해가 생길 우려가 있는 경우에 해당한다고 단정하기 어렵다.
(다) 전체 의료행위의 경위·목적·태양에 비추어 한의사가 초음파 진단기기를 사용하는 것이 한의학적 의료행위의 원리에 입각하여 이를 적용 또는 응용하는 행위와 무관한 것임이 명백히 증명되었다고 보기도 어렵다. (대법원 2016도21314 전합)

정답 O

091

환자가 사망한 경우 사망진단 전에 이루어지는 사망징후관찰은 구 「의료법」 제2조 제2항 제5호에서 간호사의 임무로 정한 '상병자 등의 요양을 위한 간호 또는 진료 보조'에 해당한다고 할 수 있다. 그리고 사망의 진단은 의사 등이 환자의 사망 당시 또는 사후에라도 현장에 입회해서 직접 환자를 대면하여 수행해야 하는 의료행위이지만, 간호사는 의사 등의 개별적 지도·감독이 있으면 사망의 진단을 할 수 있다. O X

해설 환자가 사망한 경우 사망진단 전에 이루어지는 사망징후관찰은 구 의료법 제2조 제2항 제5호에서 간호사의 임무로 정한 '상병자 등의 요양을 위한 간호 또는 진료 보조'에 해당한다고 할 수 있다. 그러나 사망의 진단은 의사 등이 환자의 사망 당시 또는 사후에라도 현장에 입회해서 직접 환자를 대면하여 수행해야 하는 의료행위이고, 간호사는 의사 등의 개별적 지도·감독이 있더라도 사망의 진단을 할 수 없다. 사망의 진단은 사망 사실과 그 원인 등을 의학적·법률적으로 판정하는 의료행위로서 구 의료법 제17조 제1항이 사망의 진단 결과에 관한 판단을 표시하는 사망진단서의 작성·교부 주체를 의사 등으로 한정하고 있고, 사망 여부와 사망 원인 등을 확인·판정하는 사망의 진단은 사람의 생명 자체와 연결된 중요한 의학적 행위이며, 그 수행에 의학적 전문지식이 필요하기 때문이다. (대법원 2017도10007)

정답 X

092 '여러 사람의 눈에 뜨이는 곳에서 공공연하게 알몸을 지나치게 내놓거나 가려야 할 곳을 내놓아 다른 사람에게 부끄러운 느낌이나 불쾌감을 준 사람'을 처벌하는 구 「경범죄 처벌법」 제3조 제1항 제33호는 죄형법정주의에 위배된다.   ○ ✕

해설 '여러 사람의 눈에 뜨이는 곳에서 공공연하게 알몸을 지나치게 내놓거나 가려야 할 곳을 내놓아 다른 사람에게 부끄러운 느낌이나 불쾌감을 준 사람'을 처벌하는 경범죄처벌법(2012.3.21. 법률 제11401호로 전부개정된 것) 제3조 제1항 제33호는 죄형법정주의의 명확성원칙에 위배된다. (헌법재판소 2016헌가3)   정답 ○

093 어린이집 대표자를 변경하였음에도 변경인가를 받지 않은 채 어린이집을 운영한 행위에 대해 설치인가를 받지 않고 사실상 어린이집의 형태로 운영하는 행위 등을 처벌하는 규정인 「영유아 보육법」 제54조 제4항 제1호를 적용하는 것은 죄형법정주의에 위배된다.   ○ ✕

해설 영유아보육법령의 체계와 규정 내용, 유아교육법 및 초·중등교육법의 규정과의 비교 등에 비추어 보면, 어린이집 대표자를 변경하고도 변경인가를 받지 않은 채 어린이집을 운영한 행위에 대하여 설치인가를 받지 않고 사실상 어린이집의 형태로 운영한 행위 등을 처벌하는 규정인 영유아보육법 제54조 제4항 제1호를 적용하거나 유추 적용할 수 없다. (대법원 2021도6860)   정답 ○

02 형법의 적용범위

094 범죄 후 법률의 변경에 의하여 그 행위가 범죄를 구성하지 아니하거나 형이 구법보다 경한 때에는 신법에 의한다. ○ ×

해설

> 형법 제1조(범죄의 성립과 처벌) ② 범죄 후 법률이 변경되어 그 행위가 범죄를 구성하지 아니하게 되거나 형이 구법(舊法)보다 가벼워진 경우에는 신법(新法)에 따른다.

정답 ○

095 「형법」에 의하면 범죄 후 법률의 변경에 의하여 형이 구법보다 경한 때에는 신법에 의한다고 규정하고 있으나, 신법에 경과규정을 두어 이러한 신법의 적용을 배제하는 것도 허용된다. ○ ×

해설 형법 제1조 제2항 및 제8조에 의하면 범죄 후 법률의 변경에 의하여 형이 구법보다 경한 때에는 신법에 의한다고 규정하고 있으나 신법에 경과규정을 두어 이러한 신법의 적용을 배제하는 것도 허용되는 것으로서, 형을 종전보다 가볍게 형벌법규를 개정하면서 그 부칙으로 개정된 법의 시행 전의 범죄에 대하여 종전의 형벌법규를 적용하도록 규정한다 하여 헌법상의 형벌불소급의 원칙이나 신법우선주의에 반한다고 할 수 없다. (대법원 99도1695)

정답 ○

096 포괄일죄로 되는 개개의 범죄행위가 법 개정의 전후에 걸쳐서 행하여진 경우에는 신·구법의 법정형에 대한 경중을 비교하여 신법과 구법 중 경한 법률을 적용하여야 한다. ○ ×

해설 포괄일죄로 되는 개개의 범죄행위가 법 개정의 전후에 걸쳐서 행하여진 경우에는 신·구법의 법정형에 대한 경중을 비교하여 볼 필요도 없이 범죄 실행 종료시의 법이라고 할 수 있는 신법을 적용하여 포괄일죄로 처단하여야 한다. (대법원 97도183)

정답 ×

097 외국인이 외국에서 형법상 약취·유인죄나 인신매매죄 또는 그 미수범과 예비·음모죄를 범한 경우에는 우리나라 형법이 적용된다. ○ ×

해설

> 형법 제296조의2(세계주의) 제287조부터 제292조까지 및 제294조는 대한민국 영역 밖에서 죄를 범한 외국인에게도 적용한다. = 형법상 약취유인, 인신매매죄와 그 미수범에 대해서는 우리 형법을 적용하지만, 예비음모죄에 대해서는 우리 형법이 적용되지 아니한다.

정답 ×

098 외국인도 대한민국 영역 내에서 죄를 범하였다면 형법이 적용된다. ○ ×

> **해설**
>
> 형법 제2조(국내범) 내국인은 대한민국 영역 외에서 죄를 범한 경우에도 형법이 적용된다.

정답 ○

099 내국인은 대한민국 영역 외에서 죄를 범한 경우에도 형법이 적용된다. ○ ×

> **해설**
>
> 형법 제3조(내국인의 국외범) 본법은 대한민국영역 외에서 죄를 범한 내국인에게 적용한다.

정답 ○

100 외국인이 대한민국 영역 외에서 위조유가증권행사죄, 위조공문서행사죄, 위조사문서행사죄를 범한 경우에도 형법이 적용된다. ○ ×

> **해설**
>
> 형법 제5조(외국인의 국외범) 본법은 대한민국영역 외에서 다음에 기재한 죄를 범한 외국인에게 적용한다.
> 1. 내란의 죄
> 2. 외환의 죄
> 3. 국기에 관한 죄
> 4. 통화에 관한 죄
> 5. 유가증권, 우표와 인지에 관한 죄
> 6. 문서에 관한 죄 중 제225조 내지 제230조
> 7. 인장에 관한 죄 중 제238조

정답 ×

101 외국인이 대한민국 영역 외에서 대한민국 국민의 법익이 직접적으로 침해되는 결과를 야기하는 죄를 범한 경우에도 형법이 적용된다. ○ ×

> **해설**
>
> 형법 제6조(대한민국과 대한민국 국민에 대한 국외범) 본법은 대한민국영역 외에서 대한민국 또는 대한민국 국민에 대하여 전조에 기재한 이외의 죄를 범한 외국인에게 적용한다. 단 행위지의 법률에 의하여 범죄를 구성하지 아니하거나 소추 또는 형의 집행을 면제할 경우에는 예외로 한다.

정답 ○

102 미국인이 행사할 목적으로 미국에서 일본 화폐인 엔화를 위조한 경우에는 대한민국 「형법」을 적용하여 처벌할 수 없다.   ○ ×

> **해설**
>
> 형법 제5조(외국인의 국외범) 본법은 대한민국영역 외에서 다음에 기재한 죄를 범한 외국인에게 적용한다.
>   4. 통화에 관한 죄
> 형법 제207조(통화의 위조 등) ③ 행사할 목적으로 외국에서 통용하는 외국의 화폐, 지폐 또는 은행권을 위조 또는 변조한 자는 10년 이하의 징역에 처한다.

정답 ×

103 한국인이 외국에서 죄를 지어 현지 법률에 따라 형의 전부 또는 일부의 집행을 받은 때에는 대한민국 법원은 그 집행된 형의 전부 또는 일부를 선고하는 형에 반드시 산입하여야 한다.   ○ ×

> **해설**
>
> 형법 제7조(외국에서 집행된 형의 산입) 죄를 지어 외국에서 형의 전부 또는 일부가 집행된 사람에 대해서는 그 집행된 형의 전부 또는 일부를 선고하는 형에 산입한다.

정답 ○

104 외국인 甲이 공해상을 운항 중인 우리나라 배에서 다른 외국인 선원의 지갑을 훔친 경우 우리나라 형법을 적용할 수 있다.   ○ ×

> **해설**
>
> 형법 제4조(국외에 있는 내국선박 등에서 외국인이 범한 죄) 본법은 대한민국영역외에 있는 대한민국의 선박 또는 항공기내에서 죄를 범한 외국인에게 적용한다.

정답 ○

105 한국인 甲이 외국에서 외국인 乙을 살해한 경우, 甲에게 행위지의 형법과 우리나라 형법이 모두 적용될 수 있고, 이는 이중처벌금지의 원칙에 위반되지 아니한다.   ○ ×

해설 속인주의에 따라서 우리 형법을 적용할 수 있다. (대법원 83도2366)   정답 ○

106 외국인 甲은 노동력 착취를 위해 자신의 나라에서 외국인 乙을 약취·유인하였다. 그 후 甲이 한국으로 들어와 여행을 하던 중 이 사실이 발각된 경우 우리나라 형법이 적용된다. ○ ×

> **해설**
>
> **형법 제296조의2(세계주의)** 제287조부터 제292조까지 및 제294조는 대한민국 영역 밖에서 죄를 범한 외국인에게도 적용한다. = 형법상 약취유인, 인신매매죄와 그 미수범에 대해서는 우리 형법을 적용한다.

정답 ○

107 외국인 甲이 외국에서 대한민국 국적 주식회사의 인장을 위조한 경우 대한민국의 재판권이 없다. ○ ×

해설 대법원 2002도4929

정답 ○

108 외국인 甲이 외국에서 장기적출을 목적으로 외국인 A를 매매한 경우 대한민국 형법이 적용될 수 있다. ○ ×

> **해설**
>
> **형법 제296조의2(세계주의)** 제287조부터 제292조까지 및 제294조는 대한민국 영역 밖에서 죄를 범한 외국인에게도 적용한다. = 형법상 약취유인, 인신매매죄와 그 미수범에 대해서는 우리 형법을 적용한다.

정답 ○

109 포괄일죄 범행이 계속되는 사이 법률이 개정된 경우 행위가 종료된 때의 신법을 적용해야 하나, 신법 부칙에서 '이 법 시행 전의 행위에 대한 벌칙의 적용에 있어서는 종전의 규정에 따른다.'는 규정을 두었다면 구법을 적용해야 한다. ○ ×

해설 포괄일죄인 위 법률 위반 범행이 계속된 경우 그 범죄실행 종료시의 법이라고 할 수 있는 신법을 적용하여 포괄일죄로 처단하여야 하고, 또한 "이 법 시행 전의 행위에 대한 벌칙의 적용에 있어서는 종전의 규정에 따른다."는 방문판매 등에 관한 법률 부칙(2007.1.19.) 제3조가 적용될 수도 없다. (대법원 2009도5075)

정답 ×

110 헌법재판소의 헌법불합치결정은 위헌결정에 해당하므로, 그 대상인 형벌조항을 적용하여 기소된 사건은 범죄로 되지 않는 때에 해당하여 법원이 무죄를 선고해야 한다. 이는 헌법재판소가 헌법불합치결정에서 시한을 두고 그때까지 개선 입법이 이루어지지 않는 경우 그 다음 날부터 효력을 상실하도록 하였더라도 달리 해석할 수 없다. ○ ×

해설 대법원 2008도7562 전합

정답 ○

111 「형법」의 총칙은 다른 법령에 정한 죄에 적용되지만, 그 법령에 특별한 규정이 있는 때에는 예외로 한다. ○ ×

> **해설**
>
> **형법 제8조(총칙의 적용)** 본법 총칙은 타법령에 정한 죄에 적용한다. 단, 그 법령에 특별한 규정이 있는 때에는 예외로 한다. = 특별규정이 있으면 이를 먼저 적용한다.

정답 ○

112 행위시와 재판시 사이에 법률이 수차례 변경된 때에는 언제나 가장 최근의 신법을 적용해야 한다. ○ ×

> **해설** 행위시와 재판시 사이에 수차 법령의 변경이 있는 경우에는 이 점에 관한 당사자의 주장이 없더라도 본조 제2항에 의하여 직권으로 행위시법과 제1, 2 심판시법의 세가지 규정에 의한 형의 경중을 비교하여 그 중 가장 형이 경한 법규정을 적용하여 심판하여야 한다. (대법원 68도1324)

정답 ×

113 피고인이 뉴질랜드 시민권을 취득함으로써 우리나라 국적을 상실한 후 뉴질랜드에서 대한민국 국민에 대해 사기죄를 범한 경우, 행위지의 법률에 의하여 범죄를 구성하고 그에 대한 소추나 형의 집행이 면제되지 않은 경우에 한하여 「형법」 제6조(보호주의)에 따라 우리 「형법」을 적용할 수 있다. ○ ×

> **해설** 대법원 2008도4085

정답 ○

114 외국인 甲이 대한민국 영역 외에서 대한민국 국민의 법익이 직접적으로 침해되는 결과를 야기하는 범죄를 범한 경우에도 대한민국 「형법」을 적용할 수 있다. ○ ×

> **해설**
>
> **형법 제5조(외국인의 국외범)** 국가보호주의, 제6조(대한민국과 대한민국국민에 대한 국외범) 국민보호주의에 따라 국외범을 처벌할 수 있다.

정답 ○

115 한국인 乙이 외국에서 미결구금 되었다가 무죄판결을 받은 경우 그 미결구금일수는 국내에서 동일한 행위로 인하여 선고받은 형에 산입하여야 한다. ○ ×

> **해설** 형사사건으로 외국 법원에 기소되었다가 무죄판결을 받은 사람은, 설령 그가 무죄판결을 받기까지 상당 기간 미결구금 되었더라도 이를 유죄판결에 의하여 형이 실제로 집행된 것으로 볼 수는 없으므로, '외국에서 형의 전부 또는 일부가 집행된 사람'에 해당한다고 볼 수 없고, 그 미결구금 기간은 형법 제7조에 의한 산입의 대상이 될 수 없다. (대법원 2017도5977 전합)

정답 ×

116 한국인 丙이 도박죄를 처벌하지 않는 외국 카지노에서 도박을 한 경우에도 대한민국 「형법」을 적용할 수 있다. ○ ×

해설 대법원 2002도2518 정답 ○

117 외국인 丁이 외국에서 서울지방경찰청장 명의의 운전면허증을 위조한 경우에도 대한민국 「형법」을 적용할 수 있다. ○ ×

해설

> 형법 제5조(외국인의 국외범) 본법은 대한민국영역외에서 다음에 기재한 죄를 범한 외국인에게 적용한다
> 6. 문서에 관한 죄중 제225조(공문서등의 위조·변조) 내지 제230조(공문서 등의 부정행사)

정답 ○

118 구 형법의 같은 조항의 법정형이 "5년 이하의 징역"이었던 것이 "5년 이하의 징역 또는 1천만원 이하의 벌금"이 되어 벌금형이 추가된 것은 형이 무겁게 변경되었음이 분명하다. ○ ×

해설 1995.12.29. 법률 제5057호로 개정되어 1996.7.1.부터 시행되는 형법 제231조, 제234조에 의하면 구 형법의 같은 조항의 법정형이 "5년 이하의 징역"이었던 것이 "5년 이하의 징역 또는 1천만 원 이하의 벌금"이 되어 벌금형이 추가됨으로써 원심판결 후에 형이 가볍게 변경되었음이 분명하다. (대법원 96도1158) 정답 ×

119 포괄일죄인 뇌물수수범행이 특정범죄가중처벌 등에 관한 법률(이하 '특가법') 제2조 제2항의 시행 전후에 걸쳐 행하여진 경우 특가법 제2조 제2항에 규정된 벌금형 산정 기준이 되는 수뢰액은 위 규정이 신설된 이후에 수수한 금액으로 한정된다. ○ ×

해설 2008.12.26. 법률 제9169호로 개정·시행된 특정범죄 가중처벌 등에 관한 법률(이하 '특가법'이라 한다)은 제2조 제2항에서 "형법 제129조, 제130조 또는 제132조에 규정된 죄를 범한 자는 그 죄에 대하여 정한 형(제1항의 경우를 포함한다)에 수뢰액의 2배 이상 5배 이하의 벌금을 병과(倂科)한다."라고 규정하여 뇌물수수죄 등에 대하여 종전에 없던 벌금형을 필요적으로 병과하도록 하고 있는데, 헌법 제13조 제1항의 형벌법규 불소급 원칙과 형법 제1조 제1항의 "범죄의 성립과 처벌은 행위시의 법률에 의한다."는 규정에 비추어 보면, 포괄일죄인 뇌물수수 범행이 위 신설 규정의 시행 전후에 걸쳐 행하여진 경우 특가법 제2조 제2항에 규정된 벌금형 산정 기준이 되는 수뢰액은 위 규정이 신설된 2008.12.26. 이후에 수수한 금액으로 한정된다고 보아야 한다. (대법원 2011도4260) 정답 ○

120 한국인이 한국 내에 있는 미국 문화원에서 방화죄를 범한 경우, 미국 문화원이 국제협정이나 관행에 의하여 치외법권 지역이고 미국 본토의 연장으로 본다고 하더라고 대한민국의 형법이 적용된다. ○ ×

해설 대법원 86도403 정답 ○

121 피해자의 의사에 상관없이 처벌할 수 있었던 근로기준법위반죄가 반의사불벌죄로 개정되었으나 부칙에는 그 적용과 관련한 경과규정이 없다면, 개정 전의 행위에 대해서는 형법 제1조 제1항에 의하여 행위시의 법률이 적용되어야 한다. ○ ✕

해설 근로기준법 제112조 제2항에 의하면, 종전에는 피해자의 의사에 상관없이 처벌할 수 있었던 근로기준법 제112조 제1항, 제36조 위반죄가 반의사불벌죄로 개정되었고, 부칙에는 그 적용과 관련한 경과규정이 없지만 개정 법률이 피고인에게 더 유리할 것이므로 형법 제1조 제2항에 의하여 피고인에 대하여는 개정법률이 적용되어야 할 것이다. (대법원 2005도4462) 정답 ✕

122 형의 경중의 비교는 원칙적으로 법정형을 표준으로 하고, 병과형 또는 선택형이 있을 때에는 그중 가장 중한 형을 기준으로 하여 다른 형과 경중을 정하는 것이 원칙이다. ○ ✕

해설 대법원 92도2194 정답 ○

123 행위시 형법을 적용하면 집행유예 결격사유에 해당하지 아니하지만 현행 형법을 적용할 경우 집행유예 결격사유에 해당한다면, 이 경우 피고인에게 유리한 행위시 형법을 적용하여야 한다. ○ ✕

해설 대법원 2007도7874 정답 ○

124 형벌에 관한 법령이 헌법재판소의 위헌결정으로 인해 그 효력을 상실한 경우 그 법령을 적용하여 공소가 제기된 피고사건에 대하여는 형법 제1조 제2항의 '범죄 후 법령의 개폐로 인하여 범죄를 구성하지 아니하는 때'에 해당하므로 법원은 면소판결을 선고하여야 한다. ○ ✕

해설 헌법재판소의 위헌결정으로 인하여 형벌에 관한 법률 또는 법률조항이 소급하여 그 효력을 상실한 경우에는 당해 법조를 적용하여 기소한 피고 사건은 범죄로 되지 아니하는 때에 해당하므로, 결국 이 부분 공소사실은 무죄라 할 것이다. (대법원 99도3003) 정답 ✕

125 형법 제7조에서 규정하고 있는 '외국에서 형의 전부 또는 일부가 집행된 사람'이란 '외국 법원의 유죄판결에 의하여 자유형이나 벌금형 등의 전부 또는 일부가 실제로 집행된 사람'을 말한다. ○ ✕

해설 대법원 2017도5977 전합 정답 ○

126   형법의 적용에 관하여 같은 법 제2조는 대한민국 영역 내에서 죄를 범한 내국인과 외국인에게 적용한다고 규정하고 있으며, 같은 법 제6조 본문은 대한민국 영역 외에서 대한민국 또는 대한민국 국민에 대하여 같은 법 제5조에 기재한 이외의 죄를 범한 외국인에게 적용한다고 규정하고 있는바, 중국 북경시에 소재한 대한민국 영사관 내부는 여전히 중국의 영토에 속할 뿐 이를 대한민국의 영토로서 그 영역에 해당한다고 볼 수 없다. ○ ×

해설 대법원 2006도5010   정답 ○

127   독일인이 독일 내에서 북한의 지령을 받아 베를린 주재 북한이익대표부를 방문하고 그곳에서 북한공작원을 만난 행위는 외국인의 국외범에 해당하여, 형법 제5조와 제6조에서 정한 요건에 해당하지 않는 이상 우리 형법으로 처벌할 수 없다. ○ ×

해설 대법원 2004도4899 전합   정답 ○

128   형사사건으로 외국 법원에 기소되었다가 무죄판결을 받은 사람이 무죄판결을 받기까지 일정 기간 미결구금 되었던 경우, 그 미결구금기간에 대하여는 외국에서 집행된 형의 산입 규정인 형법 제7조가 적용되어야 한다. ○ ×

해설 '외국에서 형의 전부 또는 일부가 집행된 사람'이란 그 문언과 취지에 비추어 '외국 법원의 유죄판결에 의하여 자유형이나 벌금형 등 형의 전부 또는 일부가 실제로 집행된 사람'을 말한다고 해석하여야 한다. 따라서 형사사건으로 외국 법원에 기소되었다가 무죄판결을 받은 사람은, 설령 그가 무죄판결을 받기까지 상당 기간 미결구금 되었더라도 이를 유죄판결에 의하여 형이 실제로 집행된 것으로 볼 수는 없으므로, '외국에서 형의 전부 또는 일부가 집행된 사람'에 해당한다고 볼 수 없고, 그 미결구금기간은 형법 제7조에 의한 산입의 대상이 될 수 없다. (대법원 2017도5977 전합)   정답 ×

129   대한민국 영역 외에서 형법상 공문서에 관한 죄를 범한 외국인에게는 대한민국 형법을 적용한다. 다만, 행위지의 법률에 의하여 범죄를 구성하지 아니하거나 소추 또는 형의 집행을 면제할 경우에는 예외로 한다. ○ ×

해설

> 형법 제5조(외국인의 국외범) 본법은 대한민국영역외에서 다음에 기재한 죄를 범한 외국인에게 적용한다.
>   1. 내란의 죄
>   2. 외환의 죄
>   3. 국기에 관한 죄
>   4. 통화에 관한 죄
>   5. 유가증권, 우표와 인지에 관한 죄
>   6. 문서에 관한 죄중 제225조 내지 제230조
>   7. 인장에 관한 죄중 제238조
>
> 형법 제6조(대한민국과 대한민국국민에 대한 국외범) 본법은 대한민국영역외에서 대한민국 또는 대한민국국민에 대하여 전조에 기재한 이외의 죄를 범한 외국인에게 적용한다. 단 행위지의 법률에 의하여 범죄를 구성하지 아니하거나 소추 또는 형의 집행을 면제할 경우에는 예외로 한다.

정답 ×

130 형벌에 관한 법률조항에 대하여 헌법불합치결정이 선고된 경우, 당해 조항을 적용하여 공소가 제기된 피고사건에 대하여 법원은 공소기각판결을 선고하여야 한다. ○ ×

해설 피고인이 야간옥외집회를 주최하였다는 취지의 공소사실에 대하여 원심이 집회 및 시위에 관한 법률 제23조 제1호, 제10조 본문을 적용하여 유죄를 인정하였는데, 원심판결 선고 후 헌법재판소가 위 법률조항에 대해 헌법불합치결정을 선고하면서 개정시한을 정하여 입법개선을 촉구하였는데도 위 시한까지 법률개정이 이루어지지 않은 사안에서, 위 법률조항은 소급하여 효력을 상실하므로 이를 적용하여 공소가 제기된 위 피고사건에 대하여 무죄를 선고하여야 한다. (대법원 2008도7562 전합)

정답 ×

131 내국 법인의 대표자인 외국인이 내국 법인이 외국에 설립한 특수목적법인에 위탁해 둔 자금을 정해진 목적과 용도 외에 임의로 사용하여 횡령한 경우, 그 행위가 외국에서 이루어졌다고 하더라도 행위지의 법률에 의하여 범죄를 구성하지 아니하거나 소추 또는 형의 집행을 면제할 경우가 아니라면 그 외국인에 대해서도 우리나라 「형법」이 적용된다. ○ ×

해설 대법원 2016도17465

정답 ○

132 범죄행위는 범죄의사가 외부적으로 표현된 상태로서 주관적 내부적인 의사와 객관적 외부적인 표현(동작)을 그 요소로 하는 것이므로, 공모공동정범의 공모지는 형법 제2조(국내범)가 적용되는 범죄지로 볼 수 없다. ○ ×

해설 형법 제2조(국내범)를 적용함에 있어서 공모공동정범의 경우 공모지도 범죄지로 보아야 한다. (대법원 98도2734)

정답 ×

133 형법 총칙은 다른 법령에 정한 죄에 적용되지만, 그 법령에 특별한 규정이 있는 때에는 예외로 한다. ○ ×

해설

> 형법 제8조(총칙의 적용) 본법 총칙은 타법령에 정한 죄에 적용한다. 단, 그 법령에 특별한 규정이 있는 때에는 예외로 한다.

정답 ○

134 외국인이 대한민국 공무원에게 알선한다는 명목으로 금품을 수수한 행위가 대한민국 영역 내에서 이루어졌으나, 금품수수의 명목이 된 알선행위의 장소가 대한민국 영역 외인 경우에는 대한민국의 형벌법규를 적용할 수 없다. ○ ×

해설 외국인이 대한민국 공무원에게 알선한다는 명목으로 금품을 수수하는 행위가 대한민국 영역 내에서 이루어진 이상, 비록 금품수수의 명목이 된 알선행위를 하는 장소가 대한민국 영역 외라 하더라도 대한민국 영역 내에서 죄를 범한 것이라고 하여야 할 것이므로, 형법 제2조에 의하여 대한민국의 형벌법규인 구 변호사법(2000.1.28. 법률 제6207호로 전문개정되기 전의 것) 제90조 제1호가 적용되어야 한다. (대법원 99도3403)   정답 ×

135 외국인이 중국 북경시 소재 대한민국 영사관 내에서 여권발급신청서를 위조한 경우, 외국인의 국외범에 해당하기 때문에 대한민국 형법을 적용할 수 없다. ○ ×

해설 대법원 2006도5010   정답 ○

136 범죄행위 시와 재판 시 사이에 여러 차례 법령이 개정되어 형의 변경이 있는 때에는 당사자가 신청하는 경우에 한하여 그 전부의 법령을 비교하여 가장 형이 가벼운 법령을 적용한다. ○ ×

해설 범죄행위시와 재판시 사이에 여러 차례 법령이 개정되어 형의 변경이 있는 경우에는 이 점에 관한 당사자의 주장이 없더라도 형법 제1조 제2항에 의하여 직권으로 그 전부의 법령을 비교하여 그 중 가장 형이 가벼운 법령을 적용하여야 한다. (대법원 2012도7760)   정답 ×

137 구법에 규정된 형이 '3년 이하의 징역'이고 신법에 규정된 형이 '5년 이하의 징역 또는 1천만원 이하의 벌금'이라면 벌금형이 병과되었다는 점에서 형이 경하게 변경된 것이므로 형법 제1조 제2항에 따라 신법을 적용하여야 한다. ○ ×

해설 구 변호사법(1982.12.31 개정전의 법률) 제54조에 규정된 형은 징역 3년이고 재판시법인 현행 변호사법제78조에 규정된 형은 5년 이하의 징역 또는 1천만원 이하의 벌금으로서 신법에서는 벌금형의 선택이 가능하다 하더라도 법정형의 경중은 병과형 또는 선택형 중 가장 중한 형을 기준으로 하여 다른 형과 경중을 정하는 것이므로 행위시법인 구법의 형이 더 경하다. (대법원 83도2499)   정답 ×

138 법원이 인정하는 범죄사실이 공소사실과 차이가 없이 동일한 경우에는 비록 검사가 재판시법인 신법의 적용을 구하였더라도 그 범행에 대한 형의 경중의 차이가 없으면 공소장변경절차를 거치지 않아도 구법을 적용할 수 있다. ○ ×

해설 법원이 인정하는 범죄사실이 공소사실과 차이가 없이 동일한 경우에는 비록 검사가 재판시법인 개정 후 신법의 적용을 구하였더라도 그 범행에 대한 형의 경중의 차이가 없으면 피고인의 방어권 행사에 실질적으로 불이익을 초래할 우려도 없어 공소장 변경절차를 거치지 않고도 정당하게 적용되어야 할 행위시법인 구법을 적용할 수 있다. (대법원 2000도3350)   정답 ○

139 포괄일죄에 관한 기존 처벌법규에 대하여 그 표현이나 형량과 관련한 개정을 하는 경우가 아니라 애초에 죄가 되지 아니하던 행위를 구성요건의 신설로 포괄일죄의 처벌대상으로 삼는 경우에는 신설된 포괄일죄 처벌법규가 시행되기 이전의 행위에 대하여도 신설된 법규를 적용하여 처벌할 수 있다. ○ ×

해설 포괄일죄에 관한 기존 처벌법규에 대하여 그 표현이나 형량과 관련한 개정을 하는 경우가 아니라 애초에 죄가 되지 아니하던 행위를 구성요건의 신설로 포괄일죄의 처벌대상으로 삼는 경우에는 신설된 포괄일죄 처벌법규가 시행되기 이전의 행위에 대하여는 신설된 법규를 적용하여 처벌할 수 없다. (대법원 2015도15669)

정답 ×

140 범죄 후 법률의 개정으로 법정형이 가벼워졌다고 하더라도 행위시법인 구법의 법정형이 공소시효기간의 기준이 된다. ○ ×

해설 범죄 후 법률의 개정에 의하여 법정형이 가벼워진 경우에는 형법 제1조 제2항에 의하여 당해 범죄사실에 적용될 가벼운 법정형(신법의 법정형)이 공소시효기간의 기준이 된다. (대법원 2008도4376)

정답 ×

141 형법은 범인의 국적과 범죄지 여하를 불문하고 우리나라 형벌법규를 적용하는 세계주의에 관한 조항을 두고 있다. ○ ×

해설

> **형법 제296조의2(세계주의)** 제287조부터 제292조까지 및 제294조는 대한민국 영역 밖에서 죄를 범한 외국인에게도 적용한다. = 약취·유인·인신매매죄의 경우 외국인이 외국에서 외국인을 상대로 범죄를 행하여도 우리나라 형법이 적용된다.

정답 ○

142 법무사인 甲이 개인파산·회생사건 관련 법률사무를 위임받아 취급하여 비변호사의 법률사무취급을 금지하는 「변호사법」 제109조 제1호 위반으로 기소되었는데 범행 이후에 개정된 「법무사법」 제2조 제1항 제6호에 의하여 '개인의 파산사건 및 개인회생사건 신청의 대리'가 법무사의 업무로 추가되었다면, 위 「법무사법」 개정은 형사법적 관점의 변화를 주된 근거로 하는 법령의 변경에 해당하므로 「형법」 제1조 제2항이 적용된다. ○ ×

해설 법무사인 피고인이 개인파산·회생사건 관련 법률사무를 위임받아 취급하여 변호사법 제109조 제1호 위반으로 기소되었는데, 범행 이후인 2020.2.4. 개정된 법무사법 제2조 제1항 제6호에 의하여 '개인의 파산사건 및 개인회생사건 신청의 대리'가 법무사의 업무로 추가된 사안에서, 위 법무사법 개정은 범죄사실의 해당 형벌법규 자체인 변호사법 제109조 제1호 또는 그로부터 수권 내지 위임을 받은 법령이 아닌 별개의 다른 법령의 개정에 불과하고, 변호사법 제109조 제1호 위반죄의 성립 요건과 구조를 살펴보더라도 법무사법 제2조의 규정이 보충규범으로서 기능하고 있다고 보기 어려운 점 등을 종합하면, 위 법무사법 개정은 형사법적 관점의 변화를 주된 근거로 하는 법령의 변경에 해당하지 않는다. (대법원 2022도4610)

정답 ×

143 법령 제정 당시부터 또는 폐지 이전에 스스로 유효기간을 구체적인 일자나 기간으로 특정하여 효력의 상실을 예정하고 있던 법령이 그 유효기간을 경과함으로써 더 이상 효력을 갖지 않게 된 경우, 그 유효기간 경과 전에 행해진 법령 위반행위의 가벌성은 소멸하므로 더 이상 행위자를 처벌할 수 없게 된다. ○ ×

해설 법령이 개정 내지 폐지된 경우가 아니라, 스스로 유효기간을 구체적인 일자나 기간으로 특정하여 효력의 상실을 예정하고 있던 법령이 그 유효기간을 경과함으로써 더 이상 효력을 갖지 않게 된 경우도 형법 제1조 제2항과 형사소송법 제326조 제4호에서 말하는 법령의 변경에 해당한다고 볼 수 없다. (대법원 2020도16420 전합) = 동기설 폐지 판례이다.

[1] 범죄 후 법률이 변경되어 그 행위가 범죄를 구성하지 아니하게 되거나 형이 구법보다 가벼워진 경우에는 신법에 따라야 하고(형법 제1조 제2항), 범죄 후의 법령 개폐로 형이 폐지되었을 때는 판결로써 면소의 선고를 하여야 한다(형사소송법 제326조 제4호). 이러한 형법 제1조 제2항과 형사소송법 제326조 제4호의 규정은 입법자가 법령의 변경 이후에도 종전 법령 위반행위에 대한 형사처벌을 유지한다는 내용의 경과규정을 따로 두지 않는 한 그대로 적용되어야 한다. 따라서 범죄의 성립과 처벌에 관하여 규정한 형벌법규 자체 또는 그로부터 수권 내지 위임을 받은 법령의 변경에 따라 범죄를 구성하지 아니하게 되거나 형이 가벼워진 경우에는, 종전 법령이 범죄로 정하여 처벌한 것이 부당하였다거나 과형이 과중하였다는 반성적 고려에 따라 변경된 것인지 여부를 따지지 않고 원칙적으로 형법 제1조 제2항과 형사소송법 제326조 제4호가 적용된다. 형벌법규가 대통령령, 총리령, 부령과 같은 법규명령이 아닌 고시 등 행정규칙·행정명령, 조례 등(이하 '고시 등 규정'이라고 한다)에 구성요건의 일부를 수권 내지 위임한 경우에도 이러한 고시 등 규정이 위임입법의 한계를 벗어나지 않는 한 형벌법규와 결합하여 법령을 보충하는 기능을 하는 것이므로, 그 변경에 따라 범죄를 구성하지 아니하게 되거나 형이 가벼워졌다면 마찬가지로 형법 제1조 제2항과 형사소송법 제326조 제4호가 적용된다.

[2] 그러나 해당 형벌법규 자체 또는 그로부터 수권 내지 위임을 받은 법령이 아닌 다른 법령이 변경된 경우 형법 제1조 제2항과 형사소송법 제326조 제4호를 적용하려면, 해당 형벌법규에 따른 범죄의 성립 및 처벌과 직접적으로 관련된 형사법적 관점의 변화를 주된 근거로 하는 법령의 변경에 해당하여야 하므로, 이와 관련이 없는 법령의 변경으로 인하여 해당 형벌법규의 가벌성에 영향을 미치게 되는 경우에는 형법 제1조 제2항과 형사소송법 제326조 제4호가 적용되지 않는다.

한편 법령이 개정 내지 폐지된 경우가 아니라, 스스로 유효기간을 구체적인 일자나 기간으로 특정하여 효력의 상실을 예정하고 있던 법령이 그 유효기간을 경과함으로써 더 이상 효력을 갖지 않게 된 경우도 형법 제1조 제2항과 형사소송법 제326조 제4호에서 말하는 법령의 변경에 해당한다고 볼 수 없다. (대법원 2020도16420 전합) 정답 ×

144 재판이 확정된 후 법률이 변경되어 그 행위가 범죄를 구성하지 아니하게 되거나 형이 구법보다 가벼워진 경우, 형의 집행을 면제한다. ○ ×

해설 범죄 후 법률이 변경되어 그 행위가 범죄를 구성하지 아니하게 되거나 형이 구법보다 가벼워진 경우에는 신법에 따라야 하고(형법 제1조 제2항), 범죄 후의 법령 개폐로 형이 폐지되었을 때는 판결로써 면소의 선고를 하여야 한다. (대법원 2020도16420 전합) 정답 ×

145 캐나다 시민권자인 甲이 투자금을 교부받더라도 선물시장에 투자하여 운용할 의사나 능력이 없음에도 캐나다에서 그곳에 거주하는 대한민국 국민 A를 기망하여 직접 투자금을 수령한 경우, 甲의 행위가 캐나다 법률에 의해 범죄를 구성하고 그에 대한 소추나 형의 집행이 면제되지 않는 경우에만 우리 형법이 적용된다. ○ ×

해설 캐나다 시민권자인 피고인이 투자금을 교부받더라도 선물시장에 투자하여 운용할 의사나 능력이 없음에도, 피해자들을 기망하여 투자금 명목의 돈을 편취하였다는 내용으로 기소된 사안에서, 공소사실 중 '피고인이 캐나다에 거주하는 대한민국 국민을 기망하여 캐나다에서 직접 또는 현지 은행계좌로 투자금을 수령한 부분'은 외국인이 대한민국 영역 외에서 대한민국 국민에 대하여 범죄를 저지른 경우에 해당하므로, 이 부분이 행위지인 캐나다 법률에 의하여 범죄를 구성하는지 및 소추 또는 형의 집행이 면제되는지를 심리하여 해당 부분이 행위지 법률에 의하여 범죄를 구성하고 그에 대한 소추나 형의 집행이 면제되지 않는 경우에 한하여 우리 형법을 적용하였어야 하는데도, 이에 관하여 아무런 증명이 없는 상황에서 공소사실 전부를 유죄로 인정한 원심판결에 재판권 인정에 관한 법리오해 및 심리미진의 위법이 있다. (대법원 2011도6507)

정답 ○

CRIMINAL LAW

PART 02

범죄론

CHAPTER 01	범죄의 요건 및 유형
CHAPTER 02	구성요건론
CHAPTER 03	위법성론
CHAPTER 04	책임론
CHAPTER 05	미수론
CHAPTER 06	공범론
CHAPTER 07	죄수론

CHAPTER 01 범죄의 요건 및 유형

01 범죄론 일반

001 구체적 위험범에서의 위험은 구성요건요소이므로 고의의 인식대상이 된다. ○ ×

해설 구체적 위험범은 행위자가 구체적 위험이라는 요소를 인식해야만 범죄가 성립하는 범죄유형이다. 이에는 자기소유 일반건조물 방화, 일반물건 방화, 직무유기 등이 속한다. 　　정답 ○

002 출판물에 의한 명예훼손죄는 진정목적범이다. ○ ×

해설 사람을 비방할 목적이 있으면 출판물에 의한 명예훼손죄가 성립하고, 사람을 비방할 목적이 없으면 제307조에 의한 명예훼손죄 구성여부를 판단하게 되므로, 출판물에 의한 명예훼손죄는 부진정 목적범에 해당한다. 　　정답 ×

003 甲이 乙을 모해할 목적으로 丙에게 위증을 교사한 경우, 정범인 丙에게 모해의 목적이 없었다고 하더라도, 甲에게는 모해위증죄의 교사범이 성립한다. ○ ×

해설 대법원 93도1002 　　정답 ○

004 존속협박죄는 반의사불벌죄에 해당한다. ○ ×

해설 반의사불벌죄는 피해자가 가해자에 대한 처벌을 원하지 않는다는 의사를 명확히 한 경우 가해자를 공소제기 할 수 없는 범죄유형이다. 이에는 폭행, 존속폭행, 협박, 존속협박, (일반)명예훼손, 출판물에 의한 명예훼손, 과실치상죄 등이 있다. 　　정답 ○

005 고의는 일반적 주관적 불법요소로서 인적 행위불법의 핵심적 요소에 해당한다. ○ ×

해설 고의는 일반적 주관적 구성요건요소이다. 인적 불법론은 형법에 있어서 불법의 핵심이 행위반가치에 있다고 본다. 즉 행위자의 일정한 인적 사정에 근거해서 판단하자고 하는 학설이므로 범죄 행위를 판단할 때 결과의 불법이 아닌 행위의 불법에 중심을 둔다. 　　정답 ○

006 목적범에서 '목적'은 범죄성립을 위하여 고의 외에 요구되는 초과주관적 위법요소이다. ○ ×

해설 목적범에서의 목적은 초과(특수)주관적 구성요건요소이다. 　　정답 ○

007 사문서위조죄는 행위자가 '행사할 목적'으로 사문서를 위조할 것을 규정하고 있으므로 여기서의 목적은 일반적 주관적 불법요소에 해당한다. ○ ×

해설 사문서위조죄의 '행사할 목적'은 초과주관적 구성요건요소이다. 　　정답 ×

008 불법영득의사는 과실범에서는 있을 수 없고 고의범에서만 있을 수 있는 특수한 주관적 불법요소(초과주관적 구성요건요소)에 해당한다. ○ ×

해설 불법영득의사는 초과주관적 구성요건요소이다. 정답 ○

009 상태범은 행위자의 행위가 위법상태를 한 번 야기함으로 기수가 되고 동시에 종료되는 범죄로, 이미 야기한 위법상태에 포섭되는 기수 후의 행위는 불가벌적 사후행위가 된다. ○ ×

해설 상태범은 즉시범의 일종이며 행위자의 행위가 위법상태를 한 번 야기함으로 기수가 된다. 범죄 실행행위에 의해서 법익침해가 발생하기 때문이다. 따라서 기수시기와 종료시기는 일치한다. 그러나 위법상태는 상태범이 계속성이 있으나 즉시범은 위법상태가 계속되지는 않는다. 정답 ○

010 구체적 위험범은 법익 침해의 결과 발생을 요하지는 않지만 법익 침해의 현실적 위험이 발생하여야 하는 범죄이다. ○ ×

해설 구체적 위험범은 보호법익에 대한 구체적이고 현실적 위험성이 있어야 범죄가 성립하는 것으로 가벌성의 범위가 추상적 위험범에 비해서는 크지 않다. 정답 ○

011 거동범은 행위자가 직접 거동을 하여야 하는 범죄로 간접정범의 형태로 범할 수 없는 범죄이다. ○ ×

해설 거동범은 결과발생을 요하지 않으며 간접정범의 형태로 범할 수 있다. 간접정범의 형태로 범할 수 없는 범죄는 자수범이다. 정답 ×

012 부진정신분범은 신분이 범죄의 성립에 영향을 미치지 않지만 형의 경중에 영향을 미치는 범죄이다. ○ ×

해설 특정 신분이 없는 사람이라도 범죄를 범할 수 있으나 특정 신분이 있는 사람이 해당 범죄를 범하는 경우 그 형이 가중 또는 감경되는 경우이다. 불법체포감금죄, 존속살해죄, 존속상해죄, 영아살해죄 등이 그 예이다. 정답 ○

013 행정상의 단속을 주안으로 하는 법규라 하더라도 명문규정이 있거나 해석상 과실범도 벌할 뜻이 명확한 경우를 제외하고는 고의가 있어야 벌할 수 있다. ○ ×

해설 대법원 2009도9807 정답 ○

014 목적범에서의 목적은 목적 내용에 대한 적극적 의욕이나 확정적 인식까지는 요하지 않고 미필적 인식으로도 족하다. ○ ×

해설 국가보안법 제7조 제5항 위반의 죄는 제1항 내지 제4항의 행위를 할 목적으로 문서 등 이적표현물을 취득, 소지, 제작, 반포 등의 행위를 하는 것으로서 이른바 목적범이기는 하나 그 목적은 그 행위에 대한 적극적 의욕이나 확정적 인식까지는 필요 없고 미필적 인식으로 족한 것이므로 행위자가 표현물의 내용이 객관적으로 보아 반국가단체인 북한의 대남선전, 선동 등의 활동에 동조하는 등의 이적성을 담고 있는 것임을 인식하고, 나아가 그와 같은 이적행위가 될지도 모른다는 미필적 인식이 있으면 위 조항의 구성요건은 충족된다. (대법원 91도41) 정답 ○

015 공연음란죄는 행위의 음란성에 대한 의미의 인식 이외에 주관적으로 성욕의 흥분 또는 만족 등의 성적인 목적이 있어야 성립한다. ○ ×

해설 형법 제245조 소정의 '음란한 행위'라 함은 일반 보통인의 성욕을 자극하여 성적 흥분을 유발하고 정상적인 성적 수치심을 해하여 성적 도의관념에 반하는 것을 가리킨다고 할 것이고, 위 죄는 주관적으로 성욕의 흥분 또는 만족 등의 성적인 목적이 있어야 성립하는 것은 아니지만 그 행위의 음란성에 대한 의미의 인식이 있으면 족하다. (대법원 2000도4372)

정답 ×

016 부진정부작위범의 고의는 법익침해의 결과발생을 방지할 법적 작위의무를 가지고 있는 사람이 의무를 이행함으로써 결과발생을 쉽게 방지할 수 있었음을 예견하고도 결과발생을 용인하고 이를 방관한 채 의무를 이행하지 아니한다는 인식을 하면 족하며, 이러한 작위의무자의 예견 또는 인식 등이 불확정적인 경우이더라도 미필적 고의로 인정될 수 있다. ○ ×

해설 전원 부진정 부작위범의 고의는 반드시 구성요건적 결과발생에 대한 목적이나 계획적인 범행 의도가 있어야 하는 것은 아니고 법익침해의 결과발생을 방지할 법적 작위의무를 가지고 있는 자가 그 의무를 이행함으로써 그 결과발생을 쉽게 방지할 수 있었음을 예견하고도 결과의 발생을 용인하고 이를 방관한 채 그 의무를 이행하지 아니한다는 인식을 하면 족하며, 이러한 작위의무자의 예견 또는 인식 등은 확정적인 것은 물론 불확정적인 것이더라도 미필적 고의로 인정될 수 있다. 작위의무자에게 이러한 고의가 있었는지는 작위의무자의 진술에만 의존할 것이 아니라, 작위의무의 발생근거, 법익침해의 태양과 위험성, 작위의무자의 법익침해에 대한 사태지배의 정도, 요구되는 작위의무의 내용과 그 이행의 용이성, 부작위에 이르게 된 동기와 경위, 부작위의 형태와 결과 발생과의 상관관계 등을 종합적으로 고려하여 작위의무자의 심리상태를 추인하여야 할 것이다. (대법원 2015도6809 전합)

정답 ○

017 부진정신분범은 신분이 없어도 범할 수 있지만 신분이 있으면 형이 가중 또는 감경되는 범죄를 말하는데, 「형법」상 존속살해죄는 보통살인죄와 비교하여 형이 가중되는 부진정신분범이다. ○ ×

해설

> 형법 제250조(살인, 존속살해) ① 사람을 살해한 자는 사형, 무기 또는 5년 이상의 징역에 처한다.
> ② 자기 또는 배우자의 직계존속을 살해한 자는 사형, 무기 또는 7년 이상의 징역에 처한다.

정답 ○

018 부진정목적범은 목적이 없어도 범할 수 있지만 목적이 있으면 형이 가중 또는 감경되는 범죄를 말하는데, 「형법」상 결혼목적약취유인죄는 미성년자약취유인죄와 비교하여 형이 감경되는 부진정목적범이다. ○ ×

해설 결혼목적 약취유인죄는 미성년자약취유인죄와 비교하여 형이 가중되는 부진정목적범으로서, 미성년자약취유인죄는 형법 제287조(미성년자의 약취, 유인)에 의하여 10년 이하의 징역에 처하며, 결혼목적 약취유인죄는 형법 제288조(추행 등 목적 약취, 유인 등) 제1항에 의하여 1년 이상 10년 이하의 징역에 처한다.

정답 ×

019 부진정부작위범의 경우에는 보호법익의 주체가 법익에 대한 침해위협에 대처할 보호능력이 없고, 부작위행위자에게 침해위협으로부터 법익을 보호해 주어야 할 법적 작위의무가 있을 뿐 아니라, 부작위행위자가 그러한 보호적 지위에서 법익침해를 일으키는 사태를 지배하고 있어 작위의무의 이행으로 결과발생을 쉽게 방지할 수 있어야 부작위로 인한 법익침해가 작위에 의한 법익침해와 동등한 형법적 가치가 있는 것으로서 범죄의 실행행위로 평가될 수 있다. ○ ×

해설 대법원 2015도6809 전합 정답 ○

020 부진정결과적 가중범에 있어서 고의로 중한 결과를 발생하게 한 행위가 별도의 구성요건에 해당하고 그 고의범에 대하여 결과적 가중범에 정한 형보다 더 무겁게 처벌하는 규정이 있는 경우에는 그 고의범과 결과적 가중범의 상상적 경합이 인정된다. ○ ×

해설 기본범죄를 통하여 고의로 중한 결과를 발생하게 한 경우에 가중 처벌하는 부진정결과적가중범에서, 고의로 중한 결과를 발생하게 한 행위가 별도의 구성요건에 해당하고 그 고의범에 대하여 결과적가중범에 정한 형보다 더 무겁게 처벌하는 규정이 있는 경우에는 그 고의범과 결과적가중범이 상상적 경합관계에 있지만, 위와 같이 고의범에 대하여 더 무겁게 처벌하는 규정이 없는 경우에는 결과적가중범이 고의범에 대하여 특별관계에 있으므로 결과적가중범만 성립하고 이와 법조경합의 관계에 있는 고의범에 대하여는 별도로 죄를 구성하지 않는다. (대법원 2008도7311) 정답 ○

021 구체적 위험범은 법익침해의 현실적 위험이 야기된 경우에 구성요건이 충족되는 범죄를 말한다. ○ ×

해설 구체적 위험범은 대체로 구성요건에 위험이 명시되어 있는 것으로 현실적 위험을 구성요건요소로 한다. 정답 ○

022 부진정신분범은 신분으로 인하여 형이 가중·감경되는 범죄이다. ○ ×

해설 부진정신분범은 가감적 신분범이다. 정답 ○

023 상태범은 기수와 범죄행위의 종료시, 범죄행위의 종료시와 위법상태의 종료시가 모두 일치한다. ○ ×

해설 상태범은 범죄행위 종료시와 위법상태 종료시가 일치하지 아니하고, 위법상태 종료가 더 지속되는 유형이다. 정답 ×

024 거동범의 예로는 폭행죄, 주거침입죄가 있다. ○ ×

해설 거동범은 폭행, 주거침입, 모욕, 명예훼손 등이다. 정답 ○

025 형법 제287조의 미성년자약취유인죄는 미성년자의 자유 외에 보호감독자의 감호권도 보호법익으로 한다. ○ ×

해설 대법원 2002도7115

정답 ○

026 형법 제127조의 공무상비밀누설죄는 비밀누설에 의하여 위협받는 국가의 기능이 아니라 비밀 그 자체를 보호법익으로 한다. ○ ×

해설 공무상비밀누설죄는 비밀 그 자체를 보호하는 것이 아니라 공무원의 비밀엄수의무의 침해에 의하여 위험하게 되는 이익, 즉 비밀누설에 의하여 위협받는 국가의 기능을 보호하기 위한 것이다. (대법원 2010도14734)

정답 ×

027 성폭력범죄의 처벌 등에 관한 특례법 제13조의 통신매체이용음란죄는 성적 자기결정권에 반하여 성적 수치심을 일으키는 그림 등을 개인의 의사에 반하여 접하지 않을 권리를 보장하기 위한 것으로 개인의 성적 자유를 보호하기 위한 것이며, 사회적 법익으로서 건전한 성풍속을 보호하기 위한 구성요건이 아니다. ○ ×

해설 성폭력범죄의 처벌 등에 관한 특례법 제13조에서 정한 '통신매체 이용 음란죄'는 '성적 자기결정권에 반하여 성적 수치심을 일으키는 그림 등을 개인의 의사에 반하여 접하지 않을 권리'를 보장하기 위한 것으로 성적 자기결정권과 일반적 인격권의 보호, 사회의 건전한 성풍속 확립을 보호법익으로 한다. (대법원 2018도9775)

정답 ×

028 형법 제156조의 무고죄는 국가의 형사사법권 또는 징계권의 적정한 행사를 보호법익으로 하며, 부당하게 처벌 또는 징계받지 않을 개인적 이익을 보호하기 위한 구성요건이 아니다. ○ ×

해설 무고죄는 국가의 형사사법권 또는 징계권의 적정한 행사를 주된 보호법익으로 하고 다만, 개인의 부당하게 처벌 또는 징계받지 아니할 이익을 부수적으로 보호하는 죄이므로, 설사 무고에 있어서 피무고자의 승낙이 있었다고 하더라도 무고죄의 성립에는 영향을 미치지 못한다 할 것이고, 무고죄에 있어서 형사처분 또는 징계처분을 받게 할 목적은 허위신고를 함에 있어서 다른 사람이 그로 인하여 형사 또는 징계처분을 받게 될 것이라는 인식이 있으면 족한 것이고 그 결과발생을 희망하는 것까지를 요하는 것은 아니므로, 고소인이 고소장을 수사기관에 제출한 이상 그러한 인식은 있었다고 보아야 한다. (대법원 2005도2712)

정답 ×

029 「형법」의 중손괴죄는 구성요건의 충족을 위해 구체적 위험의 발생을 요구하는 범죄이다. ○ ×

해설

> 형법 제368조(중손괴) ① 전2조의 죄를 범하여 사람의 생명 또는 신체에 대하여 위험을 발생하게 한 때에는 1년 이상 10년 이하의 징역에 처한다.

정답 ○

030 「형법」의 중감금죄는 구성요건의 충족을 위해 구체적 위험의 발생을 요구하는 범죄이다. ○ ×

해설 중감금죄와 중체포죄는 가혹행위를 구성요건으로 하는 것으로 위험을 구성요건으로 하지 아니한다.

정답 ×

031 「형법」의 체포죄는 계속범으로서 체포행위에 시간적 계속이 있어야 한다. ○ ×

해설 형법 제276조 제1항의 체포죄에서 말하는 '체포'는 사람의 신체에 대하여 직접적이고 현실적인 구속을 가하여 신체활동의 자유를 박탈하는 행위를 의미하는 것으로서 수단과 방법을 불문한다. 체포죄는 계속범으로서 체포의 행위에 확실히 사람의 신체의 자유를 구속한다고 인정할 수 있을 정도의 시간적 계속이 있어야 하나, 체포의 고의로써 타인의 신체적 활동의 자유를 현실적으로 침해하는 행위를 개시한 때 체포죄의 실행에 착수하였다고 볼 것이다. (대법원 2017도21249)

정답 ○

032 「형법」의 일반교통방해죄는 계속범의 성질을 갖는다. ○ ×

해설 대법원 2017도9146

정답 ○

033 업무방해죄는 현행법상 반의사불벌죄로 규정되어 있다. ○ ×

정답 ×

034 비밀침해죄는 현행법상 반의사불벌죄로 규정되어 있다. ○ ×

해설

> 형법 제316조(비밀침해) ① 봉함 기타 비밀장치한 사람의 편지, 문서 또는 도화를 개봉한 자는 3년 이하의 징역이나 금고 또는 500만원 이하의 벌금에 처한다.
> ② 봉함 기타 비밀장치한 사람의 편지, 문서, 도화 또는 전자기록등 특수매체기록을 기술적 수단을 이용하여 그 내용을 알아낸 자도 제1항의 형과 같다.
> 형법 제318조(고소) 본장의 죄는 고소가 있어야 공소를 제기할 수 있다.

정답 ×

035 업무상 과실치상죄는 현행법상 반의사불벌죄로 규정되어 있다. ○ ×

정답 ×

036 특수폭행죄는 현행법상 반의사불벌죄로 규정되어 있다. ○ ×

정답 ×

037 출판물 등에 의한 명예훼손죄는 현행법상 반의사불벌죄로 규정되어 있다. ○ ×

해설

> 형법 제309조(출판물 등에 의한 명예훼손) ① 사람을 비방할 목적으로 신문, 잡지 또는 라디오 기타 출판물에 의하여 제307조 제1항의 죄를 범한 자는 3년 이하의 징역이나 금고 또는 700만원 이하의 벌금에 처한다.
> ② 제1항의 방법으로 제307조 제2항의 죄를 범한 자는 7년 이하의 징역, 10년 이하의 자격정지 또는 1천500만원 이하의 벌금에 처한다.
> 형법 제312조(고소와 피해자의 의사) ② 제307조와 제309조의 죄는 피해자의 명시한 의사에 반하여 공소를 제기할 수 없다.

정답 ○

038 외국국기·국장모독죄는 현행법상 반의사불벌죄로 규정되어 있다. ○ ×

해설

> 형법 제109조(외국의 국기, 국장의 모독) 외국을 모욕할 목적으로 그 나라의 공용에 공하는 국기 또는 국장을 손상, 제거 또는 오욕한 자는 2년 이하의 징역이나 금고 또는 300만원 이하의 벌금에 처한다.
> 형법 제110조(피해자의 의사) 제107조 내지 제109조의 죄는 그 외국정부의 명시한 의사에 반하여 공소를 제기할 수 없다.

정답 ○

039 체포죄는 계속범으로서 체포의 행위에 확실히 사람의 신체의 자유를 구속한다고 인정할 수 있을 정도의 시간적 계속이 있어야 한다. ○ ×

해설 대법원 2017도21249   정답 ○

040 구 폭력행위 등 처벌에 관한 법률 제4조 소정의 단체 등의 조직죄는 같은 법에 규정된 범죄를 목적으로 하는 단체 또는 집단을 구성함으로써 즉시 성립하고 그와 동시에 완성되는 즉시범이지 계속범이 아니다. ○ ×

해설 대법원 2013도6401   정답 ○

041 일반교통방해죄는 계속범이 아니므로 교통방해를 유발한 집회에 참가할 당시 이미 다른 참가자들에 의해 교통의 흐름이 차단된 상태였다면 교통방해를 유발한 다른 참가자들과 함께 교통방해의 위법상태를 지속시켰다고 하더라도 일반교통방해죄로 처벌할 수는 없다. ○ ×

해설 일반교통방해죄는 이른바 추상적 위험범으로서 교통이 불가능하거나 또는 현저히 곤란한 상태가 발생하면 바로 기수가 되고 교통방해의 결과가 현실적으로 발생하여야 하는 것은 아니다. 또한 일반교통방해죄에서 교통방해 행위는 계속범의 성질을 가지는 것이어서 교통방해의 상태가 계속되는 한 위법상태는 계속 존재한다. 따라서 교통방해를 유발한 집회에 참가한 경우 참가 당시 이미 다른 참가자들에 의해 교통의 흐름이 차단된 상태였더라도 교통방해를 유발한 다른 참가자들과 암묵적·순차적으로 공모하여 교통방해의 위법상태를 지속시켰다고 평가할 수 있다면 일반교통방해죄가 성립한다. (대법원 2017도9146)

정답 ×

042 범인도피죄는 범인도피행위가 계속되는 동안에는 범죄행위도 계속되므로, 타인의 범인도피행위 도중에 그 범행을 인식하면서 그와 공동의 범의를 가지고 기왕의 범인도피상태를 이용하여 범인도피행위를 계속한 경우에는 범인도피죄의 공동정범이 성립한다. ○ ×

해설 대법원 95도577

정답 ○

043 형법상 강간죄는 친고죄가 아니지만, 강제추행죄는 친고죄이다. ○ ×

해설 강간죄와 강제추행죄는 친고죄에 해당하지 않는다. 친고죄는 사자명예훼손죄, 모욕죄, 비밀침해죄, 업무상비밀누설죄, 상대적친고죄(재산죄)뿐이다.

정답 ×

044 존속폭행죄는 단순폭행죄와 달리 반의사불벌죄가 아니다. ○ ×

해설

형법 제260조(폭행, 존속폭행) ① 사람의 신체에 대하여 폭행을 가한 자는 2년 이하의 징역, 500만원 이하의 벌금, 구류 또는 과료에 처한다.
② 자기 또는 배우자의 직계존속에 대하여 제1항의 죄를 범한 때에는 5년 이하의 징역 또는 700만원 이하의 벌금에 처한다.
③ 제1항 및 제2항의 죄는 피해자의 명시한 의사에 반하여 공소를 제기할 수 없다.

정답 ×

045 사자명예훼손죄는 모욕죄와 달리 반의사불벌죄이다. ○ ×

해설 사자명예훼손죄, 모욕죄는 친고죄이다.

정답 ×

046

동거하지 않는 형제지간에 절도죄를 범한 때에는 고소가 있어야 공소를 제기할 수 있다. ○ ×

해설

> 형법 제328조(친족간의 범행과 고소) ① 직계혈족, 배우자, 동거친족, 동거가족 또는 그 배우자간의 제323조의 죄는 그 형을 면제한다.
> ② 제1항 이외의 친족간에 제323조의 죄를 범한 때에는 고소가 있어야 공소를 제기할 수 있다.

정답 ○

047

협박죄는 사람의 의사결정의 자유를 침해하는 침해범으로서 해악의 고지가 상대방에게 도달하여 상대방이 그 의미를 인식하고 나아가 현실적으로 공포심을 일으켰을 때에 비로소 기수가 된다. ○ ×

해설 협박죄가 성립하려면 고지된 해악의 내용이 행위자와 상대방의 성향, 고지 당시의 주변 상황, 행위자와 상대방 사이의 친숙의 정도 및 지위 등의 상호관계, 제3자에 의한 해악을 고지한 경우에는 그에 포함되거나 암시된 제3자와 행위자 사이의 관계 등 행위 전후의 여러 사정을 종합하여 볼 때에 일반적으로 사람으로 하여금 공포심을 일으키게 하기에 충분한 것이어야 하지만, 상대방이 그에 의하여 현실적으로 공포심을 일으킬 것까지 요구하는 것은 아니며, 그와 같은 정도의 해악을 고지함으로써 상대방이 그 의미를 인식한 이상, 상대방이 현실적으로 공포심을 일으켰는지 여부와 관계없이 그로써 구성요건은 충족되어 협박죄의 기수에 이르는 것으로 해석하여야 한다. 결국, 협박죄는 사람의 의사결정의 자유를 보호법익으로 하는 위험범이라 봄이 상당하고, 협박죄의 미수범 처벌조항은 해악의 고지가 현실적으로 상대방에게 도달하지 아니한 경우나, 도달은 하였으나 상대방이 이를 지각하지 못하였거나 고지된 해악의 의미를 인식하지 못한 경우 등에 적용될 뿐이다. (대법원 2007도606 전합)

정답 ×

048

배임죄의 '손해를 가한 때'란 그 문언상 '손해를 현실적으로 발생하게 한 때'만을 의미하고 실해발생의 위험은 이에 해당하지 않으므로 침해범으로 보아야 한다. ○ ×

해설 배임죄에 있어서 재산상 손해를 가한 때라 함은 현실적인 손해를 가한 경우뿐 아니라 재산상 손해발생의 위험을 초래한 경우도 포함하는바, 부동산의 매도인으로서 매수인에 대하여 그 앞으로의 소유권이전등기절차에 협력할 의무 있는 자가 그 임무에 위배하여 같은 부동산을 매수인 이외의 제3자에게 이중으로 매도하고 제3자 앞으로 소유권이전청구권 보전을 위한 가등기를 마쳐주었다면, 이는 매수인에게 손해발생의 위험을 초래하는 행위로서 배임죄를 구성한다. (대법원 2008도3766)

정답 ×

049

일반교통방해죄는 추상적 위험범으로서 교통이 불가능하거나 또는 현저히 곤란한 상태가 발생하면 바로 기수가 되고 교통방해의 결과가 현실적으로 발생하여야 하는 것은 아니다. ○ ×

해설 대법원 2004도7545

정답 ○

050 일정한 신분을 가진 자만이 행위주체가 되는 신분범으로 허위공문서작성죄, 공문서위조죄 등이 있다. ○ ×

해설 공문서위조죄는 신분범이 아니다.

정답 ×

051 내란죄는 다수인이 한 지방의 평온을 해할 정도의 폭동을 하였을 때 이미 그 구성요건이 완전히 충족된다고 할 것이어서 상태범으로 봄이 상당하다. ○ ×

해설 대법원 96도3376 전합

정답 ○

052 「폭력행위 등 처벌에 관한 법률」 제4조 소정의 '단체 등의 조직'죄는 같은 법에 규정된 범죄를 목적으로 한 단체 또는 집단을 구성함으로써 즉시 성립하고 그와 동시에 완성되는 즉시범이지 계속범이 아니다. ○ ×

해설 대법원 91도3192

정답 ○

053 직무유기죄는 직무를 수행하지 아니하는 위법한 부작위상태가 계속되는 한 가벌적 위법상태가 계속 존재한다고 할 것이므로 즉시범이라고 할 수 없다. ○ ×

해설 대법원 97도675

정답 ○

054 「군형법」 제79조에 규정된 무단이탈죄는 허가 없이 근무장소 또는 지정장소를 일시 이탈한 기간 동안 행위가 지속된다는 점에서 계속범에 해당한다. ○ ×

해설 군형법 제79조에 규정된 무단이탈죄는 즉시범으로서 허가 없이 근무장소 또는 지정장소를 일시 이탈함과 동시에 완성되고 그 후의 사정인 이탈 기간의 장단 등은 무단이탈죄의 성립에 아무런 영향이 없다. (대법원 83도2450)

정답 ×

055 형법 제276조 제1항의 체포죄는 일시적으로 신체의 자유를 박탈하는 것으로서 계속범이 아니다. ○ ×

해설 형법 제276조 제1항의 체포죄에서 말하는 '체포'는 사람의 신체에 대하여 직접적이고 현실적인 구속을 가하여 신체활동의 자유를 박탈하는 행위를 의미하는 것으로서 그 수단과 방법을 불문한다. 체포죄는 계속범으로서 체포의 행위에 확실히 사람의 신체의 자유를 구속한다고 인정할 수 있을 정도의 시간적 계속이 있어야 하나, 체포의 고의로써 타인의 신체적 활동의 자유를 현실적으로 침해하는 행위를 개시한 때 체포죄의 실행에 착수하였다고 볼 것이다. (대법원 2017도21249)

정답 ×

056 계속범에 있어 공소시효의 기산점은 범행의 종료시점이 아니라 기수시점이다. ○ ×

해설 계속범의 공소시효의 기산점은 범행 종료시이며, 즉시범의 공소시효 기산점이 기수시이다. 정답 ×

057 일반적으로 계속범의 경우 실행행위가 종료되는 시점에서의 법률이 적용되어야 할 것이나, 법률이 개정되면서 그 부칙에서 '개정된 법 시행 전의 행위에 대한 벌칙의 적용에 있어서는 종전의 규정에 의한다'는 경과규정을 두고 있는 경우 개정된 법이 시행되기 전의 행위에 대해서는 개정 전의 법을, 그 이후의 행위에 대해서는 개정된 법을 각각 적용하여야 한다. ○ ×

해설 일반적으로 계속범의 경우 실행행위가 종료되는 시점에서의 법률이 적용되어야 할 것이나, 법률이 개정되면서 그 부칙에서 '개정된 법 시행 전의 행위에 대한 벌칙의 적용에 있어서는 종전의 규정에 의한다'는 경과규정을 두고 있는 경우 개정된 법이 시행되기 전의 행위에 대해서는 개정 전의 법을, 그 이후의 행위에 대해서는 개정된 법을 각각 적용하여야 한다. (대법원 2001도3990) 정답 ○

058 형법 제185조의 일반교통방해죄에 있어 교통방해 행위는 계속범이 아닌 즉시범의 성질을 가진다. ○ ×

해설 일반교통방해죄에서 교통방해 행위는 계속범의 성질을 가지는 것이어서 교통방해의 상태가 계속되는 한 가벌적인 위법상태는 계속 존재한다. (대법원 2017도11408) 정답 ×

059 특수상해죄(「형법」 제258조의2)는 흉기를 휴대하거나 2인 이상이 합동하여 상해 또는 존속상해의 죄를 범한 경우를 처벌하는 규정이다. ○ ×

해설 형법 제258조의2(특수상해)는 단체 또는 다중의 위력을 보이거나 위험한 물건을 휴대하여 상해 또는 존속상해의 죄를 범한 경우에 성립한다. 정답 ×

060 중체포·감금죄(「형법」 제277조)는 사람을 체포 또는 감금하여 생명에 대한 위험을 발생하게 한 경우를 처벌하는 규정으로, 결과적 가중범이자 구체적 위험범이다. ○ ×

해설 형법 제277조(중체포, 중감금, 존속중체포, 존속중감금)는 사람을 체포 또는 감금하여 가혹한 행위를 범한 경우 성립하고, 결과적 가중범에 해당하지 않는다. 정답 ×

061 준사기죄(「형법」 제348조)는 미성년자의 심신상실 또는 항거불능 상태를 이용하여 재물의 교부를 받거나 재산상의 이익을 취득한 경우를 처벌하는 규정이다. ○ ×

해설 형법 제348조(준사기)는 미성년자의 사리분별력 부족 또는 사람의 심신장애를 이용하여 재물을 교부받거나 재산상 이익을 취득한 경우 성립한다.

정답 ×

062 업무상과실장물취득죄(「형법」 제364조)는 '업무'가 신분요소로 작용하는 경우로서, 업무자의 신분이 있는 경우에만 범죄가 성립하는 진정신분범이다. ○ ×

해설

> 형법 제364조(업무상과실, 중과실) 업무상과실 또는 중대한 과실로 인하여 제362조(장물의 취득, 알선 등)의 죄를 범한 자는 1년 이하의 금고 또는 500만원 이하의 벌금에 처한다.

정답 ○

063 외교상기밀누설죄(제113조 제1항), 공무상비밀누설죄(제127조) 및 업무상비밀누설죄(제317조 제1항)는 신분범이다. ○ ×

해설

> 형법 제127조(공무상 비밀의 누설) 공무원 또는 공무원이었던 자가 법령에 의한 직무상 비밀을 누설한 때에는 2년 이하의 징역이나 금고 또는 5년 이하의 자격정지에 처한다.
> 형법 제317조(업무상비밀누설) ① 의사, 한의사, 치과의사, 약제사, 약종상, 조산사, 변호사, 변리사, 공인회계사, 공증인, 대서업자나 그 직무상 보조자 또는 차등의 직에 있던 자가 그 직무처리 중 지득한 타인의 비밀을 누설한 때에는 3년 이하의 징역이나 금고, 10년 이하의 자격정지 또는 700만원 이하의 벌금에 처한다.

정답 ×

064 수뢰죄(제129조 제1항), 증뢰죄(제133조 제1항) 및 알선수뢰죄(제132조)는 뇌물을 약속한 때에도 성립한다. ○ ×

해설

> 형법 제129조(수뢰, 사전수뢰) ① 공무원 또는 중재인이 그 직무에 관하여 뇌물을 수수, 요구 또는 약속한 때에는 5년 이하의 징역 또는 10년 이하의 자격정지에 처한다.
> 형법 제133조(뇌물공여 등) ① 제129(수뢰, 사전수뢰조부터 제132조(알선수뢰)까지에 기재한 뇌물을 약속, 공여 또는 공여의 의사를 표시한 자는 5년 이하의 징역 또는 2천만원 이하의 벌금에 처한다.
> 형법 제132조(알선수뢰) 공무원이 그 지위를 이용하여 다른 공무원의 직무에 속한 사항의 알선에 관하여 뇌물을 수수, 요구 또는 약속한 때에는 3년 이하의 징역 또는 7년 이하의 자격정지에 처한다.

정답 ○

065 직권남용죄(제123조), 불법체포·감금죄(제124조) 및 폭행·가혹행위죄(제125조)의 행위주체는 같다. ○ ×

해설

형법 제123조(직권남용) 공무원이 직권을 남용하여 사람으로 하여금 의무 없는 일을 하게 하거나 사람의 권리행사를 방해한 때에는 5년 이하의 징역, 10년 이하의 자격정지 또는 1천만원 이하의 벌금에 처한다.

형법 제124조(불법체포, 불법감금) ① 재판, 검찰, 경찰 기타 인신구속에 관한 직무를 행하는 자 또는 이를 보조하는 자가 그 직권을 남용하여 사람을 체포 또는 감금한 때에는 7년 이하의 징역과 10년 이하의 자격정지에 처한다.

형법 제125조(폭행, 가혹행위) 재판, 검찰, 경찰 그 밖에 인신구속에 관한 직무를 수행하는 자 또는 이를 보조하는 자가 그 직무를 수행하면서 형사피의자나 그 밖의 사람에 대하여 폭행 또는 가혹행위를 한 경우에는 5년 이하의 징역과 10년 이하의 자격정지에 처한다.

정답 ×

066 사전수뢰죄(제129조 제2항)와 사후수뢰죄(제131조 제3항)는 범죄의 성립에 '부정한 청탁'을 요구한다. ○ ×

해설

형법 제129조(수뢰, 사전수뢰) ② 공무원 또는 중재인이 될 자가 그 담당할 직무에 관하여 청탁을 받고 뇌물을 수수, 요구 또는 약속한 후 공무원 또는 중재인이 된 때에는 3년 이하의 징역 또는 7년 이하의 자격정지에 처한다.

형법 제131조(수뢰후부정처사, 사후수뢰) ③ 공무원 또는 중재인이었던 자가 그 재직 중에 청탁을 받고 직무상 부정한 행위를 한 후 뇌물을 수수, 요구 또는 약속한 때에는 5년 이하의 징역 또는 10년 이하의 자격정지에 처한다.

정답 ×

067 「형법」 제230조의 공문서부정행사죄는 공무원 또는 공무소의 문서 또는 도화를 부정행사함으로써 성립하는 죄로 추상적 위험범에 해당한다. ○ ×

해설 형법 제230조의 공문서부정행사죄는 공문서의 사용에 대한 공공의 신용을 보호법익으로 하는 범죄로서 추상적 위험범이다. 형법 제230조는 본죄의 구성요건으로 단지 '공무원 또는 공무소의 문서 또는 도화를 부정행사한 자'라고만 규정하고 있어, 자칫 처벌범위가 지나치게 확대될 염려가 있으므로 본죄에 관한 범행의 주체, 객체 및 태양을 되도록 엄격하게 해석하여 처벌범위를 합리적인 범위 내로 제한하여야 한다. (대법원 2021도14514)

정답 ○

068 「형법」 제158조의 장례식방해죄는 장례식을 방해함으로써 성립하는 죄로 구체적 위험범에 해당한다. ○ ×

해설 장례식방해죄는 장례식의 평온과 공중의 추모감정을 보호법익으로 하는 이른바 추상적 위험범으로서 범인의 행위로 인하여 장례식이 현실적으로 저지 내지 방해되었다고 하는 결과의 발생까지 요하지 않고 방해행위의 수단과 방법에도 아무런 제한이 없으며 일시적인 행위라 하더라도 무방하나, 적어도 객관적으로 보아 장례식의 평온한 수행에 지장을 줄 만한 행위를 함으로써 장례식의 절차와 평온을 저해할 위험이 초래될 수 있는 정도는 되어야 비로소 방해행위가 있다고 보아 장례식방해죄가 성립한다고 할 것이다. (대법원 2010도13450)

정답 ×

CHAPTER 02 구성요건론

01 행위의 주체

001 양벌규정이 있는 경우에는 당해 양벌규정에 법인격 없는 사단이나 재단이 명시되어 있지 않더라도 그 법인격 없는 사단이나 재단에 양벌규정을 적용할 수 있다. ○ ×

해설 죄형법정주의의 원칙상 법인격 없는 사단에 대하여는 같은 법 제74조에 의하여 처벌할 수 없고, 나아가 법인격 없는 사단에 고용된 사람이 유상운송행위를 하였다 하여 법인격 없는 사단의 구성원 개개인이 위 법 제74조 소정의 "개인"의 지위에 있다하여 처벌할 수도 없다. (대법원 94도3325) 정답 ×

002 법인이 아닌 약국을 실질적으로 경영하는 약사가 다른 약사를 고용하여 그 고용된 약사를 명의상의 개설약사로 등록하게 해두고 약사 아닌 종업원을 직접 고용하여 영업하던 중 그 종업원이 약사법위반 행위를 한 경우에 형사책임은 그 실질적 경영자가 진다. ○ ×

해설 대법원 2000도3570 정답 ○

003 법인격 없는 사단과 같은 단체는 법인과 마찬가지로 사법상의 권리의무의 주체가 될 수 있음은 별론으로 하더라도 법률에 명문의 규정이 없는 한 그 범죄능력은 없다. ○ ×

해설 대법원 96도524 정답 ○

004 합병으로 인하여 소멸한 법인이 그 종업원 등의 위법행위에 대해 양벌규정에 따라 부담하던 형사책임은 합병으로 인하여 존속하는 법인에 승계된다. ○ ×

해설 합병으로 인하여 소멸한 법인이 그 종업원 등의 위법행위에 대해 양벌규정에 따라 부담하던 형사책임은 그 성질상 이전을 허용하지 않는 것으로서 합병으로 인하여 존속하는 법인에 승계되지 않는다. (대법원 2005도4471) 정답 ×

005 행위 후 법인에 대한 양벌규정에 면책규정이 신설된 것은 범죄 후 법률의 변경에 의하여 그 행위가 범죄를 구성하지 않거나 형이 구법보다 경한 경우에 해당하므로 신법이 적용된다. ○ ×

해설 대법원 2011도11264 정답 ○

006 양벌규정에 의해 자연인과 법인을 함께 처벌하는 경우 행위자에 대하여 부과하는 형량을 작량감경 하더라도 법인을 처벌함에 있어서는 작량감경을 하지 않아도 된다. ○ ×

해설 대법원 95도1893 정답 ○

007 지방자치단체 소속 공무원이 지정항만순찰 등 기관위임사무의 수행을 위해 관할 관청의 승인 없이 개조한 승합차를 운행함으로써 구 「자동차관리법」을 위반한 경우 해당 지방자치단체는 (구)「자동차관리법」제83조의 양벌규정에 따른 처벌대상이 되지 않는다. ○ ×

해설 대법원 2008도6530   정답 ○

008 양벌규정에 의해서 법인 또는 영업주를 처벌하는 경우 그 처벌은 직접 법률을 위반한 행위자에 대한 처벌에 종속하므로 행위자에 대한 처벌은 법인 또는 개인에 대한 처벌의 전제조건이 된다. ○ ×

해설 양벌규정에 의한 영업주의 처벌은 금지위반행위자인 종업원의 처벌에 종속하는 것이 아니라 독립하여 그 자신의 종업원에 대한 선임감독상의 과실로 인하여 처벌되는 것이므로 영업주의 위 과실책임을 묻는 경우 금지위반행위자인 종업원에게 구성요건상의 자격이 없다고 하더라도 영업주의 범죄성립에는 아무런 지장이 없다. (대법원 87도1213)   정답 ×

009 법인이 처리할 의무를 지는 타인의 사무에 관하여는 법인이 배임죄의 주체가 될 수는 없고 그 법인을 대표하여 사무를 처리하는 자연인인 대표기관이 바로 타인의 사무를 처리하는 자, 즉 배임죄의 주체가 된다. ○ ×

해설 대법원 82도2595 전합   정답 ○

010 형벌의 자기책임원칙에 비추어 볼 때 양벌규정은 법인이 사용인 등에 의하여 위반행위가 발생한 그 업무와 관련하여 상당한 주의 또는 관리감독 의무를 게을리 한 때에 한하여 적용된다. ○ ×

해설 대법원 2009도5824   정답 ○

011 지방자치단체라도 국가로부터 위임받은 기관위임사무가 아니라 그 고유의 자치사무를 처리하는 경우에는 국가기관의 일부가 아니라 국가기관과는 별도로 독립한 공법인으로서 양벌규정에 의한 처벌대상이 되는 법인에 해당하지 않는다. ○ ×

해설 지방자치단체가 그 고유의 자치사무를 처리하는 경우에는 지방자치단체는 국가기관의 일부가 아니라 국가기관과는 별도의 독립한 공법인이므로, 지방자치단체 소속 공무원이 지방자치단체 고유의 자치사무를 수행하던 중 도로법 제81조 내지 제85조의 규정에 의한 위반행위를 한 경우에는 지방자치단체는 도로법 제86조의 양벌규정에 따라 처벌대상이 되는 법인에 해당한다. (대법원 2004도2657)   정답 ×

012 지방자치단체가 국가로부터 위임받은 사무를 처리하는 경우에도 지방자치단체는 국가기관과는 별도의 독립한 공법인이므로 양벌규정에 의한 처벌대상이 되는 법인에 해당한다. ○ ×

해설 국가가 본래 그의 사무의 일부를 지방자치단체의 장에게 위임하여 처리하게 하는 기관위임사무의 경우 지방자치단체는 국가기관의 일부로 볼 수 있고, 지방자치단체가 그 고유의 자치사무를 처리하는 경우 지방자치단체는 국가기관의 일부가 아니라 국가기관과는 별도의 독립한 공법인으로서 양벌규정에 의한 처벌대상이 되는 법인에 해당한다. (대법원 2008도6530)   정답 ×

013 회사 대표자의 위반행위에 대하여 징역형의 형량을 작량감경하고 병과하는 벌금형에 대하여 선고유예를 하였다면 양벌규정에 따라 그 회사를 처단함에 있어서도 같은 조치를 취하여야 한다. ○ ×

해설 회사 대표자의 위반행위에 대하여 징역형의 형량을 작량감경하고 병과하는 벌금형에 대하여 선고유예를 한 이상 양벌규정에 따라 그 회사를 처단함에 있어서도 같은 조치를 취하여야 한다는 논지는 독자적인 견해에 지나지 아니하여 받아들일 수 없다. (대법원 95도1893) 정답 ×

014 지입차주가 세무관서에 독립된 사업자등록을 하고 지입된 차량을 직접 운행·관리하면서 그 명의로 운송계약을 체결하였다고 하더라도, 지입차주는 객관적으로나 외형상으로나 그 차량의 소유자인 지입회사와의 위탁계약에 의하여 그 위임을 받아 운행·관리를 대행하는 지위에 있는 자로서 구 「도로법」 제100조 제1항에서 정한 대리인·사용인 그 밖의 종업원에 해당한다. ○ ×

해설 지입차주가 고용한 운전자가 과적운행으로 구 도로법을 위반한 경우, 지입차주는 구 도로법(2008.3.21. 법률 제8976호로 전부 개정되기 전의 것) 제86조에 정한 '대리인·사용인 기타의 종업원'의 지위에 있을 뿐이고 지입차량의 소유자이자 대외적인 경영 주체는 지입회사이므로, 지입회사가 구 도로법상 사용자로서의 형사책임을 부담한다. (대법원 2009도5302) 정답 ○

015 친고죄에 대하여 양벌규정이 적용되는 경우, 행위자의 범죄에 대한 고소가 있으면 족하고 나아가 양벌규정에 의하여 처벌받는 법인에 대하여 별도의 고소를 요하는 것은 아니다. ○ ×

해설 대법원 94도2423 정답 ○

016 법인 직원의 위반행위로 인해 법인이 처벌받는 경우, 그 위반 행위를 한 직원이 자수하였다면 법인의 이사 기타 대표자가 자수하지 않았다 하더라도 해당 법인에게 자수감경에 관한 형법 제52조 제1항의 규정을 적용할 수 있다. ○ ×

해설 법인의 직원 또는 사용인이 위반행위를 하여 양벌규정에 의하여 법인이 처벌받는 경우, 법인에게 자수감경에 관한 형법 제52조 제1항의 규정을 적용하기 위하여는 법인의 이사 기타 대표자가 수사책임이 있는 관서에 자수한 경우에 한하고, 그 위반행위를 한 직원 또는 사용인이 자수한 것만으로는 위 규정에 의하여 형을 감경할 수 없다. (대법원 95도391) 정답 ×

017 법인격 없는 사단과 같은 단체는 법인과 마찬가지로 사법상의 권리의무의 주체가 될 수 있음은 별론으로 하더라도 법률에 명문의 규정이 없는 한 그 범죄능력은 없다. ○ ×

해설 대법원 2016도21283 정답 ○

018 양벌규정에 의해 법인이 처벌되는 경우 공모한 수인의 사용인 가운데 A, B법인의 사용인은 직접 실행행위에 가담하지 않고 C법인의 사용인만 실행행위를 분담한 경우에도 A, B법인은 C법인과 공동정범이 될 수 있다. ○ ×

해설 공동정범이 성립하기 위하여는 반드시 공범자간에 사전모의가 있어야 하는 것은 아니며 암묵리에 서로 협력하여 공동의 범의를 실현하려는 의사가 상통하면 족하다. 양벌규정에 의하여 법인이 처벌받는 경우에 법인의 사용인들이 범죄행위를 공모한 후 일방법인의 사용인이 그 실행행위에 직접 가담하지 아니하고 다른 공모자인 타법인의 사용인만이 분담 실행한 경우에도 그 법인은 공동정범의 죄책을 면할 수 없다. (대법원 81도2545) 정답 ○

019 판례는 양벌규정의 적용대상자를 업무주가 아니면서 당해 업무를 실제 집행하는 자에게까지 확장하고 있어, 법인격 없는 공공기관도 「개인정보보호법」상 양벌규정에 의해 처벌될 수 있고, 해당 업무를 실제로 담당하는 소속 공무원도 양벌규정에 의해 처벌받을 수 있다. ○ ×

해설 개인정보보호법은 제2조 제5호, 제6호에서 공공기관 중 법인격이 없는 '중앙행정기관 및 그 소속 기관' 등을 개인정보처리자 중 하나로 규정하고 있으면서도 양벌규정에 의하여 처벌되는 개인정보처리자로는 같은 법 제74조 제2항에서 '법인 또는 개인'만을 규정하고 있을 뿐이고, 법인격 없는 공공기관에 대하여도 위 양벌규정을 적용할 것인지 여부에 대하여는 명문의 규정을 두고 있지 않으므로 죄형법정주의의 원칙상 '법인격 없는 공공기관'을 위 양벌규정에 의하여 처벌할 수 없고 그 경우 행위자 역시 위 양벌규정으로 처벌할 수 없다. (대법원 2020도1942) 정답 ×

020 지방자치단체 소속 공무원이 압축트럭 청소차를 운전하여 고속도로를 운행하던 중 제한축중을 초과 적재 운행함으로써 도로관리청의 차량운행제한을 위반한 경우, 해당 지방자치단체는 구 도로법 제86조의 양벌규정에 따른 처벌대상이 아니다. ○ ×

해설 지방자치단체 소속 공무원이 압축트럭 청소차를 운전하여 고속도로를 운행하던 중 제한축중을 초과 적재 운행함으로써 도로관리청의 차량운행제한을 위반한 사안에서, 해당 지방자치단체가 도로법 제86조의 양벌규정에 따른 처벌대상이 된다. (대법원 2004도2657) 정답 ×

021 특별한 근거규정이 없는 한 법인 설립 이전의 자연인의 행위를 이유로 양벌규정을 적용하여 법인을 처벌할 수는 없다. ○ ×

해설 대법원 2015도10388 정답 ○

022 양벌규정에 법인격 없는 사단이나 재단이 명시되어 있지 않더라도 그 양벌규정을 근거로 법인격 없는 사단이나 재단을 처벌할 수 있다. ○ ×

해설 제72조의 위반행위를 한 때에는 행위자를 벌하는 외에 그 법인 또는 개인에 대하여도 각 해당 조항의 벌금형에 처한다"고 규정하고 있을 뿐이고 법인격 없는 사단에 대하여서도 위 양벌규정을 적용할 것인가에 관하여는 아무런 명문의 규정을 두고 있지 아니하므로, 죄형법정주의의 원칙상 법인격 없는 사단에 대하여는 같은 법 제74조에 의하여 처벌할 수 없다. (대법원 94도3325) 정답 ×

02 구성요건적 고의

023 공무원이 여러 차례의 출장반복의 번거로움을 회피하고 민원사무를 신속히 처리한다는 방침에 따라 사전에 출장조사한 다음 출장조사 내용이 변동없다는 확신 하에 출장복명서를 작성하고 다만 그 출장일자를 작성일자로 기재한 것이라면 허위공문서작성의 범의가 있었다고 볼 수 없다. ○ ×

해설 대법원 99도4101   정답 ○

024 업무방해죄의 성립에 필요한 고의는 반드시 업무방해의 목적이나 계획적인 업무방해의 의도가 있어야만 하는 것은 아니고, 자신의 행위로 인하여 타인의 업무가 방해될 가능성 또는 위험에 대한 인식이나 예견으로 충분하다. ○ ×

해설 대법원 2012도3475   정답 ○

025 새로 목사로서 부임한 피고인이 전임목사에 관한 교회내의 불미스러운 소문의 진위를 확인하기 위하여 이를 교회집사들에게 물어보았다면, 이는 경험칙상 충분히 있을 수 있는 일로서 명예훼손의 고의 없는 단순한 확인에 지나지 아니하여 사실의 적시라고 할 수 없다. ○ ×

해설 대법원 85도588   정답 ○

026 피고인이 인신구속에 관한 직무를 집행하는 사법경찰관으로서 체포 당시 상황을 고려하여 경험칙에 비추어 현저하게 합리성을 잃지 않은 채 판단하면 체포 요건이 충족되지 아니함을 충분히 알 수 있었는데도, 자신의 재량 범위를 벗어난다는 사실을 인식하고 그와 같은 결과를 용인한 채 사람을 체포하여 권리행사를 방해한 경우 직권남용체포죄와 직권남용권리행사방해죄의 고의는 인정되지 않는다. ○ ×

해설 현행범인 체포의 요건을 갖추었는지에 관한 검사나 사법경찰관 등의 판단에는 상당한 재량의 여지가 있으나, 체포 당시 상황으로 보아도 요건 충족 여부에 관한 검사나 사법경찰관 등의 판단이 경험칙에 비추어 현저히 합리성을 잃은 경우 그 체포는 위법하다. 그리고 범죄의 고의는 확정적 고의뿐만 아니라 결과 발생에 대한 인식이 있고 이를 용인하는 의사인 이른바 미필적 고의도 포함하므로, 피고인이 인신구속에 관한 직무를 집행하는 사법경찰관으로서 체포 당시 상황을 고려하여 경험칙에 비추어 현저하게 합리성을 잃지 않은 채 판단하면 체포 요건이 충족되지 아니함을 충분히 알 수 있었는데도, 자신의 재량 범위를 벗어난다는 사실을 인식하고 그와 같은 결과를 용인한 채 사람을 체포하여 권리행사를 방해하였다면, 직권남용체포죄와 직권남용권리행사방해죄가 성립한다. (대법원 2013도16162)   정답 ×

027 채권자가 채무자의 신용상태를 인식하고 있어 장래의 변제지체 또는 변제불능에 대한 위험을 예상하고 있거나 예상할 수 있었다면, 채무자가 구체적인 변제의사·변제능력·거래조건 등 거래 여부를 결정할 수 있는 중요한 사항을 허위로 말하였다는 등의 사정이 없는 한, 채무자가 그 후 제대로 변제하지 못하였다는 사실만 가지고 사기죄의 고의가 있었다고 단정할 수 없다. ○ ×

해설 대법원 2015도18555   정답 ○

028 상해죄의 성립에는 상해의 원인인 폭행에 관한 인식이 있는 것으로 충분하지 않고 상해를 가할 의사의 존재가 필요하다. O X

해설 상해죄의 성립에는 상해의 원인인 폭행에 대한 인식이 있으면 충분하고 상해를 가할 의사의 존재까지는 필요하지 않다. (대법원 99도4341)
정답 ✕

029 허위사실 적시에 의한 명예훼손죄 및 사자명예훼손죄는 미필적 고의에 의해서도 성립하므로 허위사실에 대한 인식은 확정적일 필요가 없다. O X

해설 대법원 2013도12430
정답 O

030 미필적 고의가 있었다고 하려면 결과발생의 가능성에 대한 인식이 있음은 물론 나아가 결과발생을 용인하는 내심의 의사가 있음을 요한다. O X

해설 대법원 2016도15470
정답 O

031 주식매도인이 거래대상 목적물이 증자 전의 주식이 아니라 증자 후의 주식이라는 점을 고지하지 않았다면 부작위에 의한 사기죄가 성립한다. O X

해설 대법원 2004도6503
정답 O

032 부작위범 사이의 공동정범은 다수의 부작위범에게 공통된 의무가 부여되어 있고 그 의무를 공통으로 이행할 수 있을 때에만 성립한다. O X

해설 대법원 2008도9476
정답 O

033 금성호의 선장 甲은 피조개양식장에 피해를 주지 않기 위해 양식장까지의 거리가 약 30미터가 되도록 선박의 닻줄을 7샤클(175미터)에서 5샤클(125미터)로 감아놓았는데, 태풍을 만나게 되면서 선박의 안전을 위하여 선박의 닻줄을 7샤클로 늘여 놓았다가 피조개양식장을 침범하여 물적 피해를 야기한 경우 손괴의 범의가 있다고 볼 수 있다. O X

해설 대법원 85도221
정답 O

034 미필적 고의는 범죄사실의 발생가능성에 대한 인식이 있고 범죄사실이 발생할 위험을 용인하는 내심의 의사가 있어야 하는데, 범죄사실이 발생할 가능성을 용인하고 있었는지는 행위자의 진술에 의존하지 않고 외부에 나타난 행위의 형태와 행위의 상황 등 구체적인 사정을 기초로 일반인이라면 범죄사실이 발생할 가능성을 어떻게 평가할 것인지를 고려하면서 일반인의 입장에서 그 심리상태를 추인하여야 한다. O X

해설 행위자가 범죄사실이 발생할 가능성을 용인하고 있었는지는 행위자의 진술에 의존하지 않고 외부에 나타난 행위의 형태와 행위의 상황 등 구체적인 사정을 기초로 일반인이라면 범죄사실이 발생할 가능성을 어떻게 평가할 것인지를 고려하면서 행위자의 입장에서 그 심리상태를 추인하여야 한다. (대법원 2016도15470)
정답 ✕

035 살인의 범의는 타인의 사망의 결과를 발생시킬 만한 가능 또는 위험이 있음을 인식하거나 예견함이 필요하고 그 인식이나 예견은 확정적인 것은 물론 불확정적인 것이라도 이른바 미필적 고의로 인정되는 것이다. ○ ×

해설 대법원 2008도9867   정답 ○

036 방조범은 정범의 실행을 방조한다는 이른바 방조의 고의와 정범의 행위가 구성요건에 해당하는 행위인 점에 대한 정범의 고의가 있어야 하고, 이 경우 방조범에서 요구되는 정범의 고의는 적어도 정범에 의하여 실현되는 범죄의 구체적 내용을 인식할 것을 필요로 한다. ○ ×

해설 방조범은 정범의 실행을 방조한다는 이른바 방조의 고의와 정범의 행위가 구성요건에 해당하는 행위인 점에 대한 정범의 고의가 있어야 하나, 이와 같은 고의는 내심적 사실이므로 피고인이 이를 부정하는 경우에는 사물의 성질상 고의와 상당한 관련성이 있는 간접사실을 증명하는 방법에 의하여 입증할 수밖에 없고, 이때 무엇이 상당한 관련성이 있는 간접사실에 해당할 것인가는 정상적인 경험칙에 바탕을 두고 치밀한 관찰력이나 분석력에 의하여 사실의 연결상태를 합리적으로 판단하는 외에 다른 방법이 없다고 할 것이며, 또한 방조범에 있어서 정범의 고의는 정범에 의하여 실현되는 범죄의 구체적 내용을 인식할 것을 요하는 것은 아니고 미필적 인식 또는 예견으로 충분하다. (대법원 2010도9500)   정답 ×

037 피고인에게 범행 당시 살인의 범의가 있었는지 여부는 피고인이 범행에 이르게 된 경위, 범행의 동기, 준비된 흉기의 유무·종류·용법, 공격의 부위와 반복성, 사망의 결과발생가능성 정도 등 범행 전후의 객관적인 사정을 종합하여 판단한다. ○ ×

해설 대법원 2008도9867   정답 ○

038 수뢰죄에 있어서 공무원이라는 신분은 고의의 인식대상이다. ○ ×

해설 객관적구성요건요소 중 '주체'에 해당하여 고의의 인식대상에 해당한다.   정답 ○

039 사전수뢰죄에 있어서 공무원 또는 중재인이 된 사실은 고의의 인식대상이다. ○ ×

해설 사전수뢰죄(형법 제129조 제2항)는 공무원·중재인으로 될 자가 직무에 관한 청탁을 받고 금품을 수수·요구·약속하면 그것으로서 범죄는 성립하나, 이후에 공무원으로 임용이 되어야 비로소 처벌이 가능하다. 따라서, '공무원 또는 중재인이 된 사실'은 범죄의 처벌조건에 해당하여 고의의 인식대상인 객관적구성요건요소에 해당하지 않는다.   정답 ×

040 친족상도례가 적용되는 범죄에 있어서 친족관계는 고의의 인식대상이다. ○ ×

해설 친족상도례는 처벌조건이므로 고의의 인식대상이 아니다.   정답 ×

041 특수폭행죄에 있어서 위험한 물건을 휴대한다는 사실은 고의의 인식대상이다. ○ ×

해설 객관적 구성요건요소 중 '방법'에 해당하여 고의의 인식대상에 해당한다.   정답 ○

042 친고죄에 있어서 피해자의 고소는 고의의 인식대상이다. ○ ×

해설 친고죄에 있어서 피해자의 고소는 소추조건이므로 고의의 인식대상이 아니다. 정답 ×

043 피고인이 만 12세의 피해자를 강간할 당시 피해자가 자신을 중학교 1학년이라 14세라고 하였고, 피해자는 키와 체중이 동급생보다 큰 편이었으며, 이들이 모텔에 들어갈 때 특별한 제지도 받지 아니하였다면 성폭력범죄의처벌등에관한특례법위반–13세미만미성년자강간등으로 미필적 고의가 인정된다. ○ ×

해설 13세 미만의 여자에 대한 강간죄에서 피해자가 13세 미만이라고 하더라도 피고인이 피해자가 13세 미만인 사실을 몰랐다고 범의를 부인하는 경우에는 다른 범죄와 마찬가지로 상당한 관련성이 있는 간접사실 또는 정황사실에 의하여 증명 여부가 판단되어야 하는데, 제반 사정에 비추어 피고인이 범행 당시 이를 미필적으로라도 인식하고 있었다는 것이 합리적 의심의 여지없이 증명되었다고 단정할 수 없는데도, "피해자가 13세 미만의 여자인 이상 그 당시의 객관적인 정황에 비추어 피고인이 피해자가 13세 미만의 여자라는 사실을 인식하였더라면 강간행위로 나아가지 아니하였으리라고 인정할 만한 합리적인 근거를 찾을 수 없다면" 같은 법 제8조의2 제1항에서 정하는 강간죄에 관한 미필적 고의가 인정될 수 있다는 법리에 따라 유죄를 인정한 원심판결에 형사재판의 증명책임에 관한 법리를 오해하는 등의 위법이 있다. (대법원 2012도7377) 정답 ×

044 피고인이 피해자의 머리나 가슴 등 치명적인 부위가 아닌 허벅지와 종아리 부위 등을 20여 회 힘껏 찔러 피해자가 과다실혈로 사망하였다면 살인으로 미필적 고의가 인정된다. ○ ×

해설 대법원 2002도4089 정답 ○

045 피고인이 청소년으로 의심되는 피해자에게 단지 나이만 묻고 신분증 등으로 정확히 연령을 확인하지 않은 채 청소년인 피해자를 성매매 알선을 위한 종업원으로 고용하여 성매매 알선행위를 업으로 하였다면 아동·청소년의성보호에관한법률위반–알선영업행위등으로 미필적 고의가 인정된다. ○ ×

해설 대법원 2014도5173 정답 ○

046 피고인이 이미 도산이 불가피한 상황으로 대금지급이 불가능하게 될 가능성을 충분히 인식하면서도 이러한 사정을 숨기고 피해자로부터 생산자재용 물품을 납품받았다면 사기로 미필적 고의가 인정된다. ○ ×

해설 대법원 83도340 전합 정답 ○

047 채권자 A가 채무자 甲의 신용상태를 인식하고 있어 장래의 변제지체 또는 변제불능에 대한 위험을 예상하고 있거나 예상할 수 있었다면, 甲이 구체적인 변제의사, 변제능력, 거래조건 등 거래 여부를 결정지을 수 있는 중요한 사항을 허위로 말하였다는 등의 사정이 없는 한, 그 후 제대로 변제하지 못했다는 사실만으로 甲에게 사기죄의 고의가 있다고 볼 수 없다. ○ ×

해설 대법원 2012도14516 정답 ○

048 방조범은 정범의 실행을 방조한다는 방조의 고의와 정범의 행위가 구성요건에 해당하는 행위인 점에 대한 정범의 고의가 있어야 하나, 이 경우 정범의 고의는 적어도 정범에 의하여 실현되는 범죄의 구체적 내용을 인식할 것을 필요로 한다. ○ ×

해설 형법상 방조행위는 정범이 범행을 한다는 정을 알면서 그 실행행위를 용이하게 하는 직접·간접의 행위를 말하므로, 방조범은 정범의 실행을 방조한다는 이른바 방조의 고의와 정범의 행위가 구성요건에 해당하는 행위인 점에 대한 정범의 고의가 있어야 하나, 이와 같은 고의는 내심적 사실이므로 피고인이 이를 부정하는 경우에는 사물의 성질상 고의와 상당한 관련성이 있는 간접사실을 증명하는 방법에 의하여 입증할 수밖에 없고, 이 때 무엇이 상당한 관련성이 있는 간접사실에 해당할 것인가는 정상적인 경험칙에 바탕을 두고 치밀한 관찰력이나 분석력에 의하여 사실의 연결 상태를 합리적으로 판단하는 외에 다른 방법이 없다고 할 것이며, 또한 방조범에 있어서 정범의 고의는 정범에 의하여 실현되는 범죄의 구체적 내용을 인식할 것을 요하는 것은 아니고 미필적 인식 또는 예견으로 족하다. (대법원 2003도6056) 정답 ×

049 전기배선이 벽 내부에 매립 설치되어 건물 구조의 일부를 이루고 있다면 그에 관한 관리책임은 일반적으로 소유자에게 있다고 보아야 하나, 그 전기배선을 임차인이 직접 하였으며 그 이상을 미리 알았거나 알 수 있었다는 등의 특별한 사정이 있는 때에는 임차인에게도 그 부분의 하자로 인한 화재를 예방할 주의의무가 인정될 수 있다. ○ ×

해설 대법원 2009도1040 정답 ○

050 甲은 A와 함께 술을 마시고 중앙선에 서서 도로횡단을 중단한 상황에서 지나가는 차량의 유무를 확인하지 아니하고 고개를 숙인 채 서 있는 A의 팔을 갑자기 잡아끌어 무단횡단을 하다가 지나가던 차량에 A가 충격당하여 사망한 경우, 甲이 술에 취해 있었다 하더라도 甲에게는 A의 안전을 위하여 차량의 통행 여부 및 횡단 가능 여부를 확인하여야 할 주의의무가 인정된다. ○ ×

해설 중앙선에 서서 도로횡단을 중단한 피해자의 팔을 갑자기 잡아끌고 피해자로 하여금 도로를 횡단하게 만든 피고인으로서는 위와 같이 무단횡단을 하는 도중에 지나가는 차량에 충격당하여 피해자가 사망하는 교통사고가 발생할 가능성이 있으므로, 이러한 경우에는 피고인이 피해자의 안전을 위하여 차량의 통행 여부 및 횡단 가능 여부를 확인하여야 할 주의의무가 있다 할 것이므로, 피고인으로서는 위와 같은 주의의무를 다하지 않은 이상 교통사고와 그로 인한 피해자의 사망에 대하여 과실책임을 면할 수 없다고 한 사례이다. (대법원 2002도2800) = 타인의 팔을 잡아당겨 도로를 횡단하게 만든 자는 그 횡단 중에 타인이 당한 교통사고에 대하여 과실치사상죄의 죄책을 진다. 정답 ○

051 「공직선거법」 제93조 제1항의 '선거에 영향을 미치게 하기 위하여'는 목적범 규정으로서, 그 목적에 대하여는 미필적 인식으로는 부족하고 적극적 의욕이나 확정적 인식을 필요로 한다. ○ ×

해설 공직선거법 제93조 제1항에서 '선거에 영향을 미치게 하기 위하여'라는 전제 아래 그에 정한 행위를 제한하고 있는 것은 고의 이외에 초과주관적 요소로서 '선거에 영향을 미치게 할 목적'을 범죄성립요건으로 하는 목적범으로 규정한 것이라 할 것인바, 그 목적에 대하여는 적극적 의욕이나 확정적 인식을 필요로 하는 것이 아니라 미필적 인식만으로도 족하다. (대법원 2008도11857) 정답 ×

052 「형법」 제305조의 미성년자의제강제추행죄의 성립에 필요한 주관적 구성요건요소는 고의만으로는 부족하며, 성욕을 자극·흥분·만족시키려는 주관적 동기 혹은 목적이 존재해야 한다. ○ ×

해설 형법 제305조의 미성년자의제강제추행죄는 '13세 미만의 아동이 외부로부터의 부적절한 성적 자극이나 물리력의 행사가 없는 상태에서 심리적 장애 없이 성적 정체성 및 가치관을 형성할 권익'을 보호법익으로 하는 것으로서, 그 성립에 필요한 주관적 구성요건요소는 고의만으로 충분하고, 그 외에 성욕을 자극·흥분·만족시키려는 주관적 동기나 목적까지 있어야 하는 것은 아니다. (대법원 2005도6791) 정답 ×

053 피고인이 범죄구성요건의 주관적 요소인 고의를 부인하는 경우, 사물의 성질상 범의와 관련성이 있는 간접사실 또는 정황사실을 증명하는 방법으로 범의 자체를 객관적으로 증명할 수 있다. 이때 무엇이 관련성이 있는 간접사실 또는 정황사실에 해당하는지는 정상적인 경험칙에 바탕을 두고 치밀한 관찰력이나 분석력으로 사실의 연결상태를 합리적으로 판단하는 방법에 의하여 판단하여야 한다. ○ ×

해설 피고인이 범죄구성요건의 주관적 요소인 고의를 부인하는 경우, 범의 자체를 객관적으로 증명할 수는 없으므로 사물의 성질상 범의와 관련성이 있는 간접사실 또는 정황사실을 증명하는 방법으로 이를 증명할 수밖에 없다. 이때 무엇이 관련성이 있는 간접사실 또는 정황사실에 해당하는지는 정상적인 경험칙에 바탕을 두고 치밀한 관찰력이나 분석력으로 사실의 연결상태를 합리적으로 판단하는 방법에 의하여 판단하여야 한다. (대법원 2016도15470) 정답 ×

054 업무상횡령죄에 있어서 불법영득의 의사라 함은 자기 또는 제3자의 이익을 꾀할 목적으로 업무상의 임무에 위배하여 보관하는 타인의 재물을 자기의 소유인 경우와 같은 처분을 하는 의사를 말한다. ○ ×

해설 대법원 82도75 정답 ○

055 형법 제167조 제1항의 일반물건방화죄에서 '공공의 위험발생'은 고의의 인식 대상이 아니다. ○ ×

해설 형법 제167조 제1항의 일반물건방화죄는 구체적 위험범으로 '공공의 위험발생'이 객관적구성요건요소인바, 고의의 내용으로 '공공의 위험 발생'에 대한 인식이 필요하므로 고의의 인식대상이다. 정답 ×

056 형법 제136조 제1항의 공무집행방해죄에 있어서의 범의는 상대방이 직무를 집행하는 공무원이라는 사실과 이에 대하여 폭행 또는 협박을 한다는 인식, 그리고 그 직무집행을 방해할 의사를 내용으로 한다. ○ ×

해설 공무집행방해죄에 있어서의 범의는 상대방이 직무를 집행하는 공무원이라는 사실, 그리고 이에 대하여 폭행 또는 협박을 한다는 사실을 인식하는 것을 그 내용으로 하고, 그 인식은 불확정적인 것이라도 소위 미필적 고의가 있다고 보아야 하며, 그 직무집행을 방해할 의사를 필요로 하지 아니한다. (대법원 94도1949) 정답 ×

057 방조범은 2중의 고의를 필요로 하므로 정범이 정하는 범죄의 일시, 장소, 객체 등을 구체적으로 인식하여야 하며, 나아가 정범이 누구인지 확정적으로 인식해야 한다. ○ ×

> **해설** 방조범은 정범이 실행하는 전송권 침해행위에 대한 미필적 고의가 있는 것으로 충분하고, 정범의 전송권 침해행위가 실행되는 일시, 장소, 객체 등을 구체적으로 인식할 필요가 없으며, 나아가 정범이 누구인지 확정적으로 인식할 필요도 없다. (대법원 2017도19025 전합)   정답 ×

058 친족상도례가 적용되기 위하여는 친족관계가 객관적으로 존재하여야 하나, 행위자가 이를 인식할 필요는 없다. ○ ×

> **해설** 고의의 인식대상은 객관적 구성요건요소이고 친족상도례는 처벌조건이나 소송조건이 고의의 인식대상이 아니므로 인식할 필요가 없다.   정답 ○

059 고의의 본질에 관한 용인설(인용설)에 따르면 구성요건적 결과를 용인하는 의사만으로도 고의가 인정되어 미필적 고의는 고의에 포함되나, 인식 있는 과실은 고의에 포함되지 않는다. ○ ×

> **해설** 용인설에 의할 때 범죄사실의 인식 외에 결과발생을 용인하는 내심의 의사가 있으면 고의가 성립된다.   정답 ○

060 회사의 노동조합 홍보이사가 노조 사무실에서 '새벽 6호'라는 책자를 집에 가져와 보관하고 있다가 국가보안법 제7조 제5항의 이적표현물소지죄로 체포된 경우 그 홍보이사에게 목적범인 이적표현물소지죄가 성립하기 위해서는 이적행위를 하려는 목적의 확정적 인식이 있어야 한다. ○ ×

> **해설** 국가보안법 제7조 제5항에서의 목적은 제1항 내지 제4항의 행위에 대한 적극적 의욕이나 확정적 인식까지는 필요 없고 미필적 인식으로 족한 것이므로 피고인이 표현물의 내용이 객관적으로 보아 반국가단체인 북한의 대남선전, 선동 등의 활동에 동조하는 등의 이적성을 담고 있는 것임을 인식하고, 나아가 그와 같은 이적행위가 될지도 모른다는 미필적 인식이 있으면 위 조항의 구성요건은 충족되는 것이다. (대법원 90도2033 전합)   정답 ×

061 살인예비죄가 성립하기 위해서는 살인죄를 범할 목적 외에도 살인준비에 관한 고의가 있어야 한다. ○ ×

> **해설** 甲이 乙을 살해하기 위하여 丙, 丁 등을 고용하면서 그들에게 대가의 지급을 약속한 경우, 甲에게는 살인죄를 범할 목적 및 살인의 준비에 관한 고의뿐만 아니라 살인죄의 실현을 위한 준비행위를 하였음을 인정할 수 있다는 이유로 살인예비죄의 성립을 인정한다. (대법원 2009도7150)   정답 ○

062 피고인이 범죄구성요건의 주관적 요소인 고의를 부인하는 경우 그 범의 자체를 객관적으로 증명할 수 없으므로 사물의 성질상 범의와 상당한 관련성 있는 간접사실 또는 정황사실을 증명하는 방법으로 이를 입증할 수밖에 없다. ○ ×

해설 형사재판에서 공소가 제기된 범죄의 구성요건을 이루는 사실은 그것이 주관적 요건이든 객관적 요건이든 그 입증책임이 검사에게 있으므로, 구 성폭력범죄의 처벌 및 피해자보호 등에 관한 법률(2010.4.15. 법률 제10258호 성폭력범죄의 피해자보호 등에 관한 법률로 개정되기 전의 것) 제8조의2 제1항에서 정하는 범죄의 성립이 인정되려면, 피고인이 피해자가 13세 미만의 여자임을 알면서 그를 강간하였다는 사실이 검사에 의하여 입증되어야 한다. 물론 피고인이 일정한 사정의 인식 여부와 같은 내심의 사실에 관하여 이를 부인하는 경우에는 이러한 주관적 요소로 되는 사실은 사물의 성질상 그 내심과 상당한 관련이 있는 간접사실 또는 정황사실을 증명하는 방법에 의하여 이를 입증할 수밖에 없다. (대법원 2012도7377)

정답 ○

063 행위자가 범죄사실이 발생할 가능성을 용인하고 있었는지의 여부는 행위자의 진술에 의존하지 아니하고 외부에 나타난 행위의 형태와 행위의 상황 등 구체적인 사정을 기초로 하여 일반인이라면 당해 범죄사실이 발생할 가능성을 어떻게 평가할 것인가를 고려하면서 일반인의 입장에서 그 심리상태를 추인하여야 한다. ○ ×

해설 범죄사실이 발생할 위험을 용인하는 내심의 의사가 있어야 하며, 그 행위자가 범죄사실이 발생할 가능성을 용인하고 있었는지의 여부는 행위자의 진술에 의존하지 아니하고, 외부에 나타난 행위의 형태와 행위의 상황 등 구체적인 사정을 기초로 하여 일반인이라면 당해 범죄사실이 발생할 가능성을 어떻게 평가할 것인가를 고려하면서 행위자의 입장에서 그 심리상태를 추인하여야 한다. (대법원 2007도1214)

정답 ×

064 절도죄에 있어서 재물의 타인성을 오신하여 그 재물이 자기에게 취득할 것이 허용된 동일한 물건으로 오인하고 가져온 경우에는 범죄사실에 대한 인식이 있다고 할 수 없으므로 고의가 인정되지 않는다. ○ ×

해설 대법원 83도1762, 83감도315

정답 ○

065 불미스러운 소문의 진위를 확인하고자 질문을 하는 과정에서 타인의 명예를 훼손하는 발언을 한 경우에는 그 동기에 비추어 명예훼손의 고의를 인정하기 어렵다. ○ ×

해설 대법원 2018도4200

정답 ○

066 형법상 고의란 자기가 의도한 바 행위에 의하여 범죄사실이 발생할 것을 인식하면서 그 행위를 감행하거나 하려고 할 뿐만 아니라 그 결과발생을 희망함을 의미한다. ○ ×

해설 형법상의 범의가 있다함은 자기가 의도한바 행위에 의하여 범죄사실이 발생할 것을 인식하면서 그 행위를 감행하거나 하려고 하면 족하고 동 결과발생을 희망함을 요하지 않는다. (대법원 87도1240)

정답 ×

067 고의는 법적 구성요건의 객관적 요소에 대한 인식과 구성요건 실현의 의사이다. 전자를 고의의 지적 요소 후자를 고의의 의적 요소로 부른다. ○ ×

해설 형법 제13조의 고의는 구성요건적 사실을 인식하고 구성요건을 실현하려는 의사를 말한다. 즉, 인식과 의사 두 요소가 모두 있어야 구성요건적 고의가 성립한다. 정답 ○

068 자기의 행위로 인하여 결과를 발생시킬 만한 가능성 또는 위험이 있음을 인식하거나 예견하면 족한 것이고 그 인식이나 예견은 확정적인 것은 물론 불확정적인 것이라도 이른바 미필적 고의로 인정된다. ○ ×

해설 대법원 87도2564 정답 ○

069 고의범이 성립하려면 행위자는 객관적 구성요건요소인 행위 주체·객체·행위·결과 등에 관한 인식을 갖고 있어야 한다고 규정하고 있으므로, 구성요건 중에 특별한 행위양태를 필요로 하는 경우에는 이러한 사정의 존재까지도 행위자가 인식하여야 한다. ○ ×

해설 대법원 2018도16002 전합 정답 ○

070 고의는 객관적 구성요건요소에 관한 인식과 구성요건실현을 위한 의사를 의미하고, 「형법」 제13조에 의하면 고의가 인정되지 않은 경우 원칙적으로 처벌되지 않는다. ○ ×

해설 고의가 인정되려면 결과발생의 가능성에 대한 인식(객관적 구성요건에 대한 인식) 물론이고 그 결과발생을 용인하는 내심의 의사(구성요건 실현의 의사)가 있음을 요한다.(판례) 그리고 형법 제13조에 의하면 고의가 없는 경우는 원칙적으로 처벌할 수 없다. 정답 ○

071 목적적 범죄체계론에 따르면 고의는 책임의 요소이다. ○ ×

해설 목적적 범죄체계론 고의를 구성요건적 요소로 보고 있다. 정답 ×

072 고의가 성립하기 위해서는 행위자가 모든 객관적 구성요건에 해당하는 사실을 인식해야 하기에 상습도박죄에 있어서 상습성은 고의의 인식 대상이다. ○ ×

해설 목적이나 상습성 그리고 책임능력, 처벌조건에 대한 사항은 고의의 인식대상에 해당하지 않는다. 정답 ×

073 고의의 본질에 관한 학설 중 행위자가 결과발생의 가능성을 인식하기만 하면 고의가 성립한다고 보는 견해에 따르면 인식 있는 과실도 고의로 인정될 수 있다. ○ ×

해설 고의의 본질에 관한 학설 중 행위자가 결과 발생의 가능성을 인식하기만 하면 고의가 성립한다고 보는 견해는 가능성설이다. 가능성설은 인식있는 과실도 고의로 보기에 고의의 범위가 지나치게 확대된다는 비판이 있다. 정답 ○

03 구성요건 착오

074 甲은 乙, 丙과 시비가 붙어 싸우다가 乙, 丙에 대하여 상해 고의로 식칼을 휘둘렀다. 그런데 지나가다가 싸움을 말리던 丁이 칼에 맞아 상해를 입었다. 판례에 의하면 甲은 丁에 대한 상해기수의 죄책을 진다. ○ ×

해설 구체적 사실의 착오 중 방법의 착오. 판례는 법정적 부합설에 따르고 있으므로, 발생사실의 기수로 본다. 따라서 丁에 대한 상해기수로 보는 것이 맞다. 정답 ○

075 甲은 乙을 향해 돌을 던졌는데 丙의 자동차에 맞아 유리창이 깨진 경우 구체적 부합설과 법정적 부합설 중 어느 학설에 의하더라도 동일한 결과에 이른다. ○ ×

해설 추상적 사실의 착오(구성요건이 다름) 중 방법의 착오에 해당한다. 구체적 부합설이든 법정적 부합설이든 결론이 동일하다. 정답 ○

076 甲은 심야에 짖어대는 乙의 개 丙을 죽이려고 총을 발사하였다. 그런데 조준에 실패하여 乙이 총에 맞아 사망하였다. 추상적 부합설에 의할 경우 甲은 丙에 대한 재물손괴기수와 乙에 대한 살인미수죄의 상상적 경합범이 된다. ○ ×

해설 추상적 사실의 착오 중 방법의 착오에 해당한다. 추상적 부합설에 따르면 丙에 대한 재물손괴기수와 乙에 대한 과실치사죄의 상상적 경합이 인정된다. 정답 ×

077 캄캄한 밤중에 자신의 장모를 처로 오인하고 살해한 경우 판례에 따르면 형법 제15조 제1항에 의하여 보통살인죄로 처벌된다. ○ ×

해설 객체의 착오에 해당한다. 법정적 부합설이든 구체적 부합설이든 발생사실의 기수로 처벌하므로, 장모에 대해 살인미수는 논할 필요가 없고 처(부인)에 대한 살인기수로 처벌하면 된다. 따라서 보통살인죄로 처벌된다. 정답 ○

078 甲은 A를 살해할 의사로 농약을 숭늉그릇에 투입하여 A의 집안에 놓아두었는데, 이러한 사정을 모르는 B가 이를 마시고 사망했다. 甲에게는 B에 대한 살인죄가 성립한다. ○ ×

해설 대법원 68도884 정답 ○

079 甲은 살의(殺意)를 가지고 A를 향해 힘껏 몽둥이를 휘둘렀으나 A의 등에 업힌 조카 B의 머리 부분을 가격하여 현장에서 사망케 했다. 甲에게는 B에 대한 과실치사죄가 성립한다. ○ ×

해설 피고인이 먼저 피해자 1을 향하여 살의를 갖고 소나무 몽둥이(증 제1호, 길이 85센티미터 직경 9센티미터)를 양손에 집어 들고 힘껏 후려친 가격으로 피를 흘리며 마당에 고꾸라진 동녀와 동녀의 등에 업힌 피해자 2의 머리 부분을 위 몽둥이로 내리쳐 피해자 2를 현장에서 두개골절 및 뇌좌상으로 사망케 한 소위를 살인죄로 의율한 원심조처는 정당하게 긍인 되며 소위 타격의 착오가 있는 경우라 할지라도 행위자의 살인의 범의성립에 방해가 되지 아니하니 어느모로 보나 원심판결에 채증법칙 위배로 인한 사실오인의 위법이나 살인죄에 관한 법리오해의 위법이 없어 논지는 이유 없다. = 방법의 착오(타격의 착오)가 있는 경우라 할지라도 행위자의 살인의 범의성립에 방해가 되지 아니한다. (대법원 83도2813) 정답 ×

080 甲은 살인의 고의로 A를 향해 총을 발사했는데, 그 순간 이를 제지하고자 B가 앞으로 뛰어들어 A 대신 총탄을 맞고 사망했다. 甲에게는 A에 대한 살인미수죄와 B에 대한 과실치사죄의 상상적 경합이 성립한다. ○ ×

해설 판례의 입장인 법정적 부합설에 따를때 甲에게는 B에 대한 살인죄가 성립한다. 정답 ×

081 甲은 A와 시비가 붙어 싸우다가 힘이 달리자 상해의 고의로 칼을 가지고 나와 A를 향해 휘두르다가 옆에서 싸움을 말리면서 칼을 뺏으려던 B의 귀를 찔러 상해를 입혔다. 甲에게는 B에 대한 과실치상죄가 성립한다. ○ ×

해설 판례의 입장인 법정적 부합설에 따를 때 甲에게는 B에 대한 상해죄가 성립한다. 정답 ×

082 甲이 형 A를 살해하려고 기다리다가 아버지 B를 A로 오인하고 살해한 경우 판례에 따르면 甲에게 보통살인죄의 미수와 존속살해죄의 상상적 경합이 성립한다. ○ ×

해설 구체적 사실의 착오 중 방법의 착오로 볼 것이고, 법정적 부합설에 따르는 판례에 의하면 발생사실인 아버지에 대한 살인 기수로 처리한다. 다만 존속살인죄로 보지 않고 보통살인으로 볼 것인데, 왜냐하면 피해자가 형인 줄 알고 아버지인 줄 몰랐으므로 객체가 존속이라는 인식이 없었기 때문이다. 정답 ×

083 甲이 A를 살해하기 위하여 총을 발사하였으나 빗나가 주차되어 있는 자동차 유리창만 깨뜨린 경우 구체적 부합설에 따르면 甲에게 A에 대한 살인미수죄가 성립한다. ○ ×

해설 추상적 사실의 착오의 방법의 착오에 해당한다. 법정적 부합설이든 구체적 사실의 착오이든 동일한 결론에 이른다. A에 대한 살인미수죄와 자동차 유리창에 대한 과실손괴죄의 상상적 경합이다. 그런데 과실손괴죄는 죄가 성립하지 않으므로, 살인미수죄만 성립한다. 정답 ○

084 甲은 절취의 의사로 A의 지갑을 몰래 가지고 왔으나 알고 보니 그 지갑이 B의 지갑이었던 경우 법정적 부합설에 따르면 A에 대한 절도미수죄가 성립한다. ○ ×

해설 구체적 사실의 착오 중 객체의 착오로 법정적 부합설은 B에 대한 절도죄가 성립한다. 정답 ×

085 甲은 A를 살해할 의사로 돌로 내려쳐 정신을 잃고 늘어지자 A가 죽었다고 생각하고 A를 웅덩이에 묻었으나 사실은 A가 매장으로 인하여 질식사한 경우 판례에 따르면 A에 대한 살인미수죄와 과실치사죄의 상상적 경합이 성립한다. ○ ×

해설 전 과정을 개괄적으로 보면 乙의 살해라는 처음에 예견된 사실이 결국 실현된 것으로서 甲은 살인죄의 죄책을 면할 수 없다. 정답 ×

086 甲은 A를 상해할 의사로 깨진 유리를 A에게 휘둘렀으나 甲을 말리려던 B가 끼어들며 유리에 찔려 부상을 입은 경우 구체적 부합설에 따르면 A에 대한 상해미수죄와 B에 대한 과실치상죄의 상상적 경합이 성립한다. ○ ×

해설 구체적 사실의 착오 중 방법의 착오로 구체적 부합설은 A에 대한 상해미수죄와 B에 대한 과실치상죄의 상상적 경합이 성립한다.
정답 ○

087 甲이 상해의 고의로 乙을 향해 돌을 던졌으나 빗나가서 옆에 있던 丙이 맞은 경우, 법정적 부합설에 따르면 丙에 대한 상해기수죄가 성립한다. ○ ×

해설 구체적 사실의 착오 중 방법의 착오에 해당한다. 법정적 부합설은 발생사실인 병에 대한 상해의 기수죄가 성립한다.
정답 ○

088 甲이 乙을 살해할 의사로 乙의 물병에 독약을 탔으나 乙의 개가 이 물을 마시고 죽은 경우 구체적 부합설에 따르면 살인미수죄와 손괴죄의 상상적 경합이 성립한다. ○ ×

해설 추상적 사실의 착오 중 방법의 착오에 해당한다. 구체적 부합설은 살인미수와 과실손괴의 상상적 경합으로 보지만 과실손괴는 불가벌이므로 살인미수죄만 성립한다.
정답 ×

089 甲이 丙을 乙로 오인하고 살해하려고 총을 쏘아 丙이 사망한 경우에 구체적 부합설과 법정적 부합설의 결론은 동일하다. ○ ×

해설 구체적 사실의 착오 중 객체의 착오에 해당한다. 법정적 부합설과 구체적 부합설이 모두 발생 사실인 병에 대한 살인의 기수가 되므로 결론이 동일하다.
정답 ○

090 甲이 손괴의 고의로 乙의 집 창문을 향해 돌을 던졌는데 빗나가서 옆에 있던 丙에게 상해를 입힌 경우 구체적 부합설에 따르면 손괴미수죄와 과실치상죄의 상상적 경합이 성립한다. ○ ×

해설 추상적 사실의 착오 중 방법의 착오에 해당하므로 구체적 부합설에 의하면 손괴미수와 과실치상죄의 상상적 경합이 성립한다.
정답 ○

091 존재하지 않는 형벌법규를 존재하는 것으로 오인하고 행위한 때에도 그 행위에 위험성이 있으면 불능미수로 처벌할 수 있다. ○ ×

해설 환각범(반전된 금지의 착오)의 경우에는 불가벌이다. 환각범은 행위자가 법령상 금지되지 않은 행위를 금지되어 있다고 오인한 경우이다.
정답 ×

092 형이 면제되는 친족관계가 있다고 오인하고 절도하였더라도 절도죄의 성립은 물론이고 처벌에도 아무런 영향이 없다.
○ ×

해설 처벌조건은 객관적으로 존재하기만 하면 되기 때문에 착오는 범죄성립에 영향을 미치지 않는다. 정답 ○

093 피교사자의 객체의 착오는 교사자에게 방법의 착오가 된다는 견해가 방법의 착오에 관한 구체적 부합설을 취하면, 甲이 乙에게 A를 살해할 것을 교사하였으나 乙이 B를 A로 오인하여 B를 살해한 경우 甲은 B에 대한 살인교사의 죄책을 진다.
○ ×

해설 피교사자의 객체의 착오는 교사자에게 방법의 착오가 된다는 견해가 방법의 착오에 관한 구체적 부합설을 취하면, 甲이 乙에게 A를 살해할 것을 교사하였으나 乙이 B를 A로 오인하여 B를 살해한 경우 甲은 A에 대한 살인미수교사, B에 대한 과실치사죄의 상상적경합범이 된다. 정답 ×

094 甲이 상해의 고의로 A를 구타하여 A가 정신을 잃자 사망한 것으로 오인하고, A가 자살한 것처럼 가장하기 위하여 A를 베란다 아래로 떨어뜨려 사망하게 한 경우에는 포괄하여 하나의 살인죄가 성립한다.
○ ×

해설 피고인이 피해자에게 우측 흉골골절 및 늑골골절상과 이로 인한 우측 심장벽좌상과 심낭내출혈 등의 상해를 가함으로써, 피해자가 바닥에 쓰러진 채 정신을 잃고 빈사상태에 빠지자, 피해자가 사망한 것으로 오인하고, 피고인의 행위를 은폐하고 피해자가 자살한 것처럼 가장하기 위하여 피해자를 베란다로 옮긴 후 베란다 밑 약 13m 아래의 바닥으로 떨어뜨려 피해자로 하여금 현장에서 좌측 측두부 분쇄함몰골절에 의한 뇌손상 및 뇌출혈 등으로 사망에 이르게 하였다면, 피고인의 행위는 포괄하여 단일의 상해치사죄에 해당한다. (대법원 94도2361) 정답 ×

095 甲이 한밤중에 좁은 골목길을 지나가던 A를 강도범으로 오인하여 방위의 의사로 아령이 든 가방으로 쳐서 A에게 전치 3주의 상해를 입힌 경우, 위법성 인식의 체계적 지위에 관한 고의설에 의하면 상해죄의 고의범으로 처벌할 수 없다.
○ ×

해설 고의는 구성요건적 사실에 대한 인식과 위법성의 인식을 포괄하는 책임요소로 이해하여, 위법성인식이 고의의 한 부분이 된다. 위법성인식이 결여되면 고의가 조각된다. 고의가 조각되는 경우 과실범 문제가 남는다. 고의설에 의하면 위법성의 인식이 없으므로 고의가 조각되고 이웃집 사람을 강도로 오인한데에 정당한 이유가 없으므로 과실이 인정되어 과실치상죄가 성립한다. 정답 ○

096 의사 甲이 고질적인 만성질환으로 평소 안락사를 요청하던 A로부터 "부탁한다"라는 말과 함께 봉투를 건네받자 이를 유서와 안락사비용으로 오인하여 촉탁살인의 고의로 독극물을 주입하여 A를 살해한 경우, 공판과정에서 A의 촉탁이 없었음이 판명되었다면 형법 제15조 제1항에 의하면 甲에게는 보통살인죄가 성립한다.
○ ×

해설 촉탁·승낙이 없음에도 있다고 오인하고 살해한 경우 경한 죄(촉탁·승낙살인죄)의 고의로 중한죄(보통살인죄)를 범한 것이므로 제15조 1항에 의해 촉탁·승낙살인죄가 성립한다고 본다. = 甲에게 촉탁·승낙살인죄가 성립한다. 정답 ×

097 甲이 상해의 고의로 주차장에 서 있던 乙에게 돌을 던졌으나 빗나가서 의도치 않게 그 옆에 주차되어 있던 乙의 자동차가 파손되었다면, 甲에게는 상해미수죄가 성립한다. ○ ×

해설 추상적 사실의 착오로서 상해미수죄만 성립하며 과실손괴죄는 처벌하지 않기 때문에 범죄가 성립하지 않는다.

정답 ○

098 행위자가 제1행위에 의하여 이미 의도한 결과가 발생했다고 믿었으나 실제로는 연속된 제2행위에 의하여 그 결과가 발생된 사안은, 제1행위에 대한 미수범과 제2행위에 대한 과실범의 실체적 경합범으로 처리된다. ○ ×

해설 개괄적 고의에 대한 판례이다. 자신의 부인을 희롱하는 피해자에 대한 분노가 폭발하여 살해하기로 마음먹고 돌로 수 차 내리쳐 뇌진탕으로 실신하자, 죽은 것으로 오인하고 증거를 없애기 위해 개울가에 파묻은 결과 질식하여 사망에 이르게 했다. 그렇다면 피해자가 살해의도로 행한 구타행위에 의해 직접 사망한 것이 아니라 죄적을 인멸할 목적으로 행한 매장행위에 사망하게 되었더라도 전 과정을 개괄적으로 보면 피해자의 살해라는 애초의 예견사실이 결국 실현된 것이기 때문에 살인죄의 죄책을 면할 수 없다. (대법원 88도650)

정답 ×

099 정당방위 상황이 존재하지 않는데도 불구하고 그러한 상황이 존재한다고 오인한 상태에서 행한 방위행위에 대해서, 위법성 인식을 독자적인 책임요소로 파악하는 엄격책임설에 따르면 구성요건적 고의는 언제나 인정된다. ○ ×

해설 엄격책임설에 의하면 금지착오가 되어 그 오인에 정당한 이유가 없다면 고의범으로 처벌되고, 정당한 이유가 있다면 책임이 조각되어 무죄가 된다. 따라서 엄격책임설은 언제나 구성요건적 고의는 인정된다.

정답 ○

100 위법하지 않은 행위를 행위자는 위법한 것으로 오인한 경우, 그 행위자는 금지규범에 대한 착오를 일으킨 것이며 그러한 법률의 무지에 대해서 형벌을 부여해야 한다. ○ ×

해설 환각범(반전된 금지의 착오)의 경우에는 불가벌이다. 환각범은 행위자가 법령상 금지되지 않은 행위를 금지되어 있다고 오인한 경우이다.

정답 ×

101 추상적 사실의 착오 중 객체의 착오 및 방법의 착오에 대한 구체적 부합설과 법정적 부합설의 결론은 동일하다. ○ ×

해설 추상적 사실의 착오 중 객체의 착오 및 방법의 착오에 대한 구체적 부합설과 법정적 부합설은 모두 인식한 사실에 대한 미수와 발생한 사실에 대한 과실의 상상적 경합범이 성립한다.

정답 ○

102 甲이 형 A를 살해하기 위하여 집에 들어가 칼로 찔렀는데, 아버지 B를 A로 오인하고 살해한 경우 판례에 따르면 A에 대한 살인미수죄와 B에 대한 존속살해죄의 상상적 경합이 된다. ○ ×

해설 구체적 사실의 착오 중 객체의 착오로 판례의 입장인 법정적 부합설에 따르면 우선 발생한 사실에 대한 살인죄가 성립한다. 그러나 甲은 중한 사실을 인식하지 못하였으므로 형법 제15조 제1항에 의하여 보통살인죄가 성립할 수 있다. 형이라고 인식하였으나 중한 결과 아버지가 사망했으므로 기본범죄와 가중적 구성요건 사실에 관한 착오이다. 다수설에 의하면 제15조에 의해서 보통살인의 의도로 존속살해의 결과가 발생하면 경한 범죄로 해결한다.

정답 ×

103 甲이 상해의 고의로 A를 향해 돌을 던졌으나 빗나가는 바람에 옆에 있던 B가 맞아 상해를 입은 경우 구체적 부합설에 따르면 A에 대한 상해미수죄와 B에 대한 과실치상죄의 상상적 경합이 된다. ○ ×

해설 구체적 사실의 착오 중 방법의 착오로 구체적 부합설에 따르면 A에 대한 상해미수죄와 B에 대한 과실치상죄의 상상적 경합이 된다. 정답 ○

104 甲은 자신을 괴롭히는 직장동료 A를 상해하기 위하여 늦은 밤 퇴근하는 A의 무릎을 몽둥이로 강타하였는데, 알고 보니 외모가 비슷한 B가 맞아 상해를 입은 경우 법정적 부합설에 따르면 B에 대한 상해죄가 성립한다. ○ ×

해설 구체적 사실의 착오 중 객체의 착오로 법정적 부합설에 따르면 B에 대한 상해죄가 성립한다. 정답 ○

105 甲이 친구 A를 살해하려고 독약을 놓아 두었으나 친구 B가 이를 마시게 되어 사망한 경우, 구체적 부합설과 법정적 부합설 모두 B에 대한 살인죄를 인정한다. ○ ×

해설 구체적 사실의 착오 중 방법의 착오로 구체적 부합설에 의하면 착오로 보아 A에 대한 살인미수와 B에 대한 과실치사의 상상적 경합, 법정적 부합설에 의하면 착오로 보지 않아 B에 대한 살인죄가 성립한다. 정답 ×

106 甲이 친구 A를 친구 B로 착각하여 살해한 경우, 구체적 부합설의 입장에서는 B에 대한 살인미수와 A에 대한 과실치사죄의 상상적 경합이 된다고 본다. ○ ×

해설 구체적 사실의 착오 중 객체의 착오로 구체적 부합설에 의하면 착오로 보지 않아 A에 대한 살인죄가 성립한다. 정답 ×

107 甲이 친구 A를 살해하려고 하였으나 주위가 어두워 자신의 장모 B를 A로 오인하여 살해한 경우, 판례는 보통살인죄의 형으로 처단하여야 한다고 본다. ○ ×

해설 형법 제15조 제1항에 '특별히 무거운 죄가 되는 사실을 인식하지 못한 행위는 무거운 죄로 벌하지 아니한다.'고 규정하고 있으므로 장모를 친구인 줄 알고 살해한 행위는 보통살인죄로 처벌된다. 정답 ○

108 甲이 살인의 고의로 친구 A의 머리를 내리쳐 A가 실신하자(제1행위), 그가 죽은 것으로 오인하여 웅덩이에 파묻었는데(제2행위) 실제로는 질식사한 것으로 밝혀진 경우, 판례는 제1행위에 의한 살인미수와 제2행위에 의한 과실치사죄의 실체적 경합을 인정한다. ○ ×

해설 개괄적 고의 사례로 행위의 전과정이 일원적인 범죄의사의 연속으로 인정되는 경우 고의기수를 인정하는 입장이므로, 행위전체에 미치는 하나의 개괄적 고의가 인정된다고 본다. 따라서 애초의 예견사실이 결국 실현된 것이기 때문에 살인죄의 죄책을 면할 수 없다. 정답 ×

109 甲이 살해의 고의로 A를 향해 총을 쏘았으나 알고 보니 B가 맞아 죽은 경우, 구체적 부합설에 따르면 A에 대한 살인미수와 B에 대한 과실치사의 상상적 경합이다. ○ ×

해설 구체적 사실의 착오 중에서 객체의 착오에 해당하는 사례로 구체적 부합설과 법정적 부합설 모두 착오의 사실을 인정하지 않기 때문에 B에 대한 살인죄만 성립한다. 정답 ×

110 甲이 상해의 고의로 A를 향해 돌을 던졌으나 빗나가서 옆에 있던 A의 자동차 유리창을 깨뜨린 경우, 구체적 부합설에 따르면 A에 대한 상해미수죄가 성립한다. ○ ×

해설 추상적 사실의 착오 중에서 방법의 착오에 해당하는 사례로 구체적 부합설에 의하면 착오사실을 인정하여 甲에 대한 상해미수와 A의 자동차 유리창에 대한 과실손괴의 상상적 경합, 과실손괴는 처벌 규정이 없으므로 甲에 대한 상해미수만 성립한다. 정답 ○

111 甲이 살해의 고의로 자신의 형 A를 향해 총을 쏘았으나 알고 보니 아버지 B가 맞아 죽은 경우, 법정적 부합설에 따르면 A에 대한 보통살인미수와 B에 대한 과실치사죄가 성립한다. ○ ×

해설 구체적 사실의 착오 중에서 객체의 착오에 해당하며, 형법 제15조 제1항이 직접 적용하여 B에 대한 보통살인죄가 성립한다. 정답 ×

112 甲이 살해의 고의로 A의 머리를 돌로 쳤으나 사망하지 않고 뇌진탕으로 쓰러졌는데, 甲은 A가 죽은 것으로 오인하고 개울가로 끌고 가 땅에 파묻어 질식사한 경우, 판례에 따르면 A에 대한 살인죄의 기수가 성립한다. ○ ×

해설 개괄적 고의의 사례로 판례에 의하면 A에 대한 살인죄의 기수만 성립한다. 정답 ○

113 甲이 A를 살해하려는 고의로 어둠 속에서 B를 A로 오인하여 총을 쏘아 살해하였다면, 甲의 죄책에 대하여 구체적 부합설과 법정적 부합설의 결론은 서로 다르다. ○ ×

해설 구체적 부합설과 법정적 부합설 모두 발생사실에 대한 기수범(B에 대한 살인기수죄)이 성립한다고 설명하고 있다. 따라서 구체적 부합설과 법정적 부합설은 결론이 동일하다. 정답 ×

114 甲이 A 등 3명과 싸우다가 힘이 달리자 식칼을 가지고 이들 3명을 상대로 휘두르다가 이를 말리면서 식칼을 뺏으려던 피해자 B에게 상해를 입혔다면, 상해를 입은 사람이 목적한 사람이 아닌 다른 사람이므로 B에 대한 과실치상죄가 성립한다. ○ ×

해설 甲이 乙 등 3명과 싸우다가 힘이 달리자 식칼을 가지고 이들 3명을 상대로 휘두르다가 이를 말리면서 식칼을 뺏으려던 피해자 丙에게 상해를 입혔다면 甲에게 상해의 범의가 인정되며 상해를 입은 사람이 목적한 사람이 아닌 다른 사람이라 하여 과실상해죄에 해당한다고 할 수 없다. (대법원 87도1745) 정답 ×

04 과실범

115 과실일수죄는 형법상 처벌규정이 있으나 과실교통방해죄는 형법상 처벌규정이 없다. ○ ×

해설 과실일수죄는 형법상 처벌 규정이 있다. (형법 제181조(과실일수)) 과실교통방해죄도 있다. (형법 제189조(과실, 업무상과실, 중과실))
정답 ×

116 의료과오사건에 있어서 의사의 과실 유무를 판단함에는 같은 업무와 직무에 종사하는 일반적 보통인의 주의 정도를 표준으로 하여야 하며, 이때 사고 당시의 일반적인 의학의 수준과 의료환경 및 조건, 의료행위의 특수성 등을 고려하여야 한다. ○ ×

해설 대법원 99도3711
정답 ○

117 형법상 과실범의 미수를 처벌하는 규정은 존재하지 않는다. ○ ×

해설 미수는 고의범에서 성립할 뿐이지 과실범의 미수란 없다. 과실범의 미수를 처벌하는 규정이 존재하지 않는다.
정답 ○

118 공사현장 감독인이 공사의 발주자에 의하여 현장감독에 임명된 것이 아니고, 건설업법상 요구되는 현장건설기술자의 자격도 없다면 업무상 과실책임을 물을 수 없다. ○ ×

해설 피고인이 사업당시 공사현장감독인인 이상 그 공사의 원래의 발주자의 직원이 아니고 또 동 발주자에 의하여 현장감독에 임명된 것도 아니며, 건설업법상 요구되는 현장건설기술자의 자격도 없다는 등의 사유는 업무상과실책임을 물음에 아무런 영향도 미칠 수 없다. (대법원 82도2713)
정답 ×

119 택시운전기사가 심야에 밀집된 주택 사이의 좁은 골목길이자 직각으로 구부러져 가파른 비탈길의 내리막에서 그다지 속도를 줄이지 않고 진행하다가 내리막에 누워 있던 피해자의 몸통 부위를 택시 바퀴로 역과하여 그 자리에서 사망에 이르게 한 경우 그에게 업무상 주의의무 위반을 인정할 수 있다. ○ ×

해설 대법원 2010도17506
정답 ○

120 정상의 주의를 태만함으로 인하여 죄의 성립요소인 사실을 인식하지 못한 행위는 법률에 특별한 규정이 있는 경우에 한하여 처벌한다. ○ ×

해설

> **형법 제14조(과실)** 정상적으로 기울여야 할 주의(注意)를 게을리하여 죄의 성립요소인 사실을 인식하지 못한 행위는 법률에 특별한 규정이 있는 경우에만 처벌한다.

정답 ○

121 산후조리원에 입소한 신생아가 계속하여 잦은 설사 등의 이상증세를 보임에도 불구하고 산후조리원의 신생아 집단관리를 맡은 책임자가 의사 등의 진찰을 받도록 하지 않아 신생아가 사망한 경우, 위 집단관리 책임자가 산모에게 신생아의 이상증세를 즉시 알리고 적절한 조치를 구하여 산모의 지시를 따른 것만으로는 업무상 주의의무를 다하였다고 볼 수 없다. ○ ×

해설 대법원 2005도1796 정답 ○

122 폭발물사용죄는 과실범 처벌규정이 있으나, 폭발성물건파열죄는 과실범 처벌규정이 없다. ○ ×

해설

> 형법 제172조(폭발성물건파열) ① 보일러, 고압가스 기타 폭발성있는 물건을 파열시켜 사람의 생명, 신체 또는 재산에 대하여 위험을 발생시킨 자는 1년 이상의 유기징역에 처한다.
> 형법 제173조의2(과실폭발성물건파열등) ① 과실로 제172조제1항, 제172조의2제1항, 제173조제1항과 제2항의 죄를 범한 자는 5년 이하의 금고 또는 1천500만원 이하의 벌금에 처한다.
> ② 업무상 과실 또는 중대한 과실로 제1항의 죄를 범한 자는 7년 이하의 금고 또는 2천만원 이하의 벌금에 처한다.

정답 ×

123 피고인이 근무하는 병원에서는 인턴의 수가 부족하여 수혈의 경우 두 번째 이후의 혈액봉지는 인턴 대신 간호사가 교체하는 관행이 있었다고 하더라도, 위와 같이 혈액봉지가 바뀔 위험이 있는 상황에서 피고인이 그에 대한 아무런 조치도 취함이 없이 간호사에게 혈액봉지의 교체를 일임한 것이 관행에 따른 것이라는 이유만으로 정당화될 수는 없다. ○ ×

해설 대법원 97도2812 정답 ○

124 우선통행권이 인정되는 트럭은 특별한 사정이 없는 한 통행의 우선순위를 무시하고 과속으로 교차로에 진입하여 오는 차량을 예상하여 사고발생을 미리 막을 주의의무가 없다. ○ ×

해설 대법원 84도185 정답 ○

125 반대편에서 중앙선을 넘어서 오는 승용차가 자기 차선으로 되돌아 갈 것이라고 믿고 경적을 울리거나 스스로 감속함이 없이 거리가 근접할 때까지 위 승용차가 자기 차선으로 되돌아가지 않자 비로소 급정거하였으나 사고가 난 경우에는 과실이 인정되지 않는다. ○ ×

해설 자동차의 대향운전시 상호충돌을 피하기 위하여 교통법규를 준수하여 운전할 것이라고 신뢰할 수 있으므로 통상의 경우 상대방이 도로의 중앙선을 침범하여 운전할 경우까지 예상하여 이에 대비할 업무상 주의의무는 없으나, 상대방이 도로중앙선을 넘어 자기의 진로에 따라 자동차를 운행하고 있거나 이와 같은 사정이 예상되는 객관적 사정이 있는 때에는 그와 같은 신뢰는 기대할 수 없기 때문에 그 대향운전자로서도 경적을 울린다거나 감속서행, 일단정지, 또는 가능한 한 도로의 우측으로 피하여 자동차를 운행하는 등의 적절한 조치를 취함으로써 상호간의 충돌을 방지할 업무상 주의의무가 있다고 할 것이다. (대법원 83도1859) 정답 ×

126 의사가 간호사를 신뢰하여 간호사에게 당해 의료행위를 일임함으로써 간호사의 과오로 환자에게 위해가 발생하였다면 의사는 그에 대한 과실 책임을 면할 수 없다. ○ ×

해설 대법원 97도2812

정답 ○

127 무모하게 트럭과 버스 사이에 끼어들어 이 사이를 빠져 나가려는 오토바이를 선행차량이 속도를 낮추어 오토바이가 사고가 발생하지 않고 선행하도록 하여 줄 업무상 주의의무가 있다. ○ ×

해설 피고인(갑)이 봉고트럭을 운전하고 도로 2차선상으로, 피고인(을)이 버스를 운전하고 도로 3차선상으로 거의 병행 운행하고 있을 즈음 도로 3차선에서 피고인(을)의 버스 뒤를 따라 운행하여 오던 피해자 운전의 오토바이가 버스를 앞지르기 위해 도로 2차선으로 진입하여 무모하게 위 트럭과 버스 사이에 끼어들어 이 사이를 빠져 나가려 한 경우에 있어서는 선행차량이 속도를 낮추어 앞지르려는 피해자의 오토바이를 선행하도록 하여 줄 업무상 주의의무가 있다고 할 수 없다. (대법원 84도483)

정답 ×

128 보행자 또는 자동차 외의 차마는 자동차 전용도로로 통행하거나 횡단할 수 없도록 되어 있으므로 무단 횡단하는 보행자가 나타날 경우를 미리 예상하여 급정차할 수 있도록 운전해야 할 주의의무는 없다. ○ ×

해설 대법원 88도1484

정답 ○

129 중앙선 표시가 있는 직선도로에서 특별한 사정이 없는 한 그 대향차선상의 차량이 중앙선을 넘어 반대차선에 진입하지 않으리라고 믿는 것이 우리의 경험칙에 합당하다. ○ ×

해설 대법원 95도382

정답 ○

130 약사가 의약품을 판매하거나 조제함에 있어서 특별한 사정이 없는 한 그 약의 포장상의 표시를 신뢰하고 이를 사용한 경우에는 과실이 없다. ○ ×

해설 대법원 74도2046

정답 ○

131 의사가 환자에 대하여 다른 의사와 의료행위를 분담하는 경우에 다른 의사의 전공과목에 전적으로 속하는 사항에 대하여는 다른 의사가 하는 의료행위의 내용이 적절한 것인지의 여부를 확인하고 감독하여야 할 업무상 주의의무가 없다. ○ ×

해설 대법원 2005도9229

정답 ○

132 총기의 위험성을 잘 알고 있는 경찰관 甲, 乙, 丙이 함께 술을 마셔 모두 만취된 상태에서 乙과 丙이 갑자기 총을 들어 자신들의 머리에 대고 쏘는, 소위 '러시안 룰렛 게임'을 하기에 甲이 "장난치지 말라"며 말로 만류하던 중 순식간에 乙이 자신이 쏜 총에 맞아 사망한 경우 甲에게 중과실이 인정된다. ○ ×

해설 경찰관인 피고인들은 동료 경찰관인 갑 및 피해자 을과 함께 술을 많이 마셔 취하여 있던 중 갑자기 위 갑이 총을 꺼내 을과 같이 총을 번갈아 자기의 머리에 대고 쏘는 소위 "러시안 룰렛" 게임을 하다가 을이 자신이 쏜 총에 맞아 사망한 경우 피고인들은 위 갑과 을이 "러시안 룰렛" 게임을 함에 있어 갑과 어떠한 의사의 연락이 있었다거나 어떠한 원인행위를 공동으로 한 바가 없고, 다만 위 게임을 제지하지 못하였을 뿐인데 보통사람의 상식으로서는 함께 수차에 걸쳐서 흥겹게 술을 마시고 놀았던 일행이 갑자기 자살행위와 다름없는 위 게임을 하리라고는 쉽게 예상할 수 없는 것이고 (신뢰의 원칙), 게다가 이 사건 사고는 피고인들이 "장난치지 말라"며 말로 위 갑을 만류하던 중에 순식간에 일어난 사고여서 음주만취하여 주의능력이 상당히 저하된 상태에 있던 피고인들로서는 미처 물리력으로 이를 제지할 여유도 없었던 것이므로, 경찰관이라는 신분상의 조건을 고려하더라도 위와 같은 상황에서 피고인들이 이 사건 "러시안 룰렛" 게임을 즉시 물리력으로 제지하지 못하였다 한들 그것만으로는 위 갑의 과실과 더불어 중과실치사죄의 형사상 책임을 지울 만한 위법한 주의의무위반이 있었다고 평가할 수 없다. (대법원 91도3172) **정답** ×

133 甲이 평상시와 마찬가지로 연탄아궁이에 불을 피워놓고 연탄아궁이로부터 80cm 떨어진 곳에 스폰지요, 솜 등이 연탄아궁이 쪽으로 넘어지면서 훈소현상에 의하여 점포를 떠난 지 4시간 이상이 지난 뒤에 화재가 발생한 경우 甲에게 중과실이 인정된다. ○ ×

해설 피고인이 연탄아궁이로부터 80센티미터쯤 떨어진 곳에 비닐로 포장한 스폰지요, 솜 등을 끈으로 묶지 않은 채 쌓아두었다고 하더라도, 피고인이 아주 작은 주의만 기울였더라면 그것들이 연탄아궁이 쪽으로 쉽게 넘어지고 또 그로 인하여 훈소현상(불꽃없이 연기만 내면서 타는 현상)에 의한 화재가 발생할 것을 예견할 수 있었다고 보기는 어렵기 때문이다 (기록에 의하면 피고인은 평상시에도 화재가 발생한 날의 경우와 마찬가지로 연탄아궁이에 불을 피워놓은채 스폰지요, 솜들을 쌓아두고 귀가한 것으로 보이는 바, 이와 같은 점포의 관리상황과 피고인이 점포를 떠난지 4시간 이상이 지난뒤에 화재가 발생한 점 등에 비추어 보면, 화재의 발생에 관하여 피고인에게 과실이 있었다고 하더라도 이를 중대한 과실로 평가하기는 어렵다). (대법원 88도643) **정답** ×

134 목사 甲이 안수기도를 한다면서 84세의 노인과 11세의 여자아이를 바닥에 눕혀놓고 "마귀야 물러가라", "왜 안 나가느냐" 등 소리를 치면서 손으로 배와 가슴 부분을 세게 때리고 누르는 등의 행위를 20~30분간 반복하여 이들을 사망케 한 경우 甲에게 중과실이 인정된다. ○ ×

해설 대법원 97도538 **정답** ○

135 비가 내려 노면이 미끄러운 고속도로의 주행선을 진행하던 추월선상의 A 차량이 갑자기 甲의 차선으로 들어왔고, 甲이 A 차량을 피하다가 빗길에 미끄러져 중앙분리대를 넘어가 반대편 추월선상의 B 차량과 충돌하여, B 차량의 운전자가 사망하였다면 甲의 업무상 과실이 인정되지 않는다. ○ ×

해설 부득이한 사정으로 할 수 없이 중앙선을 침범한 경우에는 교통사고처리특례법 제3조 제2항 제2호의 중앙선침범에는 해당하지 아니한다 할 것이나 피고인이 고속도로의 주행선을 진행함에 있어서 비가 내려 노면이 미끄러웠고 추월선상에 다른 차가 진행하고 있었으므로 속도를 더 줄이고 추월선상의 차량의 동태를 살피면서 급히 제동할 수 있는 조치를 취하여야 할 주의의무를 게을리 하여 추월선상의 차량이 피고인의 차선으로 갑자기 들어오는 것을 피하다가 빗길에 미끄러져 중앙분리대를 넘어가 반대편 추월선상의 자동차와 충돌한 경우에는 업무상과실치사상죄 및 도로교통법 제108조 위반의 범죄를 구성한다. (대법원 90도1918) **정답** ×

136 야간 당직간호사가 담당 환자의 심근경색 증상을 당직의사에게 제대로 보고하지 않아 당직의사가 필요한 조치를 취하지 못한 채 환자가 사망한 경우, 당직간호사에게 업무상 과실이 인정된다. ○ ×

해설 대법원 2006도294   정답 ○

137 피해자를 감시하도록 업무를 인계받지 않은 간호사 A가 자기 환자의 회복처치에 전념하고 있었다면 회복실에 다른 간호사가 남아 있지 않은 경우에도 회복실 내의 모든 환자에 대하여 적극적, 계속적으로 주시, 점검을 할 의무가 있다고 할 수 없다. ○ ×

해설 대법원 92도3283   정답 ○

138 교차로를 녹색등화에 따라 직진하는 차량의 운전자는 다른 차량이 신호를 위반하고 직진하는 차량의 앞을 가로질러 좌회전할 경우까지를 예상하여 그에 따른 사고발생을 미연에 방지할 업무상의 주의의무는 없다. ○ ×

해설 대법원 92도2579   정답 ○

139 골프 카트 운전자는 골프 카트 출발 전에 승객들에게 안전손잡이를 잡도록 고지하고 승객이 안전손잡이를 잡은 것을 확인하고 출발하여야 할 업무상 주의의무가 있다. ○ ×

해설 대법원 2010도1911   정답 ○

140 의료사고에 있어서 의사의 과실 유무를 판단할 때에는 같은 업무와 직종에 종사하는 일반적 보통인의 주의 정도를 표준으로 하여야 하며, 이때 사고 당시의 일반적인 의학의 수준과 의료환경 및 조건, 의료행위의 특수성 등을 고려하여야 한다. ○ ×

해설 대법원 2004도486   정답 ○

141 도급인이 수급인에게 공사의 시공이나 개별작업에 관하여 구체적으로 지시·감독하였더라도, 법령에 의하여 도급인에게 구체적인 관리·감독의무가 부여되어 있지 않다면 도급인에게는 수급인의 업무와 관련하여 사고방지에 필요한 안전조치를 해야 할 주의의무가 없다. ○ ×

해설 도급계약의 경우 원칙적으로 도급인에게는 수급인의 업무와 관련하여 사고방지에 필요한 안전조치를 취할 주의의무가 없으나, 법령에 의하여 도급인에게 수급인의 업무에 관하여 구체적인 관리·감독의무 등이 부여되어 있거나 도급인이 공사의 시공이나 개별작업에 관하여 구체적으로 지시·감독하였다는 등의 특별한 사정이 있는 경우에는 도급인에게도 수급인의 업무와 관련하여 사고방지에 필요한 안전조치를 취할 주의의무가 있다. (대법원 2015도8621)   정답 ×

142 교통이 빈번한 간선도로에서 횡단보도의 보행자 신호등이 적색으로 표시된 경우 운전자는 보행자가 동 적색신호를 무시하고 갑자기 뛰어나올 가능성에 대비하여 운전하여야 할 업무상 주의의무는 없다. ○ ×

해설 대법원 85도1893   정답 ○

143 임차인이 甲으로부터 임차하여 사용하던 방의 문에 약간의 틈이 있다거나 연통 등 가스배출시설에 사소한 결함이 있는 정도의 하자로 인해 임차인이 그 방에서 연탄가스에 중독되어 사망한 경우 甲에게 중과실이 인정된다. ○ ×

해설 임차인이 사용하던 방문에 약간의 틈이 있다거나 연통 등 가스배출시설에 결함이 있는 정도의 하자는 임대차 목적물인 위 방을 사용할 수 없을 정도의 파손상태라고 볼 수 없고 이는 임차인의 통상의 수선 및 관리의무에 속하는 것이므로 임차인이 그 방에서 연탄가스에 중독되어 사망하였더라도 위 사고는 임차인이 그 의무를 게을리 함으로써 발생한 것으로서 임대인에게 중과실치사의 죄책을 물을 수 없다. (대법원 85도2070) 정답 ×

144 전기에 관한 전문지식이 없는 호텔오락실의 경영자 甲이 그 오락실 천정에 형광등을 설치하는 공사를 하면서 그 호텔의 전기보안담당자에게 아무런 통고를 하지 아니한 채 무자격전기기술자로 하여금 전기공사를 하게 하여 화재가 발생한 경우 甲에게 중과실이 인정된다. ○ ×

해설 호텔오락실의 경영자가 오락실 천장에 형광등설치공사를 하면서 호텔전기보안담당자에게 아무런 사전통고를 하지 않은 채, 무자격전기기술자를 시켜 전기공사를 하게 했다. 그런데 전기에 관한 전문지식이 없는 오락실경영자로서는 시공자가 부실하게 공사를 했거나 전기보안담당자가 전기공사 사실을 통보 받지 못하여 전기설비에 이상이 있는지의 여부를 점검하지 못함으로써 부실공사가 그대로 방치되었고 이로 인하여 전선합선에 의한 화재가 발생할 수 있으리라 쉽게 예견할 수 있었다고 보기는 어렵다. 따라서 오락실경영자에게 과실이 있었더라도 사회통념상 이를 화재발생에 관한 중대한 과실이라 평가하기는 어렵다. (대법원 89도204) 정답 ×

145 함께 술을 마신 후 만취된 피해자를 촛불이 켜져 있는 방안에 혼자 눕혀 놓고 촛불을 끄지 않고 나오는 바람에 화재가 발생하여 피해자가 사망한 경우, 화재가 발생할 것은 예상할 수 없으므로 과실치사의 책임을 물을 수 없다. ○ ×

해설 함께 술을 마신 후 만취된 피해자를 촛불이 켜져 있는 방안에 혼자 눕혀 놓고 촛불을 끄지 않고 나오는 바람에 화재가 발생하여 피해자가 사망한 경우 과실치사죄가 성립한다. (대법원 94도1291) 정답 ×

146 육교 밑 차도를 주행하는 자동차 운전자가 전방 보도 위에 서 있는 피해자를 발견했다 하더라도 육교를 눈앞에 둔 피해자가 특히 차도로 뛰어들 거동이나 기색을 보이지 않는 한 일반적으로 차도로 뛰어들어 오리라고 예견하기 어렵다. ○ ×

해설 대법원 84도1572 정답 ○

147 고령의 간경변증 환자인 피해자에게 화상 치료를 위한 가피절제술과 피부이식수술을 실시하기 전에 출혈과 혈액량 감소로 신부전이 발생하여 생명이 위험할 수 있다는 점에 대해 피해자와 피해자의 보호자에게 설명을 하지 아니한 채 수술을 실시한 과실로 인하여 환자가 사망한 경우, 의사에게 업무상 과실로 인한 형사책임을 지우기 위해서는 의사의 설명의무 위반과 환자의 사망 사이에 상당인과관계가 존재하여야 한다. ○ ×

해설 대법원 2011다29666 정답 ○

148 과실범의 불법은 객관적 주의의무위반을 통한 행위반가치 및 구성요건적 결과 발생을 통한 결과반가치에서 찾을 수 있다. ○ ×

해설 과실범은 객관적 주의의무위반행위와 그로 인한(인과관계) 구성요건적 결과 발생이 있어야 성립하므로, 과실범의 불법은 객관적 주의의무위반을 통한 행위반가치 및 구성요건적 결과 발생을 통한 결과반가치로 구성된다. 정답 ○

149 야간에 고속도로에서 차량을 운전하는 자는 주간과는 달리 노면상태 및 가시거리상태 등에 따라 고속도로상의 제한 최고 속도 이하의 속도로 감속 서행할 주의의무가 있으므로, 야간에 선행사고로 인하여 전방에 정차해 있던 승용차와 그 옆에 서 있던 피해자를 충돌한 경우 운전자에게 제한속도 이하로 감속 운전하지 않은 과실이 있다. ○ ×

해설 대법원 98도2605 정답 ○

150 안전배려 내지 안전관리사무에 계속적으로 종사하지 않았더라도 건물의 소유자로서 건물을 비정기적으로 수리하거나 건물의 일부분을 임대한 자는 건물의 화재가 발생하는 것을 미리 막아야 할 업무상 주의의무를 부담한다. ○ ×

해설 업무상과실치상죄의 '업무'란 사람의 사회생활면에서 하나의 지위로서 계속적으로 종사하는 사무를 말한다. 여기에는 수행하는 직무 자체가 위험성을 갖기 때문에 안전배려를 의무의 내용으로 하는 경우는 물론 사람의 생명·신체의 위험을 방지하는 것을 의무의 내용으로 하는 업무도 포함된다. 그러나 건물 소유자가 안전배려나 안전관리 사무에 계속적으로 종사하거나 그러한 계속적 사무를 담당하는 지위를 가지지 않은 채 단지 건물을 비정기적으로 수리하거나 건물의 일부분을 임대하였다는 사정만으로는 건물 소유자의 위와 같은 행위가 업무상과실치상죄의 '업무'에 해당한다고 보기 어렵다. (대법원 2016도16738) 정답 ×

151 정당한 사유 없이 입영에 불응하는 사람을 처벌하는 「병역법」 제88조의 범죄에서 정당한 사유는 위법성조각사유이다. ○ ×

해설 병역법 제88조 제1항은 국방의 의무를 실현하기 위하여 현역입영 또는 소집통지서를 받고도 정당한 사유 없이 이에 응하지 않은 사람을 처벌함으로써 입영기피를 억제하고 병력구성을 확보하기 위한 규정이다. 위 조항에 따르면 정당한 사유가 있는 경우에는 피고인을 벌할 수 없는데, 여기에서 정당한 사유는 구성요건해당성을 조각하는 사유이다. 이는 형법상 위법성조각사유인 정당행위나 책임조각사유인 기대불가능성과는 구별된다. (대법원 2016도10912 전합) 정답 ×

152 행정상의 단속을 주안으로 하는 법규의 위반행위는 과실범 처벌규정은 없으나 해석상 과실범도 벌할 뜻이 명확한 경우에도 형법의 원칙에 따라 고의가 있어야 벌할 수 있다. ○ ×

해설 행정상의 단속을 주안으로 하는 법규라 하더라도 명문규정이 있거나 해석상 과실범도 벌할 뜻이 명확한 경우를 제외하고는 형법의 원칙에 따라 고의가 있어야 벌할 수 있다. (대법원 85도108) 정답 ×

153 의사가 자신의 환자에 대하여 다른 의사를 지휘·감독하는 지위에 있다면, 그 의료영역이 다른 의사에게 전적으로 위임된 경우라도 다른 의사의 의료행위 내용이 적절한 것인지를 확인하고 감독하여야 할 업무상 주의의무가 있다. ○ ×

> **해설** 의사가 다른 의사와 의료행위를 분담하는 경우에도 자신이 환자에 대하여 주된 의사의 지위에 있거나 다른 의사를 사실상 지휘 감독하는 지위에 있다면, 그 의료행위의 영역이 자신의 전공과목이 아니라 다른 의사의 전공과목에 전적으로 속하거나 다른 의사에게 전적으로 위임된 것이 아닌 이상, 의사는 자신이 주로 담당하는 환자에 대하여 다른 의사가 하는 의료행위의 내용이 적절한 것인지의 여부를 확인하고 감독하여야 할 업무상 주의의무가 있고, 만약 의사가 이와 같은 업무상 주의의무를 소홀히 하여 환자에게 위해가 발생하였다면, 의사는 그에 대한 과실책임을 면할 수 없다. (대법원 2005도9229)
> 정답 ×

154 내과의사가 신경과 전문의와의 협의진료 결과를 신뢰하여 뇌혈관계통 질환의 가능성을 배제하고 피해자의 증세 호전에 따라 퇴원조치한 경우, 피해자의 지주막하출혈을 발견하지 못한 데 대한 업무상과실이 인정된다. ○ ×

> **해설** 내과의사가 신경과 전문의에 대한 협의진료 결과 피해자의 증세와 관련하여 신경과 영역에서 이상이 없다는 회신을 받았고, 그 회신 전후의 진료 경과에 비추어 그 회신 내용에 의문을 품을 만한 사정이 있다고 보이지 않자 그 회신을 신뢰하여 뇌혈관계통 질환의 가능성을 염두에 두지 않고 내과 영역의 진료행위를 계속하다가 피해자의 증세가 호전되기에 이르자 퇴원하도록 조치한 경우, 피해자의 지주막하출혈을 발견하지 못한 데 대하여 내과의사의 업무상과실이 인정되지 않는다. (대법원 2001도3292)
> 정답 ×

155 의사는 적절한 진료방법을 선택할 상당한 범위의 재량을 갖는 것이어서, 어떤 진료방법을 선택하였더라도 진료 결과를 놓고 어느 하나만이 정당하고 이와 다른 조치를 취한 것에 과실이 있다고 할 수 없다. ○ ×

> **해설** 의사는 진료를 행함에 있어 환자의 상황과 당시의 의료수준 그리고 자기의 지식경험에 따라 적절하다고 판단되는 진료방법을 선택할 상당한 범위의 재량을 가진다고 할 것이고, 그것이 합리적인 범위를 벗어난 것이 아닌 한 진료의 결과를 놓고 그중 어느 하나만이 정당하고 이와 다른 조치를 취한 것은 과실이 있다고 말할 수는 없다. (대법원 2008도3090)
> 정답 ×

156 의사가 설명의무를 위반한 채 의료행위를 하였다가 환자에게 사망의 결과가 발생한 경우, 의사에게 업무상 과실로 인한 형사책임을 지우기 위해서는 의사의 설명의무 위반과 환자의 사망 사이에 상당인과관계가 존재할 필요는 없다. ○ ×

> **해설** 의사가 설명의무를 위반한 채 의료행위를 하여 피해자에게 상해가 발생하였다고 하더라도 업무상 과실로 인한 형사책임을 지기 위해서는 피해자의 상해와 의사의 설명의무 위반 내지 승낙취득 과정의 잘못 사이에 상당인과관계가 존재하여야 하고 이는 한 의사의 경우에도 마찬가지이다. (대법원 2010도10104)
> 정답 ×

157 농배양을 하지 않은 의사의 과실과 피해자의 사망 사이에 인과관계를 인정하려면, 농배양을 하였더라면 피고인이 투약해 온 항생제와 다른 어떤 항생제를 사용하게 되었을 것이라거나 어떤 다른 조치를 취할 수 있었을 것이고, 따라서 피해자가 사망하지 않았을 것이라는 점이 인정되어야 한다. ○ ×

> **해설** 대법원 95도2710
> 정답 ○

158 과실이 있는 경우, 결과가 발생하지 않거나 과실과 결과 사이에 인과관계가 부정될 때에는 과실미수범으로 처벌된다.

○ ×

해설 미수의 구성요건요소로 범죄의 완성에 대한 고의가 있어야 한다. 따라서 고의범과는 다르게 과실범에서는 결과발생을 의식하여 실행에 옮기는 과정이 없다. 따라서 과실범에서는 미수를 논할 여지가 없다.

정답 ×

159 의사들의 주의의무 위반과 처방체계상의 문제점으로 인하여 수술 후 회복과정에 있는 환자에게 인공호흡 준비를 갖추지 않은 상태에서는 사용할 수 없는 약제가 잘못 처방되었고, 종합병원의 간호사로서 환자에 대한 투약 과정 및 그 이후의 경과 관찰 등의 직무수행을 위하여 처방 약제의 기본적인 약효나 부작용 및 주사 투약에 따르는 주의사항 등을 미리 확인·숙지하였다면 과실로 처방된 것임을 알 수 있었음에도 그대로 주사하여 환자가 의식불명 상태에 이르게 된 사안에서 간호사에게는 업무상과실치상의 형사책임은 인정되지 않는다.

○ ×

해설 의사들의 주의의무 위반과 처방체계상의 문제점으로 인하여 수술 후 회복과정에 있는 환자에게 인공호흡 준비를 갖추지 않은 상태에서는 사용할 수 없는 약제가 잘못 처방되었고, 종합병원의 간호사로서 환자에 대한 투약 과정 및 그 이후의 경과 관찰 등의 직무수행을 위하여 처방 약제의 기본적인 약효나 부작용 및 주사 투약에 따르는 주의사항 등을 미리 확인·숙지하였다면 과실로 처방된 것임을 알 수 있었음에도 그대로 주사하여 환자가 의식불명 상태에 이르게 된 사안에서 간호사에게 업무상과실치상의 형사책임이 인정된다. (대법원 2005도8980)

정답 ×

160 의료사고에서 의사에게 과실이 있다고 하기 위하여는 의사가 결과발생을 예견할 수 있고 또 회피할 수 있었는데도 이를 예견하지 못하거나 회피하지 못하였음이 인정되어야 하며, 과실의 유무를 판단할 때에는 구체적인 경우 당해 행위자가 기울일 수 있었던 주의정도를 표준으로 한다.

○ ×

해설 의료과오사건에 있어서 의사의 과실을 인정하려면 결과 발생을 예견할 수 있고 또 회피할 수 있었음에도 이를 하지 못한 점을 인정할 수 있어야 하고 위 과실의 유무를 판단함에는 같은 업무와 직무에 종사하는 일반적 보통인의 주의 정도를 표준으로 하여야 하며, 이때 사고 당시의 일반적인 의학의 수준과 의료환경 및 조건, 의료행위의 특수성 등을 고려하여야 한다. (대법원 2004도486)

정답 ×

161 과실범에 관한 이른바 신뢰의 원칙은 상대방이 이미 비정상적인 행태를 보이고 있는 경우에는 적용될 여지가 없는 것이고, 이는 행위자가 경계의무를 게을리 하는 바람에 상대방의 비정상적인 행태를 미리 인식하지 못한 경우에도 마찬가지이다.

○ ×

해설 대법원 2008도11921

정답 ○

162 고속국도에서는 보행으로 통행, 횡단하거나 출입하는 것이 금지되어 있지만, 도로양측에 휴게소가 있는 경우에는 고속국도를 주행하는 차량의 운전자는 동 도로상에 보행자가 있음을 예상하여 감속 등 조치를 할 주의의무가 있다 할 것이다.

○ ×

해설 고속국도에서는 보행으로 동행, 횡단하거나 출입하는 것이 금지되어 있으므로 고속국도를 주행하는 차량의 운전자는 도로양측에 휴게소가 있는 경우에도 동 도로상에 보행자가 있음을 예상하여 감속 등 조치를 할 주의의무가 있다 할 수 없다. (대법원 77도403)

정답 ×

163

피고인이 성냥불로 담배를 붙인 다음 그 성냥불이 꺼진 것을 확인하지 아니한 채 휴지가 들어 있는 플라스틱 휴지통에 던진 것으로는 형법 제171조 중실화죄에 있어 중대한 과실이 있는 경우에 해당한다고 할 수 없다. ○ ×

해설 성냥불이 꺼진 것을 확인하지 아니한 채 플라스틱 휴지통에 던진 것은 중대한 과실에 해당한다. (대법원 93도135)

정답 ×

164

간호사가 의사의 처방에 의한 정맥주사를 의사의 입회 없이 간호실습생에게 실시하도록 하여 발생한 의료사고에 대하여는 의사의 과실이 인정된다. ○ ×

해설 간호사가 의사의 처방에 의한 정맥주사(Side Injection 방식)를 의사의 입회 없이 간호실습생(간호학과 대학생)에게 실시하도록 하여 발생한 의료사고에 대한 의사의 과실이 인정되지 않는다. (대법원 2001도3667)

정답 ×

165

고속도로를 무단횡단하는 보행자를 충격하여 사고를 발생시킨 경우라도 운전자가 보행자의 무단횡단을 미리 예상할 수 있었고 필요한 조치를 취하였다면 보행자와의 충돌을 피할 수 있었던 경우, 자동차 운전자의 과실이 인정된다. ○ ×

해설 대법원 2000도2671

정답 ○

166

차량의 운전자로서는 횡단보도의 신호가 적색인 상태에서 반대 차선에 정지해 있는 차량의 뒤로 보행자가 건너오지 않을 것이라고 신뢰하는 것이 당연하고 그렇지 않은 사태까지 예상하여 그에 대한 주의의무를 다하여야 한다고는 할 수 없다. ○ ×

해설 대법원 92도2077

정답 ○

167

정상의 주의를 태만함으로 인하여 죄의 성립요소인 사실을 인식하지 못한 행위는 법률에 특별한 규정이 있는 경우에 한하여 처벌한다. ○ ×

해설

> **형법 제14조(과실)** 정상적으로 기울여야 할 주의(注意)를 게을리하여 죄의 성립요소인 사실을 인식하지 못한 행위는 법률에 특별한 규정이 있는 경우에만 처벌한다.

정답 ○

168 형법상 결과적 가중범의 기본범죄에는 고의범·과실범뿐만 아니라 기수·미수도 포함된다. ○ ×

해설 형법상 결과적 가중범의 기본범죄에는 고의범만 포함되고 과실범은 포함하지 않는다. 정답 ×

169 도급계약의 경우 원칙적으로 도급인에게는 수급인의 업무와 관련하여 사고방지에 필요한 안전조치를 취할 주의의무가 없으므로 도급인이 공사의 시공이나 개별작업에 관하여 구체적으로 지시·감독한 경우에도 법령에 의하여 도급인에게 구체적인 관리·감독의무가 부여되어 있지 않다면 도급인에게 수급인의 업무와 관련하여 사고방지에 필요한 안전조치를 취할 주의의무를 인정하기 어렵다. ○ ×

해설 공사도급계약의 경우 원칙적으로 도급인에게는 수급인의 업무와 관련하여 사고방지에 필요한 안전조치를 취할 주의의무가 없으나, 법령에 의하여 도급인에게 수급인의 업무에 관하여 구체적인 관리·감독의무 등이 부여되어 있거나 도급인이 공사의 시공이나 개별작업에 관하여 구체적으로 지시·감독하였다는 등의 특별한 사정이 있는 경우에는 도급인에게도 수급인의 업무와 관련하여 사고방지에 필요한 안전조치를 취할 주의의무가 있다고 할 것이다. (대법원 2010도1448)
정답 ×

170 보통과실로 인하여 장물죄를 범한 경우, 업무상 과실 또는 중과실로 인한 경우보다 경한 처벌에 처한다. ○ ×

해설 장물죄에 대한 일반과실범 처벌규정은 존재하지 않는다. 정답 ×

171 안전배려 내지 안전관리사무에 계속적으로 종사하지 않았더라도 건물의 소유자로서 건물을 비정기적으로 수리하거나 건물의 일부분을 임대한 경우에는 건물에 화재가 발생하는 것을 막아야 할 업무상의 주의의무를 부담한다. ○ ×

해설 업무상과실치상죄에 있어서의 '업무'란 사람의 사회생활면에서 하나의 지위로서 계속적으로 종사하는 사무를 말하고, 여기에는 수행하는 직무 자체가 위험성을 갖기 때문에 안전배려를 의무의 내용으로 하는 경우는 물론 사람의 생명·신체의 위험을 방지하는 것을 의무내용으로 하는 업무도 포함되는데, 안전배려 내지 안전관리 사무에 계속적으로 종사하여 위와 같은 지위로서의 계속성을 가지지 아니한 채 단지 건물의 소유자로서 건물을 비정기적으로 수리하거나 건물의 일부분을 임대하였다는 사정만으로는 업무상과실치상죄에 있어서의 '업무'로 보기 어렵다. (대법원 2009도1040) 정답 ×

172 의사의 의료과실을 인정하는 요건과 판단기준에 관한 법리는 한의사나 치과의사와는 다르다. ○ ×

해설 의사가 설명의무를 위반한 채 의료행위를 하여 피해자에게 상해가 발생하였다고 하더라도, 업무상 과실로 인한 형사책임을 지기 위해서는 피해자의 상해와 의사의 설명의무 위반 내지 승낙취득 과정의 잘못 사이에 상당인과관계가 존재하여야 하고, 이는 한의사의 경우에도 마찬가지이다. (대법원 2010도10104) 정답 ×

173 미용성형을 시술하는 의사로서는 고도의 전문적 지식에 입각하여 시술 여부, 시술의 시기, 방법, 범위 등을 충분히 검토한 후 그 미용성형 시술의 의뢰자에게 생리적, 기능적 장해가 남지 않도록 신중을 기하여야 할 뿐 아니라, 회복이 어려운 후유증이 발생할 개연성이 높은 경우 그 미용성형 시술을 거부 내지는 중단하여야 할 의무가 있다. ○ ✕

해설 대법원 2007도1977   정답 ○

174 산부인과 의사가 산모의 태반조기박리에 대한 대응조치로서 응급 제왕절개 수술을 시행하기로 결정하였다면, 이러한 경우에는 적어도 제왕절개 수술 시행 결정과 아울러 산모에게 수혈을 할 필요가 있을 것이라고 예상되는 특별한 사정이 있는 경우로 미리 혈액을 준비하여야 할 업무상 주의의무가 있다. ○ ✕

해설 대법원 99도3621   정답 ○

175 수련병원의 전문의와 전공의 등의 관계처럼 의료기관 내의 직책상 주된 의사의 지위에서 지휘·감독 관계에 있는 다른 의사에게 특정 의료행위를 위임하는 수직적 분업의 경우에, 그 다른 의사에게 전적으로 위임된 것이 아닌 이상 주된 의사는 자신이 주로 담당하는 환자에 대하여 다른 의사가 하는 의료행위의 내용이 적절한 것인지 여부를 확인하고 감독하여야 할 업무상 주의의무가 있고, 만약 의사가 이와 같은 업무상 주의의무를 소홀히 하여 환자에게 위해가 발생하였다면 주된 의사는 그에 대한 과실 책임을 면할 수 없다. ○ ✕

해설 수련병원의 전문의와 전공의 등의 관계처럼 의료기관 내의 직책상 주된 의사의 지위에서 지휘·감독 관계에 있는 다른 의사에게 특정 의료행위를 위임하는 수직적 분업의 경우에는, 그 다른 의사에게 전적으로 위임된 것이 아닌 이상 주된 의사는 자신이 주로 담당하는 환자에 대하여 다른 의사가 하는 의료행위의 내용이 적절한 것인지 여부를 확인하고 감독하여야 할 업무상 주의의무가 있고, 만약 의사가 이와 같은 업무상 주의의무를 소홀히 하여 환자에게 위해가 발생하였다면 주된 의사는 그에 대한 과실 책임을 면할 수 없다. 이때 그 의료행위가 지휘·감독 관계에 있는 다른 의사에게 전적으로 위임된 것으로 볼 수 있는지 여부는 위임받은 의사의 자격 내지 자질과 평소 수행한 업무, 위임의 경위 및 당시 상황, 그 의료행위가 전문적인 의료영역 및 해당 의료기관의 의료 시스템 내에서 위임하에 이루어질 수 있는 성격의 것이고 실제로도 그와 같이 이루어져 왔는지 여부 등 여러 사정에 비추어 해당 의료행위가 위임을 통해 분담 가능한 내용의 것이고 실제로도 그에 관한 위임이 있었다면, 그 위임 당시 구체적인 상황하에서 위임의 합리성을 인정하기 어려운 사정이 존재하고 이를 인식하였거나 인식할 수 있었다고 볼 만한 다른 사정에 대한 증명이 없는 한, <u>위임한 의사는 위임받은 의사의 과실로 환자에게 발생한 결과에 대한 책임이 있다고 할 수 없다.</u> (대법원 2022도1499)   정답 ○

176 수련병원의 전문의와 전공의 등의 관계처럼 의료기관 내의 직책상 주된 의사의 지위에서 지휘·감독 관계에 있는 다른 의사에게 특정 의료행위를 위임하는 수직적 분업의 경우에, 그 의료행위가 위임을 통해 분담 가능한 내용의 것이고 실제로도 그에 관한 위임이 있었다면, 그 위임 당시 구체적인 상황하에서 위임의 합리성을 인정하기 어려운 사정이 존재하고 이를 인식하였거나 인식할 수 있었다고 볼 만한 다른 사정에 대한 증명이 없는 한, 위임한 의사는 위임받은 의사의 과실로 환자에게 발생한 결과에 대한 책임이 있다고 할 수 없다. ○ ✕

해설 대법원 2022도1499   정답 ○

05 결과적 가중범

177 수면제와 같은 약물을 투약하여 피해자를 일시적으로 수면 또는 의식불명 상태에 이르게 한 경우에도 약물로 인하여 피해자의 건강상태가 불량하게 변경되고 생활기능에 장애가 초래되었다면 자연적으로 의식을 회복하거나 외부적으로 드러난 상처가 없더라도 이는 강간치상죄나 강제추행치상죄에서 말하는 상해에 해당한다. ○ ×

해설 대법원 2017도3196   정답 ○

178 「형법」 제15조 제2항은 '결과로 인하여 형이 중할 죄에 있어서 그 결과의 발생을 예견할 수 없었을 때에는 중한 죄로 벌하지 아니한다'고 규정하고 있다. ○ ×

해설

> 형법 제15조(사실의 착오) ② 결과 때문에 형이 무거워지는 죄의 경우에 그 결과의 발생을 예견할 수 없었을 때에는 무거운 죄로 벌하지 아니한다.

정답 ○

179 甲은 乙을 살해하기 위하여 乙의 집으로 갔으나, 乙은 집에 없고 乙의 처 丙이 자신을 알아보자 丙을 야구방망이로 강타하여 실신시킨 후 이불을 뒤집어 씌우고 석유를 뿌려 방화함으로써 乙의 집을 전소케 하고 丙을 사망케 한 경우, 甲은 현주건조물방화치사죄가 성립한다. ○ ×

해설 대법원 82도2341   정답 ○

180 甲은 현주건조물에 방화를 한 후 불이 붙은 집에서 빠져 나오려는 乙이 탈출하지 못하도록 방문 앞에 버티어 서서 지킨 결과 乙을 소사케 한 경우, 甲은 현주건조물방화죄와 살인죄의 실체적 경합이 성립한다. ○ ×

해설 대법원 82도2341   정답 ○

181 甲이 乙의 재물을 강취한 뒤 乙을 살해할 의사로 乙의 집에 방화하여 乙을 살해한 행위는 강도살인죄와 현주건조물방화치사죄의 실체적 경합이 성립한다. ○ ×

해설 피고인들이 피해자들의 재물을 강취한 후 그들을 살해할 목적으로 현주건조물에 방화하여 사망에 이르게 한 경우, 피고인들의 행위는 강도살인죄와 현주건조물방화치사죄에 모두 해당하고 그 두 죄는 상상적 경합범관계에 있다. (대법원 98도3416)

정답 ×

182 피해자의 재물을 강취한 후 그를 살해할 목적으로 현주건조물에 방화하여 소사(燒死)하게 한 경우 강도살인죄만 성립하고 현주건조물방화치사죄는 별도로 죄를 구성하지 않는다. ○ ×

해설 피고인들이 피해자들의 재물을 강취한 후 그들을 살해할 목적으로 현주건조물에 방화하여 사망에 이르게 한 경우, 피고인들의 행위는 강도살인죄와 현주건조물방화치사죄에 모두 해당하고 그 두 죄는 상상적 경합범관계에 있다. (대법원 98도3416)

정답 ×

183 친구를 살해할 의도로 친구가 살고 있는 집을 방화하여 그를 사망하게 한 경우 현주건조물방화치사죄와 살인죄를 구성하고 이 두 죄는 상상적 경합 관계에 있다. ○ ×

해설 형법 제164조 후단이 규정하는 현주건조물방화치사상죄는 그 전단이 규정하는 죄에 대한 일종의 가중처벌 규정으로서 과실이 있는 경우뿐만 아니라, 고의가 있는 경우에도 포함된다고 볼 것이므로 사람을 살해할 목적으로 현주건조물에 방화하여 사망에 이르게 한 경우에는 현주건조물방화치사죄로 의율하여야 하고 이와 더불어 살인죄와의 상상적경합범으로 의율할 것은 아니며, 다만 존속살인죄와 현주건조물방화치사죄는 상상적경합범 관계에 있으므로, 법정형이 중한 존속살인죄로 의율함이 타당하다. (대법원 96도485)   정답 ×

184 교사자가 피교사자에 대하여 상해를 교사하였는데 피교사자가 이를 넘어 살인을 실행한 경우, 교사자가 피해자의 사망이라는 결과에 대하여 과실 내지 예견가능성이 있는 때에는 상해치사죄의 교사범으로서의 죄책을 지울 수 있다. ○ ×

해설 교사자가 피교사자에 대하여 상해를 교사하였는데 피교사자가 이를 넘어 살인을 실행한 경우, 일반적으로 교사자는 상해죄에 대한 교사범이 되는 것이고, 다만 이 경우 교사자에게 피해자의 사망이라는 결과에 대하여 과실 내지 예견가능성이 있는 때에는 상해치사죄의 교사범으로서의 죄책을 지울 수 있다. (대법원 97도1075)   정답 ○

185 결과적가중범인 상해치사의 공동정범은 폭행 기타의 신체침해 행위를 공동으로 할 의사뿐만 아니라 결과를 공동으로 할 의사도 필요하다. ○ ×

해설 결과적 가중범인 상해치사죄의 공동정범은 폭행 기타의 신체침해 행위를 공동으로 할 의사가 있으면 성립되고 결과를 공동으로 할 의사는 필요 없다. (대법원 2013도1222)   정답 ×

186 甲이 A의 가슴, 얼굴 등 신체 여러 부위에 심하게 폭행을 가함으로써 A의 심장에 악영향을 초래하여 A가 심근경색 등으로 사망하게 하였더라도 A가 평소에 오른쪽 관상동맥폐쇄 및 심실의 허혈성근섬유화증세 등 심장질환을 앓고 있던 경우라면 폭행치사죄가 성립하지 아니한다. ○ ×

해설 피고인이 피해자의 멱살을 잡아 흔들고 주먹으로 가슴과 얼굴을 1회씩 구타하고 멱살을 붙들고 넘어뜨리는 등 신체 여러 부위에 표피박탈, 피하출혈 등의 외상이 생길 정도로 심하게 폭행을 가함으로써 평소에 오른쪽 관상동맥폐쇄 및 심실의 허혈성심근섬유화증세 등의 심장질환을 앓고 있던 피해자의 심장에 더욱 부담을 주어 나쁜 영향을 초래하도록 하였다면, 비록 피해자가 관상동맥부전과 허혈성심근경색 등으로 사망하였더라도, 피고인의 폭행의 방법, 부위나 정도 등에 비추어 피고인의 폭행과 피해자의 사망과 간에 상당인과관계가 있었다고 볼 수 있다. (대법원 89도556)   정답 ×

187 미필적 고의가 있었다고 하려면 결과발생의 가능성에 대한 인식이 있음은 물론 나아가 결과발생을 용인하는 내심의 의사가 있음을 요한다. ○ ×

해설 미필적 고의라 함은 결과의 발생이 불확실한 경우 즉 행위자에 있어서 그 결과발생에 대한 확실한 예견은 없으나 그 가능성은 인정하는 것으로, 이러한 미필적 고의가 있었다고 하려면 결과발생의 가능성에 대한 인식이 있음은 물론 나아가 결과발생을 용인하는 내심의 의사가 있음을 요한다. (대법원 86도2338) = 다수설과 판례는 용인설(인용설)의 입장이다.   정답 ○

188 부작위범 사이의 공동정범은 다수의 부작위범에게 공통된 의무가 부여되어 있고 그 의무를 공통으로 이행할 수 있을 때에만 성립한다. ○ ×

해설 대법원 2008도89 정답 ○

189 甲이 A를 살해할 목적으로 현주건조물에 방화하여 사망에 이르게 한 경우 현주건조물방화치사죄만 성립하지만, 甲이 A의 재물을 강취한 후 그를 살해할 목적으로 현주건조물에 방화하여 사망에 이르게 한 경우 강도살인죄와 현주건조물방화치사죄의 상상적 경합이 된다. ○ ×

해설 피고인들이 피해자들의 재물을 강취한 후 그들을 살해할 목적으로 현주건조물에 방화하여 사망에 이르게 한 경우, 피고인들의 행위는 강도살인죄와 현주건조물방화치사죄에 모두 해당하고 그 두 죄는 상상적 경합범관계에 있다. (대법원 98도3416) 정답 ○

190 위험한 물건인 전자충격기를 사용하여 강간을 시도하다가 미수에 그치고, 피해자에게 약 2주간의 치료를 요하는 안면부 좌상 등의 상해를 입힌 경우 (구) 「성폭력범죄의 처벌 및 피해자보호 등에 관한 법률」에 의한 특수강간치상죄의 미수가 성립한다. ○ ×

해설 위험한 물건인 전자충격기를 사용하여 강간을 시도하다가 미수에 그치고, 피해자에게 약 2주간의 치료를 요하는 안면부 좌상등의 상해를 입힌 사안에서, 성폭력범죄의 처벌 및 피해자보호 등에 관한 법률에 의한 특수강간치상죄가 성립한다. (대법원 2007도10058) 정답 ×

191 甲이 A를 강제로 승용차에 태워 그의 하차 요구를 무시한 채 빠른 속도로 진행하여 A를 차량에서 내리지 못하게 하자, A가 감금상태를 벗어날 목적으로 차량을 빠져나오려다가 길바닥에 떨어져 상해를 입고 사망한 경우 감금치사죄가 성립한다. ○ ×

해설 대법원 99도5286 정답 ○

192 부진정 결과적 가중범은 중한 결과를 야기한 기본범죄가 고의범인 경우뿐만 아니라 과실범인 경우에도 인정되는 개념이다. ○ ×

해설 결과적 가중범은 진정 결과적 가중범이든 부진정 결과적 가중범이든 간에 모두 기본범죄가 고의범죄인 경우를 말한다. 부진정 결과적 가중범은 고의에 의한 기본범죄와 중한 결과의 발생이 과실에 의한 경우뿐만 아니라 고의에 의한 경우까지를 포함하는 형태를 의미한다. 정답 ×

193 기본범죄와 중한 결과 사이에 인과관계가 인정된다면, 중한 결과에 대한 예견 가능성이 없는 경우라도 결과적 가중범으로 처벌할 수 있다. ○ ×

해설 결과적 가중범은 행위자가 행위시에 그 결과의 발생을 예견할 수 없을 때에는 비록 그 행위와 결과 사이에 인과관계가 있다고 하더라도 중한 죄로 처벌할 수 없다. 결과적가중범이 성립되기 위해서는 기본범죄에 대한 고의와 중한 결과 발생, 인과관계와 예견가능성(과실)이 있어야 한다. 정답 ×

194 「형법」 제177조 제2항의 현주건조물일수치사죄의 법정형은 사형, 무기 또는 7년 이상의 징역이다. ○ ×

> **해설**
>
> **형법 제177조(현주건조물등에의 일수)** ② 제1항의 죄를 범하여 사람을 상해에 이르게 한 때에는 무기 또는 5년 이상의 징역에 처한다. 사망에 이르게 한 때에는 무기 또는 7년 이상의 징역에 처한다.

정답 ×

195 중체포·감금죄는 사람을 체포·감금하여 생명에 위협을 야기한 경우 성립하는 결과적 가중범이다. ○ ×

해설 중체포·감금죄는 사람을 체포 또는 감금하여 가혹한 행위를 함으로써 성립하는 범죄로 결과적 가중범이 아닌 결합범에 해당한다. (형법 제277조(중체포, 중감금, 존속중체포, 존속중감금))

정답 ×

196 형법 제15조 제2항 결과적 가중범은 기본범죄와 중한 결과 사이의 인과관계에 대해서만 규정하고 있을 뿐, 예견가능성을 명시적으로 요구하고 있지는 않다. ○ ×

> **해설**
>
> **형법 제15조(사실의 착오)** ② 결과 때문에 형이 무거워지는 죄의 경우에 그 결과의 발생을 예견할 수 없었을 때에는 무거운 죄로 벌하지 아니한다.

정답 ×

197 해상강도치사상죄, 현주건조물일수치사상죄, 강도치사상죄, 인질치사상죄 모두 형법상 미수범 처벌규정이 있다. ○ ×

정답 ○

198 부진정결과적 가중범이란 고의에 의한 기본범죄에 기하여 중한 결과를 과실뿐만 아니라 고의로 발생케 한 경우에도 성립하는 결과적 가중범을 말한다. ○ ×

해설 부진정결과적 가중범이란 중한 결과의 발생이 과실에 의한 경우뿐만 아니라 고의에 의한 경우까지를 포함하는 형태를 의미한다.

정답 ○

199 진정결과적 가중범만 인정하면 과실로 중한 결과를 발생시킨 경우가 고의로 중한 결과를 발생시킨 경우보다 형이 높아지는 경우가 있으므로 형량을 확보하여 형의 불균형을 시정하기 위해서 부진정결과적 가중범을 인정하고 있다. ○ ×

해설 현주건조물방화치사죄와 특수공무집행방해치사죄가 이에 해당한다.

정답 ○

200 만약 부진정결과적 가중범의 개념을 인정하지 않는다면 현주건조물에 방화하여 사람을 살해할 고의가 있었던 경우 현주건조물방화죄와 살인죄의 상상적 경합범이 된다. ○ ×

해설 방화행위는 살인죄의 실행행위이자 방화죄의 실행행위에 해당하여 1개의 행위로 2개 이상의 법익을 침해한 결과를 발생시켰으므로 상상적 경합에 해당한다. 정답 ○

201 자기의 존속을 살해할 목적으로 존속이 현존하는 건조물에 방화하여 사망에 이르게 한 경우는 현주건조물방화치사죄만 성립하고 고의범에 대하여는 별도로 죄를 구성하지 않는다. ○ ×

해설 사람을 살해할 목적으로 현주건조물에 방화하여 사망에 이르게 한 경우에는 현주건조물방화치사죄로 의율하여야 하고 이와 더불어 살인죄와의 상상적 경합범으로 의율할 것은 아니며, 다만 존속살해죄와 현주건조물방화치사죄는 상상적 경합범 관계에 있으므로, 법정형이 중한 존속살해죄로 의율함이 타당하다. (대법원 96도485) 정답 ×

202 결과적 가중범에 있어서 기본범죄는 고의·과실, 기수·미수를 불문한다. ○ ×

해설 고의의 기본범죄가 본래의 구성요건의 결과를 넘어 행위자가 예견하지 못한 중한 결과가 발생한 경우에 그 중한 결과가 예견 가능한 것이라면 그 형이 가중되는 범죄를 결과적 가중범이라 한다. 따라서 기본범죄는 고의범에 국한된다. 정답 ×

203 진정결과적 가중범이란 고의에 의한 기본범죄에 의하여 중한 결과가 과실뿐만 아니라 고의에 의하여도 발생할 수 있는 것을 말한다. ○ ×

해설 진정결과적 가중범이란 고의에 의한 기본범죄와 과실에 의한 중한 결과의 발생을 야기한 경우를 말한다. 정답 ×

204 여러 사람이 상해의 범의로 범행 중 한 사람이 중한 상해를 가하여 피해자가 사망에 이르게 된 경우 나머지 사람들은 사망의 결과를 예견할 수 없는 때가 아닌 한 상해치사의 죄책을 면할 수 없다. ○ ×

해설 대법원 2000도745 정답 ○

205 결과적 가중범은 행위자가 행위시에 중한 결과의 발생을 예견할 수 없을 때에도 그 행위와 중한 결과 사이에 상당인과관계가 인정되면 중한 죄로 벌하여야 한다. ○ ×

해설 형법 제15조 제2항이 규정하고 있는 이른바 결과적 가중범은 행위자가 행위시에 그 결과의 발생을 예견할 수 없을 때에는 비록 그 행위와 결과 사이에 인과관계가 있다 하더라도 중한 죄로 벌할 수 없다. (대법원 88도178) 정답 ×

206 피교사자가 교사의 범위를 초과하여 중한 결과를 실현한 경우 교사자가 그 결과를 예상할 수 있는 경우에도 교사자는 자신이 교사한 기본범죄에 대해서만 교사범으로서 책임을 진다. ○ ×

해설 교사자가 피교사자에 대하여 상해를 교사하였는데 피교사자가 이를 넘어 살인을 실행한 경우, 일반적으로 교사자는 상해죄에 대한 교사범이 되는 것이고, 다만 이 경우 교사자에게 피해자의 사망이라는 결과에 대하여 과실 내지 예견가능성이 있는 때에는 상해치사죄의 교사범으로서의 죄책을 지울 수 있다. (대법원 97도1075) 정답 ×

207 교통방해치사상죄에 있어서 교통방해 행위와 결과 사이에 피해자나 제3자의 과실 등 다른 사실이 개재된 때에도 그와 같은 사실이 통상 예견할 수 있는 것이라면 상당인과관계를 인정할 수 있다. ○ ×

해설 대법원 2014도6206 정답 ○

208 피고인이 편도 2차로의 고속도로 1차로를 진행하던 A의 차량 앞에 급하게 끼어든 후 곧바로 정차하여 A의 차량 및 이를 뒤따르던 차량 두 대는 급정차하였으나, 그 뒤를 따라오던 B의 차량은 앞의 차량들을 연쇄추돌하여 B가 사망에 이른 경우, 피고인에게는 일반교통방해치사죄가 성립한다. ○ ×

해설 대법원 2014도6206 정답 ○

209 강간이 미수에 그친 경우 그로 인하여 피해자가 상해를 입었다면, 강간치상죄의 기수범이 성립하는 것이 아니라 강간미수죄와 과실치상죄의 상상적 경합이 성립한다. ○ ×

해설 강간이 미수에 그친 경우라도 그로 인하여 피해자가 상해를 입었으면, 강간치상죄가 성립하는 것이고, 강간치상죄에 있어 상해의 결과는 강간의 수단으로 사용한 폭행으로부터 발생한 경우뿐만 아니라 간음행위 그 자체로부터 발생한 경우나 강간에 수반하는 행위에서 발생한 경우도 포함된다. (대법원 2003도1256) 정답 ×

210 형법 제144조 제2항의 특수공무집행방해치상죄는 중한 결과에 대한 예견가능성이 있었음에도 불구하고 예견하지 못한 경우 뿐만 아니라 고의가 있는 경우까지도 포함하는 부진정결과적 가중범이다. ○ ×

해설 대법원 90도765 정답 ○

211 상해치사죄의 공동정범은 폭행 기타의 신체침해 행위를 공동으로 할 의사가 있으면 성립되고 결과를 공동으로 할 의사는 필요로 하지 않는다. ○ ×

해설 대법원 77도2193 정답 ○

212 교사자가 피교사자에 대하여 상해 또는 중상해를 교사하였는데 피교사자가 이를 넘어 살인을 실행한 경우에 교사자에게 피해자의 사망이라는 결과에 대하여 과실 내지 예견가능성이 있는 때에는 상해치사죄의 교사범의 죄책을 지울 수 있다. ○ ×

해설 대법원 93도1873 정답 ○

213 상해치사죄의 공동정범은 폭행 기타의 신체침해 행위를 공동으로 할 의사뿐만 아니라 결과를 공동으로 할 의사가 있어야 성립한다. ○ ×

해설 결과적가중범의 공동정범은 기본행위를 공동으로 할 의사가 있으면 성립하고 결과를 공동으로 할 의사는 필요 없다. (대법원 97도1720) 정답 ×

214 결과적 가중범은 과실로 인한 중한 결과가 발생하여야 성립하는 범죄이므로 「형법」에는 결과적 가중범의 미수를 처벌하는 규정이 존재하지 않는다. ○ ×

> 해설 형법상 결과적가중범의 미수를 처벌하는 규정을 둔 경우는 형법상 현주건조물일수치상·치사죄, 인질치상·치사죄, 강도치상·치사죄, 해상강도치상·치사죄가 존재한다.
>
> 정답 ×

215 상해를 교사하였는데 피교사자가 이를 넘어 살인을 한 경우 교사자에게 사망이라는 결과에 대하여 과실 내지 예견가능성이 있는 때에는 상해치사죄의 교사범이 성립할 수 있다. ○ ×

> 해설 대법원 2002도4089
>
> 정답 ○

216 피고인들이 피해자들의 재물을 강취한 후 그들을 살해할 목적으로 현주건조물에 방화하여 사망에 이르게 한 경우, 피고인들의 행위는 강도살인죄와 현주건조물방화치사죄에 모두 해당하고 그 두 죄는 실체적 경합범관계에 있다. ○ ×

> 해설 피고인들이 피해자들의 재물을 강취한 후 그들을 살해할 목적으로 현주건조물에 방화하여 사망에 이르게 한 경우, 피고인들의 행위는 강도살인죄와 현주건조물방화치사죄에 모두 해당하고 그 두 죄는 상상적 경합범관계에 있다. (대법원 98도3416)
>
> 정답 ×

217 특수공무집행방해치상죄는 원래 결과적가중범이기는 하지만, 이는 중한 결과에 대하여 예견가능성이 있었음에도 불구하고 예견하지 못한 경우에 벌하는 진정결과적가중범이 아니라 그 결과에 대한 예견가능성이 있었음에도 불구하고 예견하지 못한 경우뿐만 아니라 고의가 있는 경우까지도 포함하는 부진정결과적가중범이다. ○ ×

> 해설 대법원 2008도7311
>
> 정답 ○

218 결과적가중범의 공동정범은 기본행위를 공동으로 할 의사가 있으면 성립하고 결과를 공동으로 할 의사나 그 결과의 발생을 예견할 수 있었을 것을 요하지 않는다. ○ ×

> 해설 결과적 가중범인 상해치사죄의 공동정범은 폭행 기타의 신체침해 행위를 공동으로 할 의사가 있으면 성립되고 결과를 공동으로 할 의사는 필요 없으며, 여러 사람이 상해의 범의로 범행 중 한 사람이 중한 상해를 가하여 피해자가 사망에 이르게 된 경우 나머지 사람들은 사망의 결과를 예견할 수 없는 때가 아닌 한 상해치사의 죄책을 면할 수 없다. (대법원 2000도745)
>
> 정답 ×

219 교통방해치사죄의 경우 결과발생에 대한 예견가능성은 일반인을 기준으로 객관적으로 판단해야 하므로 일반인의 관점에서 결과발생을 예견할 수 있었다면, 설령 행위자가 결과발생을 구체적으로 예견하지는 못하였다고 하더라도 실제로 발생한 사망의 결과에 대하여 교통방해치사죄가 성립한다. ○ ×

> 해설 대법원 2014도6206
>
> 정답 ○

220 결과적 가중범에서 공동정범이 성립하려면 행위를 공동으로 할 의사가 있으면 족하고 결과를 공동으로 할 의사는 필요하지 않다. ○ ×

해설 대법원 2000도745 정답 ○

221 부진정결과적 가중범에서 고의로 중한 결과를 발생하게 한 행위가 별도의 구성요건에 해당하고 그 고의범의 법정형이 결과적 가중범의 법정형보다 더 무겁게 처벌하는 규정이 없는 경우, 결과적 가중범이 고의범에 대하여 특별관계에 있으므로 결과적 가중범만 성립한다. ○ ×

해설 대법원 2008도7311 정답 ○

222 甲이 A를 강간하려고 폭행하던 중 양심의 가책이 들어 강간행위를 중지하였으나 그 강간행위로 인해 A에게 상해의 결과가 발생한 경우, 강간죄의 중지미수와 과실치상죄의 상상적 경합이 성립한다. ○ ×

해설 강간이 미수에 그친 경우라도 그 수단이 된 폭행에 의하여 피해자가 상해를 입었으면 강간치상죄가 성립하는 것이며, 미수에 그친 것이 피고인이 자의로 실행에 착수한 행위를 중지한 경우이든 실행에 착수하여 행위를 종료하지 못한 경우이든 가리지 않는다. (대법원 88도1628) 정답 ×

223 기본범죄를 통하여 고의로 중한 결과를 발생하게 한 경우에 가중처벌하는 부진정결과적가중범에서, 고의로 중한 결과를 발생하게 한 행위가 별도의 구성요건에 해당하고 그 고의범에 대하여 결과적가중범에 정한 형보다 더 무겁게 처벌하는 규정이 있는 경우에는 그 고의범과 결과적가중범이 상상적 경합관계에 있지만, 위와 같이 고의범에 대하여 더 무겁게 처벌하는 규정이 없는 경우에는 결과적가중범이 고의범에 대하여 특별관계에 있으므로 결과적가중범만 성립하고 이와 법조경합의 관계에 있는 고의범에 대하여는 별도로 죄를 구성하지 않는다. ○ ×

해설 대법원 2008도7311 정답 ○

224 음주로 인한 특정범죄가중처벌 등에 관한 법률 위반(위험운전치사상)죄는 도로교통법 위반(음주운전)죄를 기본범죄로 하는 결과적 가중범으로 그 행위유형과 보호법익을 모두 포함하고 있으므로 특정범죄가중처벌 등에 관한 법률 위반(위험운전치사상)죄가 성립하면 도로교통법 위반(음주운전)죄는 이에 흡수된다. ○ ×

해설 음주로 인한 특정범죄가중처벌 등에 관한 법률 위반(위험운전치사상)죄와 도로교통법 위반(음주운전)죄는 입법취지와 보호법익 및 적용영역을 달리하는 별개의 범죄이므로, 양 죄가 모두 성립하는 경우 두 죄는 실체적 경합관계에 있다. (대법원 2008도7143) 정답 ×

225 결과적가중범의 공동정범은 기본행위를 공동으로 할 의사가 있으면 성립하고 결과를 공동으로 할 의사는 필요없다. 특수공무집행방해치상죄는 단체 또는 다중의 위력을 보이거나 위험한 물건을 휴대하고 직무를 집행하는 공무원에 대하여 폭행·협박을 하여 공무원을 사상에 이르게 한 경우에 성립하는 결과적가중범으로서 행위자가 그 결과를 의도할 필요는 없고 그 결과의 발생을 예견할 수 있으면 족하다. ○ ×

해설 대법원 97도1720 정답 ○

226 특정범죄가중처벌 등에 관한 법률 제5조의10 제2항은 운전자에 대한 폭행·협박으로 인하여 교통사고의 발생 등과 같은 구체적 위험을 초래하는 중간 매개원인이 유발되고 그 결과로써 불특정 다중에게 상해나 사망의 결과를 발생시킨 경우에만 적용될 수 있을 뿐, 교통사고 등의 발생 없이 직접적으로 운전자에 대한 상해의 결과만을 발생시킨 경우에는 적용되지 아니한다. ○ ×

해설 특정범죄가중법 제5조의10의 죄는 추상적 위험범에 해당하고, 그중 제2항은 제1항의 죄를 범하여 사람을 상해나 사망이라는 중한 결과에 이르게 한 경우 제1항에 정한 형보다 중한 형으로 처벌하는 결과적 가중범 규정으로 해석할 수 있다. 따라서 운행 중인 자동차의 운전자를 폭행하거나 협박하여 운전자나 승객 또는 보행자 등을 상해나 사망에 이르게 하였다면 이로써 특정범죄가중법 제5조의10 제2항의 구성요건을 충족한다고 봄이 타당하다. 그럼에도 원심은 특정범죄가중법 제5조의10 제2항은 운전자에 대한 폭행·협박으로 인하여 교통사고의 발생 등과 같은 구체적 위험을 초래하는 중간 매개원인이 유발되고 그 결과로써 불특정 다중에게 상해나 사망의 결과를 발생시킨 경우에만 적용될 수 있을 뿐, 교통사고 등의 발생 없이 직접적으로 운전자에 대한 상해의 결과만을 발생시킨 경우에는 적용되지 아니한다고 보아, 이 사건 주위적 공소사실이 범죄로 되지 아니하는 때에 해당한다고 판단하였으니, 원심판결에는 특정범죄가중법 제5조의10 제2항의 적용범위에 관한 법리를 오해하여 판결 결과에 영향을 미친 위법이 있다. (대법원 2014도13345) 정답 ×

227 형법 제188조에 규정된 교통방해에 의한 치사상죄는 결과적 가중범이므로, 위 죄가 성립하려면 교통방해 행위와 사상(死傷)의 결과 사이에 상당인과관계가 있어야 하고 행위 시에 결과의 발생을 예견할 수 있어야 한다. 그리고 교통방해 행위가 피해자의 사상이라는 결과를 발생하게 한 유일하거나 직접적인 원인이 된 경우만이 아니라, 그 행위와 결과 사이에 피해자나 제3자의 과실 등 다른 사실이 개재된 때에도 그와 같은 사실이 통상 예견될 수 있는 것이라면 상당인과관계를 인정할 수 있다. ○ ×

해설 대법원 2014도6206 정답 ○

228 「형법」상 결과적 가중범이 성립하기 위해서는 고의나 과실에 의한 기본 범죄가 있어야 하고, 이로 인해 중한 결과가 발생하여야 한다. ○ ×

해설 결과적 가중범은 독립적인 범죄행위가 그 본래의 구성요건적 결과를 넘어 중한 결과를 야기한 경우에 중한 형벌이 가하여지도록 규정된 범죄구성요건을 말하다. 이 때 기본범죄로서의 고의범과 중한 결과로서의 과실범이 결합된다. 기본범죄는 고의범에 한한다. 정답 ×

229 실화죄에 있어서 공동의 과실이 경합되어 화재가 발생한 경우, 적어도 각 과실이 화재의 발생에 대하여 하나의 조건이 되었다면 그 공동적 원인을 제공한 사람들은 각자 실화죄의 책임을 진다. ○ ×

해설 공동의 과실이 경합되어 화재가 발생한 경우에 적어도 각 과실이 화재의 발생에 대하여 하나의 조건이 된 이상은 그 공동적 원인을 제공한 각자에 대하여 실화죄의 죄책을 물어야 한다. (대법원 82도2279) 정답 ○

06 인과관계

230 피고인이 주먹으로 피해자의 복부를 1회 강타하여 장파열로 인한 복막염으로 사망케 하였다면, 비록 의사의 수술지연 등 과실이 피해자의 사망의 공동원인이 되었다 하더라도 피고인의 행위가 사망의 결과에 대한 유력한 원인이 된 이상 그 폭행행위와 치사의 결과간에는 인과관계가 있다. ○ ×

해설 대법원 84도831, 84감도129 정답 ○

231 초지조성공사를 도급받은 수급인이 불경운작업(산불작업)을 하도급을 준 이후에 계속하여 그 작업을 감독하지 아니한 잘못이 있다 하더라도 이는 도급자에 대한 도급계약상의 책임이 아니라, 위 하수급인의 과실로 인하여 발생한 산림실화에 상당인과관계가 있는 과실이라고 할 수 있다. ○ ×

해설 초지조성공사를 도급받은 수급인이 불경운작업(산불작업)을 하도급을 준 이후에 계속하여 그 작업을 감독하지 아니한 잘못이 있다 하더라도 이는 도급자에 대한 도급계약상의 책임이지 위 하수급인의 과실로 인하여 발생한 산림실화에 상당인과관계가 있는 과실이라고는 할 수 없다. (대법원 87도297) 정답 ×

232 어떤 행위라도 죄의 요소되는 위험발생에 연결되지 아니한 때에는 그 결과로 인하여 벌하지 아니한다. ○ ×

해설

> **형법 제17조(인과관계)** 어떤 행위라도 죄의 요소되는 위험발생에 연결되지 아니한 때에는 그 결과로 인하여 벌하지 아니한다.

정답 ○

233 교사가 제자의 잘못을 징계코자 왼쪽 뺨을 때려 뒤로 넘어지면서 사망에 이르게 한 경우, 피해자는 비정상적인 얇은 두개골을 가지고 있었고 또 뇌수종을 가진 심신허약자로서 급성뇌압상승으로 넘어지게 된 것이라고 하더라도 위 소위와 피해자의 사망 간에는 이른바 인과관계가 있는 경우에 해당한다. ○ ×

해설 고등학교 교사가 제자의 잘못을 징계코자 왼쪽 뺨을 때려 뒤로 넘어지면서 사망에 이르게 한 경우 위 피해자는 두께 0.5미리밖에 안 되는 비정상적인 얇은 두개골이었고 또 뇌수종을 가진 심신허약자로서 좌측 뺨을 때리자 급성뇌성압상승으로 넘어지게 된 것이라면 위 소위와 피해자의 사망 간에는 이른바 인과관계가 없는 경우에 해당한다. (대법원 78도1961) 정답 ×

234 선행차량에 이어 피고인 운전차량이 피해자를 연속하여 역과하는 과정에서 피해자가 사망한 경우, 피고인 운전차량의 역과와 피해자의 사망 사이에는 인과관계가 인정된다. ○ ×

해설 대법원 2001도5005 정답 ○

235 피교사자가 범죄의 실행에 착수한 경우 범행결의가 교사자의 교사행위에 의하여 생긴 것인지 판단하는 기준 및 피교사자가 교사자의 교사행위 당시에는 범행을 승낙하지 않았으나 이후 그 교사행위에 의하여 범행을 결의한 것으로 인정되는 경우 교사범이 성립한다. ○ ×

해설 대법원 2012도2744 정답 ○

236 甲이 고속도로 2차로를 따라 자동차를 운전하다가 1차로를 진행하던 乙의 차량 앞에 급하게 끼어든 후 곧바로 정차하여 乙의 차량은 급정차하였고 그 뒤를 따라오던 丙의 차량이 乙의 차량과 추돌하여 丙이 사망한 경우, 丙에게 안전거리 미확보의 과실이 인정된다면 甲의 정차행위와 丙의 사망 사이에는 인과관계가 없다. ○ ×

해설 편도 2차로의 고속도로 1차로 한가운데에 정차한 피고인은 현장의 교통상황이나 일반인의 운전 습관·행태 등에 비추어 고속도로를 주행하는 다른 차량 운전자들이 제한속도 준수나 안전거리 확보 등의 주의의무를 완전하게 다하지 않을 수도 있다는 점을 알았거나 충분히 알 수 있었으므로, 피고인의 정차 행위와 사상의 결과 발생 사이에 상당인과관계가 있고, 사상의 결과 발생에 대한 예견가능성도 인정된다. (대법원 2014도6206) 정답 ×

237 한의사인 甲이 乙에게 문진하여 과거 봉침을 맞고도 별다른 이상반응이 없었다는 답변을 듣고 부작용에 대한 충분한 사전 설명 없이 환부에 봉침시술을 하였는데 乙이 위 시술 직후 쇼크반응을 나타내는 등 상해를 입은 경우, 설명의무를 다하였다 하더라도 乙이 반드시 봉침시술을 거부하였을 것이라고 볼 수 없다면 甲의 설명의무 위반과 乙의 상해 사이에 상당인과관계를 인정하기는 어렵다. ○ ×

해설 대법원 2010도10104 정답 ○

238 甲이 乙의 뺨을 때리고 오른손으로 목을 쳐 乙이 뒤로 넘어지면서 머리를 땅바닥에 부딪쳐 상해를 입었고 결국 乙은 병원치료를 받다가 합병증으로 사망에 이르게 되었으나 乙이 원래 앓고 있던 간경화 등의 질환이 그 합병증의 유발에 영향을 미친 경우, 甲의 乙에 대한 폭행행위와 乙의 사망 사이에는 인과관계가 없다. ○ ×

해설 甲이 두부 손상을 입은 후 병원에서 입원치료를 받다가 합병증으로 사망에 이르게 되어 피고인의 범행과 甲의 사망 사이에 인과관계를 부정할 수 없고, 사망 결과에 대한 예견가능성이 있었는데도, 이와 달리 보아 상해치사의 공소사실을 무죄로 판단한 원심판결에 법리오해의 위법이 있다. (대법원 2011도17648) 정답 ×

239 전문적으로 대출을 취급하면서 차용인에 대한 체계적인 신용조사를 행하는 금융기관이 금원을 대출한 경우에는, 비록 대출 신청 당시 차용인에게 변제기안에 대출금을 변제할 능력이 없었고, 차용인에게 대출을 하게 되면 부실채권으로 될 것임이 예상됨에도, 자체 신용조사 결과에는 관계없이 '변제기 안에 대출금을 변제하겠다.'는 취지의 차용인의 말만을 그대로 믿고 대출하였다고 하더라도, 차용인의 이러한 기망행위와 금융기관의 대출행위 사이에 인과관계를 인정할 수는 없다. ○ ×

해설 대법원 2000도1155 정답 ○

240 甲은 부동산 대지에 대한 전매사실을 숨기고 지주명의로 위장하여 乙과 대지에 관한 매매계약을 체결하였으나 그 이행에 아무런 영향이 없었던 경우, 乙이 전매사실을 알았더라면 매매계약을 맺지 않았으리라는 등 특별한 사정이 없는 한 甲의 위 기망행위와 위 乙의 처분행위 사이에는 인과관계를 인정할 수 없다. ○ ×

해설 대법원 84도2751 정답 ○

241 살인의 실행행위가 피해자의 사망이라는 결과를 발생하게 한 유일한 원인이어야 하는 것은 아니나 직접적인 원인일 것을 요하므로 살인의 실행행위와 피해자의 사망과의 사이에 통상예견할 수 있는 다른 사실이 개재되어 그 사실이 치사의 직접적인 원인이 되었다면 살인의 실행행위와 피해자의 사망과의 사이에 인과관계가 있는 것으로 볼 수 없다. ○ ×

해설 살인의 실행행위가 피해자의 사망이라는 결과를 발생하게 한 유일한 원인이거나 직접적인 원인이어야만 되는 것은 아니므로, 살인의 실행행위와 피해자의 사망과의 사이에 다른 사실이 개재되어 그 사실이 치사의 직접적인 원인이 되었다고 하더라도 그와 같은 사실이 통상 예견할 수 있는 것에 지나지 않는다면 살인의 실행행위와 피해자의 사망과의 사이에 인과관계가 있는 것으로 보아야 한다. (대법원 93도3612)   정답 ×

242 甲은 선단 책임선의 선장으로서 종선의 선장에게 조업상의 지시만 할 수 있을 뿐 선박의 안전관리는 각 선박의 선장이 책임지도록 되어있었던 경우, 甲이 풍랑 중에 종선에 조업지시를 한 것과 종선의 풍랑으로 인한 매몰사고와의 사이는 인과관계를 인정하지 않는다. ○ ×

해설 피고인이 선단의 책임선인 제1봉림호의 선장으로 조업중이었다 하더라도 피고인으로서는 종선의 선장에게 조업상의 지시만 할 수 있을 뿐 선박의 안전관리는 각 선박의 선장이 책임지도록 되어 있었다면 그 같은 상황하에서 피고인이 풍랑중에 종선에 조업지시를 하였다는 것만으로는 종선의 풍랑으로 인한 매몰사고와의 사이에 인과관계가 성립할 수 없다. (대법원 89도1084)   정답 ×

243 연탄가스 중독환자가 퇴원시 자신의 병명을 물었으나 의사가 아무런 요양방법을 지도하여 주지 아니하여 병명을 알지 못해 퇴원 즉시 재차 연탄가스에 중독된 경우, 의사의 업무상과실과 재차 연탄가스에 중독된 것과의 사이는 인과관계를 인정하지 않는다. ○ ×

해설 의사에게는 그 원인 사실을 모르고 병명을 문의하는 환자에게 그 병명을 알려주고 이에 대한 주의사항인 피해장소인 방의 수선이나 환자에 대한 요양의 방법 기타 건강관리에 필요한 사항을 지도하여 줄 요양방법의 지도의무가 있는 것이므로 이를 태만한 것으로서 의사로서의 업무상과실이 있고, 이 과실과 재차의 일산화탄소 중독과의 사이에 인과관계가 있다고 보아야 한다. (대법원 90도2547)   정답 ○

244 임차인이 자신의 비용으로 설치·사용하던 가스설비의 휴즈콕크를 아무런 조치 없이 제거하고 이사를 간 후 가스공급을 개별적으로 차단할 수 있는 주밸브가 열려져 가스가 유입되어 폭발사고가 발생한 경우, 임차인의 과실과 가스폭발사고 사이는 인과관계를 인정하지 않는다. ○ ×

해설 임차인이 자신의 비용으로 설치·사용하던 가스설비의 휴즈콕크를 아무런 조치 없이 제거하고 이사를 간 후 가스공급을 개별적으로 차단할 수 있는 주밸브가 열려져 가스가 유입되어 폭발사고가 발생한 경우, 구 액화석유가스의안전및사업관리법상의 관련 규정 취지와 그 주밸브가 누군가에 의하여 개폐될 가능성을 배제할 수 없다는 점 등에 비추어 그 휴즈콕크를 제거하면서 그 제거부분에 아무런 조치를 하지 않고 방치하면 주밸브가 열리는 경우 유입되는 가스를 막을 아무런 안전장치가 없어 가스 유출로 인한 대형사고의 가능성이 있다는 것은 평균인의 관점에서 객관적으로 볼 때 충분히 예견할 수 있다는 이유로 임차인의 과실과 가스폭발사고 사이의 상당인과관계를 인정한 사례이다. (대법원 99도5086)   정답 ×

245 4일 가량 물조차 제대로 마시지 못하고 잠도 자지 아니하여 거의 탈진 상태에 이른 피해자의 손과 발을 17시간 이상 묶어두고 좁은 차량 속에서 움직이지 못하게 감금한 행위와 묶인 부위의 혈액 순환에 장애가 발생하여 혈전이 형성되고 그 혈전이 폐동맥을 막아 사망에 이르게 된 결과 사이는 인과관계를 인정하지 않는다. ○ ×

해설 4일 가량 물조차 제대로 마시지 못하고 잠도 자지 아니하여 거의 탈진 상태에 이른 피해자의 손과 발을 17시간 이상 묶어 두고 좁은 차량 속에서 움직이지 못하게 감금한 행위와 묶인 부위의 혈액 순환에 장애가 발생하여 혈전이 형성되고 그 혈전이 폐동맥을 막아 사망에 이르게 된 결과 사이에는 상당인과관계가 있다. (대법원 2002도4315)   정답 ×

246 사기죄가 성립하려면 행위자의 기망행위, 피기망자의 착오와 그에 따른 처분행위, 그리고 행위자등의 재물이나 재산상 이익의 취득이 있고, 그 사이에 순차적인 인과관계가 존재하여야 한다. ○ ×

해설 대법원 2016도13362 전합   정답 ○

247 결과적 가중범인 교통방해에 의한 치사상죄가 성립하려면 교통방해 행위와 사상의 결과 사이에 상당인과관계가 있어야 하고 행위 시에 결과의 발생을 예견할 수 있어야 한다. ○ ×

해설 대법원 2014도6206   정답 ○

248 부진정부작위범의 경우 작위의무를 이행하였다면 결과가 발생하지 않았을 것이라는 관계가 인정될 경우 작위를 하지 않은 부작위와 발생된 결과 사이에 인과관계가 인정된다. ○ ×

해설 대법원 2015도6809 전합   정답 ○

249 조건설은 인과관계 판단의 출발점을 제시한다는 의의가 있으나, 인과관계의 범위가 무한히 확장될 우려가 있다는 비판을 받고 있다. ○ ×

해설 조건설은 인과관계 판단의 출발점을 제시한다는 의의가 있으나, 인과관계의 범위가 무한히 확장된다는 비판으로 인해 범인의 아버지도 처벌된다는 문제점이 있다.   정답 ○

250 공장에서 동료 사이에 말다툼을 하던 중 피고인이 피해자에게 상당한 힘을 가하여 넘어뜨린 것이 아니라, 피고인의 삿대질을 피하려고 뒷걸음치던 피해자가 장애물에 걸려 넘어져 두개골절로 사망한 경우 피고인에게 폭행치사죄의 책임을 물을 수 없다. ○ ×

해설 대법원 90도1596   정답 ○

251 자동차가 횡단보도에 먼저 진입한 경우로서 그대로 진행하더라도 보행자의 횡단을 방해하거나 통행에 아무런 위험을 초래하지 아니할 상황이라면 보행자 신호가 녹색으로 바뀐 경우라도 그대로 진행할 수 있다고 보아야 하므로, 피고인이 운전하는 차량이 이미 횡단보도에 먼저 진입한 뒤에 보행자 신호가 녹색으로 바뀌었고, 바뀐 신호만을 보고 횡단보도에 진입한 피해자를 피고인이 그대로 충격하여 피해자에게 상해를 입힌 경우에는 피고인의 과실과 피해자가 입은 상해 사이에는 상당인과관계가 인정되지 않는다. ○ ×

해설 교통사고처리 특례법 제3조 제2항 본문, 단서 제6호, 제4조 제1항 본문, 단서 제1호, 도로교통법 제27조제1항의 내용 및 도로교통법 제27조 제1항의 입법 취지가 차를 운전하여 횡단보도를 지나는 운전자의 보행자에 대한 주의의무를 강화하여 횡단보도를 통행하는 보행자의 생명·신체의 안전을 두텁게 보호하려는 데 있음을 감안하면, 모든 차의 운전자는 신호기의 지시에 따라 횡단보도를 횡단하는 보행자가 있을 때에는 횡단보도에의 진입 선후를 불문하고 일시정지하는 등의 조치를 취함으로써 보행자의 통행이 방해되지 아니하도록 하여야 한다. 다만 자동차가 횡단보도에 먼저 진입한 경우로서 그대로 진행하더라도 보행자의 횡단을 방해하거나 통행에 아무런 위험을 초래하지 아니할 상황이라면 그대로 진행할 수 있다고 보아야 한다. (대법원 2016도17442) = 신호등이 없는 횡단보도에 자동차가 먼저 진입했어도 보행자 통행여부 확인의무가 있다. 정답 ×

252 피고인이 고속도로 2차로를 따라 자동차를 운전하다가 1차로를 진행하던 甲의 차량 앞에 급하게 끼어든 후 곧바로 정차하여, 甲의 차량 및 이를 뒤따르던 차량 두 대는 연이어 급제동하여 정차하였으나, 그 뒤를 따라오던 乙의 차량이 앞의 차량들을 연쇄적으로 추돌케 하여 乙이 사망하고 나머지 차량 운전자 등 피해자들이 상해를 입은 경우, 피고인의 정차 행위와 사상의 결과 발생 사이에 상당인과관계가 인정된다. ○ ×

해설 대법원 2014도6206 정답 ○

253 甲이 좌회전 금지구역에서 좌회전하는데 50여 미터 후방에서 따라오던 후행차량이 중앙선을 넘어 甲 운전차량의 좌측으로 돌진하여 사고가 발생한 경우 甲의 좌회전 금지구역에서 좌회전한 행위와 사고발생 사이는 인과관계가 인정된다. ○ ×

해설 피고인이 좌회전 금지구역에서 좌회전한 것은 잘못이나 이러한 경우에도 피고인으로서는 50여 미터 후방에서 따라오던 후행차량이 중앙선을 넘어 피고인 운전차량의 좌측으로 돌진하는 등 극히 비정상적인 방법으로 진행할 것까지를 예상하여 사고발생 방지조치를 취하여야 할 업무상 주의의무가 있다고 할 수는 없고, 따라서 좌회전 금지구역에서 좌회전한 행위와 사고발생 사이에 상당인과관계가 인정되지 아니한다는 이유로 피고인의 과실로 사고가 발생하였음을 전제로 하는 특정범죄가중처벌등에관한법률위반(도주차량)의 점에 관하여 무죄를 선고한 원심판결을 수긍한 사례이다. (대법원 95도1200) 정답 ×

254 甲의 살인행위와 피해자 A의 사망과의 사이에 다른 사실이 개재되어 그 사실이 치사의 직접적인 원인이 되었다고 하더라도 그와 같은 사실이 통상 예견할 수 있는 것에 지나지 않는 경우 甲의 살인행위와 A의 사망 사이는 인과관계가 인정된다. ○ ×

해설 대법원 93도3612 정답 ○

255 甲이 계속 교제하기를 원하는 자신의 제의를 피해자 A가 거절한다는 이유로 A의 얼굴 등을 구타하는 등 폭행을 가하여 전치 10일간의 흉부피하출혈상 등을 가하였고, A가 계속되는 甲의 폭행을 피하려고 다시 도로를 건너 도주하다가 차량에 치여 사망한 경우 甲의 상해행위와 A의 사망 사이는 인과관계가 인정된다. ○ ×

해설 대법원 96도529 정답 ○

256 피고인이 자동차를 운전하다 횡단보도를 걷던 보행자 甲을 들이받아 그 충격으로 횡단보도 밖에서 甲과 동행하던 피해자 乙이 밀려 넘어져 상해를 입은 경우, 피고인의 (구)「도로교통법」 제27조 제1항에 따른 주의의무를 위반하여 운전한 업무상 과실과 乙의 상해 사이에는 인과관계가 인정될 수 없다. ○ ×

> **해설** 피고인이 자동차를 운전하다가 횡단보도를 걷던 보행자 甲을 들이받아 그 충격으로 횡단보도 밖에서 甲과 동행하던 피해자 乙이 밀려 넘어져 상해를 입은 경우, 피고인의 (구)도로교통법 제27조 제1항에 따른 주의의무를 위반하여 운전한 업무상 과실과 乙의 상해 사이에는 인과관계가 인정된다. (대법원 2009도12671)   정답 ×

257 행위가 결과를 발생하게 한 유일하거나 직접적인 원인이 된 경우만이 아니라, 그 행위와 결과 사이에 피해자나 제3자의 과실 등 다른 사실이 개재된 때에도 그와 같은 사실이 통상 예견될 수 있는 것이라면 상당인과관계를 인정할 수 있다. ○ ×

> **해설** 대법원 2014도6206   정답 ○

258 아동·청소년의 성보호에 관한 법률 제7조 제5항의 미성년자에 대한 위계간음죄에 있어 위계와 간음행위 사이의 인과관계를 판단함에 있어서는 일반적 평균적 판단능력을 갖춘 성인 또는 충분한 보호와 교육을 받은 또래의 시각에서 인과관계를 판단하여야 하며, 구체적인 범행상황에 놓인 피해자의 입장과 관점을 고려할 것은 아니다. ○ ×

> **해설** 위계에 의한 간음죄가 보호대상으로 삼는 아동·청소년, 미성년자, 심신미약자, 피보호자·피감독자, 장애인 등의 성적 자기결정 능력은 그 나이, 성장과정, 환경, 지능 내지 정신기능 장애의 정도 등에 따라 개인별로 차이가 있으므로 간음행위와 인과관계가 있는 위계에 해당하는지 여부를 판단할 때에는 구체적인 범행상황에 놓인 피해자의 입장과 관점이 충분히 고려되어야 하고, 일반적·평균적 판단능력을 갖춘 성인 또는 충분한 보호와 교육을 받은 또래의 시각에서 인과관계를 쉽사리 부정하여서는 안 된다. (대법원 2015도9436 전합)   정답 ×

259 수술 후 복막염에 대한 진단과 처치 지연 등 담당의사 甲의 과실이 있어 A가 제때 필요한 조치를 받지 못한 경우, A가 甲의 지시를 일부 따르지 않거나 퇴원한 사실은 A의 사망과 甲의 과실 사이의 인과관계를 단절한다. ○ ×

> **해설** 피고인의 수술 후 복막염에 대한 진단과 처치 지연 등의 과실로 피해사가 세때 필요한 조치를 받지 못하였다면 피해자의 사망과 피고인의 과실 사이에는 인과관계가 인정된다. 비록 피해자가 피고인의 지시를 일부 따르지 않거나 퇴원한 적이 있더라도, 그러한 사정만으로는 피고인의 과실과 피해자의 사망 사이에 인과관계가 단절된다고 볼 수 없다. (대법원 2018도2844)   정답 ×

260 사기죄는 타인을 기망하여 착오에 빠뜨리고 처분행위를 유발하여 재물을 교부받거나 재산상 이익을 얻음으로써 성립하는 것으로, 기망행위와 상대방의 착오 및 재물의 교부 또는 재산상 이익의 공여 사이에 순차적인 인과관계가 있어야 한다. ○ ×

> **해설** 대법원 2017도8449   정답 ○

261 의사가 설명의무를 위반한 채 의료행위를 하였다가 환자에게 상해의 결과가 발생한 경우, 의사에게 업무상과실로 인한 형사책임을 지우기 위해서는 의사의 설명의무 위반과 환자의 상해 사이에 상당인과관계가 존재하여야 한다. ○ ×

> **해설** 대법원 2010도10104   정답 ○

262 운전자 甲이 과실로 열차 건널목을 그대로 건너는 바람에 그 자동차가 열차 좌측 모서리와 충돌하여 20여 미터쯤 열차진행방향으로 끌려가면서 튕겨 나갔고 A는 타고 가던 자전거에서 내려 자동차 왼쪽에서 열차가 지나가기를 기다리고 있다가 충돌사고로 놀라 넘어져 상처를 입었다면 비록 자동차와 A가 직접 충돌하지는 아니하였더라도 甲의 과실과 A의 상해 사이에는 인과관계가 인정된다. ○ ×

해설 대법원 89도866 정답 ○

263 甲이 승용차로 A를 가로막아 승차하게 한 후 A의 하차 요구를 무시한 채 당초 목적지가 아닌 다른 장소를 향해 시속 약 60km 내지 70km의 속도로 진행하자, A가 이를 벗어날 목적으로 차량을 빠져나오려다가 길바닥에 떨어져 사망한 경우, 甲의 행위와 A의 사망 사이에는 인과관계가 인정된다. ○ ×

해설 대법원 99도5286 정답 ○

264 산부인과 의사 甲이 환자 A를 다른 병원으로 전원하는 과정에서 전원을 지체하고, 전원 받는 병원 의료진에게 A가 고혈압환자이고 제왕절개수술 후 대량출혈이 있었던 사정을 설명하지 않아 A가 사망한 경우, 전원 받은 병원에서 의료진의 조치가 미흡하여 전원 후 약 1시간 20분이 지나 수혈이 시작된 사정이 있었다면, 甲의 과실과 A의 사망 사이에는 인과관계가 단절된다. ○ ×

해설 피고인이 제왕절개수술 후 대량출혈이 있었던 피해자를 전원 조치하였으나 전원받는 병원 의료진의 조치가 다소 미흡하여 도착 후 약 1시간 20분이 지나 수혈이 시작된 사안에서, 피고인이 전원받는 병원 의료진에게 피해자가 고혈압환자이고 제왕절개수술 후 대량출혈이 있었던 사정을 설명하지 않은 사안에서, 피고인에게 전원과정에서 피해자의 상태 및 응급조치의 긴급성에 관하여 충분히 설명하지 않은 과실이 있다고 할 것이고, 피고인의 전원지체 등의 과실로 신속한 수혈 등의 조치가 지연된 이상 피해자의 사망과 피고인의 과실 사이에 인과관계가 인정된다. (대법원 2009도7070) 정답 ×

265 甲이 乙에게 반항을 억압하기에 충분한 정도의 폭행 또는 협박을 가하여 乙이 재물 취거의 사실을 알지 못하는 사이에 그 틈을 이용하여 甲이 우발적으로 乙의 재물을 취거한 경우, 위 폭행 또는 협박에 의한 반항억압의 상태가 전체적·실질적으로 단일한 재물 탈취의 범의의 실현행위로 평가할 수 있는 경우가 아니면 강도죄는 성립되지 않는다. ○ ×

해설 대법원 2008도10308 정답 ○

266 甲이 차를 세워두고 열쇠를 끼워놓은 채 내린 이후 조수석에 있던 어린이 乙이 시동 열쇠를 돌리고 악셀레이터 페달을 밟아 차량을 진행하여 사고가 난 경우, 甲의 과실은 사고 발생에 간접적인 원인이기 때문에 사고의 결과와 인과관계가 있다고 볼 수 없다. ○ ×

해설 운전자가 차를 세워 시동을 끄고 1단 기어가 들어가 있는 상태에서 시동열쇠를 끼워놓은 채 11세 남짓한 어린이를 조수석에 남겨두고 차에서 내려온 동안 동인이 시동열쇠를 돌리며 악셀러레이터 페달을 밟아 차량이 진행하여 사고가 발생한 경우, 비록 동인의 행위가 사고의 직접적인 원인이었다 할지라도 그 경우 운전자로서는 위 어린이를 먼저 하차 시키던가 운전기기를 만지지 않도록 주의를 주거나 손브레이크를 채운 뒤 시동열쇠를 빼는 등 사고를 미리 막을 수 있는 제반 조치를 취할 업무상 주의의무가 있다 할 것이어서 이를 게을리한 과실은 사고결과와 법률상의 인과관계가 있다고 봄이 상당하다. (대법원 86도1048) 정답 ×

267 甲이 A를 2회에 걸쳐 두 손으로 힘껏 밀어 땅바닥에 넘어뜨리는 폭행을 가함으로써 그 충격으로 인한 쇼크성 심장마비로 사망케 하였다면, 비록 A에게 그 당시 심관상동맥경화 및 심근섬유화 증세 등의 심장질환 지병이 있었고 음주로 만취된 상태였으며 그것이 A가 사망함에 있어 영향을 주었다고 해서, 甲의 폭행과 A의 사망 간에 상당인과관계가 없다고 할 수 없다. ○ ×

해설 대법원 85도2433

정답 ○

268 강간을 당한 A가 집에 돌아가 음독자살하기에 이른 원인이 강간을 당함으로 인하여 생긴 수치심과 장래에 대한 절망감 등에 있었다면, 강간행위와 A의 자살행위 사이에 인과관계를 인정할 수 있다. ○ ×

해설 강간을 당한 피해자가 집에 돌아가 음독자살하기에 이르른 원인이 강간을 당함으로 인하여 생긴 수치심과 장래에 대한 절망감 등에 있었다 하더라도 그 자살행위가 바로 강간행위로 인하여 생긴 당연의 결과라고 볼 수는 없으므로 강간행위와 피해자의 자살행위 사이에 인과관계를 인정할 수는 없다. (대법원 82도1446)

정답 ×

269 甲과 乙이 공동하여 A를 폭행하고 그 무렵 당구장 3층에 있는 화장실에 숨어 있던 A를 다시 폭행하려고 甲은 화장실을 지키고 乙은 당구치는 기구로 문을 내려쳐 부수자, 이에 위협을 느낀 A가 화장실 창문 밖으로 숨으려다 실족하여 떨어짐으로써 사망하였다. 이 경우, 甲과 乙의 폭행행위와 A의 사망 사이에는 인과관계가 있다. ○ ×

해설 대법원 90도1786

정답 ○

270 과실범의 독립행위가 경합하여 결과발생의 원인된 행위가 판명되지 아니한 때에는 각 행위자를 미수범으로 처벌한다. ○ ×

해설 과실범의 미수는 이론상 인정할 여지가 없고, 우리 형법상 과실범의 미수를 처벌하는 규정도 없다.

정답 ×

271 '그러한 행위가 없었더라면 그러한 결과도 발생하지 않았을 것'이라는 자연과학적 인과관계를 판단의 척도로 삼는 조건설은 각 조건들을 결과에 대한 동등한 원인으로 간주하여 인과관계의 범위가 지나치게 확장된다는 비판을 받는다. ○ ×

해설 조건설은 일정한 행위가 없었더라면 결과가 발생하지 않았을 경우 행위와 결과 간의 인과관계를 인정하는 견해이므로 인과관계 인정의 범위가 지나치게 넓다는 비판을 받는다.

정답 ○

272 어느 행위로부터 어느 결과가 발생하는 것이 경험칙상 상당하다고 판단될 때 인과관계가 인정되는 상당인과관계설은 인과관계를 일상적인 생활경험으로 제한하여 형사처벌의 확장을 방지하는 장점이 있으나 '상당성'의 판단이 모호하여 법적 안정성을 해칠 우려가 있다는 비판을 받는다. ○ ×

해설 판례의 입장인 어떤 행위에서 그러한 결과가 발생하는 것이 사회생활상 일반적인 생활경험에 비추어 상당성 내지 개연성이 있다고 인정되는 경우에 인과관계가 있다고 보는 견해인 상당인과관계설에 대한 장점과 비판으로 맞는 설명이다.

정답 ○

273 甲에 의한 선행 교통사고와 乙에 의한 후행 교통사고로 A가 사망하였으나 사망의 원인된 행위가 밝혀지지 않은 경우, 乙의 과실과 A의 사망 간에 인과관계가 인정되기 위해서는 乙이 주의의무를 게을리하지 않았다면 A가 사망하지 않았을 것이라는 사실이 증명되어야 하고, 그 증명책임은 乙에게 있다. ○ ×

해설 선행 교통사고와 후행 교통사고 중 어느 쪽이 원인이 되어 피해자가 사망에 이르게 되었는지 밝혀지지 않은 경우 후행 교통사고를 일으킨 사람의 과실과 피해자의 사망 사이에 인과관계가 인정되기 위해서는 후행 교통사고를 일으킨 사람이 주의의무를 게을리하지 않았다면 피해자가 사망에 이르지 않았을 것이라는 사실이 증명되어야 하고, 그 증명책임은 검사에게 있다. (대법원 2005도8822)

정답 ×

274 甲이 운전하는 차가 이미 정차하였음에도 뒤쫓아오던 차의 충돌로 인하여 앞차를 충격하여 사고가 발생한 경우, 甲에게 안전거리를 준수하지 않은 위법이 있었더라도 사고 피해결과에 대하여 인과관계가 있다고 단정할 수 없다. ○ ×

해설 대법원 82도3222

정답 ○

275 폭행 또는 협박으로 타인의 재물을 강취하려는 행위와 이에 극도의 흥분을 느끼고 공포심에 사로잡혀 이를 피하려다 상해에 이르게 된 사실 사이는 상당인과관계가 인정된다. ○ ×

해설 대법원 96도1142

정답 ○

276 甲은 주식회사를 운영하면서 발주처로부터 공사완성의 대가로 공사대금을 지급받았으나, 법인 인수 과정에서 법인 등록요건 중 인력요건을 외형상 갖추기 위해 관련 자격증 소지자들로부터 자격증을 대여받은 사실을 발주처에 숨기는 행위를 하였다면, 그 기망행위와 공사대금 지급 사이에 상당인과관계가 인정된다. ○ ×

해설 한국임업은 보유 인력과 현지에서 고용한 전문인력을 통해 병해충 방제 또는 숲가꾸기 공사계약에서 정한 공사를 모두 완성하였고 시공 내용에 관해서도 벌목 수량 산정에 관한 발주처 기준에 일부 미달한 사항이 있는 것을 제외하고 어떠한 하자가 있었다고 보기도 어렵다. 따라서 산림사업법인 설립 또는 법인 인수 과정에서 자격증 대여가 있었다는 사정만으로는 피고인에게 병해충 방제 또는 숲가꾸기 공사를 완성할 의사나 능력이 없었다고 단정하기 어렵다. 피고인이 운영하는 한국임업은 이러한 공사 완성의 대가로 발주처로부터 공사대금을 지급받은 것이므로, 설령 피고인이 발주처에 대하여 기술자격증 대여 사실을 숨기는 등의 행위를 하였다고 하더라도 그 행위와 공사대금 지급 사이에 상당인과관계를 인정하기도 어렵다. (대법원 2017도20911)

정답 ×

07 부작위범

277 공무원이 어떠한 위법사실을 발견하고도 직무상 의무에 따른 적절한 조치를 취하지 아니하고 위법사실을 적극적으로 은폐할 목적으로 허위공문서를 작성·행사한 경우에는 작위범인 허위공문서작성, 허위작성공문서행사죄 외에 부작위범인 직무유기죄가 따로 성립한다. ○ ×

해설 공무원이 어떠한 위법사실을 발견하고도 직무상 의무에 따른 적절한 조치를 취하지 아니하고 위법사실을 적극적으로 은폐할 목적으로 허위공문서를 작성, 행사한 경우에는 직무위배의 위법상태는 허위공문서작성 당시부터 그 속에 포함되는 것으로 작위범인 허위공문서작성, 동행사죄만이 성립하고 부작위범인 직무유기죄는 따로 성립하지 아니한다. (대법원 99도2240)

정답 ×

278 부작위범의 작위의무는 법령, 법률행위, 선행행위로 인한 경우에 인정되고, 기타 신의성실의 원칙이나 사회상규 혹은 조리상의 의무가 기대되는 경우에는 인정되지 않는다. ○ ×

해설 작위의무는 법적인 의무이어야 하므로 단순한 도덕상 또는 종교상의 의무는 포함되지 않으나, 작위의무가 법적(法的)인 의무인 한 성문법이건 불문법이건 상관이 없고 또 공법이건 사법이건 불문하므로, 법령, 법률행위, 선행행위로 인한 경우는 물론이고 기타 신의성실의 원칙이나 사회상규 혹은 조리상 작위의무가 기대되는 경우에도 법적인 작위의무는 있다. (대법원 95도2551)

정답 ×

279 어떠한 범죄가 적극적 작위에 의하여 이루어질 수 있음은 물론 결과의 발생을 방지하지 아니하는 소극적 부작위에 의하여도 실현될 수 있는 경우에 있어서, 행위자가 자신의 신체적 활동이나 물리적·화학적 작용을 통하여 적극적으로 타인의 법익 상황을 악화시킴으로써 결국 그 타인의 법익을 침해하기에 이르렀다면, 이는 부작위에 의한 범죄로 봄이 원칙이다. ○ ×

해설 어떠한 범죄가 적극적 작위에 의하여 이루어질 수 있음은 물론 결과의 발생을 방지하지 아니하는 소극적 부작위에 의하여도 실현될 수 있는 경우에, 행위자가 자신의 신체적 활동이나 물리적·화학적 작용을 통하여 적극적으로 타인의 법익상황을 악화시킴으로써 결국 그 타인의 법익을 침해하기에 이르렀다면, 이는 작위에 의한 범죄로 봄이 원칙이고, 작위에 의하여 악화된 법익상황을 다시 되돌이키지 아니한 점에 주목하여 이를 부작위범으로 볼 것은 아니며, 나아가 악화되기 이전의 법익 상황이, 그 행위자가 과거에 행한 또 다른 작위의 결과에 의하여 유지되고 있었다 하여 이와 달리 볼 이유가 없다. (대법원 2002도995)

정답 ×

280 진정부작위범과 부진정부작위범의 구별에 관한 학설 중 실질설은 거동범에 대하여는 부진정부작위범이 성립할 여지가 없다고 보는 반면에, 형식설은 결과범은 물론 거동범에 대하여도 부진정부작위범이 성립할 수 있다고 본다. ○ ×

해설 실질설은 진정부작위범은 거동범에 대응하는 개념이고 부진정부작위범은 결과범에 해당한다는 입장이다. 형식설은 결과범은 물론 거동범에 대하여도 부진정부작위범이 성립할 수 있다고 본다. 왜냐하면 각칙에 부작위범으로 규정되어 있는 것이 진정부작위범이고 각칙에는 작위범으로 되어 있으나 이를 부작위로 저지르는 경우를 부진정부작위범이라 한다는 입장이다. 따라서 실질설은 거동범에 대하여는 부진정부작위범이 성립할 수 없다. 형식설은 구성요건의 형식이 중요할 뿐 결과발생여부에 중점을 두지 않으므로, 결과범은 물론 거동범에 대하여도 부진정부작위범이 성립할 수 있다. 따라서 실질설은 거동범은 진정부작위범일 뿐이라고 본다.

정답 ○

281 부작위에 의한 방조범이 보증인지위에 있는 자로 한정되는 반면, 부작위범에 대한 교사범은 보증인지위에 있는 자로 한정되지 않는다. ○ ×

해설 방조자에게 보증인지위가 인정되는 한 부작위에 의한 방조가 가능하다. (대법원 2003도4128) 이에 비해서 교사는 실행정범인 부작위범이 보증인지위에 있다면 교사범은 보증인지위가 인정되지 않는 경우라도 부작위범에 대한 교사가 성립이 가능하다. 정답 ○

282 보증인지위와 보증인의무를 모두 부진정부작위범의 구성요건요소로 이해하는 견해에 따르면 부진정부작위범의 구성요건해당성이 지나치게 확대된다. ○ ×

해설 위법성요소설에 대한 비판이다. 보증인지위의 체계적 지위에 관하여 다음의 견해가 있다. 부진정부작위범의 구성요건해당성의 범위가 부당하게 확대될 우려가 있다는 보증인지위와 보증인의무를 위법성요소로 보는 견해에 대한 비판이다. 부진정부작위범이 위법하기 위하여는 작위의무위반이 있어야 하므로 작위의무는 위법성의 요소로 이해하여야 한다는 종래의 통설이다. 위법성요소설에 대한 비판이다. 정답 ×

283 하나의 행위가 작위범과 부작위범의 구성요건을 동시에 충족하는 경우도 있다. ○ ×

해설 대법원 2005도4202. 작위범과 부작위범이 동시에 충족하는 경우가 있을 수 있다. A가 B의 주거에서 퇴거요구를 받고도 퇴거하지 않으면서 많은 손님들 앞에서 A에 대하여 욕설을 하는 경우, 퇴거불응죄(부작위범)과 모욕죄(작위범)이 같이 성립할 수 있다. (상상적 경합) 정답 ○

284 익사직전의 아이에 대한 보증인 지위가 인정되더라도 구조가 불가능한 상황에서는 부작위범이 성립할 수 없다. ○ ×

해설 개별적 행위가능성이 없는 경우에는 부작위범이 성립될 수 없다. 정답 ○

285 기망행위라는 특정한 행위방법을 요건으로 하는 사기죄의 경우에는 부작위에 의한 기망행위가 작위의 기망행위와 동등한 의미를 가진다고 판단될 때 부작위에 의한 사기죄가 성립된다. ○ ×

해설 행위정형의 등가성(=동가치성)이다. 정답 ○

286 범죄는 보통 적극적인 행위에 의하여 실행되지만 때로는 결과의 발생을 방지하지 아니한 부작위에 의하여도 실현될 수 있다. ○ ×

해설 대법원 2015도6809 전합 정답 ○

287 부작위가 형법적으로 부작위로서의 의미를 가지기 위해서는 보호법익의 주체에게 해당 구성요건적 결과발생의 위험이 있는 상황에서 행위자가 구성요건의 실현을 회피하기 위하여 요구되는 행위를 현실적·물리적으로 행할 수 있었음에도 하지 아니하였다고 평가될 수 있어야 한다. ○ ×

해설 대법원 2015도6809 전합 정답 ○

288 살인죄는 일반적으로는 작위를 내용으로 하는 범죄이다. ○ ×

해설 대법원 2015도6809 전합 정답 ○

289 이른바 부진정부작위범을 인정하기 위하여는 부작위행위자에게 그 침해위협으로부터 법익을 보호해 주어야 할 작위의무가 있어야 하는데, 여기서의 작위의무는 법령, 법률행위, 선행행위로 인한 것임이 원칙이고 신의성실의 원칙에 기하여 인정될 수 없다. ○ ×

해설 살인죄와 같이 일반적으로 작위를 내용으로 하는 범죄를 부작위에 의하여 범하는 이른바 부진정부작위범의 경우에는 보호법익의 주체가 그 법익에 대한 침해위협에 대처할 보호능력이 없고, 부작위행위자에게 그 침해위협으로부터 법익을 보호해 주어야 할 법적 작위의무가 있을 뿐 아니라, 부작위행위자가 그러한 보호적 지위에서 법익침해를 일으키는 사태를 지배하고 있어 그 작위의무의 이행으로 결과발생을 쉽게 방지할 수 있어야 그 부작위로 인한 법익침해가 작위에 의한 법익침해와 동등한 형법적 가치가 있는 것으로서 범죄의 실행행위로 평가될 수 있다. 다만 여기서의 작위의무는 법령, 법률행위, 선행행위로 인한 경우는 물론, 신의성실의 원칙이나 사회상규 혹은 조리상 작위의무가 기대되는 경우에도 인정된다. (대법원 2015도6809 전합) 정답 ×

290 작위의무는 법적인 의무이어야 하므로 단순한 도덕상 또는 종교상의 의무는 포함되지 않으나 작위의무가 법적인 의무인 한 성문법이건 불문법이건 상관이 없고 또 공법이건 사법이건 불문하므로, 법령, 법률행위, 선행행위로 인한 경우는 물론이고 기타 신의성실의 원칙이나 사회상규 혹은 조리상 작위의무가 기대되는 경우에도 법적인 작위의무는 있다. ○ ×

해설 대법원 95도2551 정답 ○

291 보호자가 의학적 권고에도 불구하고 치료를 요하는 환자의 퇴원을 간청하여 담당 전문의와 주치의가 치료중단 및 퇴원을 허용하는 조치를 취함으로써 환자를 사망에 이르게 한 경우, 담당 전문의와 주치의의 행위는 부작위에 의한 살인방조죄가 성립한다. ○ ×

해설 보호자가 의학적 권고에도 불구하고 치료를 요하는 환자의 퇴원을 간청하여 담당 전문의와 주치의가 치료중단 및 퇴원을 허용하는 조치를 취함으로써 환자를 사망에 이르게 한 행위에 대하여 보호자, 담당 전문의 및 주치의가 부작위에 의한 살인죄의 공동정범으로 기소된 사안에서, 담당전문의와 주치의에게 환자의 사망이라는 결과발생에 대한 정범의 고의는 인정되나 환자의 사망이라는 결과나 그에 이르는 사태의 핵심적 경과를 계획적으로 조종하거나 저지·촉진하는 등으로 지배하고 있었다고 보기는 어려워 공동정범의 객관적 요건인 이른바 기능적 행위지배가 흠결되어 있다는 이유로 작위에 의한 살인방조죄만 성립한다. (대법원 2002도995) 정답 ×

292 부진정부작위범에서 사회상규 혹은 조리상 작위의무가 기대되는 경우 법적인 작위의무는 없다. ○ ×

해설 형법상 부작위범이 인정되기 위해서는 형법이 금지하고 있는 법익침해의 결과 발생을 방지할 법적인 작위의무를 지고 있는 자가 그 의무를 이행함으로써 결과 발생을 쉽게 방지할 수 있었음에도 불구하고 그 결과의 발생을 용인하고 이를 방관한 채 그 의무를 이행하지 아니한 경우에, 그 부작위가 작위에 의한 법익침해와 동등한 형법적 가치가 있는 것이어서 그 범죄의 실행행위로 평가될 만한 것이라면, 작위에 의한 실행행위와 동일하게 부작위범으로 처벌할 수 있고, 여기서 작위의무는 법적인 의무이어야 하므로 단순한 도덕상 또는 종교상의 의무는 포함되지 않으나 작위의무가 법적인 의무인 한 성문법이건 불문법이건 상관이 없고 또 공법이건 사법이건 불문하므로, 법령, 법률행위, 선행행위로 인한 경우는 물론이고 기타 신의성실의 원칙이나 사회상규 혹은 조리상 작위의무가 기대되는 경우에도 법적인 작위의무는 있다. (대법원 95도2551) 정답 ×

293 부진정부작위범은 작위범에 비해 불법의 정도가 경하므로, 형법은 이를 임의적 감경사유로 규정하고 있다. ○ ×

> 해설 우리 형법은 부진정부작위범에 대하여 형의 임의적 감경규정을 두고 있지 않다. 정답 ×

294 부진정부작위범에서 부작위가 작위와 같이 평가될 수 있기 위해서는 부작위범에게 결과발생을 방지하여야 할 보증인 지위가 있어야 한다. ○ ×

> 해설 대법원 2015도6809 전합 정답 ○

295 형법상 방조행위는 정범의 실행행위를 용이하게 하는 직·간접의 모든 행위를 가리키는 것으로서 부작위에 의해서는 성립되지 않는다. ○ ×

> 해설 형법상 방조행위는 부작위에 의해서도 성립한다. 정답 ×

296 부작위에 의한 교사와 방조 모두 불가능하다. ○ ×

> 해설 부작위에 의한 교사는 불가능하지만, 부작위에 의한 방조는 가능하다. 정답 ×

297 「형법」 제319조 제2항의 퇴거불응죄는 부진정부작위범이다. ○ ×

> 해설 퇴거불응죄는 진정부작위범이다. 정답 ×

298 파업은 그 자체로 부작위가 아니라 작위적 행위이다. ○ ×

> 해설 대법원 2007도482 전합. 파업은 부작위에 의한 업무방해로 보지 않고, 우선은 적법한 행위인데, 차후에 불법적 행위로 나아가는 시점에 작위에 의한 업무방해죄가 된다. 정답 ○

299 「형법」은 부작위범의 성립요건을 별도로 규정하고 있다. ○ ×

> 해설
>
> **형법 제18조(부작위범)** 위험의 발생을 방지할 의무가 있거나 자기의 행위로 인하여 위험발생의 원인을 야기한 자가 그 위험발생을 방지하지 아니한 때에는 그 발생된 결과에 의하여 처벌한다.

정답 ○

300 진정부작위범은 그 속성상 미수가 불가능하며, 「형법」도 진정부작위범의 미수에 대한 처벌규정을 두고 있지 않다. ○ ×

> 해설 진정부작위범인 퇴거불응죄, 집합명령위반죄에 대하여 형법은 미수범 처벌 규정을 두고 있다. 정답 ×

301 부진정부작위범의 구성요건인 보증인적 지위(작위의무)는 신의칙이나 조리에 의해서도 발생한다. ○ ×

> 해설 대법원 95도2551 정답 ○

302 부진정부작위범을 작위범과 동일하게 평가하기 위해서는 보증인적 지위 외에 부작위와 작위의 동가치성(상응성)을 요하며, 이는 「형법」이 명문으로 규정하고 있다. ○ ×

> 해설 부진정부작위범이 성립하기 위해서는 작위의무의 위반이라는 요건만으로는 부족하고, 구체적인 행위상황 속에서 작위의무의 위반(부작위)이 작위와 동가치로 평가될 만한 사정이 있어야 한다. 다만, 동가치성이 형법에 명문으로 규정되어 있지는 않다. 정답 ×

303 부작위범의 공동정범은 성립할 수 있으나, 부작위에 의한 교사범은 성립할 수 없다. ○ ×

> 해설 부작위범 사이의 공동정범은 다수의 부작위범에게 공통된 의무가 부여되어 있고 그 의무를 공통으로 이행할 수 있을 때에만 성립하고, 부작위에 의한 교사 성립여부에 관하여 다수설은 부작위는 정범으로 하여금 범행결의를 야기시킬 만큼 심적 영향을 주지는 못하므로 종범으로 처벌될 수 있는 것은 별론으로 하고 교사범으로는 취급될 수 없다고 한다. 정답 ○

304 형법상 진정부작위범의 미수범을 처벌하는 규정이 있다. ○ ×

> 해설
>
> 형법 제319조(주거침입, 퇴거불응) ① 사람의 주거, 관리하는 건조물, 선박이나 항공기 또는 점유하는 방실에 침입한 자는 3년 이하의 징역 또는 500만원 이하의 벌금에 처한다.
> ② 전항의 장소에서 퇴거요구를 받고 응하지 아니한 자도 전항의 형과 같다.

정답 ○

305 일반거래의 경험칙상 상대방이 그 사실을 알았다면 당해 법률행위를 하지 않았을 것이 명백한 경우에는 신의칙에 비추어 그 사실을 고지할 법률상 의무가 인정된다. ○ ×

> 해설 대법원 2013도9644 정답 ○

306 피고인이 모텔방에 투숙하여 담뱃불이 완전히 꺼졌는지 여부를 확인하지 않은 채 불이 붙기 쉬운 휴지를 재떨이에 버리고 잠을 잔 과실로 화재가 발생하였으나 모텔 주인이나 다른 투숙객들에게 알리지 않아 다른 사람들을 사망케 한 경우, 위 화재가 피고인의 중대한 과실 있는 선행행위로 발생한 이상 피고인에게는 화재를 소화할 법률상 의무가 있다 할 것이어서 화재발생 사실을 알리지 않은 부작위만으로도 현주건조물 방화치사죄가 성립한다. ○ ×

해설 피고인이 이 사건 화재 발생 사실을 안 상태에서 모텔을 빠져나오면서도 모텔 주인이나 다른 투숙객들에게 이를 알리지 아니하였다는 사정만으로는 피고인이 이 사건 화재를 용이하게 소화할 수 있었다고 보기 어렵고, 달리 이를 인정할 만한 증거가 없다는 이유로, 이 부분 공소사실에 대하여 무죄로 판단하였다. (대법원 2009도12109, 2009감도38) 정답 ×

307 압류된 골프장시설을 보관하는 회사의 대표이사가 해당 압류시설의 사용 및 봉인의 훼손을 방지할 수 있는 적절한 조치 없이 골프장을 개장하게 하여 봉인이 훼손되게 한 경우, 그러한 행위를 부작위에 의한 공무상표시무효죄로 볼 것은 아니다. ○ ×

해설 압류, 봉인에 의하여 사용이 금지된 골프장 시설물에 대하여 위 시설물의 사용 및 그 당연한 귀결로서 봉인의 훼손을 초래하게 될 골프장의 개장 및 그에 따른 압류시설 작동을 제한하거나 그 사용 및 훼손을 방지할 수 있는 적절한 조치를 취할 의무는 존재한다고 보아야 할 것이고, 그럼에도 피고인이 그러한 조치 없이 위 개장 및 압류시설 작동을 의도적으로 묵인 내지 방치함으로써 예견된 결과를 유발한 경우에는 부작위에 의한 공무상표시무효죄의 성립을 인정할 수 있다고 보아야 할 것이다. (대법원 2005도3034) 정답 ×

308 부작위범에 대한 교사는 가능하지만, 부작위에 의한 교사는 불가능하다. ○ ×

해설 부작위범에 대한 교사, 방조는 누구나 범할 수 있다. 정범이 부작위범으로서의 요건을 갖추었을 때 신분이 없는 자도 이에 대한 교사, 방조가 성립한다. 그러나 부작위에 의한 교사 성립 여부에 관하여 부작위는 정범으로 하여금 범행결의를 야기시킬 만큼 심적 영향을 주지는 못하므로 종범으로 처벌될 수 있는 것은 별론으로 하고 교사범으로는 취급될 수 없다. 정답 ○

309 부진정부작위범은 작위범에 비해 불법의 정도가 가벼우므로 「형법」 제18조에 의하여 형을 감경할 수 있도록 규정하고 있다. ○ ×

해설 우리 형법은 부진정부작위범에 대하여 형의 임의적 감경규정을 두고 있지 않다. 정답 ×

310 신고의무 위반으로 인한 공중위생관리법위반죄는 구성요건이 부작위에 의해서만 실현될 수 있는 진정부작위범에 해당한다. ○ ×

해설 대법원 2008도9476 정답 ○

311 민법상 부부간의 부양의무에 근거한 법률상 보호의무인 작위의무는 법률상 부부의 경우에 한정되므로 사실혼 관계에서는 인정될 여지가 없다. ○ ×

해설 형법 제271조 제1항에서 말하는 법률상 보호의무 가운데는 민법 제826조 제1항에 근거한 부부간의 부양의무도 포함되며, 나아가 법률상 부부는 아니지만 사실혼 관계에 있는 경우에도 위 민법 규정의 취지 및 유기죄의 보호법익에 비추어 위와 같은 법률상 보호의무의 존재를 긍정하여야 하지만, 사실혼에 해당하여 법률혼에 준하는 보호를 받기 위하여는 단순한 동거 또는 간헐적인 정교관계를 맺고 있다는 사정만으로는 부족하고, 그 당사자 사이에 주관적으로 혼인의 의사가 있고 객관적으로도 사회관념상 가족질서적인 면에서 부부공동생활을 인정할 만한 혼인생활의 실체가 존재하여야 한다. (대법원 2007도3952) 정답 ×

312 작위는 물론 부작위에 의하여도 실현될 수 있는 범죄의 경우, 행위자가 자신의 신체적 활동이나 물리적·화학적 작용을 통하여 적극적으로 타인의 법익 상황을 악화시킴으로써 결국 그 타인의 법익을 침해하기에 이르렀다면 이는 작위에 의한 범죄로 봄이 원칙이다. ○ ×

해설 대법원 2002도995 정답 ○

313 부진정부작위범의 작위의무는 법령, 법률행위, 선행행위로 인한 경우에 발생하고 사회상규 혹은 조리로부터는 법적 작위의무가 발생하지 않는다. ○ ×

해설 부진정부작위범의 경우에는 보호법익의 주체가 법익에 대한 침해위협에 대처할 보호능력이 없고, 부작위행위자에게 침해 위협으로부터 법익을 보호해 주어야 할 법적 작위의무가 있을 뿐 아니라, 부작위행위자가 그러한 보호적 지위에서 법익침해를 일으키는 사태를 지배하고 있어 작위의무의 이행으로 결과발생을 쉽게 방지할 수 있어야 부작위로 인한 법익침해가 작위에 의한 법익침해와 동등한 형법적 가치가 있는 것으로서 범죄의 실행행위로 평가될 수 있다. 다만 여기서의 작위의무는 법령, 법률행위, 선행행위로 인한 경우는 물론, 신의성실의 원칙이나 사회상규 혹은 조리상 작위의무가 기대되는 경우에도 인정된다. (대법원 2015도6809 전합) 정답 ×

314 부진정부작위범에서의 고의는 자신의 부작위가 작위와 동가치 하다는 점에 대한 인식을 필요로 하므로, 작위의무자의 예견 또는 인식 등이 불확정적인 미필적 고의로는 부진정부작위범의 고의가 인정되지 않는다. ○ ×

해설 부진정부작위범의 고의는 반드시 구성요건적 결과발생에 대한 목적이나 계획적인 범행 의도가 있어야 하는 것은 아니고 법익침해의 결과발생을 방지할 법적 작위의무를 가지고 있는 사람이 의무를 이행함으로써 결과발생을 쉽게 방지할 수 있었음을 예견하고도 결과발생을 용인하고 이를 방관한 채 의무를 이행하지 아니한다는 인식을 하면 족하며, 이러한 작위의무자의 예견 또는 인식 등은 확정적인 경우는 물론 불확정적인 경우이더라도 미필적 고의로 인정될 수 있다. (대법원 2015도6809 전합) 정답 ×

315 「형법」상 방조는 작위에 의하여 정범의 실행을 용이하게 하는 경우는 물론, 직무상의 의무가 있는 자가 정범의 범죄행위를 인식하면서도 그것을 방지하여야 할 제반 조치를 취하지 아니하는 부작위로 인하여 정범의 실행행위를 용이하게 하는 경우에도 성립된다. ○ ×

해설 대법원 95도2551 정답 ○

316 임대인 甲은 자신의 여관건물에 대하여 임차인 A와 임대차계약을 체결하면서 A에게 당시 그 건물에 관하여 법원의 경매개시결정에 따른 경매절차가 진행 중인 사실을 알리지 아니한 경우, A가 등기부를 확인 또는 열람하는 것이 가능하였다면 기망행위가 있었다고 볼 수 없어 甲은 사기죄로 처벌되지 아니한다. ○ ×

해설 임대인이 임대차계약을 체결하면서 임차인에게 임대목적물이 경매 진행중인 사실을 알리지 아니한 경우, 임차인이 등기부를 확인 또는 열람하는 것이 가능하더라도 사기죄가 성립한다. (대법원 98도3263) 정답 ×

317 甲이 특정 시술을 받으면 아들을 낳을 수 있을 것이라는 착오에 빠져 있는 A에게 그 시술의 효과와 원리에 관하여 사실대로 고지하지 아니하고 아들을 낳을 수 있는 시술인 것처럼 가장하여 일련의 시술 등을 행하고 의료수가 및 약값의 명목으로 금원을 교부받은 경우, 甲은 사기죄로 처벌된다. ○ ×

해설 대법원 99도2884 정답 ○

318 甲이 A와 토지 지상에 창고를 신축하는데 필요한 형틀공사 계약을 체결한 후 그 공사를 완료하였는데 A가 공사대금을 주지 않자 이를 받기 위해 토지에 쌓아 둔 건축자재를 치우지 않은 경우, 甲은 업무방해죄로 처벌된다. ○ ×

해설 피고인이 甲과 토지 지상에 창고를 신축하는 데 필요한 형틀공사 계약을 체결한 후 그 공사를 완료하였는데, 甲이 공사대금을 주지 않는다는 이유로 위 토지에 쌓아 둔 건축자재를 치우지 않고 공사현장을 막는 방법으로 위력으로써 甲의 창고 신축 공사 업무를 방해하였다는 내용으로 기소된 사안에서, 공소사실을 유죄로 인정한 원심판결에 부작위에 의한 업무방해죄의 성립에 관한 법리오해의 잘못이 있다. (대법원 2017도13211) 정답 ×

319 경찰공무원 甲이 지명수배 중인 범인 A를 발견하고도 직무상 의무에 따른 적절한 조치를 취하지 아니하고 오히려 A를 도피하게 하는 행위를 한 경우, 甲은 범인도피죄와 직무유기죄로 처벌된다. ○ ×

해설 경찰공무원이 지명수배 중인 범인을 발견하고도 직무상 의무에 따른 적절한 조치를 취하지 아니하고 오히려 범인을 도피하게 하는 행위를 한 경우, 범인도피죄 외에 직무유기죄가 따로 성립하지 아니한다. (대법원 2015도1456) 정답 ×

320 형법상 방조행위는 정범의 실행을 용이하게 하는 직접적 행위만을 가리키는 것으로서 작위에 의한 방조만이 가능하고 부작위에 의해서는 성립할 수 없다. ○ ×

해설 형법상 방조행위는 정범의 실행행위를 용이하게 하는 직접, 간접의 모든 행위를 가리키는 것으로서 작위에 의한 경우뿐만 아니라 부작위에 의하여도 성립된다. (대법원 96도1639) 정답 ×

321 하나의 행위가 부작위범인 직무유기죄와 작위범인 허위공문서작성 행사죄의 구성요건을 동시에 충족하는 경우, 공소제기권자는 재량에 의하여 작위범인 허위공문서작성 행사죄로 공소를 제기하지 않고 부작위범인 직무유기죄로만 공소를 제기할 수 있다. ○ ×

해설 대법원 2005도4202 정답 ○

322 선행행위로 인한 부작위범의 경우 선행행위에 대한 고의·과실 혹은 유책·위법이 없는 경우에도 작위의무는 발생할 수 있다. ○ ×

해설 대법원 2000도1731   정답 ○

323 부작위범 사이의 공동정범은 다수의 부작위범에게 공통된 의무가 부여되어 있고, 그 의무를 공통으로 이행할 수 있을 때에만 성립한다. ○ ×

해설 대법원 2008도89   정답 ○

324 형법 제18조에서 말하는 부작위는 법적 기대라는 규범적 가치판단 요소에 의하여 사회적 중요성을 가지는 사람의 행태가 되어 법적 의미에서 작위와 함께 행위의 기본 형태를 이루게 된다. ○ ×

해설 대법원 2015도6809 전합   정답 ○

325 형법 제18조 부작위범의 성립을 위한 작위의무의 발생근거와 형법 제271조 유기죄의 성립을 위한 보호의무의 발생근거는 그 범위가 동일하다. ○ ×

해설 부작위범 성립을 위한 작위의무의 발생근거는 법적인 의무로 작위의무가 법적인 의무인 한 성문법이건 불문법이건 상관이 없고 또 공법이건 사법이건 불문하므로 법령, 법률행위, 선행행위로 인한 경우는 물론이고 기타 신의성실의 원칙이나 사회상규 혹은 조리상 작위의무가 기대되는 경우에도 법적인 작위의무는 있다. 그러나 형법 제271조에서 말하는 유기죄의 보호의무 발생 근거는 법률상 또는 계약상 의무 있는 자로 한정된다. 따라서 부작위범의 작위의무의 발생근거보다 유기죄의 보호의무의 발생근거가 더 좁다.   정답 ×

326 수사관이 검사로부터 범인을 검거하라는 지시를 받고서도 그 직무상의 의무에 따른 적절한 조치를 취하지 아니하고 오히려 범인에게 전화로 도피하라고 권유하여 범인을 도피케 한 경우, 작위범인 범인도피죄만이 성립하고 부작위범인 직무유기죄는 따로 성립하지 아니한다. ○ ×

해설 대법원 96도51   정답 ○

327 부작위에 의한 기망은 법률상 고지의무 있는 자가 일정한 사실에 관하여 상대방이 착오에 빠져 있음을 알면서도 이를 고지하지 아니하는 것으로서, 거래의 경험칙상 상대방이 그 사실을 알았더라면 당해 법률행위를 하지 않았을 것이 명백한 경우에는 신의칙에 비추어 그 사실을 고지할 법률상 의무가 인정된다. ○ ×

해설 대법원 98도3263   정답 ○

328 작위의무가 법적으로 인정되는 부진정부작위범이라 하더라도 작위의무를 이행하는 것이 사실상 불가능한 상황이었다면, 부작위범이 성립할 수 없다. ○ ×

해설 대법원 2015도6809 전합 정답 ○

329 하나의 행위가 부작위범인 직무유기죄와 작위범인 허위공문서작성죄 및 허위작성공문서행사죄의 구성요건을 동시에 충족하는 경우, 공소제기권자는 작위범인 허위공문서작성죄 및 허위작성공문서행사죄로 공소를 제기하지 아니하고 부작위범인 직무유기죄로만 공소를 제기할 수 있다. ○ ×

해설 대법원 99도1904 정답 ○

330 진정부작위범은 미수 성립이 불가능하여 형법에서는 미수범처벌규정이 존재하지 않는 반면, 부진정부작위범은 미수 성립이 가능하다. ○ ×

해설 진정부작위범의 경우 모두 거동범이므로 미수를 인정할 수 없다. 그러나 우리 형법은 퇴거불응죄와 집합명령위반죄의 경우 미수범처벌규정을 두고 있다. 정답 ×

331 형법 제18조에서 말하는 부작위는 법적 기대라는 규범적 가치판단 요소에 의하여 사회적 중요성을 가지는 사람의 행태가 되어 법적 의미에서 작위와 함께 행위의 기본 형태를 이루게 되므로, 특정한 행위를 하지 아니하는 부작위가 형법적으로 부작위로서의 의미를 가지기 위해서는, 보호법익의 주체에게 해당 구성요건적 결과발생의 위험이 있는 상황에서 행위자가 구성요건의 실현을 회피하기 위하여 요구되는 행위를 현실적·물리적으로 행할 수 있었음에도 하지 아니하였다고 평가될 수 있어야 한다. ○ ×

해설 대법원 2015도6809 전합 정답 ○

332 이른바 부진정부작위범의 경우에는 보호법익의 주체가 법익에 대한 침해위협에 대처할 보호능력이 없고, 부작위행위자에게 침해위협으로부터 법익을 보호해 주어야 할 법적 작위의무가 있을 뿐 아니라, 부작위행위자가 그러한 보호적 지위에서 법익침해를 일으키는 사태를 지배하고 있어 작위의무의 이행으로 결과발생을 쉽게 방지할 수 있어야 부작위로 인한 법익침해가 작위에 의한 법익침해와 동등한 형법적 가치가 있는 것으로서 범죄의 실행행위로 평가될 수 있다. 다만 여기서의 작위의무는 법령, 법률행위, 선행행위로 인한 경우는 물론, 신의성실의 원칙이나 사회상규 혹은 조리상 작위의무가 기대되는 경우에도 인정된다. ○ ×

해설 대법원 2015도6809 전합 정답 ○

333 항해 중이던 선박의 1등 항해사 乙, 2등 항해사 丙이 배가 좌현으로 기울어져 멈춘 후 침몰하고 있는 상황에서 피해자인 승객 등이 안내방송 등을 믿고 대피하지 않은 채 선내에 대기하고 있음에도 아무런 구조조치를 취하지 않고 퇴선함으로써, 배에 남아있던 피해자들을 익사하게 한 사안에서, 그 후 승객 등이 사망할 가능성이 크지만 사망해도 어쩔 수 없다는 의사, 즉 결과발생을 인식·용인하였고, 이러한 乙, 丙의 부작위는 작위에 의한 살인의 실행행위와 동일하게 평가할 수 있는 점, 선장인 甲의 부작위에 의한 살인행위에 암묵적, 순차적으로 공모 가담한 공동정범이라고 보아야 하는 점 등을 종합할 때, 乙, 丙은 부작위에 의한 살인 및 살인미수죄의 공동정범으로서의 죄책을 면할 수 없다. ○ ×

해설 피고인 乙, 丙은 간부 선원이기는 하나 나머지 선원들과 마찬가지로 선박침몰과 같은 비상상황 발생 시 각자 비상임무를 수행할 현장에 투입되어 선장의 퇴선명령이나 퇴선을 위한 유보갑판으로의 대피명령 등에 대비하다가 선장의 실행지휘에 따라 승객들의 이동과 탈출을 도와주는 임무를 수행하는 사람들로서, 임무의 내용이나 중요도가 선장의 지휘 내용이나 구체적인 현장 상황에 따라 수시로 변동될 수 있을 뿐 아니라 퇴선유도 등과 같이 경우에 따라서는 승객이나 다른 승무원에 의해서도 비교적 쉽게 대체 가능하고, 따라서 승객 등의 퇴선을 위한 선장의 아무런 지휘·명령이 없는 상태에서 피고인 乙, 丙이 단순히 비상 임무 현장에 미리 가서 추가 지시에 대비하지 아니한 채 선장과 함께 조타실에 있었다거나 혹은 기관부 선원들과 함께 3층 선실 복도에서 대기하였다는 사정만으로, 선장과 마찬가지로 선내 대기 중인 승객 등의 사망 결과나 그에 이르는 사태의 핵심적 경과를 계획적으로 조종하거나 저지·촉진하는 등 사태를 지배하는 지위에 있었다고 보기 어려운 점 등 제반 사정을 고려하면, 피고인 乙, 丙이 간부 선원들로서 선장을 보좌하여 승객 등을 구조하여야 할 지위에 있음에도 별다른 구조조치를 취하지 아니한 채 사태를 방관하여 결과적으로 선내 대기 중이던 승객 등이 탈출에 실패하여 사망에 이르게 한 잘못은 있으나, 그러한 부작위를 작위에 의한 살인의 실행행위와 동일하게 평가하기 어렵고, 또한 살인의 미필적 고의로 피고인 甲의 부작위에 의한 살인 행위에 공모 가담하였다고 단정하기도 어려우므로, 피고인 乙, 丙에 대해 부작위에 의한 살인의 고의를 인정하기 어렵다고 한 원심의 조치는 정당하다. (대법원 2015도6809 전합)

정답 ×

334 丁이 피해자가 공사대금을 지급하지 않자 공사대금을 받을 목적으로 자신의 공사를 위하여 쌓아 두었던 건축자재를 공사 완료 후에도 치우지 않은 행위가 위력으로써 피해자의 추가 공사 업무를 방해하는 업무방해죄의 실행행위로서 피해자의 업무에 대하여 하는 적극적인 방해 행위와 동등한 형법적 가치를 가진다고 볼 수는 없다. ○ ×

해설 피고인이 갑과 토지 지상에 창고를 신축하는 데 필요한 형틀공사 계약을 체결한 후 그 공사를 완료하였는데, 갑이 공사대금을 주지 않는다는 이유로 위 토지에 쌓아 둔 건축자재를 치우지 않고 공사현장을 막는 방법으로 위력으로써 갑의 창고 신축 공사 업무를 방해하였다는 내용으로 기소된 사안에서, 피고인이 일부러 건축자재를 갑의 토지 위에 쌓아 두어 공사현장을 막은 것이 아니라 당초 자신의 공사를 위해 쌓아 두었던 건축자재를 공사 완료 후 치우지 않은 것에 불과하므로, 비록 공사대금을 받을 목적으로 건축자재를 치우지 않았더라도, 피고인이 자신의 공사를 위하여 쌓아 두었던 건축자재를 공사 완료 후에 단순히 치우지 않은 행위가 위력으로써 갑의 추가 공사 업무를 방해하는 업무방해죄의 실행행위로서 갑의 업무에 대하여 하는 적극적인 방해행위와 동등한 형법적 가치를 가진다고 볼 수 없는데도, 이와 달리 보아 공소사실을 유죄로 인정한 원심판결에 부작위에 의한 업무방해죄의 성립에 관한 법리오해의 잘못이 있다. (대법원 2017도13211)

정답 ○

335 자기의 행위로 인하여 위험발생의 원인을 야기한 자가 그 위험발생을 방지하지 아니한 때에는 그 발생된 결과에 의하여 처벌된다. ○ ×

해설 대법원 2003도4128 정답 ○

336 「형법」 제18조에서 규정한 부작위는 법적 기대라는 규범적 가치판단 요소에 의해 사회적 중요성을 가지는 사람의 행태이다. ○ ×

해설 대법원 2015도6809 전합 정답 ○

337 부작위에 의한 업무방해죄가 성립하기 위해서는 그 부작위를 실행행위로서의 작위와 동일시할 수 있어야 하는바, 피고인이 일부러 건축자재를 피해자의 토지 위에 쌓아 두어 공사 현장을 막은 것이 아니고 당초 자신의 공사를 위해 쌓아 두었던 건축자재를 공사대금을 받을 목적으로 공사 완료 후 치우지 않은 경우는, 위력으로써 피해자의 추가 공사 업무를 방해하는 업무방해죄의 실행행위로서 피해자의 업무에 대한 적극적인 방해행위와 동등한 형법적 가치를 가진다. ○ ×

해설 피고인이 자신의 공사를 위하여 쌓아 두었던 건축자재를 공사 완료 후에 단순히 치우지 않은 행위가 위력으로써 갑의 추가 공사 업무를 방해하는 업무방해죄의 실행행위로서 갑의 업무에 대하여 하는 적극적인 방해행위와 동등한 형법적 가치를 가진다고 볼 수 없는데도, 이와 달리 보아 공소사실을 유죄로 인정한 원심판결에 부작위에 의한 업무방해죄의 성립에 관한 법리오해의 잘못이 있다. (대법원 2017도13211) 정답 ×

338 퇴거불응죄는 부작위가 처음부터 구성요건적 행위로 예정되어 있는 경우로 진정부작위범에 해당한다. ○ ×

해설

> 형법 제319조(주거침입, 퇴거불응) ① 사람의 주거, 관리하는 건조물, 선박이나 항공기 또는 점유하는 방실에 침입한 자는 3년 이하의 징역 또는 500만원 이하의 벌금에 처한다.
> ② 전항의 장소에서 퇴거요구를 받고 응하지 아니한 자도 전항의 형과 같다.

정답 ○

339 국가연구개발사업의 연구책임자 甲이 처음부터 소속 학생 연구원들에게 학생연구비를 개별 지급할 의사 없이 공동 관리계좌를 관리하면서 사실상 그 처분권을 가질 의도 하에 이를 숨기고 산학협력단에 연구비를 신청하여 지급받은 경우 甲의 행위는 산학협력단에 대한 관계에 있어서 기망에 의한 편취행위에 해당한다. ○ ×

해설 대법원 2021도8468   정답 ○

340 위치추적 전자장치의 피부착자 甲이 그 장치의 구성 부분인 휴대용 추적장치를 분실한 후 3일이 경과하도록 보호관찰소에 분실신고를 하지 않고 돌아다닌 경우 분실을 넘어서서 상당한 기간 동안 휴대용 추적장치가 없는 상태를 방치한 부작위는 「전자장치 부착 등에 관한 법률」 제38조에 따른 전자장치의 효용을 해한 행위에 해당하지 아니한다. ○ ×

해설 위치추적 전자장치의 피부착자인 피고인이 구성 부분인 휴대용 추적장치를 분실한 후 3일이 경과하도록 보호관찰소에 분실신고를 하지 않고 돌아다니는 등 전자장치의 효용을 해하였다고 하여 특정 범죄자에 대한 위치추적 전자장치 부착 등에 관한 법률 위반으로 기소된 사안에서, 피고인이 휴대용 추적장치의 분실을 넘어서서 상당한 기간 동안 휴대용 추적장치가 없는 상태를 임의로 방치하여 전자장치의 효용이 정상적으로 발휘될 수 없는 상태를 이룬 행위를 전자장치의 효용을 해한 행위로 보고, 위 행위에 고의가 있었음을 전제로 유죄를 인정한 원심판단은 정당하다. (대법원 2012도5862)   정답 ×

341 甲은 법무사가 아님에도 자신이 법무사로 소개되거나 호칭되는 상황에서 자신이 법무사가 아니라는 사실을 밝히지 않은 채 법무사 행세를 계속하면서 근저당권설정계약서를 작성해 준 경우 甲에게는 부작위에 의한 법무사법위반(법무사가 아닌 자에 대한 금지)죄가 성립한다. ○ ×

해설 대법원 2007도9354   정답 ○

342 대출자금으로 빌딩을 경락받았으나 분양이 저조하여 자금 조달에 실패한 甲과 乙은 수분양자들과 사이에 대출금으로 충당되는 중도금을 제외한 계약금과 잔금의 지급을 유예하고 1년의 위탁기간 후 재매입하기로 하는 등의 비정상적인 이면약정을 체결하고 점포를 분양하였음에도, 금융기관에 대해서는 그러한 이면약정의 내용을 감춘 채 분양 중도금의 집단적 대출을 교섭하여 중도금 대출 명목으로 금원을 지급받은 경우 甲과 乙의 행위는 사기죄의 요건으로서의 부작위에 의한 기망에 해당하지 아니한다. ○ ×

해설 피고인들은 대출시 피해 저축은행들에게 비정상적인 약정의 내용을 알릴 신의칙상 의무가 있다고 할 것이고 따라서 피고인들이 대출 저축은행들에게 위 약정의 내용을 알리지 않은 것은 사기죄의 요건으로서의 부작위에 의한 기망에 해당한다. (대법원 2005도8645)   정답 ×

CHAPTER 03 위법성론

01 위법성 일반이론

001 순수한 결과반가치론에 의하면 위법성 조각사유에서 주관적 정당화요소가 없어도 위법성이 조각될 수 있다. ○ ×

해설 순수한 결과반가치론은 주관적 정당화요소 불요설에 해당한다. 따라서 주관적 정당화요소가 없어도 위법성이 조각된다. 참고로 결과반가치는 법익보호의 관점에서 부정적으로 평가된 외적 상태를 의미한다. 행위반가치는 주관적구성요건요소를 중심으로 객관적 행위자적 요소나 행위태양을 내용으로 하는 상태를 의미한다. 정답 ○

002 일원적 인적 불법론에 의하면 구성요건적 행위는 주관적 정당화 요소가 있는 경우에만 행위반가치가 탈락하여 정당화될 수 있다. ○ ×

해설 일원적 인적불법론은 주관적 요소인 행위반가치로 일원화하자는 입장이기 때문에 객관적 정당화요소가 없어도 주관적 정당화요소만 있으면 위법성이 조각될 수 있다고 본다. 결과반가치를 배제한 행위반가치론으로서 결과는 구성요건요소가 아니라 객관적 처벌조건에 불과하다는 이론을 전개하게 되는데, 이를 일원적·주관적 불법론이라 한다. 순수한 주관주의이다. 정답 ○

003 우연방위 효과에 관한 불능미수범설은 기수범의 결과반가치는 배제되지만 행위반가치는 그대로 존재하므로 불능미수의 규정을 유추적용해야 한다는 견해이다. ○ ×

해설 불능미수범설은 우연방위를 결과반가치는 미약하고 행위반가치는 있으니 불능미수처럼 처리하자는 것이다. 이에 대해서 반대 입장인 기수범설은 결과가 발생한 것인데 결과반가치가 상실된다고 보는 것이 말이 되지 않는다고 보아 기수를 인정해야 한다는 견해이다. 그러나 다수설인 우연방위의 효과에 관하여 주관적 정당화요소가 필요하다는 불능미수설에 의하면 결과반가치는 없으나 행위반가치는 존재하므로 불능미수범으로 처벌하여야 한다는 견해이다. 정답 ○

004 형법의 규정에 의하면 우연방위가 야간 기타 불안스러운 상태하에서 공포, 경악, 흥분 또는 당황으로 인한 때에는 벌하지 아니한다. ○ ×

해설 우연방위가 아니라 과잉방위는 형법 제21조 제3항은 전항의 경우에 그 행위가 야간 기타 불안스러운 상태하에서 공포, 경악, 흥분 또는 당황으로 인한 때에는 벌하지 아니한다고 규정되어 있다. 정답 ×

005 기수범설에 대해서는 불법(위법성)판단을 오로지 결과반가치에 의해서만 결정하려고 한다는 비판이 제기된다.
○ ×

해설 기수범설은 주관적 정당화요소 필요설을 따르며, 우연방위가 발생하여 결과반가치가 없고 행위반가치가 인정되는 경우 기수범이 된다.
정답 ×

006 무죄설에 대해서는 객관적 정당화 상황이 존재함에도 그것이 행위자에게 유리한 요소로 작용하지 못한다는 비판이 제기된다.
○ ×

해설 무죄설이란 위법성이 조각됨에 주관적 정당화요소가 필요가 없다는 주관적 정당화요소 불요설이다. 따라서 객관적 정당화상황만으로 정당방위의 성립을 인정하기 때문에 주관적 정당화요소의 존재와 상관없이 위법성이 조각되어 무죄가 된다. 따라서 무죄설에 따르면 객관적 정당화 상황이 존재할 경우 행위자에게 유리한 요소로 작용을 한다고 볼 수 있다.
정답 ×

007 불능미수범설은 불법의 본질을 결과반가치로서 법익침해와 행위의 주관적, 객관적 측면을 포섭하는 행위반가치를 모두 고려하여 판단하여야 한다는 입장을 기초로 한다.
○ ×

해설 불능미수범설은 불법의 본질을 결과반가치로서 법익침해와 행위의 주관적, 객관적 측면을 포섭하는 행위반가치를 모두 고려하여 판단하여야 한다는 입장을 기초로 하기 때문에 일종의 절충설이며 다수설이다.
정답 ○

008 판례는 정당화 사유에 해당하기 위해서 객관적 정당화상황 이외에 주관적 정당화요소를 필요로 하지 않는다는 입장을 취하고 있다.
○ ×

해설 판례는 우연방위에 대한 학설 중 따르는 학설이 없다. 불능미수범설이 다수설에 해당한다.
정답 ×

02 정당방위

009 운전자가 자신의 차를 가로막고 서서 통행을 방해하는 피해자를 향해 차를 조금씩 전진시키고 피해자가 뒤로 물러나면 다시 차를 전진시키는 방식의 운행을 반복한 경우, 정당방위에 해당하여 폭행죄가 성립하지 아니한다. ○ ×

해설 피고인이 자신의 차를 가로막고 서 있는 피해자를 향해 차를 조금씩 전진시키고 피해자가 뒤로 물러나면 다시 차를 전진시키는 방식의 운행을 반복하였는데, 이는 그 자체로 피해자에 대한 유형력의 행사에 해당하고, 피고인 주장의 사정만으로는 차 앞에 서 있는 사람을 향해 차를 전진시킨 행위가 정당방위나 정당행위에 해당하지 않는다는 이유로 이 사건 변경된 공소사실이 유죄로 인정된다. (대법원 2016도9302) 정답 ×

010 공사업자가 이전 공사대금의 잔금을 지급받지 못하자 추가로 자동문의 번호키 설치공사를 도급받아 시공하면서 자동문이 수동으로만 여닫히게 설정하여 자동잠금장치로서 역할을 할 수 없게 한 경우, 정당행위에 해당하지 않으므로 재물손괴죄가 성립한다. ○ ×

해설 대법원 2016도9219 정답 ○

011 소유자를 대신하여 인근 상가의 통행로로 이용되고 있는 토지를 관리하는 자가 그 토지에 철주와 철망을 설치하고 포장된 아스팔트를 걷어냄으로써 통행로로 이용하지 못하게 한 경우, 상가건물의 일부가 불법건축물이라고 하더라도 자구행위에 해당하지 않으므로 일반교통방해죄가 성립한다. ○ ×

해설 대법원 2007도7717 정답 ○

012 타인의 인장을 조각할 당시에 명의자로부터 명시적이거나 묵시적인 승낙 내지 위임을 받은 경우, 인장위조죄가 성립하지 아니한다. ○ ×

해설 대법원 2014도9213 정답 ○

013 가해자의 행위가 피해자의 부당한 공격을 방위하기 위한 것이라기 보다는 서로 공격할 의사로 싸우다가 먼저 공격을 받고 이에 대항하여 가해하게 된 것인 경우에는 형법 제21조 제2항의 과잉방위가 성립한다. ○ ×

해설 가해자의 행위가 피해자의 부당한 공격을 방위하기 위한 것이라기보다는 서로 공격할 의사로 싸우다가 먼저 공격을 받고 이에 대항하여 가해하게 된 것이라고 봄이 상당한 경우, 그 가해행위는 방어행위인 동시에 공격행위의 성격을 가지므로 정당방위 또는 과잉방위행위라고 볼 수 없다. (대법원 2000도228) 정답 ×

014 피고인이 피해자로부터 먼저 폭행·협박을 당하다가 이를 피하기 위하여 피해자를 칼로 찔러 즉사케 한 경우, 그 행위가 피해자의 폭행·협박의 정도에 비추어 방위행위로서의 한도를 넘어선 것 제21조 제2항의 과잉방위가 성립한다. ○ ×

해설 피고인이 피해자로부터 먼저 폭행·협박을 당하다가 이를 피하기 위하여 피해자를 칼로 찔렀다고 하더라도, 피해자의 폭행·협박의 정도에 비추어 피고인이 칼로 피해자를 찔러 즉사하게 한 행위는 피해자의 폭력으로부터 자신을 보호하기 위한 방위행위로서의 한도를 넘어선 것이라고 하지 않을 수 없고, 따라서 이러한 방위행위는 사회통념상 용인될 수 없는 것이므로, 정당방위나 과잉방위에 해당하지 않는다. (대법원 2001도1089) 정답 ×

015

생명·신체에 대한 현재의 부당한 침해를 방위하기 위한 상당한 행위가 있고, 이어서 정당방위의 요건인 상당성을 결여한 행위가 연속적으로 이루어진 경우 극히 짧은 시간 내에 계속하여 행하여진 가해자의 이와 같은 일련의 행위는 이를 전체로서 하나의 행위라고 보아 형법 제21조 제2항의 과잉 위가 성립한다고 볼 여지가 있다. ○ ×

해설 대법원 86도1862 정답 ○

016

경찰관이 적법절차를 준수하지 않은 채 실력으로 현행범인을 연행하려 한 경우 이에 저항하는 과정에서 경찰관에게 상해를 입힌 행위는 그것이 자신의 신체에 대한 현재의 부당한 침해를 방위하기 위한 행위로서 상당한 이유가 있는 것이었다 하더라도 정당방위가 되지 못한다. ○ ×

해설 경찰관이 현행범인 체포 요건을 갖추지 못하였는데도 실력으로 현행범인을 체포하려고 하였다면 적법한 공무집행이라고 할 수 없고, 현행범인 체포행위가 적법한 공무집행을 벗어나 불법인 것으로 볼 수밖에 없다면, 현행범이 체포를 면하려고 반항하는 과정에서 경찰관에게 상해를 가한 것은 불법체포로 인한 신체에 대한 현재의 부당한 침해에서 벗어나기 위한 행위로서 정당방위에 해당하여 위법성이 조각된다. (대법원 2011도3682) 정답 ×

017

甲이 乙의 개가 자신의 애완견을 물어뜯는 공격을 하자 가지고 있던 기계톱을 작동시켜 乙의 개를 절단시켜 죽인 경우 위법성이 조각된다. ○ ×

해설 동물보호법의 목적과 입법 취지, 동물보호법 제8조 제1항 각 호의 문언 및 체계 등을 종합하면, 동물보호법 제8조 제1항 제1호에서 규정하는 '잔인한 방법으로 죽이는 행위'는, 같은 항 제4호의 경우와 달리 정당한 사유를 구성요건 요소로 규정하고 있지 아니하여 '잔인한 방법으로 죽이는 행위'를 하는 것 자체로 구성요건을 충족하고, 설령 행위를 정당화할 만한 사정 또는 행위자의 책임으로 돌릴 수 없는 사정이 있더라도, 위법성이나 책임이 조각될 수 있는지는 별론으로 하고 구성요건 해당성이 조각된다고 볼 수는 없다. (대법원 2014도2477) 정답 ×

018

甲이 乙과 공모하여 乙의 승낙 하에 교통사고를 가장하여 보험금을 편취할 목적으로 乙에게 상해를 가한 경우 위법성이 소각된다. ○ ×

해설 형법 제24조의 규정에 의하여 위법성이 조각되는 피해자의 승낙은 개인적 법익을 훼손하는 경우에 법률상 이를 처분할 수 있는 사람의 승낙을 말할 뿐만 아니라 그 승낙이 윤리적, 도덕적으로 사회상규에 반하는 것이 아니어야 한다. (대법원 85도1892) 정답 ×

019

甲과 자신의 남편과의 불륜을 의심하게 된 乙이 아들과 함께 서로 합세하여 甲을 구타하기 시작하였고, 甲은 이를 벗어나기 위하여 손을 휘저으며 발버둥치는 과정에서 乙 등에게 상해를 가한 경우 위법성이 조각된다. ○ ×

해설 대법원 2009도12958 정답 ○

020

사용자가, 적법한 직장폐쇄 기간 중 일방적으로 업무에 복귀하겠다고 하면서 자신의 퇴사요구에 불응한 채 계속하여 사업장 내로 진입을 시도하는 해고 근로자를 폭행·협박한 행위는 사업장 내의 평온과 노동조합의 업무방해행위를 방지하기 위한 행위로서 정당방위 또는 정당행위에 해당한다. ○ ×

해설 대법원 2004도7218 정답 ○

021 불법체포에 대항하기 위하여 경찰관에게 상해를 가한 경우 이는 부당한 침해에서 벗어나기 위한 행위로서 정당방위에 해당한다. ○ ×

해설 대법원 2001도300 정답 ○

022 검사 甲이 검찰청에 자진출석한 乙변호사사무실 사무장 丙을 합리적 근거 없이 긴급체포하자 변호사 乙이 이를 제지하는 과정에서 검사 甲에게 상해를 가한 행위는 정당방위에 해당한다. ○ ×

해설 대법원 2006도148 정답 ○

023 공직선거 후보자 甲이 연설 중 유권자들의 적절한 투표권 행사를 위해 다른 후보자 乙의 과거 행적에 대한 신문에 게재된 자료를 제시하면서 후보자의 자질을 문제 삼자 乙이 물리력으로 甲의 연설을 중단시킨 것은 정당방위에 해당한다. ○ ×

해설 공직선거 후보자 합동연설회장에서 후보자 甲이 적시한 연설 내용이 다른 후보자 乙에 대한 명예훼손 또는 후보자 비방의 요건에 해당되나 그 위법성이 조각되는 경우, 甲의 연설 도중에 乙이 마이크를 빼앗고 욕설을 하는 등 물리적으로 甲의 연설을 방해한 행위가 甲의 '위법하지 않은 정당한 침해'에 대하여 이루어진 것일 뿐만 아니라 '상당성'을 결여하여 정당방위의 요건을 갖추지 못하였다. (대법원 2003도3606) 정답 ×

024 12살 때 의붓아버지의 강간행위에 의하여 정조를 유린당한 후 계속적으로 성관계를 강요받아 온 피고인이 그의 남자친구와 범행을 준비하고 의붓아버지가 반항할 수 없는 잠든 틈에 식칼로 심장을 찔러 살해한 행위는 정당방위가 성립한다. ○ ×

해설 의붓아버지의 강간행위에 의하여 정조를 유린당한 후 계속적으로 성관계를 강요받아 온 피고인이 상피고인과 사전에 공모하여 범행을 준비하고 의붓아버지가 제대로 반항할 수 없는 상태에서 식칼로 심장을 찔러 살해한 행위는 사회통념상 상당성을 결여하여 정당방위가 성립하지 아니한다. (대법원 92도2540) 정답 ×

025 甲소유의 밤나무 단지에서 乙이 밤 18개를 푸대에 주워 담는 것을 본 甲이 그 푸대를 빼앗으려다가 반항하는 乙의 뺨과 팔목을 때려 상처를 입힌 경우 甲의 그러한 행위는 乙의 절취행위를 방지하기 위한 것으로서 정당방위가 성립한다. ○ ×

해설 피고인이 그 소유의 밤나무 단지에서 피해자 갑이 밤 18개를 푸대에 주워 담는것을 보고 푸대를 빼앗으려다 반항하는 피해자의 뺨과 팔목을 때려 상처를 입혔다면 위 행위가 비록 피해자의 절취행위를 방지하기 위한 것이었다 하여도 긴박성과 상당성을 결여하여 정당방위라고 볼 수 없다. (대법원 84도1611) 정답 ×

026 싸움을 함에 있어서 격투를 하는 자 중의 한 사람의 공격이 그 격투에서 당연히 예상할 수 있는 정도를 초과하여 살인의 흉기 등을 사용하여 온 경우에는 이를 '부당한 침해'라고 아니할 수 없으므로 이에 대하여는 정당방위를 허용하여야 한다. ○ ×

해설 대법원 68도370 정답 ○

027 어떠한 행위가 위법성조각사유로서 정당행위나 정당방위가 되는지 여부는 구체적인 경우에 따라 합목적적·합리적으로 가려야 하고 행위의 적법 여부는 국가질서를 벗어나서 이를 가릴 수 없는 것이다. ○ ×

해설 대법원 2017도15226 정답 ○

028 경찰관의 체포행위를 적법한 공무집행으로 볼 수 없는 경우라면 피의자가 그 체포를 면하려고 반항하는 과정에서 경찰관에게 상당한 방법으로 상해를 가한 것은 불법체포로 인한 신체에 대한 현재의 부당한 침해에서 벗어나기 위한 행위로서 정당방위에 해당하여 위법성이 조각된다. ○ ×

해설 대법원 2011도3682 정답 ○

029 병역법 제88조 제1항은 국방의 의무를 실현하기 위하여 현역입영 또는 소집통지서를 받고도 정당한 사유 없이 이에 응하지 않은 사람을 처벌함으로써 입영기피를 억제하고 병력구성을 확보하기 위한 규정이다. 이 조항에 따르면 정당한 사유가 있는 경우에는 피고인을 벌할 수 없는데, 여기에서 정당한 사유는 구성요건해당성을 조각하는 사유이다. ○ ×

해설 대법원 2016도10912 전합 정답 ○

030 긴급피난이란 자기 또는 타인의 법익에 대한 현재의 위난을 피하기 위한 상당한 이유 있는 행위를 말하고, 여기서 '상당한 이유 있는 행위'에 해당하기 위해 피난 행위가 위난에 처한 법익을 보호하기 위한 유일한 수단이어야 하는 것은 아니다. ○ ×

해설 긴급피난은 위난에 처한 법익을 보호할 수 있는 유일한 수단이어야 한다. 즉, 긴급피난이 아니라도 달리 피할 방법이 있는 상황에서는 긴급피난이 인정되지 않는다. 최후수단성이라고도 한다. 정답 ×

031 경찰관이 임의동행을 요구하며 손목을 잡고 뒤로 꺾어 올리는 등으로 제압하자 거기에서 벗어나려고 몸싸움을 하는 과정에서 경찰관에게 경미한 상해를 입힌 경우는 위법성이 결여된 행위에 해당한다. ○ ×

해설 대법원 98도138 정답 ○

032 겉으로는 서로 싸움을 하는 것처럼 보이더라도 실제로는 한쪽 당사자가 일방적으로 위법한 공격을 가하고 상대방은 이러한 공격으로부터 자신을 보호하고 이를 벗어나기 위하여 소극적인 방어의 한도 내에서 유형력을 행사한 경우에는 위법하지 않다. ○ ×

해설 대법원 99도3377 정답 ○

033

강제연행을 모면하기 위하여 팔꿈치로 뿌리치면서 가슴을 잡고 벽에 밀어붙인 행위는 소극적인 저항으로 사회상규에 위반되지 않는다. ○ ×

해설 대법원 81도2958 정답 ○

034

정당방위상황은 존재하지만 방위의사 없이 행위한 경우, 위법성조각사유의 요건에 있어 주관적 정당화요소가 필요없다고 보는 견해에서는 여전히 행위반가치는 존재하므로 이를 불능미수범으로 취급하여야 한다고 본다. ○ ×

해설 정당방위상황은 존재하지만 방위의사 없이 행위한 경우, 위법성조각사유의 요건에 있어 주관적 정당화요소가 필요없다고 보는 견해에서는 행위반가치를 인정하지 않으므로 무죄가 된다. 행위반가치가 존재하여 불능미수로 보는 입장은 주관적 정당화 요소가 필요하다는 견해이다. 정답 ×

035

위법하지 않은 정당한 침해에 대한 정당방위는 인정되지 않는다. ○ ×

해설 정당방위는 현재의 '부당한' 침해를 방위하기 위한 행위이므로 정당한 침해에 대해서는 인정되지 않는다. 부정 대 정의 관계이다. 정답 ○

036

수급인 소속 근로자의 쟁의행위가 도급인의 사업장에서 일어나 도급인의 형법상 보호되는 법익을 침해한 경우, 사용자인 수급인에 대한 관계에서 쟁의행위의 정당성을 갖추었다면 사용자가 아닌 도급인에 대한 관계에서도 법령에 의한 정당한 행위로서 위법성이 조각된다. ○ ×

해설 수급인 소속 근로자의 쟁의행위가 도급인의 사업장에서 일어나 도급인의 형법상 보호되는 법익을 침해한 경우에는 사용자인 수급인에 대한 관계에서 쟁의행위의 정당성을 갖추었다는 사정만으로 사용자가 아닌 도급인에 대한 관계에서까지 법령에 의한 정당한 행위로서 법익침해의 위법성이 조각된다고 볼 수는 없다. (대법원 2015도1927) 정답 ×

037

사용자가 당해 사업과 관계없는 자를 쟁의행위로 중단된 업무의 수행을 위하여 채용 또는 대체하는 경우, 쟁의행위에 참가한 근로자들이 위법한 대체근로를 저지하기 위하여 상당한 정도의 실력을 행사하는 것은 정당행위로서 위법성이 조각된다. ○ ×

해설 사용자는 쟁의행위 기간 중 그 쟁의행위로 중단된 업무의 수행을 위하여 당해 사업과 관계없는 자를 채용 또는 대체할 수 없다(노동조합 및 노동관계조정법 제43조 제1항). 사용자가 당해 사업과 관계없는 자를 쟁의행위로 중단된 업무의 수행을 위하여 채용 또는 대체하는 경우, 쟁의행위에 참가한 근로자들이 위법한 대체근로를 저지하기 위하여 상당한 정도의 실력을 행사하는 것은 쟁의행위가 실효를 거둘 수 있도록 하기 위하여 마련된 위 규정의 취지에 비추어 정당행위로서 위법성이 조각된다. 위법한 대체근로를 저지하기 위한 실력 행사가 사회통념에 비추어 용인될 수 있는 행위로서 정당행위에 해당하는지는 그 경위, 목적, 수단과 방법, 그로 인한 결과 등을 종합적으로 고려하여 구체적인 사정 아래서 합목적적·합리적으로 고찰하여 개별적으로 판단하여야 한다. (대법원 2015도1927) 정답 ○

038

정당방위의 상당성 판단에는 상대적 최소침해의 원칙 이외에 보충성의 원칙이 필수적으로 요구된다. ○ ×

해설 정당방위의 요건에는 방위행위가 최후의 수단이어야 한다는 보충성의 원칙이나 보호법익과 정당방위로 침해되는 법익간의 균형을 필요로 한다는 균형성의 원칙은 적용되지 않는다. 정답 ×

039 형법 제21조 제2항에 의하면 과잉방위의 경우에는 그 형을 감면할 수 있다. ○ ×

> 해설
>
> 형법 제21조(정당방위) ② 방위행위가 그 정도를 초과한 경우에는 정황(情況)에 따라 그 형을 감경하거나 면제할 수 있다.

정답 ○

040 정당방위의 방어행위에는 순수한 수비적 방어뿐만 아니라 적극적 반격을 포함하는 반격방어의 형태도 포함된다. ○ ×

해설 대법원 92도2540   정답 ○

041 甲이 자신의 아버지 乙에게서 乙 소유 부동산 매매에 관한 일체의 권한을 위임받아 이를 매도하였는데, 그 후 乙이 사망하자 부동산 소유권 이전에 사용할 목적으로 乙이 甲에게 인감증명서 발급을 위임한다는 취지의 인감증명 위임장을 작성한 후 주민센터 담당 직원에게 제출한 경우, 사망한 명의자 乙의 승낙이 추정되므로 위법성이 조각된다. ○ ×

해설 피고인이 자신의 부(父) 甲에게서 甲 소유 부동산 매매에 관한 권한 일체를 위임받아 이를 매도하였는데, 그 후 甲이 갑자기 사망하자 소유권 이전에 사용할 목적으로 甲이 자신에게 인감증명서 발급을 위임한다는 취지의 인감증명 위임장을 작성하여 주민센터 담당직원에게 제출한 사안에서, 피고인이 명의자 甲이 승낙하였을 것이라고 기대하거나 예측한 것만으로는 사망한 甲의 승낙이 추정된다고 단정할 수 없는데도, 이와 달리 피고인에게 무죄를 인정한 원심판결에 사망한 사람 명의의 사문서위조죄에서 승낙 내지 추정적 승낙에 관한 법리오해의 위법이 있다. (대법원 2011도6223) 정답 ×

042 피해자의 승낙은 언제든지 자유롭게 철회될 수 있고 그 방법에는 제한이 없으며, 법익이 침해된 이후의 사후 승낙도 위법성을 조각할 수 있다. ○ ×

해설 사문서위조나 공정증서원본불실기재가 성립한 후, 사후에 피해자의 동의 또는 추인 등의 사정으로 문서에 기재된 대로 효과의 승인을 받거나 등기가 실체적 권리관계에 부합하게 되었다 하더라도 이미 성립한 범죄에는 아무런 영향이 없다. (대법원 2007도2714)   정답 ×

043 甲이 A를 강간하던 중 A가 손가락을 깨물며 반항하자, 甲이 물린 손가락을 비틀어 잡아 뽑다가 A에게 치아결손을 가한 행위는 긴급피난에 해당한다. ○ ×

해설 피고인이 스스로 야기한 강간범행의 와중에서 피해자가 피고인의 손가락을 깨물며 반항하자 물린 손가락을 비틀며 잡아 뽑다가 피해자에게 치아결손의 상해를 입힌 소위를 가리켜 법에 의하여 용인되는 피난행위라 할 수 없다. (대법원 94도2781)   정답 ×

044 경찰관이 현행범인으로서의 요건을 갖추지 못한 甲을 체포하려고 하자, 甲이 체포를 면하려고 반항하는 과정에서 경찰관에게 상해를 가한 행위는 정당방위에 해당한다. ○ ×

해설 대법원 2001도300   정답 ○

045 친권자 甲이 스스로의 감정을 이기지 못하고 야구방망이로 때릴 듯이 자녀 A에게 "죽여 버린다"고 말하여 협박한 행위는 정당행위에 해당한다. ○ ✕

해설 스스로의 감정을 이기지 못하고 야구방망이로 때릴 듯이 피해자에게 "죽여 버린다."고 말하여 협박하는 것은 그 자체로 피해자의 인격 성장에 장해를 가져올 우려가 커서 이를 교양권의 행사라고 보기도 어렵다 할 것이다. (대법원 2001도6468)

정답 ✕

046 정당 당직자 甲이 국회 상임위원회 회의장 앞 복도에서 출입이 봉쇄된 회의장 출입구를 뚫을 목적으로 회의장 출입문 및 그 안쪽에 쌓여있던 집기를 손상한 행위는 정당행위에 해당한다. ○ ✕

해설 甲 정당 당직자인 피고인들 등이 국회 외교통상 상임위원회 회의장 앞 복도에서 출입이 봉쇄된 회의장 출입구를 뚫을 목적으로 회의장 출입문 및 그 안쪽에 쌓여있던 집기를 손상하거나, 국회 심의를 방해할 목적으로 회의장 내에 물을 분사한 사안에 서, 피고인들의 공용물건손상 및 국회회의장소동 행위를 위법성이 조각되는 정당행위나 긴급피난의 요건을 갖춘 행위로 평가하기 어렵다. (대법원 2010도13609)

정답 ✕

047 제1방위행위는 상당성이 인정되는 방위행위이고 제2방위행위는 상당성을 결여한 방위행위인 경우, 제1행위와 제2행위가 극히 짧은 시간 내에 계속하여 행하여지면 이를 전체로서 하나의 행위로 보아야 한다. ○ ✕

해설 대법원 86도1862

정답 ○

048 경찰관 甲과 乙이 'A가 사람을 칼로 위협한다'는 신고를 받고 출동한 상황에서, A가 乙을 지속적으로 폭행하며 그의 총기를 빼앗으려하자, 甲은 A가 칼로 자신과 乙을 공격할 수 있다고 생각하고 乙을 구출하기 위하여 A에게 실탄을 발사하여 흉부관통상으로 A를 사망케 한 경우 정당방위의 상당성이 인정될 수 없다. ○ ✕

해설 '술집에서 맥주병을 깨 다른 사람의 목을 찌르고 현재 자기집으로 도주하여 칼로 아들을 위협하고 있다.'는 상황을 고지받고 현장에 도착한 甲과 乙로서는, A가 칼을 소지하고 있는 것으로 믿었고 또 그렇게 믿은 데에 정당한 이유가 있었다고 할 것이므로, 甲과 乙이 A와 몸싸움에 밀려 함께 넘어진 상태에서 칼을 소지한 것으로 믿고 있었던 A와 다시 몸싸움을 벌인다는 것은 甲 자신의 생명 또는 신체에 위해를 가져올 수도 있는 위험한 행동이라고 판단할 수밖에 없을 것이고, 따라서 피고인이 공포탄 1발을 발사하여 경고를 하였음에도 불구하고 A가 乙의 몸 위에 올라탄 채 계속하여 乙를 폭행하고 있었고, 또 그가 언제 소지하고 있었을 칼을 꺼내어 乙이나 甲을 공격할지 알 수 없다고 甲이 생각하고 있던 급박한 상황에서 乙을 구출하기 위하여 A를 향하여 권총을 발사한 것이므로, 이러한 甲의 권총사용이 경찰관직무집행법 제10조의4 제1항의 허용범위를 벗어난 위법한 행위라거나 피고인에게 업무상과실치사의 죄책을 지울만한 행위라고 선뜻 단정할 수는 없다. (대법원 2003도3842) = 경찰관의 권총 사용이 허용범위를 벗어난 위법행위로서 정당방위에 해당하지 않는다고 판단한 원심판결을 파기한 사례이다.

정답 ✕

049 불륜관계를 의심받아 집단폭행을 당하게 된 甲이 이를 벗어나기 위해 손을 휘저으며 발버둥치는 과정에서 A에게 약 14일간의 치료를 요하는 뇌진탕의 상해를 가한 경우 사회적 상당성이 인정되는 방어행위라고 할 수 있다. ○ ✕

해설 대법원 2009도12958

정답 ○

050 자기의 생명에 대한 현재의 위난을 피하기 위하여 타인의 생명을 침해하는 행위는 상당한 이유가 있으면 긴급피난으로서 위법성이 조각된다. ○ ×

해설 위법성조각사유설에 의하면 이익형량이 가능한 긴급피난은 위법성을 조각하는 경우로 한단한다. 그러나 생명과 생명의 법익이 충동하는 경우와 같이 이익형량이 불가능한 경우의 처벌하지 않는 근거를 적법행위에 대한 기대불가능성에서 찾는다. 그러므로 무조건적으로 위법성조각사유가 되는 것은 아니다. 정답 ×

051 행위 당시 사문서의 명의자가 현실적으로 승낙하지는 않았지만 명의자가 그 사실을 알았다면 당연히 승낙했을 것이라고 추정되는 경우라면 추정적 승낙에 의해 사문서변조죄가 성립하지 않는다. ○ ×

해설 대법원 2010도14587 정답 ○

052 주민들이 농기계 등으로 그 주변의 농경지나 임야에 통행하기 위해 이용하는 자신 소유의 도로에 깊이 1m 정도의 구덩이를 판 행위는 일반교통방해죄의 구성요건에 해당하지만, 자구행위로서 위법성이 조각된다. ○ ×

해설 형법상 자구행위라 함은 법정절차에 의하여 청구권을 보전하기 불능한 경우에 그 청구권의 실행불능 또는 현저한 실행곤란을 피하기 위한 상당한 행위를 말하는 것인바, 이 사건 도로는 피고인 소유 토지상에 무단으로 확장 개설되어 그대로 방치할 경우 불특정 다수인이 통행할 우려가 있다는 사정만으로는 피고인이 법정절차에 의하여 자신의 청구권을 보전하는 것이 불가능한 경우에 해당한다고 볼 수 없을 뿐 아니라, 이미 불특정 다수인이 통행하고 있는 육상의 통로에 구덩이를 판 행위가 피고인의 청구권의 실행불능이나 현저한 실행곤란을 피하기 위한 상당한 이유가 있는 행위라고도 할 수 없다. (대법원 2006도9418) 정답 ×

053 현재의 부당한 침해로부터 자기 또는 타인의 법익을 방위하기 위하여 한 행위는 상당한 이유가 있는 경우에는 벌하지 아니한다. ○ ×

해설

> **형법 제21조(정당방위)** ① 현재의 부당한 침해로부터 자기 또는 타인의 법익(法益)을 방위하기 위하여 한 행위는 상당한 이유가 있는 경우에는 벌하지 아니한다.

정답 ○

054 방위행위가 그 정도를 초과한 경우에는 정황에 따라 그 형을 감경하거나 면제한다. ○ ×

해설

> **형법 제21조(정당방위)** ② 방위행위가 그 정도를 초과한 경우에는 정황(情況)에 따라 그 형을 감경하거나 면제할 수 있다.

정답 ×

055

법률에서 정한 절차에 따라서는 청구권을 보전할 수 없는 경우에 그 청구권의 실행이 불가능해지거나 현저히 곤란해지는 상황을 피하기 위하여 한 행위는 상당한 이유가 있는 때에는 벌하지 아니한다. ○ ×

해설

> 형법 제23조(자구행위) ① 법률에서 정한 절차에 따라서는 청구권을 보전(保全)할 수 없는 경우에 그 청구권의 실행이 불가능해지거나 현저히 곤란해지는 상황을 피하기 위하여 한 행위는 상당한 이유가 있는 때에는 벌하지 아니한다.

정답 ○

056

형법 제22조 제1항의 긴급피난이란 자기 또는 타인의 법익에 대한 현재의 위난을 피하기 위한 상당한 이유 있는 행위를 말하고, 여기서 '상당한 이유 있는 행위'에 해당하려면, 첫째 피난행위는 위난에 처한 법익을 보호하기 위한 유일한 수단이어야 하고, 둘째 피해자에게 가장 경미한 손해를 주는 방법을 택하여야 하며, 셋째 피난행위에 의하여 보전되는 이익은 이로 인하여 침해되는 이익보다 우월해야 하고, 넷째 피난행위는 그 자체가 사회윤리나 법질서 전체의 정신에 비추어 적합한 수단일 것을 요하는 등의 요건을 갖추어야 한다. ○ ×

해설 대법원 2014도2477

정답 ○

057

정당방위에서 '침해의 현재성'이란 침해행위가 형식적으로 기수에 이르렀는지에 따라 결정되는 것이 아니라 자기 또는 타인의 법익에 대한 침해상황이 종료되기 전까지를 의미한다. ○ ×

해설 형법 제21조 제1항은 "현재의 부당한 침해로부터 자기 또는 타인의 법익을 방위하기 위하여 한 행위는 상당한 이유가 있는 경우에는 벌하지 아니한다."라고 규정하여 정당방위를 위법성조각사유로 인정하고 있다. 이때 '침해의 현재성'이란 침해행위가 형식적으로 기수에 이르렀는지에 따라 결정되는 것이 아니라 자기 또는 타인의 법익에 대한 침해상황이 종료되기 전까지를 의미하는 것이므로, 일련의 연속되는 행위로 인해 침해상황이 중단되지 아니하거나 일시 중단되더라도 추가 침해가 곧바로 발생할 객관적인 사유가 있는 경우에는 그중 일부 행위가 범죄의 기수에 이르렀더라도 전체적으로 침해상황이 종료되지 않은 것으로 볼 수 있다. (대법원 2020도6874) = 일련의 연속되는 행위로 인해 침해상황이 중단되지 아니하거나 일시 중단되더라도 추가 침해가 곧바로 발생할 객관적인 사유가 있는 경우, 그중 일부 행위가 범죄의 기수에 이르렀을지라도 정당방위의 요건 중 침해의 현재성이 인정된다.

정답 ○

058

정당방위 상황을 이용할 목적으로 처음부터 공격자의 공격행위를 유발하는 의도적 도발의 경우라 하더라도 그 공격행위에 대해서는 방위행위를 인정할 수 있어 정당방위가 성립한다. ○ ×

해설 정당방위 상황을 이용할 목적으로 처음부터 공격자의 공격행위를 유발하는 의도적 도발의 경우라 하더라도 그 공격행위에 대해서는 방위행위를 인정할 수 있어 정당방위가 성립한다.

정답 ×

03 긴급피난

059 이분설에서는 「형법」 제22조 제1항을 정당화적(위법조각적) 긴급피난의 근거로 파악하고 있다. ○ ×

해설 위법성조각설과 이분설 모두 정당화적(위법조각적) 긴급피난의 근거는 형법 제22조 제1항에 해당한다. 그러나 이익형량이 불가능한 경우(생명 대 생명)에 성립하는 면책적 긴급피난의 근거에 관하여 위법성조각설은 기대불가능성에 기초한 초법규적 책임조각사유라고 하지만, 이분설은 형법 제22조 제1항이라는 입장이다. 정답 ○

060 위법성조각설에서는 생명과 생명의 법익이 충돌하는 경우와 같이 이익형량이 불가능한 경우의 불처벌 근거를 적법행위에 대한 기대불가능성에서 찾는다. ○ ×

해설 위법성조각설은 이익형량이 가능한 경우는 위법성조각으로 보지만 생명과 생명의 법익이 충돌하는 경우와 같이 이익형량이 불가능한 경우의 불처벌 근거를 적법행위에 대한 기대불가능성에서 찾는다. 정답 ○

061 위법조각설에 대하여는 "자기에게 닥친, 불법하지 아니한 위난을 타인에게 전가시켜 같은 가치의 법익을 침해하는 행위는 사회윤리적 규범에 반하는 것이므로 위법하다고 해야 한다."는 비판이 있다. ○ ×

해설 위법성조각설에 대한 비판이다. 정답 ○

062 책임조각설은 '자신을 위한 긴급피난'의 경우에 비하여 '타인을 위한 긴급피난'의 경우의 불처벌 근거를 설명하는데 보다 적합하다. ○ ×

해설 책임조각설은 '자신을 위한 긴급피난'의 경우는 타행위가능성이라는 초법규적 책임조각사유로서 기대가능성이 없는 경우로 설명할 수 있다. 그러나 '타인을 위한 긴급피난'의 경우는 타행위가능성이 없는 경우로서 기대불가능성으로 설명할 수 없다는 비판이 있다. 즉, 책임조각설은 '타인을 위한 긴급피난'의 경우의 불처벌 근거를 설명하기에 부적합하다. 정답 ×

063 긴급피난의 본질을 위법성조각사유라고 볼 경우, 긴급피난행위에 대해서 정당방위는 인정되지 아니하나 긴급피난은 인정된다. ○ ×

해설 긴급피난에 대해서 정당방위는 인정할 수 없고, 긴급피난에 대한 긴급피난은 가능하다. 정답 ○

064 자구행위가 야간이나 기타 불안스러운 상태하에서 공포, 경악, 흥분 또는 당황으로 인한 때에는 벌하지 아니한다. ○ ×

해설 과잉자구행위는 제23조 제2항에 의하여 정황에 의하여 형을 감경 또는 면제할 수 있다. 다만, 과잉자구행위는 정당방위나 긴급피난과 달리 야간 기타 불미스러운 상태 하에서의 면책규정은 가지고 있지 아니한다. 정답 ×

065 피고인들이 확성장치 사용, 연설회 개최, 불법행렬, 서명날인운동, 선거운동기간 전 집회 개최 등의 방법으로 특정 후보자에 대한 낙선운동을 함으로써 공직선거및선거부정방지법에 의한 선거운동제한 규정을 위반한 피고인들의 같은 법 위반의 각 행위는 시민불복종운동으로서 헌법상의 기본권행사 범위 내에 속하는 정당행위이거나 형법상 사회상규에 위반되지 아니하는 정당행위 또는 긴급피난의 요건을 갖춘 행위로 보아야 한다. ○ ×

해설 피고인들이 확성장치 사용, 연설회 개최, 불법행렬, 서명날인운동, 선거운동기간 전 집회 개최 등의 방법으로 특정 후보자에 대한 낙선운동을 함으로써 공직선거및선거부정방지법에 의한 선거운동제한 규정을 위반한 피고인들의 같은 법 위반의 각 행위는 위법한 행위로서 허용될 수 없는 것이고, 피고인들의 위 각 행위가 시민불복종운동으로서 헌법상의 기본권 행사 범위 내에 속하는 정당행위이거나 형법상 사회상규에 위반되지 아니하는 정당행위 또는 긴급피난의 요건을 갖춘 행위로 볼 수는 없다. (대법원 2002도315)

정답 ×

066 위난을 피하지 못할 책임 있는 자에게는 긴급피난이 허용되지 않기에 이들이 감수해야 할 범위를 넘는 위난에 처한 때에도 긴급피난은 허용되지 않는다. ○ ×

해설 위난을 피하지 못할 책임이 있는 자에게는 긴급피난이 허용되지 않지만(형법 제22조 2항 참조) 수인범위를 넘는 위난에 대해서는 긴급피난이 허용될 수 있다는 것이 다수의 견해이다.

정답 ×

04 자구행위

067 정당방위에서의 방위행위란 순수한 수비적 방위를 말하는 것이고, 적극적 반격을 포함하는 반격방어의 형태는 포함되지 않는다. ○ ×

> **해설** 정당방위의 성립요건으로서의 방어행위에는 순수한 수비적 방어뿐 아니라 적극적 반격을 포함하는 반격방어의 형태도 포함되나, 그 방어행위는 자기 또는 타인의 법익침해를 방위하기 위한 행위로서 상당한 이유가 있어야 한다. (대법원 92도2540)
>
> 정답 ×

068 명예훼손죄의 특별한 위법성조각사유를 규정한 형법 제310조의 요소 중 사실의 진실성에 대한 착오가 있는 경우에는 위법성조각사유의 전제사실에 관한 착오 또는 법률의 착오가 문제될 뿐이기 때문에 위법성 그 자체는 조각될 여지가 없다. ○ ×

> **해설** 형법 제310조의 규정은 인격권으로서의 개인의 명예의 보호와 헌법 제21조에 의한 정당한 표현의 자유의 보장이라는 상충되는 두 법익의 조화를 꾀한 것이라고 보아야 할 것이므로, 두 법익간의 조화와 균형을 고려한다면 적시된 사실이 진실한 것이라는 증명이 없더라도 행위자가 진실한 것으로 믿었고 또 그렇게 믿을만한 상당한 이유가 있는 경우에는 위법성이 없다. (대법원 2006도2074)
>
> 정답 ×

069 방위행위, 피난행위 그리고 자구행위가 그 정도를 초과한 때에는 공통적으로 정황에 의하여 형을 감경 또는 면제할 수 있다. ○ ×

> **해설** 과잉행위 규정은 정당방위, 긴급피난, 자구행위 모두에 존재한다(제21조 제2항, 제22조 제3항, 제23조 제2항). 다만 정당방위나 긴급피난과 달리 형법 제21조 제3항(불가벌적 과잉방위)은 준용하지 않으므로 불가벌적 과잉자구행위규정 자체는 존재하지 않는다.
>
> 정답 ○

070 형법 제24조에 따르면 처분할 수 있는 자의 승낙에 의하여 그 법익을 훼손한 행위는 법률에 특별한 규정이 있는 경우에 한하여 벌하지 아니한다. ○ ×

> **해설**
>
> > **형법 제24조(피해자의 승낙)** 처분할 수 있는 자의 승낙에 의하여 그 법익을 훼손한 행위는 법률에 특별한 규정이 없는 한 벌하지 아니한다.
>
> 정답 ×

071 정당방위는 부당한 침해에 대한 방어행위인데 반해 긴급피난은 부당한 침해가 아닌 위난에 대해서도 가능하다. ○ ×

> **해설** 정당방위는 위법한 침해에 대하여만 가능한 반면(부정 대 정), 긴급피난은 위난이 위법할 필요가 없다. (정 대 정, 부정 대 정)
>
> 정답 ○

072 형법 제23조에 의하면 과잉자구행위가 야간 기타 불안스러운 상태하에서 공포 경악 흥분 또는 당황으로 인한 때에는 벌하지 아니한다. ○ ×

> **해설** 야간 기타 불안스러운 상태에서 공포·경악·흥분 또는 당황으로 인한 과잉방위 및 과잉피난시 벌하지 아니한다는 조항은 과잉자구행위에는 적용되지 아니한다.
>
> 정답 ×

073 형법 제23조 제1항은 타인의 청구권 보전을 위한 자구행위도 가능한 것으로 명시하고 있다. ○ ×

해설 자구행위란 권리자가 자신의 권리에 대하여 불법한 침해를 받은 경우 공적인 구체적 절차에 의하지 않고 자력에 의하여 자신의 권리를 구제하는 행위를 말한다. 정답 ×

074 건물의 소유자라고 주장하는 피고인과 그것을 점유 관리하고 있는 피해자 사이에 건물의 소유권에 대한 분쟁이 계속되고 있는 상황이라면, 피고인이 그 건물에 침입하였다 하더라도 피해자의 추정적 승낙이 있었다거나 피고인의 행위가 사회상규에 위배되지 않는다고 볼 수 있다. ○ ×

해설 건물의 소유자라고 주장하는 피고인과 그것을 점유관리하고 있는 피해자 사이에 건물의 소유권에 대한 분쟁이 계속되고 있는 상황이라면 피고인이 그 건물에 침입하는 것에 대한 피해자의 추정적 승낙이 있었다거나 피고인의 이 사건 범행이 사회상규에 위배되지 않는다고 볼 수 없다. (대법원 89도889) 정답 ×

075 과잉자구행위의 경우에는 과잉방위의 경우와 달리, 야간이나 그 밖의 불안한 상태에서 공포를 느끼거나 흥분하거나 당황하였기 때문에 그 행위를 하였을 때에는 벌하지 아니한다는 규정이 존재하지 않는다. ○ ×

해설

> **형법 제23조(자구행위)** ① 법률에서 정한 절차에 따라서는 청구권을 보전(保全)할 수 없는 경우에 그 청구권의 실행이 불가능해지거나 현저히 곤란해지는 상황을 피하기 위하여 한 행위는 상당한 이유가 있는 때에는 벌하지 아니한다.
> ② 제1항의 행위가 그 정도를 초과한 경우에는 정황에 따라 그 형을 감경하거나 면제할 수 있다.

정답 ○

076 채무자가 부도를 내고 도피하자 채권자가 채권확보를 위하여 채무자 소유의 가구점에 관리종업원이 있는데도 그 가구점의 시정장치를 쇠톱으로 절단하고 들어가 가구들을 무단으로 취거한 행위는 자구행위에 해당하지 않는다. ○ ×

해설 대법원 2005도8081 정답 ○

077 타인의 청구권을 보전하기 위한 자구행위는 인정되지 않지만, 청구권자로부터 자구행위의 실행을 위임받은 경우에는 가능하다. ○ ×

해설 청구권은 원칙적으로 자기의 것이어야 하고 타인의 청구권을 위한 자구행위는 인정되지 않으나, 예외적으로 청구권자로부터 위임받은 경우에는 가능하다. 정답 ○

078 토지소유권자가 타인이 운영하는 회사에 대하여 사용대차계약을 해지하고 그 토지의 인도 등을 구할 권리가 있다는 이유로 그 회사로 들어가는 진입로를 폐쇄한 경우, 그 권리를 확보하기 위하여 다른 적법한 절차를 취하는 것이 곤란하지 않았더라도, 정당한 행위 또는 자력구제에 해당한다. ○ ×

해설 토지소유권자가 피해자가 운영하는 회사에 대하여 그 토지의 인도 등을 구할 권리가 있다는 이유만으로 위 회사로 들어가는 진입로를 폐쇄한 것은 정당한 행위 또는 자력구제에 해당하지 않는다. (대법원 2006도4328) 정답 ×

05 피해자 승낙

079 사문서변조죄와 관련하여 행위 당시 명의자의 현실적인 승낙은 없었지만 명의자가 그 사실을 알았다면 당연히 승낙했을 것이라고 추정되는 경우에는 사문서변조죄가 성립하지 아니한다. ○ ×

해설 대법원 2010도14587 정답 ○

080 형법은 살인에 대해서 피해자의 승낙이 있더라도 처벌하는 특별한 규정을 두고 있다. ○ ×

해설

> 형법 제252조(촉탁, 승낙에 의한 살인 등) ① 사람의 촉탁이나 승낙을 받아 그를 살해한 자는 1년 이상 10년 이하의 징역에 처한다.

정답 ○

081 의사의 불충분한 설명에 근거하여 환자가 수술에 동의한 경우에는 피해자의 승낙으로 수술의 위법성이 조각되지 아니한다. ○ ×

해설 대법원 92도2345 정답 ○

082 피해자의 승낙은 언제든지 자유롭게 철회될 수 있고, 법익이 침해된 이후의 사후의 승낙으로도 위법성은 조각될 수 있다. ○ ×

해설 승낙은 법익침해 이전에 이루어져야 하며(사전적인 승낙) 사후적인 승낙은 위법성을 조각하지 않는다. 위법성조각사유로서의 피해자의 승낙은 언제든지 자유롭게 철회할 수 있다고 할 것이고 그 철회의 방법에는 아무런 제한이 없다. (대법원 2010도9962)

정답 ×

083 여자 화장실 내에서 주저앉아 있는 여자 甲이 자신의 가방을 빼앗으려고 다가오는 남자의 어깨를 순간적으로 밀친 행위는 정당행위로 인정된다. ○ ×

해설 대법원 91도2831 정답 ○

084 한의사 면허나 자격이 없는 甲이 한약재 달인 물을 처방하는 등 소위 통합의학에 기초하여 환자를 진찰하여 처방하는 행위는 정당행위로 인정되지 않는다. ○ ×

해설 대법원 2006도6870 정답 ○

085 甲이 주민들이 농기계 등으로 그 주변의 농경지나 임야에 통행하기 위해 이용하는 자신 소유의 도로에 깊이 1m 정도의 구덩이를 판 경우 자구행위나 정당행위에 해당하지 않는다. ○ ×

해설 대법원 2006도9418　　　　　　　　　　　　　　　　　　　　　　　　　　　　　　　　정답 ○

086 甲이 경찰관의 불심검문을 받아 운전면허증을 교부한 후 인근 주민들이 있는 가운데 경찰관에게 큰소리로 욕설을 하였는데, 이를 이유로 경찰관이 모욕죄의 현행범으로 체포하려고 하자 반항하면서 경찰관에게 상해를 가한 경우 정당방위에 해당한다. ○ ×

해설 대법원 2011도3682　　　　　　　　　　　　　　　　　　　　　　　　　　　　　　　　정답 ○

087 위법성을 조각하는 피해자의 승낙과 구성요건해당성을 조각하는 양해를 구별하는 입장에 따르면, 양해가 없음에도 불구하고 있다고 생각하고 행위한 경우 불능미수가 성립한다. ○ ×

해설 피해자의 승낙에서 승낙과 양해의 구별 긍정설에 따르면 구성요건이 피해자의 의사에 반하는 것을 전제로 할 때, 특정한 침해 방법에 의한 법익침해가 구성요건의 내용을 이룰 때에는 법익주체의 동의에 의해 그 구성요건해당성 자체가 조각되는 경우가 있는데, 이것이 양해다. 그러므로 이는 위법성을 조각하는 승낙과는 구별되어야 한다. 따라서 위 사례에서 양해가 없음에도 불구하고 있다고 생각하고 한 행위이므로 고의가 없는 경우에 해당한다. 과실 여부를 따질 사인이다. 이에 비해서 양해가 있음에도 양해가 없다고 생각하고 행위한 경우에는 애초에 구성요건해당성이 조각되어 범죄가 아닌 행위를 양해가 없는 상태, 즉 구성요건해당성이 있는 행위로 착각하고 행동한 것이 되므로 불능미수에 해당한다.　정답 ×

088 「형법」 제13조에 따르면 죄의 성립요소인 사실을 인식하지 못한 행위는 벌하지 아니하지만, 법률에 특별한 규정이 있는 경우에는 예외로 한다. ○ ×

해설

> 형법 제13조(고의) 죄의 성립요소인 사실을 인식하지 못한 행위는 벌하지 아니한다. 다만, 법률에 특별한 규정이 있는 경우에는 예외로 한다.

정답 ○

089 골프경기를 하던 중 골프공을 쳐서 아무도 예상하지 못한 자신의 등 뒤편으로 보내어 경기보조원에게 상해를 입힌 행위는 주의의무를 현저히 위반하여 사회적 상당성의 범위를 벗어난 행위로서 과실치상죄가 성립한다. ○ ×

해설 대법원 2008도6940　　　　　　　　　　　　　　　　　　　　　　　　　　　　　　　　정답 ○

090 위법성은 구성요건해당성의 소극적 요소라고 보는 소극적 구성요건요소이론에 따르면, 위법성조각사유의 전제사실의 착오의 경우 고의가 부정된다. ○ ×

해설 소극적 구성요건요소이론에 따르면 위법성조각사유의 전제사실의 착오는 구성요건적 착오가 되어 고의가 조각된다.

정답 ○

091 피고인이 피해자가 사용중인 공중화장실의 용변칸에 노크하여 남편으로 오인한 피해자가 용변칸 문을 열자 강간할 의도로 용변칸에 들어갔다면, 피해자가 명시적 또는 묵시적으로 이를 승낙하였다고 볼 수 없다. ○ ×

해설 대법원 2003도1256

정답 ○

092 무고죄는 부수적으로 부당하게 처벌 또는 징계받지 아니할 개인의 이익을 보호하는 죄이므로 피무고인이 무고사실에 대하여 승낙한 경우 무고인을 처벌할 수 없다. ○ ×

해설 무고죄는 국가의 형사사법권 또는 징계권의 적정한 행사를 주된 보호법익으로 하고 다만, 개인의 부당하게 처벌 또는 징계받지 아니할 이익을 부수적으로 보호하는 죄이므로, 설사 무고에 있어서 피무고자의 승낙이 있었다고 하더라도 무고죄의 성립에는 영향을 미치지 못한다 할 것이다. (대법원 2005도2712)

정답 ×

093 정당방위는 자기 또는 타인의 법익에 대한 현재의 부당한 침해를 방어하기 위한 것으로서 상당성이 있어야 하므로, 정당한 침해에 대한 정당방위는 인정되지 않는다. ○ ×

해설 대법원 2003도3606

정답 ○

094 점유할 권리 없는 자의 점유라고 하더라도 그 주거의 사실상의 평온은 보호되어야 하므로, 권리자가 그 권리실행으로서 자력구제의 수단으로 건조물에 침입한 경우에도 주거침입죄가 성립한다. ○ ×

해설 대법원 85도122

정답 ○

095 형법 제252조 제1항 촉탁 승낙살인죄는 피해자 승낙을 배제하는 효과를 그 내용으로 하고 있으므로, 본죄의 위법성 조각은 불가능하다. ○ ×

해설 촉탁 승낙살인죄에서도 통설에 의하면 정당행위에 의해서 위법성이 조각될 수도 있다. 현대 의학상 치료가 불가능한 상태에서 사기가 임박하고 절박한 환자가 육체적 고통으로 죽여달라는 진지한 부탁을 하자 의사가 치료의 중단과 같은 소극적 안락사나 환자에 대한 주사와 같은 치료 방식의 간접적 안락사를 시행할 수도 있다. 이는 사회상규에 위배되지 않는 행위로서 위법성이 조각될 수 있다.

정답 ×

096 무수혈 인공고관절 수술의 위험성을 충분히 설명 받았으나, 진지한 의사결정에 의한 수혈 거부 의사가 존재하여 무수혈 수술 동의 아래 수술을 진행하였는데 생명에 위험이 발생할 수 있는 응급상황이 발생하였음에도 환자의 자기결정권을 존중하여 수혈하지 않다가 환자가 과다출혈로 사망에 이른 경우 의사는 업무상과실치사의 죄책을 진다. ○ ×

해설 환자의 명시적인 수혈 거부 의사가 존재하여 수혈하지 아니함을 전제로 환자의 승낙(동의)을 받아 수술하였는데 수술 과정에서 수혈을 하지 않으면 생명에 위험이 발생할 수 있는 응급상태에 이른 경우에, 환자의 생명을 보존하기 위해 불가피한 수혈방법의 선택을 고려함이 원칙이라 할 수 있지만, 한편으로 환자의 생명 보호에 못지않게 환자의 자기결정권을 존중하여야 할 의무가 대등한 가치를 가지는 것으로 평가되는 때에는 이를 고려하여 진료행위를 하여야 한다. 어느 경우에 수혈을 거부하는 환자의 자기결정권이 생명과 대등한 가치가 있다고 평가될 것인지는 환자의 나이, 지적 능력, 가족관계, 수혈 거부라는 자기결정권을 행사하게 된 배경과 경위 및 목적, 수혈 거부 의사가 일시적인 것인지 아니면 상당한 기간 동안 지속되어 온 확고한 종교적 또는 양심적 신념에 기초한 것인지, 환자가 수혈을 거부하는 것이 실질적으로 자살을 목적으로 하는 것으로 평가될 수 있는지 및 수혈을 거부하는 것이 다른 제3자의 이익을 침해할 여지는 없는 것인지 등 제반 사정을 종합적으로 고려하여 판단하여야 할 것이다. 다만 환자의 생명과 자기결정권을 비교형량하기 어려운 특별한 사정이 있다고 인정되는 경우에 의사가 자신의 직업적 양심에 따라 환자의 양립할 수 없는 두 개의 가치 중 어느 하나를 존중하는 방향으로 행위하였다면, 이러한 행위는 처벌할 수 없다고 할 것이다. (대법원 2009도14407) 정답 ×

097 위법성의 본질을 결과반가치에서만 구하는 입장은 우연방위에 대해 위법성을 탈락시킨다. ○ ×

해설 구성요건해당행위가 위법성이 조각되려면 주관적 정당화사유는 필요하지 않고 객관적 정당화사유만 필요하다는 결과반가치론에서 우연방위는 위법성이 조각된다. 주관적 정당화요소불요설에 입각하여 객관적 정당화요소는 있으므로 위법성이 조각되어 무죄로 보는 입장으로 순수한 결과반가치론에 입각하여 위법성조각사유에서 주관적 정당화요소 없어도 위법성이 조각될 수 있다는 견해이다. 정답 ○

098 甲이 A를 살해하기 위해 총을 쏴 A가 사망하였는데, 알고 보니 A도 甲을 살해하기 위해 甲에게 총을 조준하고 있었던 경우, 위법성이 조각되기 위해서는 주관적 정당화요소가 필요하다는 견해에 따르면 甲의 행위는 위법성이 조각된다. ○ ×

해설 우연방위 사례이다. 우연방위는 객관적 정당화 상황은 존재하지만 주관적 정당화 요소가 결여되어 있는 경우로 위법성이 조각되기 위해서는 주관적 정당화요소가 필요하다는 견해에 의하면 우연방위의 사례에서는 위법성이 조각되지 못한다. 정답 ×

099 주식회사 대표이사로서 회사의 계산으로 사전투표와 직접투표를 한 주주들에게 무상으로 20만원 상당의 상품교환권 등을 각 제공한 것은 주주총회 의결권 행사와 관련된 이익의 공여이지만 사회통념상 허용되는 범위를 넘지 않는 행위로서 위법성이 조각된다. ○ ×

해설 피고인이 甲 회사의 계산으로 사전투표와 직접투표를 한 주주들에게 무상으로 20만 원 상당의 상품교환권 등을 각 제공한 것은 주주총회 의결권 행사와 관련된 이익의 공여로서 사회통념상 허용되는 범위를 넘어서는 것이어서 상법상 주주의 권리행사에 관한 이익공여의 죄에 해당한다. (대법원 2015도7397) 정답 ×

100 피무고자의 승낙을 받아 허위사실을 기재한 고소장을 수사기관에 제출하였다면 무고죄로 처벌할 수 없다. ○ ×

해설 무고죄는 국가의 형사사법권 또는 징계권의 적정한 행사를 주된 보호법익으로 하고 다만, 개인의 부당하게 처벌 또는 징계받지 아니할 이익을 부수적으로 보호하는 죄이므로, 설사 무고에 있어서 피무고자의 승낙이 있었다고 하더라도 무고죄의 성립에는 영향을 미치지 못한다. (대법원 2005도2712)

정답 ×

101 사문서위조죄나 공정증서원본불실기재죄가 성립한 이후, 피해자의 동의 등으로 문서에 기재된 대로 효과의 승인을 받거나 등기가 실체적 권리관계에 부합하게 되더라도 이미 성립한 범죄에 아무런 영향이 없다. ○ ×

해설 대법원 99도202

정답 ○

102 진단상 과오가 없었으면 당연히 설명받았을 내용을 설명받지 못한 피해자로부터 수술승낙을 받았다면, 그 승낙은 부정확한 설명에 근거한 것으로서 수술의 위법성을 조각할 수 없다. ○ ×

해설 대법원 92도2345

정답 ○

103 문서의 위조라고 하는 것은 작성권한 없는 자가 타인 명의를 모용하여 문서를 작성하는 것을 말하는 것이므로 사문서를 작성함에 있어 그 명의자의 명시적이거나 묵시적인 승낙(위임)이 있었다면 이는 사문서위조에 해당한다고 할 수 없다. ○ ×

해설 대법원 87도2256

정답 ○

104 甲이 동거중인 피해자의 지갑에서 현금을 꺼내가는 것을 피해자가 현장에서 목격하고도 만류하지 아니하였다면 피해자가 이를 허용하는 묵시적 의사가 있었다고 볼 수 있으므로 절도죄가 성립하지 않는다. ○ ×

해설 대법원 85도1487

정답 ○

105 일반인의 출입이 허용된 상가 등 영업장소에 영업주의 승낙을 받아 통상적인 출입방법으로 들어갔다면 특별한 사정이 없는 한 건조물침입죄에서 규정하는 침입행위에 해당하지 않는다. 설령 행위자가 범죄 등을 목적으로 영업장소에 출입하였거나 영업주가 행위자의 실제 출입 목적을 알았더라면 출입을 승낙하지 않았을 것이라는 사정이 인정되더라도 그러한 사정만으로는 출입 당시 객관적·외형적으로 드러난 행위태양에 비추어 사실상의 평온상태를 해치는 방법으로 영업장소에 들어갔다고 평가할 수 없으므로 침입행위에 해당하지 않는다. ○ ×

해설 일반인의 출입이 허용된 상가 등 영업장소에 영업주의 승낙을 받아 통상적인 출입방법으로 들어갔다면 특별한 사정이 없는 한 건조물침입죄에서 규정하는 침입행위에 해당하지 않는다. 설령 행위자가 범죄 등을 목적으로 영업장소에 출입하였거나 영업주가 행위자의 실제 출입 목적을 알았더라면 출입을 승낙하지 않았을 것이라는 사정이 인정되더라도 그러한 사정만으로는 출입 당시 객관적·외형적으로 드러난 행위태양에 비추어 사실상의 평온상태를 해치는 방법으로 영업장소에 들어갔다고 평가할 수 없으므로 침입행위에 해당하지 않는다. (대법원 2017도18272 전합) 정답 ○

106 승낙의 추정은 행위 시에 있어야 하며, 사후승낙은 인정되지 않는다. ○ ×

해설 피해자의 승낙에 있어서 사후적인 승낙이 위법성을 조각하지 않는 것처럼 승낙의 추정 또한 법익침해 이전에 이루어져야 하며, 추후의 승낙을 기대하면서 행위를 하는 사후적인 승낙 추정은 위법성을 조각하지 않는다. 정답 ○

107 문서명의인이 이미 사망하였는데 그가 생존하고 있음을 전제로 하는 문서를 권한 없는 자가 작성하였다면, 그러한 내용의 문서에 관하여 사망한 명의자의 승낙이 추정된다는 이유로 사문서위조죄의 성립을 부정할 수는 없다. ○ ×

해설 대법원 2011도6223 정답 ○

108 어떠한 물건을 점유자의 의사에 반하여 취거하는 행위가 결과적으로 소유자의 이익으로 된다는 사정 또는 소유자의 추정적 승낙이 있다고 볼 만한 사정이 있는 경우, 불법영득의 의사가 부정된다. ○ ×

해설 형법상 절취란 타인이 점유하고 있는 자기 이외의 자의 소유물을 점유자의 의사에 반하여 점유를 배제하고 자기 또는 제3자의 점유로 옮기는 것을 말한다. 그리고 절도죄의 성립에 필요한 불법영득의 의사란 타인의 물건을 그 권리자를 배제하고 자기의 소유물과 같이 그 경제적 용법에 따라 이용·처분하고자 하는 의사를 말하는 것으로서, 단순히 타인의 점유만을 침해하였다고 하여 그로써 곧 절도죄가 성립하는 것은 아니나, 재물의 소유권 또는 이에 준하는 본권을 침해하는 의사가 있으면 되고 반드시 영구적으로 보유할 의사가 필요한 것은 아니며, 그것이 물건 자체를 영득할 의사인지 물건의 가치만을 영득할 의사인지를 불문한다. 따라서 어떠한 물건을 점유자의 의사에 반하여 취거하는 행위가 결과적으로 소유자의 이익으로 된다는 사정 또는 소유자의 추정적 승낙이 있다고 볼 만한 사정이 있다고 하더라도, 다른 특별한 사정이 없는 한 그러한 사유만으로 불법영득의 의사가 없다고 할 수는 없다. (대법원 2013도14139) 정답 ×

109 절도죄의 구성요건에서 재물의 타인성에 관하여 착오를 일으킨 경우 법률의 착오에 해당한다. ○ ×

해설 절도죄에 있어서 재물의 타인성을 오신하여 그 재물이 자기에게 취득(빌린 것)할 것이 허용된 동일한 물건으로 오인하고 가져온 경우에는 범죄사실에 대한 인식이 있다고 할 수 없으므로 범의가 조각되어 절도죄가 성립하지 아니한다. (대법원 83도1762, 83감도315) = 법률의 착오에 해당하지 아니한다.   정답 ×

110 관련 민사소송에서 쟁점이 된 제3자로부터 급여를 받은 사실을 숨기기 위해 통장의 입금자 부분을 화이트테이프로 지우고 복사하였을 뿐 입금자를 제3자로 변경하지 않았다면, 통장 명의자인 은행의 추정적 승낙이 있었다고 볼 수 있다. ○ ×

해설 관련 민사소송에서 피고인이 언제부터 공소외 1 주식회사에서 급여를 받았는지가 중요한 사항이었는데, 피고인이 2006.4.25.자 입금자 명의를 가리고 복사하여 이를 증거로 제출함으로써 피고인이 2006.5.25.부터 공소외 1 주식회사에서 급여를 수령하였다는 새로운 증명력이 작출되어 공공적 신용을 해할 위험성이 있었다고 볼 수 있고, 한편 위에서 본 모든 객관적 사정을 종합하면 이 사건 통장의 명의자인 신한은행장이 행위 당시 그 사실을 알았다면 당연히 이를 승낙했을 것으로 추정된다고 볼 수 없으며, 피고인이 위와 같이 관련 민사소송에서 쟁점이 되는 부분을 가리고 복사함으로써 문서내용에 변경을 가하고 이를 민사소송의 증거자료로 제출한 이상 피고인에게 사문서변조 및 변조사문서행사의 고의가 없었다고 할 수도 없다. (대법원 2010도14587)   정답 ×

111 건물의 소유자라고 주장하는 甲과 그것을 점유 관리하고 있는 A 사이에 건물의 소유권에 대한 분쟁이 계속되고 있는 상황에서 甲이 그 건물에 침입하는 경우에는 그 침입에 대한 A의 승낙이 있었다고 볼 수 없다. ○ ×

해설 대법원 89도889   정답 ○

112 회사의 임원이 임무위배행위로 재산상 이익을 취득하여 회사에 손해를 가한 경우, 그 임무위배행위에 대하여 사실상 대주주의 양해를 얻었다고 하더라도 업무상배임죄가 성립한다. ○ ×

해설 대법원 99도2781   정답 ○

113 명의자 이외의 자의 의뢰로 사문서를 작성하는 경우에 명의자의 명시적인 승낙이 없다는 것을 알았지만 명의자가 사문서 작성 사실을 알았다면 승낙하였을 것이라고 작성자가 기대하거나 예측한 것만으로도 승낙은 추정된다. ○ ×

해설 사문서의 위·변조죄는 작성권한 없는 자가 타인 명의를 모용하여 문서를 작성하는 것을 말하는 것이므로 사문서를 작성·수정함에 있어 그 명의자의 명시적이거나 묵시적인 승낙이 있었다면 사문서의 위·변조죄에 해당하지 않고, 한편 행위 당시 명의자의 현실적인 승낙은 없었지만 행위 당시의 모든 객관적 사정을 종합하여 명의자가 행위 당시 그 사실을 알았다면 당연히 승낙했을 것이라고 추정되는 경우 역시 사문서의 위·변조죄가 성립하지 않는다고 할 것이나, 명의자의 명시적인 승낙이나 동의가 없다는 것을 알고 있으면서도 명의자 이외의 자의 의뢰로 문서를 작성하는 경우 명의자가 문서작성 사실을 알았다면 승낙하였을 것이라고 기대하거나 예측한 것만으로는 그 승낙이 추정된다고 단정할 수 없다. (대법원 2007도9987)   정답 ×

114 피해자의 승낙은 개인적 법익을 훼손하는 경우에 법률상 이를 처분할 수 있는 사람의 승낙을 말할 뿐만 아니라 그 승낙이 윤리적, 도덕적으로 사회상규에 반하는 것이 아니어야 한다. ○ ×

해설 대법원 85도1892 정답 ○

115 피해자의 승낙이 객관적으로 존재하지 않음에도 불구하고 행위자는 그것이 존재한다고 오신한 때에는 위법성조각사유의 전제사실에 대한 착오의 문제가 된다. ○ ×

해설 피해자의 승낙이 객관적으로 존재하지 않음에도 불구하고 행위자는 그것이 존재한다고 오신한 때에는 위법성조각사유의 전제사실에 대한 착오의 문제가 되므로 올바른 지문이다. 정답 ○

116 사용자인 수급인에 대한 정당성을 갖춘 쟁의행위가 도급인의 사업장에서 이루어져 형법상 보호되는 도급인의 법익을 침해한 경우, 그것이 항상 위법하다고 볼 것은 아니고, 법질서 전체의 정신이나 그 배후에 놓여있는 사회윤리 내지 사회통념에 비추어 용인될 수 있는 행위에 해당하는 경우에는 형법 제20조의 '사회상규에 위배되지 아니하는 행위'로서 위법성이 조각된다. ○ ×

해설 대법원 2015도1927 정답 ○

117 노동조합이 주도한 쟁의행위 자체의 정당성과 이를 구성하거나 여기에 부수되는 개개 행위의 정당성은 구별하여야 하므로, 일부 소수의 근로자가 폭력행위 등의 위법행위를 하였더라도, 전체로서의 쟁의행위마저 당연히 위법하게 되는 것은 아니다. ○ ×

해설 대법원 2013도7896 정답 ○

118 현행범인 체포행위가 적법한 공무집행을 벗어나 불법인 것으로 볼 수밖에 없다면, 현행범이 체포를 면하려고 반항하는 과정에서 경찰관에게 상해를 가한 것은 불법체포로 인한 신체에 대한 현재의 부당한 침해에서 벗어나기 위한 행위로서 정당방위에 해당하여 위법성이 조각된다. ○ ×

해설 대법원 99도4341 정답 ○

119 형법은 살인, 상해, 강간의 경우에 피해자의 승낙이 있더라도 처벌하는 특별한 규정을 두고 있다. ○ ×

해설 살인죄와 강간죄의 경우 피해자의 승낙이 있더라도 처벌하는 특별한 규정(형법 제252조(촉탁, 승낙에 의한 살인 등), 제305조(미성년자에 대한 간음, 추행))을 두고 있지만 상해죄에 대하여는 따로 규정을 두고 있지 않다. 정답 ×

120 승낙의 주체는 승낙의 의미와 내용을 이해할 수 있는 능력을 가진 자를 의미하므로 승낙권자는 민법상 행위능력자여야 한다. ○ ×

해설 승낙능력은 민법상의 행위능력을 의미하지는 않지만, 승낙자는 자기의 승낙이 무엇을 의미하는가를 알 수 있는 자일 것이 요구된다. 승낙능력은 민법상의 행위능력과는 다르다. 정답 ×

121 승낙은 원칙적으로 자유롭게 철회할 수 있으므로, 철회 전에 이루어진 행위는 정당화되지 않는다. ○ ×

해설 승낙은 침해행위 이전에 언제든지 철회할 수 있지만 철회 이전에 이루어진 침해행위에 대해서는 승낙의 효력이 인정된다.
정답 ×

122 승낙이 있는 것으로 오인한 자의 행위는 객관적 정당화 상황에 관한 착오에 해당하고, 승낙이 없는 것으로 오인한 자의 행위는 주관적 정당화 요소를 결한 경우의 문제가 된다. ○ ×

해설 승낙에 대한 적극적 착오가 발생한 경우(승낙이 없었는데 있는 줄 안 경우) 위법성조각사유의 객관적 전제사실에 대한 착오로서 엄격책임설에 의할 때만 죄가 성립할 수 있고 나머지 학설들은 모두 과실범이 문제된다. 승낙에 대한 소극적 착오가 발생한 경우(승낙이 있었는데 없는 줄 안 경우)에는 주관적정당화요소를 결한 경우로써 다수설에 의하면 불능미수로 처벌된다.
정답 ○

123 법률에서 정한 절차에 따라서는 청구권을 보전할 수 없는 경우에 그 청구권의 실행이 현저히 곤란해지는 상황을 피하기 위하여 한 행위는 상당한 이유가 있는 때에는 벌하지 아니한다. ○ ×

해설

> 형법 제23조(자구행위) ① 법률에서 정한 절차에 따라서는 청구권을 보전(保全)할 수 없는 경우에 그 청구권의 실행이 불가능해지거나 현저히 곤란해지는 상황을 피하기 위하여 한 행위는 상당한 이유가 있는 때에는 벌하지 아니한다.

정답 ○

124 타인의 법익에 대한 현재의 위난을 피하기 위한 행위는 상당한 이유가 있는 때에는 벌하지 아니한다. ○ ×

해설

> 형법 제22조(긴급피난) ① 자기 또는 타인의 법익에 대한 현재의 위난을 피하기 위한 행위는 상당한 이유가 있는 때에는 벌하지 아니한다.

정답 ○

125 어떠한 물건에 대하여 자기에게 그 권리가 있다고 주장하면서 이를 가져간 데 대하여 피해자의 묵시적인 동의가 있었더라도 위 주장이 후에 허위임이 밝혀졌다면 피고인의 행위는 절도죄의 절취행위에 해당한다. ○ ×

해설 피고인이 피해자에게 이 사건 밍크 45마리에 관하여 자기에게 그 권리가 있다고 주장하면서 이를 가져간 데 대하여 피해자의 묵시적인 동의가 있었다면 피고인의 주장이 후에 허위임이 밝혀졌더라도 피고인의 행위는 절도죄의 절취행위에는 해당하지 않는다. (대법원 90도1211)
정답 ×

126 「폭력행위 등 처벌에 관한 법률」에 규정된 죄를 범한 사람이 흉기로 사람에게 위해를 가하려 할 때 이를 예방하기 위하여 한 행위는 벌하지 아니한다. ○ ×

해설

폭력행위 등 처벌에 관한 법률 제8조(정당방위 등) ① 이 법에 규정된 죄를 범한 사람이 흉기나 그 밖의 위험한 물건 등으로 사람에게 위해(危害)를 가하거나 가하려 할 때 이를 예방하거나 방위(防衛)하기 위하여 한 행위는 벌하지 아니한다.

정답 ○

127 「형법」 제24조에 따라 위법성이 조각되는 피해자의 승낙은 개인적 법익을 훼손하는 경우에 법률상 이를 처분할 수 있는 사람의 승낙을 말할 뿐만 아니라 그 승낙이 윤리적, 도덕적으로 사회상규에 반하는 것이 아니어야 한다. ○ ×

해설 대법원 2008도9606

정답 ○

128 문서명의인이 문서의 작성일자 전에 이미 사망했어도 문서명의인이 생존하고 있다는 점이 문서의 중요한 내용을 이루거나 그 점을 전제로 문서가 작성되어 공공의 신용을 해할 위험이 있는 경우에는 사문서위조죄가 성립하나 그 문서에 관하여 사망한 명의자의 승낙이 추정되는 경우에는 피해자의 승낙에 따라 위법성이 조각된다. ○ ×

해설 문서명의인이 이미 사망하였는데도 문서명의인이 생존하고 있다는 점이 문서의 중요한 내용을 이루거나 그 점을 전제로 문서가 작성되었다면 이미 그 문서에 관한 공공의 신용을 해할 위험이 발생하였다 할 것이므로 그러한 내용의 문서에 관하여 사망한 명의자의 승낙이 추정된다는 이유로 사문서위조죄의 성립을 부정할 수는 없다. (대법원 2011도6223)

정답 ×

129 「형법」 제24조 피해자의 승낙은 정당방위, 긴급피난, 자구행위와 같이 '상당한 이유'라는 명문의 규정을 두고 있다. ○ ×

해설

형법 제24조(피해자의 승낙) 처분할 수 있는 자의 승낙에 의하여 그 법익을 훼손한 행위는 법률에 특별한 규정이 없는 한 벌하지 아니한다.

정답 ×

130 의사의 불충분한 설명을 근거로 환자가 수술에 동의하였다면 피해자의 승낙으로 수술의 위법성은 조각되지 않는다. ○ ×

해설 대법원 97도2345

정답 ○

06 정당행위

131 피고인이 소속한 교단협의회에서 조사위원회를 구성하여 피고인이 목사로 있는 교회의 이단성 여부에 대한 조사 활동을 하고 보고서를 그 교회 사무국장에게 작성토록 하자, 피고인이 조사보고서의 관련 자료에 피해자를 명예훼손죄로 고소했던 고소장 사본을 첨부한 경우, 이는 자신의 주장의 정당성을 입증하기 위한 자료의 제출행위로서 정당한 행위로 볼 수 없다. ○ ×

해설 피고인이 소속한 교단협의회에서 조사위원회를 구성하여 피고인이 목사로 있는 교회의 이단성 여부에 대한 조사 활동을 하고 보고서를 그 교회 사무국장에게 작성토록 하자, 피고인이 조사보고서의 관련 자료에 피해자를 명예훼손죄로 고소했던 고소장의 사본을 첨부한 경우, 이는 자신의 주장의 정당성을 입증하기 위한 자료의 제출행위로서 정당한 행위로 볼 것이지, 고소장의 내용에 다소 피해자의 명예를 훼손하는 내용이 들어 있다 하더라도 이를 이유로 고소장을 첨부한 행위가 위법하다고 까지는 할 수 없다. (대법원 93도923)   정답 ×

132 신문기자인 피고인이 고소인에게 2회에 걸쳐 증여세 포탈에 대한 취재를 요구하면서 이에 응하지 않으면 자신이 취재한 내용대로 보도하겠다고 말하며 협박한 경우, 사회상규에 반하는 행위로 위법성이 조각되지 않는다. ○ ×

해설 신문기자인 피고인이 고소인에게 2회에 걸쳐 증여세 포탈에 대한 취재를 요구하면서 이에 응하지 않으면 자신이 취재한 내용대로 보도하겠다고 말하여 협박하였다는 취지로 기소된 사안에서, 피고인이 취재와 보도를 빙자하여 고소인에게 부당한 요구를 하기 위한 취지는 아니었던 점, 당시 피고인이 고소인에게 취재를 요구하였다가 거절당하자 인터뷰 협조요청서와 서면질의 내용을 그 자리에 두고 나왔을 뿐 폭언을 하거나 보도하지 않는 데 대한 대가를 요구하지 않은 점, 관할 세무서가 피고인의 제보에 따라 탈세 여부를 조사한 후 증여세를 추징하였다고 피고인에게 통지한 점, 고소인에게 불리한 사실을 보도하는 경우 기자로서 보도에 앞서 정확한 사실 확인과 보도 여부 등을 결정하기 위해 취재 요청이 필요했으리라고 보이는 점 등 제반 사정에 비추어, 위 행위가 설령 협박죄에서 말하는 해악의 고지에 해당하더라도 특별한 사정이 없는 한 기사 작성을 위한 자료를 수집하고 보도하기 위한 것으로서 신문기자의 일상적 업무범위에 속하여 사회상규에 반하지 아니하는 행위라고 보는 것이 타당하다. (대법원 2011도639)   정답 ×

133 甲정당의 당직자인 피고인들이 국회 외교통상 상임위원회 회의장 앞 복도에서 출입이 봉쇄된 회의장 출입구를 뚫을 목적으로 회의장 출입문 및 그 안쪽에 쌓여있던 책상, 탁자 등 집기를 손상하거나 국회의 심의를 방해할 목적으로 소방호스를 이용하여 회의장 내에 물을 분사한 경우, 위법성이 조각되는 정당행위나 긴급피난의 요건을 갖춘 행위로 평가하기 어렵다. ○ ×

해설 대법원 2010도13609   정답 ○

134 골프클럽 경기보조원들의 구직편의를 위해 제작된 인터넷 사이트 내 회원 게시판에 특정 골프클럽의 운영상 불합리성을 비난하는 글을 게시하면서 위 클럽담당자에 대하여 한심하고 불쌍한 인간이라는 등 경멸적 표현을 한 경우, 게시의 동기와 경위, 모욕적 표현의 정도와 비중 등에 비추어 사회상규에 위배되지 않는다고 보아 모욕죄의 성립을 부정하였다. ○ ×

해설 대법원 2008도1433   정답 ○

135
분쟁이 있던 옆집 사람이 야간에 술에 만취한 채 시비를 하여 거실로 들어오려 하므로 이를 제지하여 밀어내는 과정에서 2주간의 치료가 필요한 요부좌상을 입힌 경우, 피고인의 행위는 정당행위이다. ○ ×

해설 대법원 94도2746 정답 ○

136
대출의 조건 및 용도가 임야매수자금으로 한정되어있는 정책자금을 대출받으면서 임야매수자금 외의 용도에 사용할 목적으로 임야매수자금을 실제보다 부풀린 허위계약서를 제출하여 대출받은 경우, 정책자금을 대출받은 자가 대출의 조건 및 용도에 위반하여 자금을 사용하는 관행이 있더라도 사회상규에 위배되지 않는 정당한 행위라고 할 수 없다. ○ ×

해설 대법원 2006도7634 정답 ○

137
甲노조는 대학 당국이 집회를 허가하지 않았지만 학생회가 동의하였으므로 위법하지 않다고 생각하고 집회를 목적으로 대학 내 학생회관에 들어간 경우 정당행위로서 위법성이 조각된다. ○ ×

해설 직장노조원들이 농성을 목적으로 학생회의 동의를 얻어 학생회관에 들어간 경우, 학생회관의 관리권은 그 대학 당국에 귀속된다고 보아야 하므로 학생회의 동의가 있어 그 침입이 위법하지 않다고 믿었다 하더라도 이에 정당사유가 있다고 볼 수 없어 주거침입죄를 구성한다. (대법원 95도12) 정답 ×

138
회사간부인 甲이 회사의 이익을 빼돌린다는 소문을 확인할 목적으로, 피해자가 사용하면서 비밀번호를 설정하여 비밀장치를 한 전자기록인 개인용 컴퓨터의 하드디스크를 검색한 것은 정당행위로 위법성이 조각된다. ○ ×

해설 대법원 2007도6243 정답 ○

139
정리해고 등 기업의 구조조정 실시 여부는 경영주체의 고도의 경영상 결단에 속하는 사항으로서 이는 원칙적으로 단체교섭의 대상이 될 수 없고 그것이 긴박한 경영상의 필요나 합리적 이유없이 불순한 의도로 추진되는 등의 특별한 사정이 없는 한 노동조합이 그 실시 자체를 반대하기 위해 쟁의행위에 나아가는 것은 허용되지 않으나, 그 실시로 인해 근로자들의 지위나 근로조건의 변경이 필연적으로 수반되는 경우에 한해 그 쟁의행위의 목적의 정당성을 인정할 수 있다. ○ ×

해설 정리해고나 사업조직의 통폐합 등 기업의 구조조정 실시 여부는 경영주체의 고도의 경영상 결단에 속하는 사항으로서 원칙적으로 단체교섭의 대상이 될 수 없어, 그것이 긴박한 경영상의 필요나 합리적 이유 없이 불순한 의도로 추진된다는 등의 특별한 사정이 없음에도 노동조합이 실질적으로 그 실시 자체를 반대하기 위하여 쟁의행위로 나아간다면, 비록 그러한 구조조정의 실시가 근로자들의 지위나 근로조건의 변경을 필연적으로 수반한다 하더라도 그 쟁의행위는 목적의 정당성을 인정할 수 없다. (대법원 2011도393) 정답 ×

140 수지침 한 봉지를 사가지고 수지침 전문가인 피고인을 찾아와 수지침 시술을 부탁하므로 피고인이 아무런 대가 없이 시술행위를 해준 경우 사회통념상 허용될 만한 정도의 상당성이 있는 것으로 정당행위에 해당한다. ○ ×

해설 대법원 98도2389

정답 ○

141 정당방위의 성립요건으로서의 방어행위에는 순수한 수비적 방어뿐 아니라 적극적 반격을 포함하는 반격방어의 형태도 포함되나, 그 방어행위는 자기 또는 타인의 법익침해를 방위하기 위한 행위로서 상당한 이유가 있어야 한다. ○ ×

해설 대법원 92도2540

정답 ○

142 신문기자인 피고인이 고소인에게 2회에 걸쳐 증여세 포탈에 대한 취재를 요구하면서 이에 응하지 않으면 자신이 취재한 내용대로 보도하겠다고 말한 것은 정당행위에 해당한다. ○ ×

해설 대법원 2011도639

정답 ○

143 국회의원인 피고인이, 구 국가안전기획부 내 정보수집팀이 대기업 고위관계자와 중앙일간지 사주 간의 사적 대화를 불법 녹음한 자료를 입수한 후 그 대화내용과 위 대기업으로부터 이른바 떡값 명목의 금품을 수수하였다는 검사들의 실명이 게재된 보도자료를 작성하여 자신의 인터넷 홈페이지에 게재한 경우에는 정당행위에 해당한다. ○ ×

해설 피고인이 국가기관의 불법 녹음 자체를 고발하기 위하여 불가피하게 위 녹음 자료에 담겨 있던 대화 내용을 공개한 것이 아니고, 위 대화가 피고인의 공개행위시로부터 8년 전에 이루어져 이를 공개하지 아니하면 공익에 대한 중대한 침해가 발생할 가능성이 현저한 경우로서 비상한 공적 관심의 대상이 되는 경우에 해당한다고 보기 어려우며, 전파성이 강한 인터넷 매체를 이용하여 불법 녹음된 대화의 상세한 내용과 관련 당사자의 실명을 그대로 공개하여 방법의 상당성을 결여하였고, 위 게재행위와 관련된 사정을 종합하여 볼 때 위 게재에 의하여 얻어지는 이익 및 가치가 통신비밀이 유지됨으로써 얻어지는 이익 및 가치를 초월한다고 볼 수 없으므로, 피고인이 위 녹음 자료를 취득하는 과정에 위법이 없었더라도 위 행위는 형법 제20조의 정당행위에 해당한다고 볼 수 없다. (대법원 2009도14442)

정답 ×

144 피난행위가 그 정도를 초과하더라도 야간 기타 불안스러운 상태 하에서 공포, 경악, 흥분, 당황으로 인한 경우에는 벌하지 아니한다. ○ ×

해설

> 형법 제21조(정당방위) ② 방위행위가 그 정도를 초과한 경우에는 정황(情況)에 따라 그 형을 감경하거나 면제할 수 있다.
> ③ 제2항의 경우에 야간이나 그 밖의 불안한 상태에서 공포를 느끼거나 경악(驚愕)하거나 흥분하거나 당황하였기 때문에 그 행위를 하였을 때에는 벌하지 아니한다.
> 형법 제22조(긴급피난) ③ 전조 제2항과 제3항의 규정은 본조에 준용한다.

정답 ○

145 이혼소송중인 남편이 찾아와 가위로 폭행하고 변태적 성행위를 강요하는 데에 격분하여 처가 칼로 남편의 복부를 찔러 사망에 이르게 한 경우, 그 행위는 정당방위에 해당한다. ○ ×

해설 이혼소송중인 남편이 찾아와 가위로 폭행하고 변태적 성행위를 강요하는 데에 격분하여 처가 칼로 남편의 복부를 찔러 사망에 이르게 한 경우, 그 행위는 방위행위로서의 한도를 넘어선 것으로 사회통념상 용인될 수 없다는 이유로 정당방위나 과잉방위에 해당하지 않는다. (대법원 2001도1089) 정답 ×

146 甲이 스스로 야기한 강간범행의 와중에서 피해자 A가 甲의 손가락을 깨물며 반항하자 물린 손가락을 비틀며 잡아 뽑다가 A에게 치아결손의 상해를 입힌 경우 甲의 상해행위는 긴급피난으로 위법성이 조각된다. ○ ×

해설 피고인이 스스로 야기한 강간범행의 와중에서 피해자가 피고인의 손가락을 깨물며 반항하자 물린 손가락을 비틀며 잡아 뽑다가 피해자에게 치아결손의 상해를 입힌 소위를 가리켜 법에 의하여 용인되는 피난행위라 할 수 없다. (대법원 94도2781) 정답 ×

147 甲이 교통사고를 가장하여 보험금을 편취할 목적으로 피해자 A와 공모하여 A의 승낙을 받고 그에게 상해를 가한 경우 甲의 상해행위는 피해자의 승낙에 의하여 위법성이 조각된다. ○ ×

해설 피고인이 피해자와 공모하여 교통사고를 가장하여 보험금을 편취할 목적으로 피해자에게 상해를 가하였다면 피해자의 승낙이 있었다고 하더라도 이는 위법한 목적에 이용하기 위한 것이므로 피고인의 행위가 피해자의 승낙에 의하여 위법성이 조각된다고 할 수 없다. (대법원 2008도9606) 정답 ×

148 甲이 피해자 A가 사용중인 공중화장실의 용변칸에 노크하여 남편으로 오인한 A가 용변칸 문을 열자 강간할 의도로 용변칸에 들어간 경우 A가 명시적 또는 묵시적으로 이를 승낙하였다고 볼 수 있으므로 甲의 주거침입행위는 위법성이 조각된다. ○ ×

해설 피고인이 피해자가 사용중인 공중화장실의 용변칸에 노크하여 남편으로 오인한 피해자가 용변칸 문을 열자 강간할 의도로 용변칸에 들어간 것이라면 피해자가 명시적 또는 묵시적으로 이를 승낙하였다고 볼 수 없어 주거침입죄에 해당한다. (대법원 2003도1256) 정답 ×

149 정당행위를 인정하려면 그 행위의 동기나 목적의 정당성, 행위의 수단이나 방법의 상당성, 법익균형성, 긴급성의 요건을 갖추어야 하며, 이러한 요건이 갖추어진 경우 그 행위의 보충성은 요구되지 않음이 원칙이다. ○ ×

해설 형법 제20조 소정의 '사회상규에 위배되지 아니하는 행위'라 함은 법질서 전체의 정신이나 그 배후에 놓여 있는 사회윤리 내지 사회통념에 비추어 용인될 수 있는 행위를 말하고, 어떠한 행위가 사회상규에 위배되지 아니하는 정당한 행위로서 위법성이 조각되는 것인지는 구체적인 사정아래서 합목적적, 합리적으로 고찰하여 개별적으로 판단되어야 하므로, 이와 같은 정당행위를 인정하려면 첫째 그 행위의 동기나 목적의 정당성, 둘째 행위의 수단이나 방법의 상당성, 셋째 보호이익과 침해이익과의 법익균형성, 넷째 긴급성, 다섯째 그 행위 외에 다른 수단이나 방법이 없다는 보충성 등의 요건을 갖추어야 한다. (대법원 2003도3000) 정답 ×

150 게시된 음란물이 음란성에 관한 학술적, 사상적 표현과 결합하여 표현된 결합표현물인 경우 음란 표현의 해악이 상당한 방법으로 해소되거나 다양한 의견과 사상의 경쟁메커니즘에 의해 해소될 수 있는 정도라는 등의 특별한 사정이 있다면 결합표현물에 의한 표현행위는 사회상규에 위배되지 아니한다. ○ ×

해설 대법원 2012도13352   정답 ○

151 국가정보원의 사이버팀 직원들이 상부에서 하달된 지시에 따라 정치적인 목적을 가지고 인터넷 게시글과 댓글작성, 찬반클릭 행위, 트윗과 리트윗 활동을 한 경우 (구)「국가정보원법」에 따른 직무범위 내의 정당한 행위로 볼 수 없다. ○ ×

해설 대법원 2017도14322 전합   정답 ○

152 의사가 모발이식시술을 하면서 이에 관하여 어느 정도 지식을 가지고 있는 간호조무사로 하여금 환자의 머리부위 진피층까지 찔러 넣는 방법으로 수여부에 모발을 삽입하는 행위 자체 중 일정부분을 직접 하도록 맡겨둔 채 별반 관여하지 않은 경우 정당행위에 해당하여 위법성이 조각된다. ○ ×

해설 의사가 모발이식시술을 하면서 이에 관하여 어느 정도 지식을 가지고 있는 간호조무사로 하여금 모발이식시술행위 중 일정부분을 직접 하도록 맡겨둔 채 별반 관여하지 않은 것이 정당행위에 해당하지 않는다. (대법원 2005도8317)
  정답 ×

153 실내 어린이 놀이터에서 자신의 딸(4세)에게 피해자가 다가와 딸이 가지고 놀고 있는 블록을 발로 차고 손으로 집어 들면서 쌓아놓은 블록을 무너뜨리고, 이에 딸이 울자 피고인이 피해자에게 "하지 마, 그러면 안 되는 거야"라고 말하면서 몇 차례 피해자를 제지하자 피해자가 갑자기 딸의 눈 쪽을 향해 오른손을 뻗었고 이를 본 피고인이 왼손을 내밀어 피해자의 행동을 제지하여 피해자가 바닥에 넘어져 충격방지용 고무매트가 깔린 바닥에 엉덩방아를 찧게끔 한 경우 정당행위에 해당하여 위법성이 조각된다. ○ ×

해설 대법원 2012도11204   정답 ○

154 건설업체 노조원들이 '임·단협 성실교섭 촉구 결의대회'를 개최하면서 신고하지 아니하고 700여명이 이동하는 중에 앞선 100여 명이 30분간에 걸쳐 편도 2차로를 모두 차지하고 삼보일배 행진을 하여 차량의 통행을 다소간 방해한 경우 정당행위에 해당하여 위법성이 조각된다. ○ ×

해설 대법원 2009도840   정답 ○

155 A주식회사 임원인 甲이 회사 직원들 및 그 가족들에게 수여할 목적으로 전문의약품인 타미플루 39,600정 등을 제약회사로부터 매수하여 취득한 행위는 사회상규에 위배되지 아니하는 정당행위로서 위법성이 조각된다. ○ ×

해설 甲 주식회사 임원인 피고인들이 회사 직원들 및 그 가족들에게 수여할 목적으로 전문의약품인 타미플루 39,600정 등을 제약회사로부터 매수하여 취득하였다고 하여 구 약사법(2007.10.17. 법률 제8643호로 개정되기 전의 것) 위반죄로 기소된 사안에서, 불특정 또는 다수인에게 무상으로 의약품을 양도하는 수여행위도 '판매'에 포함되므로 위와 같은 행위가 같은 법 제44조 제1항 위반행위에 해당한다는 전제에서, 사회상규에 위배되지 아니하는 정당행위로서 위법성이 조각된다는 취지의 피고인들 주장을 배척한 원심의 조치는 정당하다. (대법원 2011도6287)   정답 ×

156 감정평가업자가 아닌 공인회계사가 타인의 의뢰에 의하여 일정한 보수를 받고 (구)「부동산 가격공시 및 감정평가에 관한 법률」이 정한 토지에 대한 감정평가를 업으로 행하는 것은 특별한 사정이 없는 한 「형법」 제20조가 정한 '법령에 의한 행위'로서 정당행위에 해당한다고 볼 수 없다. ○ ×

해설 대법원 2014도191   정답 ○

157 A회사 대표이사인 피고인 甲이 '회사 직원이 회사의 이익을 빼돌린다'는 소문을 확인할 목적으로, 비밀번호를 설정함으로써 비밀장치를 한 전자기록인 피해자가 사용하던 '개인용 컴퓨터 하드디스크'를 떼어내어 다른 컴퓨터에 연결한 다음 의심 드는 단어로 파일을 검색하여 메신저 대화 내용, 이메일 등을 출력한 경우라면 정당행위에 해당한다고 볼 수 없다. ○ ×

해설 '회사의 직원이 회사의 이익을 빼돌린다'는 소문을 확인할 목적으로, 비밀번호를 설정함으로써 비밀장치를 한 전자기록인 피해자가 사용하던 '개인용 컴퓨터의 하드디스크'를 떼어내어 다른 컴퓨터에 연결한 다음 의심이 드는 단어로 파일을 검색하여 메신저 대화 내용, 이메일 등을 출력한 사안에서, 피해자의 범죄 혐의를 구체적이고 합리적으로 의심할 수 있는 상황에서 피고인이 긴급히 확인하고 대처할 필요가 있었고, 그 열람의 범위를 범죄 혐의와 관련된 범위로 제한하였으며, 피해자가 입사시 회사 소유의 컴퓨터를 무단 사용하지 않고 업무 관련 결과물을 모두 회사에 귀속시키겠다고 약정하였고, 검색 결과 범죄행위를 확인할 수 있는 여러 자가 발견된 사정 등에 비추어, 피고인의 그러한 행위는 사회통념상 허용될 수 있는 상당성이 있는 행위로서 형법 제20조의 '정당행위'에 해당한다. (대법원 2007도6243)   정답 ×

158 집행관 甲이 압류집행을 위하여 채무자의 주거에 들어가려고 하였으나 채무자의 아들 乙이 이를 방해하는 등 저항하므로 주거에 들어가는 과정에서 몸싸움을 하던 도중 乙에게 2주간의 상해를 가한 행위는 정당행위에 해당한다. ○ ×

해설 대법원 93도875   정답 ○

159 회사의 긴박한 경영상의 필요에 의하여 실시되는 정리해고 자체를 전혀 수용할 수 없다는 노동조합측의 입장 관철을 주된 목적으로 하는 쟁의행위는 정당행위에 해당하지 않는다. ○ ×

해설 대법원 2010도11030 정답 ○

160 국가정책적 견지에서 도박죄의 보호법익보다 좀 더 높은 국가이익을 위하여 예외적으로 내국인의 출입을 허용하는 폐광지역개발 지원에 관한 특별법 등에 따라 카지노에 출입하는 것은 업무로 인한 행위로서 정당행위에 해당하여 위법성이 조각된다. ○ ×

해설 국가 정책적 견지에서 도박죄의 보호법익보다 좀 더 높은 국가이익을 위하여 예외적으로 내국인의 출입을 허용하는 폐광지역 개발 지원에 관한 특별법 등에 따라 카지노에 출입하는 것은 법령에 의한 행위로 위법성이 조각된다고 할 것이나, 도박죄를 처벌하지 않는 외국 카지노에서의 도박이라는 사정만으로 그 위법성이 조각된다고 할 수 없다. (대법원 2002도2518) 정답 ×

161 비료를 매수하여 시비한 결과 사과나무 묘목이 고사하자 그 비료를 생산한 회사에게 손해배상을 요구하면서 사장 이하 간부들에게 욕설을 하거나 응접탁자 등을 들었다 놓았다 하거나 현수막을 만들어 보이면서 시위를 할 듯한 태도를 보이는 경우 정당행위에 해당하여 위법성이 조각된다. ○ ×

해설 대법원 79도2565 정답 ○

162 중대장의 지시에 따라 관사를 지키고 있던 당번병인 피고인이 중대장의 처가 마중 나오라는 지시를 정당한 명령으로 오인하고 관사를 무단이탈하였는데 당번병으로서의 그 임무범위 내에 속하는 일로 오인하고, 그 오인에 정당한 이유가 있어 책임이 없다고 볼것이다. ○ ×

해설 소속 중대장의 당번병이 근무시간 중은 물론 근무시간 후에도 밤늦게까지 수시로 영외에 있는 중대장의 관사에 머물면서 집안일을 도와주고 그 자녀들을 보살피며 중대장 또는 그 처의 심부름을 관사를 떠나서까지 시키는 일을 해오던 중 사건당일 중대장의 지시에 따라 관사를 지키고 있던 중 중대장과 함께 외출나간 그 처로부터 24:00경 비가 오고 밤이 늦어 혼자 귀가할 수 없으니 관사로부터 1.5킬로미터 가량 떨어진 지점까지 우산을 들고 마중을 나오라는 연락을 받고 당번병으로서 당연히 해야 할 일로 생각하고 그 지점까지 나가 동인을 마중하여 그 다음날 01:00경 귀가하였다면 위와 같은 당번병의 관사이탈 행위는 중대장의 직접적인 허가를 받지 아니하였다 하더라도 당번병으로서의 그 임무범위 내에 속하는 일로 오인하고 한 행위로서 그 오인에 정당한 이유가 있어 위법성이 없다고 볼 것이다. (대법원 86도1406) 정답 ×

163 재건축조합의 조합장이 조합탈퇴의 의사표시를 한 자를 상대로 '사업시행구역 안에 있는 그 소유의 건물을 명도하고 이를 재건축사업에 제공하여 행하는 업무를 방해하여서는 아니 된다'는 가처분의 판결을 받아 위 건물을 철거한 행위는 형법 제20조에 정한 업무로 인한 정당행위에 해당한다. ○ ×

해설 대법원 97도2877 정답 ○

164

인근 상가의 통행로로 이용되고 있는 토지의 사실상 지배권자가 위 토지에 철주와 철망을 설치하고 포장된 아스팔트를 걷어냄으로써 통행로로 이용하지 못하게 한 것은 자구행위로 위법성이 조각된다. ○ ×

해설 인근 상가의 통행로로 이용되고 있는 토지의 사실상 지배권자가 위 토지에 철주와 철망을 설치하고 포장된 아스팔트를 걷어냄으로써 통행로로 이용하지 못하게 한 경우, 이는 일반교통방해죄를 구성하고 자구행위에 해당하지 않는다. (대법원 2007도7717)

정답 ×

165

피해자의 승낙에서의 사전적 승낙이 있었다 하더라도 행위 이전에 피해자는 언제든지 자유롭게 승낙을 철회할 수 있으며, 승낙을 철회한 경우에는 승낙은 더 이상 존재하지 않게 된다. ○ ×

해설 대법원 2010도9962

정답 ○

166

사회상규에 반하지 않는 행위는 국가질서의 존중이라는 인식을 바탕으로 한 국민일반의 건전한 도의적 감정에 반하지 아니하는 행위를 가리키는 것으로, 초법규적인 기준에 의해 평가 되어서는 안 된다. ○ ×

해설 사회상규에 반하지 아니하는 행위는 이를 처벌하지 아니하는 것인 바, 소위사회상규에 반하지 아니한 행위라 함은 국가질서의 존중이라는 인식을 바탕으로 한 국민일반의 건전한 도의적 감정에 반하지 아니한 행위로써 초법규적인 기준에 의하여 이를 평가할 것이다. (대법원 83도2224)

정답 ×

167

쟁의행위가 추구하는 목적 중 일부가 정당하지 못한 경우에는 주된 목적 내지 진정한 목적을 기준으로 그 정당성 여부를 판단하여야 한다. ○ ×

해설 쟁의행위가 형법상 정당행위로 되기 위하여는 그 목적이 근로조건의 유지·개선을 위한 노사간의 자치적 교섭을 조성하는 데에 있어야 하고 그 절차에 있어 특별한 사정이 없는 한 노동위원회의 조정절차를 거쳐야 하는바, 쟁의행위에서 추구되는 목적이 여러 가지이고 그 중 일부가 정당하지 못한 경우에는 주된 목적 내지 진정한 목적의 당부에 의하여 그 쟁의행위 목적의 당부를 판단하여야 하므로 부당한 요구사항을 뺐더라면 쟁의행위를 하지 않았을 것이라고 인정되는 경우에만 그 쟁의행위 전체가 정당성을 가지지 못한다. (대법원 2000도2871)

정답 ○

168

조합원의 민주적 의사결정이 실질적으로 확보된 때에는 쟁의행위의 개시에 앞서「노동조합 및 노동관계조정법」제41조 제1항에 의한 투표절차를 거치지 아니한 경우에도 쟁의행위의 정당성은 상실되지 않는다. ○ ×

해설 노동조정법 제41조 제1항을 위반하여 조합원의 직접·비밀·무기명 투표에 의한 과반수의 찬성결정을 거치지 아니하고 쟁의행위에 나아간 경우에는 조합원의 민주적 의사결정이 실질적으로 확보되었다 하여도 쟁의행위가 정당성을 상실한다. (대법원 99도4837 전합)

정답 ×

169 쟁의행위로서의 직장 또는 사업장시설 점거는 그 범위가 직장 또는 사업장시설 일부분에 그치고 사용자 측의 출입이나 관리지배를 배제하지 않는 병존적인 경우라도 이미 정당성의 한계를 벗어난 것이다. ○ ×

> **해설** 직장 또는 사업장시설의 점거는 적극적인 쟁의행위의 한 형태로서 그 점거의 범위가 직장 또는 사업장시설의 일부분이고 사용자측의 출입이나 관리지배를 배제하지 않는 병존적인 점거에 지나지 않을 때에는 정당한 쟁의행위로 볼 수 있으나, 이와 달리 직장 또는 사업장시설을 전면적, 배타적으로 점거하여 조합원 이외의 자의 출입을 저지하거나 사용자측의 관리지배를 배제하여 업무의 중단 또는 혼란을 야기케 하는 것과 같은 행위는 이미 정당성의 한계를 벗어난 것이라고 볼 수밖에 없다. (대법원 2007도5204)   정답 ×

170 방송기자가 방송프로그램에서 약 8년 전에 이루어진 사적 대화의 불법녹음을 대화자의 실명과 구체적인 대화의 내용까지 공개한 것은, 그 내용이 공적 관심의 대상이 되기 어렵고 행위의 수단이나 방법이 상당성을 결여한 것으로 정당행위에 해당하지 않는다. ○ ×

> **해설** 대법원 2006도8839 전합   정답 ○

171 1년 이상 관리비를 체납한 고액체납자의 점포에 대하여 이사회의 결의 및 시장번영회의 관리규정에 따라 행한 번영회장의 단전조치는 동기와 목적, 수단과 방법 등을 고려할 때 정당한 행위로 인정될 수 있다. ○ ×

> **해설** 대법원 2003도4732   정답 ○

172 노동조합이 쟁의행위의 일시·장소·참가인원 및 그 방법에 관한 서면신고를 하지 않고 쟁의를 한 경우에는 신고절차의 미준수로 인해 쟁의행위의 정당성이 부정된다. ○ ×

> **해설** 노동조합 및 노동관계조정법 시행령 제17조에서 규정하고 있는 쟁의행위의 일시·장소·참가인원 및 그 방법에 관한 서면신고의무는 쟁의행위를 함에 있어 그 세부적·형식적 절차를 규정한 것으로서 쟁의행위에 적법성을 부여하기 위하여 필요한 본질적인 요소는 아니므로, 신고절차의 미준수만을 이유로 쟁의행위의 정당성을 부정할 수는 없다. (대법원 2007도5204)   정답 ×

173 의료행위에 해당하는 어떠한 시술행위가 무면허로 행하여 졌을 때, 그 시술행위의 위험성의 정도, 일반인들의 시각, 시술자의 시술의 동기, 목적, 방법, 횟수, 시술에 대한 지식수준, 시술경력, 피시술자의 나이, 체질, 건강상태, 시술행위로 인한 부작용 내지 위험발생 가능성 등을 종합적으로 고려하여 법질서 전체의 정신이나 그 배후에 놓여 있는 사회윤리 내지 사회통념에 비추어 용인될 수 있는 행위에 해당한다고 인정되는 경우에만 사회상규에 위배되지 아니하는 행위로서 위법성이 조각된다. ○ ×

> **해설** 대법원 2006도6870   정답 ○

174 간호조무사에 불과한 A가 모발이식시술에 관하여 어느 정도 지식을 가지고 있다고 하여도 의료 전반에 관한 체계적인 지식과 의사 자격을 가지고 있지는 않고, 의사 甲은 모발이식시술을 하면서 식모기를 환자의 머리부위 진피층까지 찔러 넣는 방법으로 수여부에 모발을 삽입하는 행위 자체 중 일정부분에 대해서는 의사 甲이 관여하지 않고 A에 의해 독립적으로 의료행위가 이루어진 경우, 위 甲의 행위는 의료법을 포함한 법질서 전체의 정신이나 사회통념에 비추어 용인될 수 있는 행위에 해당한다고 볼 수 없다. ○ ×

해설 대법원 2005도8317 정답 ○

175 피부관리사 B가 피부미용에 관하여는 상당한 지식을 가지고 있다고 하여도 의료 전반에 관한 체계적인 지식을 가지고 있지는 못한 사실, 의사인 乙을 포함한 피고인 의원의 의사들은 크리스탈 필링 박피술의 시술과정 자체는 피부관리사 B에게만 맡겨둔 채 B에 의해 이루어진 경우, 이러한 乙의 행위는 의료법을 포함한 법질서 전체의 정신이나 사회통념에 비추어 용인될 수 있는 행위에 해당한다고 볼 수는 없다. ○ ×

해설 대법원 2003도2903 정답 ○

176 찜질방 내에 침대, 부항기 및 부항침 등을 갖추어 놓고 찾아오는 사람들에게 아픈 부위와 증상을 물어본 다음 양손으로 아픈 부위의 혈을 주물러 근육을 풀어주는 한편, 그 부위에 부항을 뜬 후 그곳을 부항침으로 10회 정도 찌르고 다시 부항을 뜨는 등 피고인의 이러한 행위는 부항 시술행위가 광범위하고 보편화된 민간요법이고, 그 시술로 인한 위험성이 적다는 점에서 사회상규에 위배되지 아니하는 행위에 해당한다. ○ ×

해설 부항 시술행위가 광범위하고 보편화된 민간요법이고, 그 시술로 인한 위험성이 적다는 사정만으로 그것이 바로 사회상규에 위배되지 아니하는 행위에 해당한다고 보기는 어렵고, 다만 개별적인 경우에 여러 가지 사정 등을 종합적으로 고려하여 법질서 전체의 정신이나 그 배후에 놓여 있는 사회윤리 내지 사회통념에 비추어 용인될 수 있는 행위에 해당한다고 인정되는 경우에만 사회상규에 위배되지 아니하는 행위로서 위법성이 조각된다고 할 것이다. 위 법리에 비추어 기록을 살펴보면, 피고인이 행한 부항 시술행위가 보건위생상 위해가 발행할 우려가 전혀 없다고 볼 수 없는데다가, 피고인이 한의사 자격이나 이에 관한 어떠한 면허도 없이 영리를 목적으로 위와 같은 치료행위를 한 것이고, 단순히 수지침 정도의 수준에 그치지 아니하고 부항침과 부항을 이용하여 체내의 혈액을 밖으로 배출되도록 한 것이므로, 이러한 피고인의 시술행위는 의료법을 포함한 법질서 전체의 정신이나 사회통념에 비추어 용인될 수 있는 행위에 해당한다고 볼 수는 없고, 따라서 사회상규에 위배되지 아니하는 행위로서 위법성이 조각되는 경우에 해당한다고 할 수 없다. (대법원 2004도3405)
정답 ×

177 집회장소 사용 승낙을 하지 않은 A대학교 측의 집회 저지 협조 요청에 따라 경찰관들이 A대학교 출입문에서 신고된 A대학교에서의 집회에 참가하려는 자의 출입을 저지하자, 그 때문에 소정의 신고 없이 B대학교로 장소를 옮겨서 집회를 한 경우 위법성이 조각된다. ○ ×

해설 집회장소 사용 승낙을 하지 않은 갑대학교측의 집회 저지 협조요청에 따라 경찰관들이 갑대학교 출입문에서 신고된 갑대학교에서의 집회에 참가하려는 자의 출입을 저지한 것은 경찰관직무집행법 제6조의 주거침입행위에 대한 사전 제지조치로 볼 수 있고, 비록 그 때문에 소정의 신고없이 을대학교로 장소를 옮겨서 집회를 하였다 하여 그 신고없이 한 집회가 긴급피난에 해당 한다고도 할 수 없다. (대법원 90도870) 정답 ×

178 아파트 입주자 대표회의 회장이 다수 입주민들의 민원에 따라 위성방송수신을 방해하는 케이블TV 방송의 시험방송 송출을 중단시키기 위하여 위 케이블 방송의 방송 안테나를 절단하도록 지시한 경우 위법성이 조각된다. ○ ×

해설 아파트 입주자대표회의 회장이 다수 입주민들의 민원에 따라 위성방송 수신을 방해하는 케이블TV 방송의 시험방송 송출을 중단시키기 위하여 위 케이블TV 방송의 방송안테나를 절단하도록 지시한 행위를 긴급피난 내지는 정당행위에 해당한다고 볼 수 없다. (대법원 2005도9396) 정답 ×

179 선거관리위원회가 주최한 합동연설회장에서 일간지의 신문기사를 읽는 방법으로 상대 후보의 전과사실을 적시한 사안에서, 상대후보의 평가를 저하시켜 스스로 자신이 당선되려는 사적 이익도 동기가 되었지만 유권자들에게 상대후보의 자질에 대한 자료를 제공함으로써 적절한 투표권을 행사하도록 하려는 공적 동기도 있었던 경우 위법성이 조각된다. ○ ×

해설 대법원 96도977 정답 ○

180 형법 제20조에 정하여진 '사회상규에 위배되지 아니하는 행위'란 법질서 전체의 정신이나 그 배후에 놓여 있는 사회윤리 내지 사회통념에 비추어 용인될 수 있는 행위를 말하므로, 어떤 행위가 그 행위의 동기나 목적의 정당성, 행위의 수단이나 방법의 상당성, 보호이익과 침해이익의 법익 균형성, 긴급성, 그 행위 이외의 다른 수단이나 방법이 없다는 보충성 등의 요건을 갖춘 경우에는 정당행위에 해당한다. ○ ×

해설 대법원 2021도9680 정답 ○

181 어떠한 행위가 위 요건들을 충족하는 정당한 행위로서 위법성이 조각되는 것인지는 구체적인 사정 아래서 합목적적, 합리적으로 고찰하여 개별적으로 판단되어야 하므로, 구체적인 사안에서 정당행위로 인정되기 위한 긴급성이나 보충성의 정도는 개별 사안에 따라 다를 수 있다. ○ ×

해설 대법원 2020도14576 정답 ○

182 어떠한 행위가 형법 제20조의 정당행위에 해당한다는 것은 그 행위가 단지 특정한 상황 하에서 범죄행위로서 처벌대상이 될 정도의 위법성을 갖추지 못하였다는 것을 의미하는 것이 아니라, 그 행위가 적극적으로 용인, 권장된다는 의미이다. ○ ×

해설 어떠한 행위가 범죄구성요건에 해당하지만 정당행위라는 이유로 위법성이 조각된다는 것은 그 행위가 적극적으로 용인, 권장된다는 의미가 아니라 단지 특정한 상황하에서 그 행위가 범죄행위로서 처벌대상이 될 정도의 위법성을 갖추지 못하였다는 것을 의미한다. (대법원 2021도9680) 정답 ×

183 어떠한 글이 모욕적 표현을 포함하는 판단이나 의견을 담고 있을 경우에도 그 시대의 건전한 사회통념에 비추어 살펴보아 그 표현이 사회상규에 위배되지 않는 행위로 볼 수 있는 때에는 형법 제20조의 정당행위에 해당하여 위법성이 조각된다고 보아야 하고, 이로써 표현의 자유로 획득되는 이익 및 가치와 명예 보호에 의하여 달성되는 이익 및 가치를 적절히 조화할 수 있다. ○ ×

해설 대법원 2020도14576 정답 ○

184 사용자가 적법한 직장폐쇄 기간 중임에도 불구하고 일방적으로 업무에 복귀하겠다고 하면서 자신의 퇴거요구에 불응한 채 계속하여 사업장 내로 진입을 시도하는 해고 근로자를 폭행, 협박하였다면 이는 사업장 내의 평온과 노동조합의 업무방해행위를 방지하기 위한 정당방위 내지 정당행위에 해당한다. ○ ×

해설 대법원 2006도9307 정답 ○

185 피해자가 불특정·다수인의 통행로로 이용되어 오던 기존통로의 일부 소유자인 피고인으로부터 사용승낙을 받지 아니한 채 통로를 활용하여 공사차량을 통행하게 함으로써 피고인의 영업에 다소 피해가 발생하자 피고인이 공사차량을 통행하지 못하도록 자신 소유의 승용차를 통로에 주차시켜 놓은 행위가 사회상규에 위배되지 않는 정당행위에 해당한다고 할 수 없다. ○ ×

해설 대법원 2005도4688 정답 ○

186 아파트 입주자대표회의의 임원 또는 아파트관리회사의 직원들인 피고인들이 기존 관리회사의 직원들로부터 계속 업무집행을 제지받던 중 저수조 청소를 위하여 출입문에 설치된 자물쇠를 손괴하고 중앙공급실에 침입한 행위는 정당행위에 해당하지 않지만, 관리비 고지서를 빼앗거나 사무실의 집기 등을 들어낸 것에 불과한 행위는 정당행위에 해당하여 위법성이 조각된다. ○ ×

해설 아파트 입주자대표회의의 임원 또는 아파트관리회사의 직원들인 피고인들이 기존 관리회사의 직원들로부터 계속 업무집행을 제지받던 중 저수조 청소를 위하여 출입문에 설치된 자물쇠를 손괴하고 중앙공급실에 침입한 행위는 정당행위에 해당하나, 관리비 고지서를 빼앗거나 사무실의 집기 등을 들어낸 행위는 정당행위에 해당하지 않는다. (대법원 2003도3902) 정답 ×

187 구성요건에 해당하는 행위가 형법 제20조에 따라 위법성이 조각되려면, 첫째 그 행위의 동기나 목적의 정당성, 둘째 행위의 수단이나 방법의 상당성, 셋째 보호법익과 침해법익의 균형성, 넷째 긴급성, 다섯째 그 행위 이외의 다른 수단이나 방법이 없다는 보충성의 요건을 모두 갖추어야 한다. ○ ×

해설 대법원 2017도15226 정답 ○

188 집행관이 조합 소유 아파트에서 유치권을 주장하는 甲을 상대로 부동산인도집행을 실시하여 조합이 그 아파트를 인도받고 출입문의 잠금장치를 교체하는 등으로 그 점유가 확립된 이후에 甲이 아파트 출입문과 잠금장치를 훼손하며 강제로 개방하고 아파트에 들어간 경우, 甲의 행위는 민법상 자력구제에 해당하므로 형법 제20조에 따라 위법성이 조각된다. ○ ×

해설 피고인이 아파트에 들어갈 당시에는 이미 甲 조합이 집행관으로부터 아파트를 인도받은 후 출입문의 잠금장치를 교체하는 등으로 그 점유가 확립된 상태여서 점유권 침해의 현장성 내지 추적가능성이 있다고 보기 어려워 점유를 실력에 의하여 탈환한 피고인의 행위가 민법상 자력구제에 해당하지 않는다고 보아 재물손괴 및 건조물침입죄가 성립된다. (대법원 2017도9999)　　정답 ×

189 민사소송법 제335조에 따른 법원의 감정인 지정결정 또는 같은 법 제341조 제1항에 따라 법원의 감정촉탁을 받은 사람이 감정평가업자가 아니었음에도 그 감정사항에 포함된 토지 등의 감정평가를 한 행위는 법령에 근거한 법원의 적법한 결정이나 촉탁에 따른 것으로 형법 제20조에 따라 위법성이 조각된다. ○ ×

해설 대법원 2017도10634　　정답 ○

190 A주식회사로부터 공립유치원의 놀이시설 제작 및 설치공사를 하도급 받은 甲이 유치원 행정실장 등에게 공사대금의 직접지급을 요구하였으나 거절당하자, 공사대금 직불청구권이 있는 놀이시설의 정당한 유치권자로서 공사대금 채권을 확보할 필요가 있어 놀이시설의 일부인 보호대를 칼로 뜯어내고 일부 놀이시설은 철거하는 방법으로 공무소에서 사용하는 물건을 손상한 경우 정당행위에 해당한다. ○ ×

해설 갑 주식회사가 피고인에게 공립유치원의 놀이시설 제작 및 설치공사를 하도급주었는데, 피고인이 유치원 행정실장 등에게 공사대금의 직접 지급을 요구하였으나 거절당하자 놀이시설의 일부인 보호대를 칼로 뜯어내고 일부 놀이시설은 철거하는 방법으로 공무소에서 사용하는 물건을 손상하였다는 내용으로 기소된 사안에서, 피고인에게 공사대금 직불청구권이 있고 놀이시설의 정당한 유치권자로서 공사대금 채권을 확보할 필요가 있었다고 하더라도, 위와 같은 피고인의 행위가 수단과 방법의 상당성이 인정된다거나 공사대금 확보를 위한 유치권을 행사하는 데에 긴급하고 불가피한 수단이었다고 볼 수 없는데도, 공용물건손상의 공소사실에 대하여 무죄를 선고한 원심판결에 정당행위에 관한 법리오해의 잘못이 있다. (대법원 2017도2758)　　정답 ×

191 甲이 자신의 가옥 앞 도로가 폐기물 운반 차량의 통행로로 이용되어 가옥 일부에 균열 등이 발생하자 위 도로에 트랙터를 세워두거나 철책 펜스를 설치함으로써 위 차량의 통행을 불가능하게 한 경우 정당행위에 해당한다. ○ ×

해설 위 차량들의 통행으로 인하여 피고인의 가옥에 균열이 발생한 사정 등이 있다고 하더라도, 피고인이 위 차량들의 통행을 금지하는 가처분 등의 방법을 이용하지 아니한 채 이 사건 통행 방해 행위에 이른 점에 비추어 그 행위의 수단이나 방법에 상당성이 있다고 보기 어렵고, 긴급성이나 보충성의 요건을 갖추었다고 보기도 어렵다는 이유로, 피고인의 이 사건 통행 방해 행위를 정당행위로 볼 수 없다. (대법원 2008도10560)　　정답 ×

192 학교법인의 전 이사장 A가 부정입학과 관련된 금품수수 혐의로 구속되었다가 그 학교법인이 설립한 B대학교의 총장으로 선임됨에 따라 학내 갈등을 빚던 중 총학생회 간부 甲이 대학 운영의 정상화를 위해 A와의 대화를 꾸준히 요구하였으나, 학교의 소극적인 태도로 인해 면담이 성사되지 않자 A를 직접 찾아가 면담하는 이외에는 다른 방도가 없다는 판단 아래 A와의 면담을 추진하는 과정에서 총장실 진입을 시도하거나, 교무위원회 회의실에 들어가 총장의 사퇴를 요구하면서 이를 막는 학교 교직원들과 길지 않은 시간 동안 실랑이를 벌인 경우 정당행위이다. ○ ×

해설 [1] 형법 제20조는 '사회상규에 위배되지 아니하는 행위'를 정당행위로서 위법성이 조각되는 사유로 규정하고 있다. 위 규정에 따라 사회상규에 의한 정당행위를 인정하려면, 첫째 그 행위의 동기나 목적의 정당성, 둘째 행위의 수단이나 방법의 상당성, 셋째 보호이익과 침해이익과의 법익균형성, 넷째 긴급성, 다섯째로 그 행위 외에 다른 수단이나 방법이 없다는 보충성 등의 요건을 갖추어야 하는데, 위 '목적·동기', '수단', '법익균형', '긴급성', '보충성'은 불가분적으로 연관되어 하나의 행위를 이루는 요소들로 종합적으로 평가되어야 한다.

'목적의 정당성'과 '수단의 상당성' 요건은 행위의 측면에서 사회상규의 판단 기준이 된다. 사회상규에 위배되지 아니하는 행위로 평가되려면 행위의 동기와 목적을 고려하여 그것이 법질서의 정신이나 사회윤리에 비추어 용인될 수 있어야 한다. 수단의 상당성·적합성도 고려되어야 한다. 또한 보호이익과 침해이익 사이의 법익균형은 결과의 측면에서 사회상규에 위배되는지를 판단하기 위한 기준이다. 이에 비하여 행위의 긴급성과 보충성은 수단의 상당성을 판단할 때 고려요소의 하나로 참작하여야 하고 이를 넘어 독립적인 요건으로 요구할 것은 아니다. 또한 그 내용 역시 다른 실효성 있는 적법한 수단이 없는 경우를 의미하고 '일체의 법률적인 적법한 수단이 존재하지 않을 것'을 의미하는 것은 아니라고 보아야 한다.

[2] 갑 대학교는 학교법인의 전 이사장 을이 부정입학과 관련된 금품수수 등의 혐의로 구속되었다가 갑 대학교 총장으로 선임됨에 따라 학내 갈등을 빚던 중, 총학생회 간부인 피고인들이 총장 을과의 면담을 요구하면서 총장실 입구에서 진입을 시도하거나, 교무위원회 회의실에 들어가 총장의 사퇴를 요구하면서 이를 막는 학교 교직원들과 실랑이를 벌임으로써 위력으로 업무를 방해하였다는 내용으로 기소된 사안에서, 행위의 목적 및 경위 등에 비추어 보면, 피고인들이 분쟁의 중심에 있는 을을 직접 찾아가 면담하는 이외에는 다른 방도가 없다는 판단 아래 을과 면담을 추진하는 과정에서 피고인들을 막아서는 사람들과 길지 않은 시간 동안 실랑이를 벌인 것은 사회상규에 위배되지 아니하는 정당행위에 해당한다. (대법원 2017도2760) 정답 ○

CHAPTER 04 책임론

01 책임론 일반

001 책임비난의 근거를 행위자의 자유의사에서 찾는 도의적 책임론은 행위자책임을 형벌권 행사의 근거로 보기 때문에 책임무능력자에 대한 보안처분 부과를 옹호한다. ○ ×

해설 도의적 책임론은 책임비난의 근거를 행위자의 자유의사에서 찾으므로 책임은 의사책임, 행위책임이라고 본다. 도의적 책임론에 의하면 책임없는 자는 범죄를 범할 수 없으므로 의사결정능력 없는 자에게는 형벌을 부과할 수 없다고 본다.

정답 ×

002 사회적 책임론은 과거에 잘못 형성된 행위자의 성격에서 책임의 근거를 찾으므로 범죄는 행위자의 소질과 환경에 의해 결정된다고 이해한다. ○ ×

해설 사회적 책임론은 과거에 잘못 형성된 행위자의 성격에서 책임의 근거를 찾으므로 범죄는 행위자의 소질과 환경에 의해 결정된다고 이해하므로 책임을 성격책임, 행위자책임이라 본다. 사회적 책임론에 의하면 행위자책임을 형벌권 행사의 근거로 보기 때문에 책임무능력자에게도 보안처분은 필요하다고 본다.

정답 ○

003 행위 당시 18세였던 甲이 제1심에서 부정기형을 선고받은 후 항소심 선고 이전에 19세에 도달한 경우, 항소심 법원은 甲에 대하여 정기형을 선고하여야 한다. ○ ×

해설 대법원 2020도4140 전합

정답 ○

004 형법 제10조에 규정된 심신장애는 정신병 또는 비정상적 정신상태와 같은 정신적 장애가 있는 외에 정신적 장애로 말미암아 사물에 대한 변별능력과 그에 따른 행위통제능력이 결여되거나 감소되었음을 요하므로 정신적 장애가 있는 자라고 하여도 범행 당시 정상적인 사물변별능력이나 행위통제능력이 있었다면 심신장애로 볼 수 없다. ○ ×

해설 대법원 2006도7900

정답 ○

005 음주습벽이 있는 甲이 음주운전을 할 의사를 가지고 음주 만취하여 심신상실상태에서 운전을 결행하여 부주의로 보행자 A를 충격하여 현장에서 즉사시키고 도주하였다면, 이는 음주시에 교통사고를 일으킬 위험성을 예견하였는데도 자의로 심신장애를 야기한 경우에 해당하므로 甲에 대한 형사처벌이 가능하다. ○ ×

해설 대법원 92도999

정답 ○

02 책임능력

006 형사미성년자라도 사물변별능력 또는 의사결정능력이 결여되어야 책임능력이 부정된다. ○ ×

해설 | 14세 미만자에 대하여는 개인적인 성숙도에 관계없이 절대적 책임무능력자로 간주한다. 즉 형사미성년자는 사물변별능력 또는 의사결정능력 유무를 불문하고 책임능력이 부정되는 생물학적 요소만 고려한다. 형사미성년자는 생물학적 방법에 의해서 책임능력이 부정되는 것이다.

정답 ×

007 단순한 충동조절장애와 같은 성격적 결함은 원칙적으로 심신장애에 해당하지 않는다. ○ ×

해설 | 대법원 2010도14512

정답 ○

008 농아자는 청각기능과 발음기능 모두에 장애가 있는 한정책임능력자로서 임의적으로 형을 감경할 수 있다. ○ ×

해설

> **형법 제11조(청각 및 언어 장애인)** 듣거나 말하는 데 모두 장애가 있는 사람의 행위에 대해서는 형을 감경한다.

정답 ×

009 법원이 형법 제10조에 규정된 심신장애의 유무 및 정도를 판단하는 것은 법률적 판단이지만, 반드시 전문감정인의 의견에 기속되어야 한다. ○ ×

해설 | 형법 제10조 제1항, 제2항에 규정된 심신장애의 유무 및 정도의 판단은 법률적 판단으로서 반드시 전문감정인의 의견에 기속되어야 하는 것은 아니고, 정신분열증의 종류와 정도, 범행의 동기, 경위, 수단과 태양, 범행 전후의 피고인의 행동, 반성의 정도 등 여러 사정을 종합하여 법원이 독자적으로 판단할 수 있다. (대법원 2007도8333, 2007감도22) = 궁극적으로 법관 판단하는 법률문제이다.

정답 ×

010 심신장애로 인하여 사물을 변별할 능력이 없거나 의사를 결정할 능력이 없는 자의 행위는 벌하지 아니하고, 심신장애로 인하여 위 능력이 미약한 자의 행위는 형을 감경하여야 한다. ○ ×

해설

> **형법 제10조(심신장애인)** ① 심신장애로 인하여 사물을 변별할 능력이 없거나 의사를 결정할 능력이 없는 자의 행위는 벌하지 아니한다.
> ② 심신장애로 인하여 전항의 능력이 미약한 자의 행위는 형을 감경할 수 있다.

정답 ×

011 음주운전과 관련한 도로교통법 위반죄의 범죄수사를 위하여 미성년자의 혈액채취가 필요한 경우 미성년자에게 의사능력이 없다면 법정대리인이 피의자를 대리하여 동의할 수 있다. ○ ×

> **해설** 음주운전과 관련한 도로교통법 위반죄의 범죄수사를 위하여 미성년자인 피의자의 혈액채취가 필요한 경우에도 피의자에게 의사능력이 있다면 피의자 본인만이 혈액채취에 관한 유효한 동의를 할 수 있고, 피의자에게 의사능력이 없는 경우에도 명문의 규정이 없는 이상 법정대리인이 피의자를 대리하여 동의할 수는 없다. (대법원 2013도1228)
>
> 정답 ×

012 절도의 충동을 억제하지 못하는 성격적 결함은 원칙적으로 형의 감면사유인 심신장애에 해당하지 아니한다. ○ ×

> **해설** 대법원 99도693, 99감도17
>
> 정답 ○

013 14세 되지 아니한 자가 정상적인 사물변별능력과 의사결정 능력을 갖추고 있다면 그에 대해 「소년법」에 따른 부정기형을 선고하여야 한다. ○ ×

> **해설**
>
> 형법 제9조(형사미성년자) 14세가 되지 아니한 자의 행위는 벌하지 아니한다.
>
> 정답 ×

014 「소년법」상 부정기형의 선고 대상이 되는 '소년'인지의 여부는 사실심판결 선고시를 기준으로 삼아야 하므로 피고인이 항소심 판결 선고일에 이미 19세에 달하여 「소년법」상의 소년에 해당하지 않게 되었다면, 항소심법원은 피고인에 대하여 정기형을 선고하여야 한다. ○ ×

> **해설** 제1심에서 부정기형을 선고한 판결에 대한 항소심 계속중 개정 소년법이 시행되었고 항소심 판결 선고시에는 이미 신법상 소년에 해당하지 않게 된 경우, 항소심법원은 피고인에 대하여 정기형을 선고하여야 한다. (대법원 2008도8090)
>
> 정답 ○

015 「형법」 제10조 제3항은 위험의 발생을 예견하고도 자의로 심신장애를 야기한 자의 행위에는 동조 제1항 및 제2항을 적용하지 못하도록 규정하고 있는데, 법문이 명백히 그 범위를 위험의 발생을 '예견'한 경우로 한정하고 있는 이상 위험발생에 대한 '예견가능성'이 있었음에도 자의로 심신장애를 야기한 경우는 이에 포함되지 아니한다. ○ ×

> **해설** 형법 제10조 제3항은 위험의 발생을 예견하고 자의로 심신장애를 야기한 자의 행위에는 전2항의 규정을 적용하지 아니한다고 규정하고 있는바, 이 규정은 고의에 의한 원인에 있어서의 자유로운 행위만이 아니라 과실에 의한 원인에 있어서의 자유로운 행위까지도 포함하는 것으로서 위험의 발생을 예견할 수 있었는데도 자의로 심신장애를 야기한 경우도 그 적용 대상이 된다고 할 것이다. (대법원 92도999)
>
> 정답 ×

016

음주운전을 할 의사를 가지고 음주만취한 후 운전을 하다가 교통사고를 일으킨 경우라도 피고인이 음주 당시에 장차 교통사고를 일으킬 위험성까지 미리 예견하고 있었다고는 볼 수 없어 「형법」 제10조 제3항이 적용되지 아니한다. ○ ×

해설 음주운전을 할 의사를 가지고 음주만취한 후 운전을 결행하다가 교통사고를 일으킨 경우에는 음주시에 교통사고를 일으킬 위험성을 예견하였는데도 자의로 심신장애를 야기한 경우에 해당하므로 형법 제10조 제3항에 의하여 심신장애로 인한 감경 등을 할 수 없다. (대법원 92도999) 정답 ×

017

형법 제12조의 강요된 행위란 저항할 수 없는 폭력이나 생명, 신체에 위해를 가하겠다는 협박 등 다른 사람의 강요에 의하여 이루어진 행위를 의미한다. ○ ×

해설 대법원 89도1670 정답 ○

018

적법행위의 기대가능성의 경우 행위 당시의 구체적인 상황하에 행위자 대신 사회적 평균인을 두고 이 평균인의 관점에서 그 기대가능성 유무를 판단하여야 한다. ○ ×

해설 대법원 2004도2965 전합 정답 ○

019

「형법」 제9조의 형사미성년자는 14세 미만의 자를 말한다. ○ ×

해설

형법 제9조(형사미성년자) 14세되지 아니한 자의 행위는 벌하지 아니한다.

정답 ○

020

10세인 형사미성년자에 대해서는 좁은 의미의 형벌뿐만 아니라 보안처분도 부과할 수 없다. ○ ×

해설 14세 미만의 형사미성년자에 대하여 책임능력을 전제로 한 형벌을 과할 수 없다. 그러나 소년법에 의한 보호처분까지 배제하는 것은 아니다. 정답 ×

021

원인에 있어서 자유로운 행위에 대한 「형법」 제10조 제3항은 고의에 의한 원인에 있어서 자유로운 행위만이 아니라 과실에 의한 원인에 있어서 자유로운 행위까지도 포함한다. ○ ×

해설 형법 제10조 제3항은 「위험의 발생을 예견하고 자의로 심신장애를 야기한자의 행위에는 전 2항의 규정을 적용하지 아니한다」고 규정하고 있는바, 이규정은 고의에 의한 원인에 있어서의 자유로운 행위만이 아니라 과실에 의한원인에 있어서의 자유로운 행위까지도 포함하는 것으로서 위험의 발생을 예견할 수 있었는데도 자의로 심신장애를 야기한 경우도 그 적용대상이 된다고 할 것이다. (대법원 92도999) 정답 ○

022 충동조절장애와 같은 성격적 결함은 원칙적으로 심신장애에 해당하지 않으나 그 정도가 매우 심각하여 원래의 의미의 정신병을 가진 사람과 동등하다고 평가할 수 있는 경우에는 심신장애를 인정할 수 있다. ○ ×

해설 대법원 2010도14512 정답 ○

023 「형법」 제10조에 규정된 심신장애의 유무 및 정도의 판단은 의학적 판단으로서 법원이 반드시 전문감정인의 의견에 기속되어야 하는 것은 아니다. ○ ×

해설 형법 제10조에 규정된 심신장애의 유무 및 정도의 판단은 법률적 판단으로서 반드시 전문감정인의 의견에 기속되어야 하는 것은 아니고, 정신질환의 종류와 정도, 범행의 동기, 경위, 수단과 태양, 범행 전후의 피고인의 행동, 반성의 정도 등 여러 사정을 종합하여 법원이 독자적으로 판단할 수 있다. (대법원 99도1194) 정답 ×

024 형사미성년자의 행위는 벌하지 아니하고, 농아자의 행위는 형을 필요적으로 감경한다. ○ ×

해설

> 형법 제9조(형사미성년자) 14세되지 아니한 자의 행위는 벌하지 아니한다.
> 형법 제11조(청각 및 언어 장애인) 듣거나 말하는 데 모두 장애가 있는 사람의 행위에 대해서는 형을 감경한다.

정답 ○

025 정신적 장애가 있는 자라고 하여도 범행 당시 정상적인 사물변별능력이나 행위통제능력이 있었다면 형법 제10조에 규정된 심신장애로 볼 수 없다. ○ ×

해설 대법원 2005도7342 정답 ○

026 정신적 장애가 있는 자는 범행 당시 정상적인 사물변별능력과 행위통제능력이 있었다고 하더라도 심신장애에 해당한다. ○ ×

해설 정신적 장애가 있는 자라고 하여도 범행 당시 정상적인 사물판별능력이나 행위통제능력이 있었다면 심신장애로 볼 수 없다. (대법원 2007도2360) 정답 ×

027 범행을 기억하고 있지 않다는 사실만으로 바로 범행당시 심신상실 상태에 있었다고 단정할 수는 없다. ○ ×

해설 대법원 85도361 정답 ○

028 충동을 억제하지 못하여 범죄를 저지르게 되는 현상은 정상인에게서도 얼마든지 찾아볼 수 있으므로, 원칙적으로 충동조절장애와 같은 성격적 결함은 형의 감면사유인 심신장애에 해당하지 아니한다. ○ ×

해설 대법원 2010도14512 정답 ○

CHAPTER 04 책임론

029 형사미성년자는 책임능력의 결여로 인하여 형사처벌의 대상이 되지는 않지만, 그 연령에 따라 「소년법」상 보호처분의 대상이 될 수 있다. ○ ×

> **해설**
>
> 소년법 제4조(보호의 대상과 송치 및 통고) ① 다음 각 호의 어느 하나에 해당하는 소년은 소년부의 보호사건으로 심리한다.
> 　　2. 형벌 법령에 저촉되는 행위를 한 10세 이상 14세 미만인 소년

정답 ○

030 심신장애의 유무 및 정도의 판단은 법률적 판단으로서 반드시 전문감정인의 의견에 기속되어야 하는 것은 아니므로, 정신분열증의 경우에도 법원은 여러 사정을 종합하여 심신장애의 유무 및 정도를 독자적으로 판단할 수 있다. ○ ×

해설 대법원 99도1194

정답 ○

031 청각 및 언어 장애인이라도 행위 당시 사물을 변별하고 이에 따라 행위를 통제할 능력이 있는 경우에는 형을 감경하지 않는다. ○ ×

> **해설**
>
> 형법 제11조(청각 및 언어 장애인) 듣거나 말하는 데 모두 장애가 있는 사람의 행위에 대해서는 형을 감경한다.

정답 ×

032 원인에 있어서 자유로운 행위의 가벌성의 근거를 원인행위와 실행행위의 불가분적 연관에서 찾아 실행행위를 심신장애 상태 하에서의 행위로 파악하는 견해에 대해서는, 실행행위의 정형성을 무시하여 예비행위와의 구별이 곤란하다는 비판이 제기되고 있다. ○ ×

해설 실행행위의 정형성을 무시하여 예비행위와의 구별이 곤란하다는 비판을 받고 있는 입장은 원인행위시를 실행의 착수시기로 파악하는 견해이다. 갑이 술을 마시고 만취한 상태에서 을을 죽이려고 하는 경우, 원인행위시설은 살인의 목적으로 술을 마신 때를 실행의 착수로 보아 예비행위를 설명할 수 없게 된다. 또한 예비행위를 살인죄의 미수 또는 기수로 처벌한다면 구성요건의 정형성을 무시하게 된다. 반면 원인에 있어서 자유로운 행위의 가벌성의 근거를 원인행위와 실행행위의 불가분적 연관에서 찾아 실행행위를 심신장애 상태 하에서의 행위로 파악하는 견해는 결과실현행위시(살해행위를 개시할 때)에 실행의 착수가 있다고 보기에 원인행위(술 마신 때)를 예비행위로 볼 수 있다.

정답 ×

033 2005.3.3.에 출생한 자가 2019.1.1.에 절도죄를 저지른 경우 그 행위에 대하여 형벌을 과할 수 없다. ○ ×

> **해설**
>
> 형법 제9조(형사미성년자) 14세되지 아니한 자의 행위는 벌하지 아니한다.

정답 ○

034 형법 제10조 제2항에 의하면 심신미약자의 행위는 형을 감경하여야 한다. ○ ×

해설

> 형법 제10조(심신장애인) ② 심신장애로 인하여 전항의 능력이 미약한 자의 행위는 형을 감경할 수 있다.

정답 ×

035 형법 제10조에서 말하는 사물을 판별할 능력 또는 의사를 결정할 능력은 자유의사를 전제로 한 의사결정의 능력에 관한 것으로서, '그 능력의 유무와 정도' 및 '그 능력에 관해 확정된 사실이 심신상실 또는 심신미약에 해당하는지 여부'는 모두 감정사항에 속하는 사실문제에 해당한다. ○ ×

해설 형법 제10조에서 말하는 사물을 판별할 능력 또는 의사를 결정할 능력은 자유의사를 전제로 한 의사결정의 능력에 관한 것으로서, 그 능력의 유무와 정도는 감정사항에 속하는 사실문제라 할지라도 그 능력에 관한 확정된 사실이 심신상실 또는 심신미약에 해당하는 여부는 법률문제에 속하는 것인바 피고인의 범행 당시 정신상태가 심신미약인 상태에 해당되는 것으로 사료 된다는 취지의 감정서의 기재 및 이에 대한 감정인의 증언은 감정결과인 인격해리상태에 대한 자신의 법률적 평가를 개진하였음에 불과하므로 그 정신상태에 관한 판단의 자료가 될 수 없다. (대법원 68도400)

정답 ×

036 법률상 감경을 규정한 소년법 제60조 제2항의 적용대상인 소년인지 여부를 판단하는 기준시점은 사실심 판결선고시가 아니라 행위시이다. ○ ×

해설 개정 소년법은 제2조에서 '소년'의 정의를 '20세 미만'에서 '19세 미만'으로 개정하였고, 이는 같은 법 부칙 제2조에 따라 위 법 시행 당시 심리 중에 있는 형사사건에 관하여도 적용된다. 제1심은 피고인을 구 소년법(2007.12.21. 법률 제8722호로 개정되기 전의 것) 제2조에 의한 소년으로 인정하여 구 소년법 제60조 제1항에 의하여 부정기형을 선고하였고, 그 항소심 계속 중 개정 소년법이 시행되었는데 항소심판결 선고일에 피고인이 이미 19세에 달하여 개정 소년법상 소년에 해당하지 않게 되었다면, 항소심법원은 피고인에 대하여 정기형을 선고하여야 한다. (대법원 2008도8090) = 소년법 제60조 제2항 소정의 '소년'인지의 여부는 원칙적으로 심판시, 즉 사실심 판결 선고시를 기준으로 판단하여야 한다.

정답 ×

037 심신장애는 생물학적 요소로서 정신병이나 정신박약 또는 비정상적 정신상태와 같은 정신적 장애가 있는 것만으로도 인정된다. ○ ×

해설 형법 제10조에 규정된 심신장애는 생물학적 요소로서 정신병, 정신박약 또는 비정상적 정신상태와 같은 정신적 장애가 있는 외에 심리학적 요소로서 이와 같은 정신적 장애로 말미암아 사물에 대한 판별능력과 그에 따른 행위통제능력이 결여되거나 감소되었음을 요하므로, 정신적 장애가 있는 자라고 하여도 범행 당시 정상적인 사물판별능력이나 행위통제능력이 있었다면 심신장애로 볼 수 없음은 물론이나, 정신적 장애가 정신분열증과 같은 고정적 정신질환의 경우에는 범행의 충동을 느끼고 범행에 이르게 된 과정에서의 범인의 의식상태가 정상인과 같아 보이는 경우에도 범행의 충동을 억제하지 못한 것이 정신질환과 연관이 있는 경우가 흔히 있고, 이러한 경우에는 정신질환으로 말미암아 행위통제능력이 저하된 것이어서 심신미약이라고 볼 여지가 있다. (대법원 2005도7342)

정답 ×

038 무생물인 옷 등을 성적 각성과 희열의 자극제로 믿고 이를 성적 흥분을 고취시키는 데 쓰는 성주물성애증이라는 정신질환의 경우, 그 증상이 매우 심각하여 정신병이 있는 사람과 동등하다고 평가할 수 있으면 심신장애를 인정할 수 있다. ○ ×

해설 대법원 2012도12689

정답 ○

039 절도의 충동을 억제하지 못하는 성격적 결함은 정상인에게서 찾아볼 수 없는 일로서 원칙적으로 형의 감면사유인 심신장애에 해당한다. ○ ×

해설 피고인이 자신의 절도의 충동을 억제하지 못하는 성격적 결함으로 인하여 이 사건 범행에 이르게 되었다고 하더라도, 이와 같이 자신의 충동을 억제하지 못하여 범죄를 저지르게 되는 현상은 특단의 사정이 없는 한 위와 같은 성격적 결함을 가진 자에 대하여 자신의 충동을 억제하고 법을 준수하도록 요구하는 것이 기대할 수 없는 행위를 요구하는 것이라고는 할 수 없으므로 원칙적으로는 충동조절장애와 같은 성격적 결함은 형의 감면사유인 심신장애에 해당하지 않는다고 봄이 상당하고, 다만 그러한 성격적 결함이 매우 심각하여 원래의 의미의 정신병을 가진 사람과 동등하다고 평가할 수 있다든지, 또는 다른 심신장애사유와 경합된 경우에는 심신장애를 인정할 여지가 있을 것이다. (대법원 94도3163) 정답 ×

040 법원은 형법 제10조에 규정된 심신장애를 판단함에 있어 심리학적 요소 이외에 생물학적 요소를 고려하므로 생물학적인 관점에서 정신적 장애가 있다면 범행 당시 정상적인 사물변별능력이나 행위통제 능력이 있었더라도 심신장애가 인정된다. ○ ×

해설 형법 제10조에 규정된 심신장애는 생물학적 요소로서 정신병, 정신박약 또는 비정상적 정신상태와 같은 정신적 장애가 있는 외에 심리학적 요소로서 이와 같은 정신적 장애로 말미암아 사물에 대한 판별능력과 그에 따른 행위통제능력이 결여되거나 감소되었음을 요하므로, 정신적 장애가 있는 자라고 하여도 범행 당시 정상적인 사물판별능력이나 행위통제능력이 있었다면 심신장애로 볼 수 없다. (대법원 92도1425) 정답 ×

041 원인에 있어서 자유로운 행위에 대한 형법 제10조 제3항은 고의범의 경우에만 적용되고 과실범의 경우에는 적용되지 않는다. ○ ×

해설 형법 제10조 제3항은 「위험의 발생을 예견하고 자의로 심신장애를 야기한 자의 행위에는 전 2항의 규정을 적용하지 아니한다」고 규정하고 있는바, 고의에 의한 원인에 있어서의 자유로운 행위만이 아니라 과실에 의한 원인에 있어서의 자유로운 행위까지도 포함하는 것으로서 위험의 발생을 예견할 수 있었는데도 자의로 심신장애를 야기한 경우도 그 적용대상이 된다고 할 것이다. (대법원 92도999) 정답 ×

042 절도죄 범행 당시 11세였더라도 판결선고 당시 14세가 된 경우에는 징역형으로 처벌할 수 있다. ○ ×

해설

> 형법 제9조(형사미성년자) 14세 되지 아니한 자의 행위는 벌하지 아니한다.

정답 ×

043 원칙적으로 충동조절장애와 같은 성격적 결함은 형의 감면사유인 심신장애에 해당한다. ○ ×

해설 자신의 충동을 억제하지 못하여 범죄를 저지르게 되는 현상은 정상인에게서도 얼마든지 찾아볼 수 있는 일로서, 특단의 사정이 없는 한 위와 같은 성격적 결함을 가진 자에 대하여 자신의 충동을 억제하고 법을 준수하도록 요구하는 것이 기대할 수 없는 행위를 요구하는 것이라고는 할 수 없으므로, 원칙적으로 충동조절장애와 같은 성격적 결함은 형의 감면사유인 심신장애에 해당하지 아니한다고 봄이 상당하지만, 그 이상으로 사물을 변별할 수 있는 능력에 장애를 가져오는 원래의 의미의 정신병이 도벽의 원인이라거나 혹은 도벽의 원인이 충동조절장애와 같은 성격적 결함이라 할지라도 그것이 매우 심각하여 원래의 의미의 정신병을 가진 사람과 동등하다고 평가할 수 있는 경우에는 그로 인한 절도 범행은 심신장애로 인한 범행으로 보아야 한다. (대법원 2002도1541) 정답 ×

044

형법 제10조에 규정된 심신장애는 생물학적 요소로서 정신병 또는 비정상적 정신상태와 같은 정신적 장애가 있는 외에 심리학적 요소로서 이와 같은 정신적 장애로 말미암아 사물에 대한 변별능력과 그에 따른 행위통제능력이 결여되거나 감소되었음을 요하므로, 정신적 장애가 있는 자라고 하여도 범행 당시 정상적인 사물변별능력이나 행위통제능력이 있었다면 심신장애로 볼 수 없다. ○ ×

해설 대법원 92도1425 정답 ○

045

형법 제12조(강요된 행위)의 저항할 수 없는 폭력은, 심리적인 의미에 있어서 육체적으로 어떤 행위를 절대적으로 하지 아니할 수 없게 하는 경우를 말할 뿐이고, 윤리적 의미에 있어서 강압된 경우를 말하지는 않는다. ○ ×

해설 저항할 수 없는 폭력은 심리적인 의미에 있어서 육체적으로 어떤 행위를 절대적으로 하지 아니할 수 없게 하는 경우와 윤리적인 의미에 있어서 강압된 경우를 의미한다. (대법원 83도2276) 정답 ×

046

자신의 강도상해 범행을 일관되게 부인하였으나 유죄판결이 확정된 甲이 별건으로 기소된 공범의 형사사건에서 유죄가 확정된 자신의 범행사실을 부인하는 증언을 한 경우, 甲에게 사실대로 진술할 기대가능성이 없어 위증죄가 성립하지 않는다. ○ ×

해설 피고인에게 적법행위를 기대할 가능성이 있는지 여부를 판단하기 위하여는 행위 당시의 구체적인 상황하에 행위자 대신에 사회적 평균인을 두고 이 평균인의 관점에서 그 기대가능성 유무를 판단하여야 한다. 또한, 자기에게 형사상 불리한 진술을 강요당하지 아니할 권리가 결코 적극적으로 허위의 진술을 할 권리를 보장하는 취지는 아니며, 이미 유죄의 확정판결을 받은 경우에는 일사부재리의 원칙에 의해 다시 처벌되지 아니하므로 증언을 거부할 수 없는바, 이는 사실대로의 진술 즉 자신의 범행을 시인하는 진술을 기대할 수 있기 때문이다. (대법원 2005도10101) 정답 ×

047

모든 성의와 노력을 다했어도 임금이나 퇴직금의 체불이나 미불을 방지할 수 없었다는 것이 사회통념상 긍정할 정도가 되어 사용자에게 더 이상의 적법행위를 기대할 수 없거나 불가피한 사정이었음이 인정되는 경우, 그러한 사유는 근로기준법이나 근로자퇴직급여보장법에서 정하는 임금 및 퇴직금 등의 기일 내 지급의무위반죄의 책임조각사유가 된다. ○ ×

해설 대법원 2001도204 정답 ○

048

사춘기 이전의 소아들을 상대로 한 성행위를 중심으로 성적흥분을 강하게 일으키는 공상, 성적 충동, 성적 행동이 반복되어 나타나는 소아기호증과 같은 질환이 있다는 사정은 그 자체만으로 형의 감면사유인 심신장애에 해당한다. ○ ×

해설 소아기호증과 같은 질환이 있다는 사정은 그 자체만으로는 형의 감면사유인 심신장애에 해당하지 아니한다고 봄이 상당하고, 다만 그 증상이 매우 심각하여 원래의 의미의 정신병이 있는 사람과 동등하다고 평가할 수 있거나, 다른 심신장애사유와 경합된 경우 등에는 심신장애를 인정할 여지가 있다. (대법원 2006도7900) 정답 ×

03 원인에 있어 자유로운 행위

049 우리 형법상 원인에 있어서 자유로운 행위에는 심신상실, 심신미약 규정을 적용하지 아니하므로 책임조각 내지 책임감경이 되지 아니하고 책임능력자로 취급하여 처벌하고 있다. ○ ×

> 해설 형법 제10조 제3항의 위험의 발생을 예견하고 자의로 심신장애를 야기한 자의 행위는 전2항(심신상실자, 심신미약자)의 규정을 적용하지 아니한다는 의미는 책임능력자와 동일하게 처벌한다는 의미이다. 그러므로 원인에 있어서 자유로운 행위에 대해서는 심신장애 감면규정을 적용하지 아니한다. 정답 ○

050 원인에 있어서 자유로운 행위의 가벌성의 근거를 자신을 도구로 이용하는 간접정범으로 이해하여 원인설정행위를 실행행위로 파악하여 원인설정행위시의 책임능력을 기초로 책임을 인정하는 견해는 구성요건의 정형성을 중시하여 죄형법정주의의 보장적 기능을 관철하는 데 부합하는 이론이다. ○ ×

> 해설 원인설정행위를 실행행위로 파악하여 원인설정행위시의 책임능력을 기초로 책임을 인정하는 견해는 구성요건의 정형성을 무시한다는 비판을 받고 있다. 이 견해에 의할 때 살인을 하기 위해 술을 마시는 행위를 원인설정행위를 실행행위로 파악하기 때문에 살인의 실행의 착수로 볼 수도 있는데, 이는 구성요건의 정형성과는 거리가 멀다. 원인행위시설(간접정범설)은 원인설정행위 시점의 책임능력을 기초로 삼는 것인데, 구성요건의 정형성을 중시하는 것이 아니다. 구성요건 정형성을 중시한다면 실제 범죄행위 시점이 중시되는 것이므로 이는 예외설(구성요건행위시설)에 해당하는 것이다. 정답 ×

051 원인에 있어서 자유로운 행위의 가벌성의 근거를 원인설정행위와 실행행위의 불가분적 관련에서 찾는 견해는 행위와 책임능력의 동시존재의 원칙을 따르는 이론이다. ○ ×

> 해설 책임비난의 근거를 원인행위와 실행행위의 불가분적 연관에서 구하는 견해에 의하면 원인행위에서가 아니라 책임능력 결함상태에서의 행위가 실행의 착수에 해당한다고 한다. 따라서 행위와 책임의 동시존재원칙에 대한 예외를 인정하게 된다. 정답 ×

052 원인설정행위에 실행의 착수시기를 인정하는 견해에 대해서는 행위와 책임능력의 동시존재원칙이 유지되기 어렵다는 비판이 제기된다. ○ ×

> 해설 행위와 책임의 동시존재원칙을 관철시키려는 입장에서는 실행의 착수시기를 원인행위시로 보게 된다. 정답 ×

053 구성요건적 결과실현행위에 실행의 착수시기를 인정하는 견해에서는 행위와 책임능력의 동시존재원칙에 대한 예외를 인정한다. ○ ×

> 해설 구성요건행위시설(예외설)은 행위와 책임능력의 동시존재를 충족하지 못하기 때문에, 이에 대해서 예외를 인정한다. 정답 ○

054 원인에 있어서 자유로운 행위가 간접정범과 유사하다는 견해에서는 이용행위에 해당하는 원인설정행위시를 실행의 착수시기로 본다. ○ ×

해설 원인설정행위에서 가벌성의 근거를 찾는 견해로서 원인에 있어서의 원인에 있어서의 자유로운 행위는 자신을 도구로 이용한 점에서 타인을 도구로 이용하는 간접정범과 이론구성을 같이하므로, 간접정범의 이용행위처럼 원인설정행위에 가벌성의 근거와 실행의 착수시기가 있다고 본다. 따라서 간접정범설은 원인설정행위시를 실행 착수 시점으로 본다.
정답 ○

055 책임능력 결함상태에서 구성요건 해당행위를 시작한 때에 실행의 착수가 있는 것으로 본다. ○ ×

해설 책임능력 결함상태에서 구성요건 해당행위를 시작한 때 실행의 착수가 있는 것으로 보는 견해는 실행행위시설 또는 원인행위와 실행행위의 불가분적 연관에서 책임의 근거를 찾는다.
정답 ×

056 실행의 착수에 구성요건적 행위정형성이 결여되어 죄형법정주의에 반할 위험이 있다. ○ ×

해설 이 견해에 의하면 구성요건의 정형성이 결여되어 죄형법정주의에 반할 위험이 있다.
정답 ○

057 행위와 책임의 동시존재 원칙의 예외를 인정하는 결과가 되어 책임주의에 반할 위험이 있다. ○ ×

해설 가벌성 근거를 원인설정행위 자체에서 찾는 견해는 행위와 책임의 동시존재의 원칙의 예외를 인정하는 것이 아니라 이를 관철하고자 하는 입장이다.
정답 ×

058 이 견해에 의하면 살인의 의사로 음주하여 만취하였으나 살해행위로 나아가지 않았다면 살인미수는 인정되지 않는다. ○ ×

해설 실행행위시설 또는 원인행위와 실행행위의 불가분적 연관에서 책임의 근거를 인정하는 견해이다.
정답 ×

059 피고인들이 피해자들을 살해할 의사를 가지고 범행을 공모한 후에 대마초를 흡연하고, 위 각 범행에 이른 것이라면 「형법」제10조 제3항에 의하여 심신장애로 인한 감경 등을 할 수 없다. ○ ×

해설 대법원 96도857
정답 ○

060 피고인이 음주할 때 교통사고를 일으킬 수 있다는 위험의 발생을 예견하지 못한 경우 이를 예견할 수 있었다고 하더라도 제10조 제3항을 적용할 수 없다. ○ ×

해설 음주운전을 할 의사를 가지고 음주만취한 후 운전을 결행하다가 교통사고를 일으킨 경우에는 음주시에 교통사고를 일으킬 위험성을 예견하였는데도 자의로 심신장애를 야기한 경우에 해당하므로 형법 제10조 제3항에 의하여 심신장애로 인한 감경 등을 할 수 없다고 할 것이다. (대법원 92도999)
정답 ×

061 「형법」 제10조 제3항을 행위와 책임의 동시존재원칙에 대한 예외로 보는 견해에 따르면 실행착수 시점을 심신장애상태에서 실행행위를 개시하는 때로 본다. ○ ×

해설 행위와 책임의 동시존재원칙을 관철시키려는 입장에서는 실행의 착수시기를 원인행위시로 보게되고 행위와 책임의 동시존재원칙의 예외를 인정하는 입장에서는 실행의 착수시기를 책임능력결함상태하에서의 구성요건 실행행위개시시로 보게 된다. 정답 ○

062 원인에서 자유로운 행위의 가벌성의 근거를 책임능력 상태하에서 심신장애상태에 빠뜨리는 원인설정 행위에 있다고 보는 견해에 대하여는 구성요건의 정형성을 무시했다는 비판이 가능하다. ○ ×

해설 원인에 있어서 자유로운 행위의 가벌성의 근거를 자신을 도구로 이용하는 간접정범으로 이해하여 원인설정행위를 실행행위로 파악하여 원인설정행위시의 책임능력을 기초로 책임을 인정하는 견해는 원인설정행위를 실행행위로 보기 때문에 구성요건의 정형성을 무시하여 죄형법정주의의 보장적 기능을 침해한다는 비판이 있다. 정답 ○

063 원인에 있어서 자유로운 행위는 「형법」상 책임능력자의 행위와 동일하게 처벌된다. ○ ×

해설 책임능력자의 행위와 동일하게 취급되므로 처벌한다는 취지이다. 정답 ○

064 실행의 착수시기와 관련하여 원인행위를 실행행위로 보는 견해에 의하면 행위와 책임의 동시존재의원칙을 유지할 수 있다. ○ ×

해설 원인행위시설(간접정범설)에 의하면 실행착수 시점이 심신장애를 야기하는 원인행위 시점부터라고 보기 때문에 이후 범죄의 실행행위 시점을 기준으로 볼 때 행위와 책임이 동시에 존재한다고 볼 수 있다. 정답 ○

065 원인에 있어서 자유로운 행위의 가벌성 근거를 원인행위 자체에서 찾는 견해에 따르면 책임능력 결함상태에서 구성요건 해당행위를 시작한 때에 실행의 착수가 있는 것으로 본다. ○ ×

해설 원인설정행위에서 가벌성의 근거를 찾는 견해로서 원인에 있어서의 자유로운 행위는 자신을 도구로 이용한 점에서 타인을 도구로 이용하는 간접정범과 이론구성을 같이하므로, 간접정범의 이용행위처럼 원인설정행위에 가벌성의 근거와 실행의 착수시기가 있다고 본다. 원인행위시설은 실행착수를 구성요건 해당행위 시작 시점이 아니라 원인설정행위 시점으로 본다. 구성요건 해당행위 시작시점을 착수시점으로 보는 것은 구성요건적 행위시설(예외설)이다. 정답 ×

066 원인행위를 실행행위로 보는 견해에 따르면 행위와 책임의 동시 존재의 원칙에 부합하고, 책임무능력 상태에서의 실행행위는 책임이 없거나 행위라고 할 수도 없기 때문에 원인행위 자체를 실행행위로 보지 않으면 원인에 있어서 자유로운 행위를 처벌할 수 없게 된다. ○ ×

해설 행위와 책임의 동시존재원칙을 관철시키려는 입장으로 올바른 지문이다. 정답 ○

067 원인행위와 실행행위의 불가분적 연관에서 책임의 근거를 인정하는 견해에 따르면 원인설정행위는 실행행위 또는 그 착수행위가 될 수 없지만 책임능력 없는 상태에서의 실행행위와 불가분의 연관을 갖는 것이므로 원인설정행위에 책임비난의 근거가 있다. ○ ×

해설 행위와 책임의 동시존재원칙의 예외를 인정하는 입장 중 원인설정행위와 범죄실행행위간의 불가분적 연관성에서 찾는 견해로써 올바른 지문이다. 정답 ○

068 원인행위를 실행행위로 보는 견해에 따르면 원인설정행위를 실행행위로 파악하기 때문에 구성요건적 행위정형성을 중시하여 죄형법정주의의 보장적 기능에 부합한다. ○ ×

해설 원인행위를 실행행위로 보는 견해에 따르면 원인설정행위를 실행행위로 파악하기 때문에 구성요건의 정형성을 경시한다는 비판을 받는다. 정답 ×

069 책임능력 결함상태에서의 실행행위를 책임의 근거로 인정하는 견해에 따르면 반무의식상태에서 실행행위가 이루어지는 한 그 주관적 요소를 인정할 수 있지만, 대부분의 경우에 책임능력이 인정되어 법적 안정성을 해하는 결과를 초래한다. ○ ×

해설 행위와 책임의 동시존재원칙의 예외를 인정하는 입장 중 범죄실행행위에서 찾는 견해로써 올바른 지문이다. 정답 ○

070 원칙적으로 충돌조절장애와 같은 성격적 결함은 형의 감면사유인 심신장애에 해당하지 아니하나, 다만 그것이 매우 심각하여 원래의 의미의 정신병을 가진 사람과 동등하다고 평가할 수 있는 경우에는 그로 인한 범행은 심신장애로 인한 범행으로 보아야 한다. ○ ×

해설 대법원 2010도14512 정답 ○

071 형사미성년자라도 12세 소년에게는 보호처분이 가능하며, 과거에 소년법에 의한 보호처분을 받은 사실도 상습성의 인정자료로 삼을 수 있다. ○ ×

해설 대법원 90도887 정답 ○

072 심신장애 여부에 대한 최종적인 결정을 위해서는 먼저 정신과 의사나 심리학자 등의 감정이 필수적으로 이루어져야 하는 것은 아니다. ○ ×

해설 대법원 2007도8333, 2007감도22 정답 ○

073 원인에 있어 자유로운 행위에 관한 형법 제10조 제3항은 위험의 발생을 예견할 수 있었는데도 자의로 심신장애를 야기한 경우에는 적용되지 않는다. ○ ×

> **해설** 형법 제10조 제3항은 "위험의 발생을 예견하고 자의로 심신장애를 야기한 자의 행위에는 전2항의 규정을 적용하지 아니한다."고 규정하고 있는 바, 이 규정은 고의에 의한 원인에 있어서의 자유로운 행위만이 아니라 과실에 의한 원인에 있어서의 자유로운 행위까지도 포함하는 것으로서 위험의 발생을 예견할 수 있었는데도 자의로 심신장애를 야기한 경우도 그 적용 대상이 된다고 할 것이어서, 피고인이 음주운전을 할 의사를 가지고 음주만취한 후 운전을 결행하여 교통사고를 일으켰다면 피고인은 음주시에 교통사고를 일으킬 위험성을 예견하였는데도 자의로 심신장애를 야기한 경우에 해당하므로 위 법조항에 의하여 심신 장애로 인한 감경 등을 할 수 없다. (대법원 92도999) 정답 ×

074 사람을 살해할 의사를 가지고 범행을 공모한 후 대마초를 흡연하고 범행하였다면 심신장애로 인한 감경을 할 수 없다. ○ ×

> **해설** 대법원 96도857 정답 ○

075 음주운전을 할 의사를 가지고 음주 만취한 후 운전을 결행하여 교통사고를 일으켰다면 심신장애로 인한 감경을 할 수 없다. ○ ×

> **해설** 대법원 2007도4484 정답 ○

076 위험의 발생을 예견하고도 자의로 심신장애를 야기한 자의 행위에 대하여는 심신장애에 관한 「형법」 제10조 제1항 및 제2항의 적용이 배제된다. ○ ×

> **해설**
>
> 형법 제10조(심신장애인) ③ 위험의 발생을 예견하고 자의로 심신장애를 야기한 자의 행위에는 전2항의 규정을 적용하지 아니한다.
>
> 정답 ○

077 피고인이 자신의 차를 운전하여 술집에 가서 술을 마신 후 운전을 하다가 교통사고를 일으켰다는 사실만으로는 피고인이 음주할 때 교통사고를 일으킬 수 있다는 위험성을 예견하고도 자의로 심신장애를 야기한 경우에 해당하지 않는다. ○ ×

> **해설** 고의에 의한 원인에 있어서의 자유로운 행위만이 아니라 과실에 의한 원인에 있어서의 자유로운 행위까지도 포함하는 것으로서, 위험의 발생을 예견할 수 있었는데도 자의로 심신장애를 야기한 경우도 그 적용대상이 된다고 할 것이어서, 피고인이 음주 운전을 할 의사를 가지고 음주 만취한 후 운전을 결행하여 교통사고를 일으켰다면 피고인은 음주시에 교통사고를 일으킬 위험성을 예견하였는데도 자의로 심신장애를 야기한 경우에 해당하므로 위 법조항에 의하여 심신 장애로 인한 감경 등을 할 수 없다. (대법원 92도999) 정답 ×

04 법률의 착오(금지의 착오)의 이론

078 엄격고의설은 과실범은 법률에 특별한 규정이 있는 때에만 예외적으로 처벌되기 때문에 처벌의 공백이 생길 수 있다는 비판이 있다. ○ ×

> **해설** 엄격고의설은 위법성인식이 있으면 고의가 있으며 위법성에 대한 인식이 없으면 과실을 따진다. 이에 따르면 위법성조각사유전제사실착오는 위법성인식이 없으므로 고의는 없고 과실범인데, 과실범은 특별한 규정이 있는 때에만 처벌되기 때문에 처벌 공백이 생길 수 있다는 비판이 있다. 정답 ○

079 소극적 구성요건표지이론은 구성요건해당성이 없는 행위와 구성요건에는 해당하나 위법성이 조각되는 행위 사이에 존재하는 가치 차이를 무시한다는 비판을 받는다. ○ ×

> **해설** 구성요건개념은 위법성조각사유가 포함된 '총체적 불법구성요건'의 개념으로 위법성조각사유의 부존재가 구성요건요소가 된다. 소극적 구성요건표지이론은 총체적구성요건개념을 주장하기 때문에 구성요건이 위법성의 '존재' 근거가 된다. 소극적 구성요건표지이론은 구성요건해당성과 위법성을 1개로 보아 불법구성요건으로 본다. 이 경우 이는 위법성조각사유전제사실착오는 구성요건적 착오가 되어 고의를 조각하고 과실범 여부만 따진다. 이 이론은 구성요건해당성이 없는 행위와 위법성이 조각되는 행위 사이에 차이를 무시한다는 비판이 있다. 정답 ○

080 엄격책임설은 위법성조각사유의 전제사실의 착오에 빠져 자신의 행위에 위법성의 인식이 없는 자를 고의범으로 처벌하는 것은 일반인의 법감정에 반한다는 비판이 있다. ○ ×

> **해설** 엄격책임설은 일단 구성요건적 고의는 있고 책임에서 검토하는 것이다. 위법성조각사유전제사실착오는 법률의 착오와 유사하다고 보고 정당한 이유가 없으면 책임고의까지 성립하여 고의로 처벌되는 것이다. 이에 비해 정당한 이유가 있으면 무죄인 것이다. 이에 대해서는 위법성조각사유전제사실착오에 빠져 위법성 자체를 인식하지 못한 사람에게 고의범으로 처벌하는 것은 문제가 있다. 정답 ○

081 법효과제한적 책임설은 위법성조각사유의 전제사실의 착오에 빠진 자를 교사하여 죄를 범하게 한 경우 그 교사자를 교사범으로 처벌할 수 없다는 비판이 있다. ○ ×

> **해설** 법효과 제한적 책임설은 위법성조각사유의 전제사실의 착오의 경우 책임고의가 조각될 뿐 구성요건해당성과 위법성은 인정된다. 따라서 공범종속성에 관한 학설 중 통설과 판례인 제한종속형식설에 따르면 교사자를 교사범으로 처벌할 수 있다. 따라서 법효과 제한적 책임설에 의하면 위법성조각사유전제사실착오는 일단 구성요건적 고의가 있되 책임고의를 면책해주는 것이다. 이때 착오에 과실여부를 검토하는 것이다. 이 경우 구성요건적 고의가 있다고 보므로 공범(공동정범, 교사, 방조)의 성립이 가능하다고 본다. 위 지문처럼 교사범을 처벌할 수 없다는 것은 구성요건적 착오 유추적용설이나 소극적 구성요건표지이론에 제기되는 비판이다. 정답 ×

082 오상방위, 오상피난, 오상자구행위 등이 위법성조각사유의 전제사실에 대한 착오에 해당한다. ○ ×

> **해설** 위법성조각사유의 전제사실에 대한 착오의 경우가 오상방위, 오상피난, 오상자구행위가 대표적인 예들에 해당한다. 정답 ○

083 甲이 야간에 악수를 청하는 이웃집 사람을 강도로 오인하고 방어할 생각으로 그를 때려 상해를 입힌 경우, 정당한 이유가 없다면 소극적 구성요건표지이론에 의할 때 상해죄가 성립한다. ○ ✕

해설 소극적 구성요건표지이론에 따르면 위법성조각사유의 전제사실의 착오를 구성요건적 사실의 착오로 보아 고의가 조각된다. 따라서 고의조각여부가 문제되고, 고의가 조각될 경우 역시 과실범 성립여부가 검토되어 형법상 과실치상죄가 성립한다. 정답 ✕

084 엄격고의설에 의하면 위법성조각사유의 전제사실에 대한 착오가 있는 경우에는 위법성 인식이 없으므로 고의가 조각된다. ○ ✕

해설 엄격고의설은 위법성 인식이 결여된 경우 고의가 조각되어 고의범 성립이 부정된다. 정답 ○

085 정당방위 상황이 객관적으로 존재하지 않음에도 불구하고 행위자는 존재하는 것으로 잘못 알고 방위행위를 한 경우, 엄격책임설은 이를 법률의 착오로 보고 '오인에 정당한 이유'가 있으면 책임이 조각된다고 본다. ○ ✕

해설 위법성조각사유의 전제사실에 대한 착오를 금지착오로 보면서 책임을 조각하는 것으로 구성하는 견해는 엄격책임설이다. 정답 ○

086 엄격고의설은 오상방위의 경우 행위자에게 위법성의 현실적 인식이 없어 고의가 조각되고, 해당 행위에 대해 과실범 규정이 있는 경우 과실범으로 처벌할 수 있을 뿐이라고 한다. ○ ✕

해설 엄격고의설은 위법성인식없이 행위한 자는 고의범이 되지 아니하므로 과실범처벌 규정이 없는 경우 행위자를 처벌할 수 없다는 형사정책적 결함이 있다. 정답 ○

087 엄격책임설은 오상방위를 금지착오로 해석하나, 이에 대해서는 착오에 이르게 된 상황의 특수성을 무시하였다는 비판이 가해진다. ○ ✕

해설 위법성에 관한 착오를 모두 금지착오로 본다. 그러므로 위법성조각사유의 객관적 전제조건에 관한 착오도 금지착오라고 보아 그 착오의 정당한 사유의 존부에 의하여 책임조각만을 판단한다. 정답 ○

088 법효과제한적책임설은 고의의 이중적 기능을 전제로 오상방위의 경우 책임고의가 조각된다고 보나, 책임고의가 조각되면 제한적 종속형식에 의할 경우 이에 대한 공범성립이 불가능하여 처벌의 흠결이 있다는 비판이 가해진다. ○ ✕

해설 법효과 제한적 책임설은 위법성조각사유의 전제사실의 착오의 경우 책임고의가 조각될 뿐 구성요건해당성과 위법성은 인정된다. 따라서 공범종속성에 관한 학설 중 통설과 판례인 제한종속형식설에 따르면 교사자를 교사범으로 처벌할 수 있다. = 공범성립이 가능하다. 정답 ✕

089 엄격책임설에 의하면 위법성조각사유의 전제사실에 대한 착오의 경우 형법 제13조를 직접 적용함으로써 고의범의 성립이 부정되고 과실이 있는 경우 과실범으로 처벌한다. ○ ×

해설 엄격책임설에 의하면 금지착오에 해당하는바, 위법성조각사유의 전제사실에 대한 착오의 경우 형법 제16조가 적용되어 정당한 이유가 인정되는 경우 책임을 조각한다. 정답 ×

090 위법성조각사유의 요건을 총체적 불법구성요건의 소극적 표지로 이해하는 소극적 구성요건표지이론에 의하면 위법성조각사유의 전제사실에 대한 착오를 고의범으로 처벌한다. ○ ×

해설 소극적 구성요건 표지이론에 따르면 위법성조각사유는 소극적 구성요건요소로서 적극적 구성요건요소인 구성요건 해당성과 더불어 불법구성요건을 형성하므로 적극적 구성요건요소에 관한 착오와 같이 구성요건적 착오가 된다. 따라서 형법 제13조를 직접 적용하여 과실범의 성립여부가 문제된다. 정답 ×

091 고의설과 법효과제한책임설은 위법성조각사유의 전제사실에 대한 착오의 법적 효과에 있어 동일한 결론을 취한다. ○ ×

해설 고의설과 법효과제한적책임설 모두 고의가 조각되어 과실범 성립여부가 문제된다. 이 때 고의설의 경우 책임에 있는 고의가 탈락하고 법효과제한적책임설은 책임에 있는 책임고의가 탈락한다. 정답 ○

092 유추적용설에 의하면 위법성조각사유의 전제사실에 대한 착오의 경우 형법 제13조를 유추적용함으로써 구성요건적 고의는 인정되지만 책임고의를 부정하여 고의범의 성립을 부정한다. ○ ×

해설 유추적용설에 의하면 위법성조각사유의 전제사실에 대한 착오의 경우 형법 제13조를 유추적용함으로써 구성요건 고의가 탈락되어 고의범 성립을 부정한다. 정답 ×

093 위법성 인식의 체계적 지위에 관한 학설 중 고의설에 따르면 법률의 착오와 사실의 착오 모두 고의가 조각된다. ○ ×

해설 고의설에 따르면 고의 내용 안에 사실의 인식과 위법성 인식이 있다. 따라서 사실의 착오(사실의 인식 조각)가 발생하든 법률의 착오(위법성 인식 조각)가 발생하든 고의가 조각된다는 결과가 나오게 된다. 정답 ○

094 위법성 인식에 필요한 노력의 정도는 행위자 개인의 인식능력의 문제이므로 행위자가 속한 사회집단에 따라 달리 평가되어서는 안 된다. ○ ×

해설 위법성의 인식에 필요한 노력의 정도는 구체적인 행위정황과 행위자 개인의 인식능력 그리고 행위자가 속한 사회집단에 따라 달리 평가되어야 한다. (대법원 2014도11501, 2014전도197) 정답 ×

095 형법 제16조의 법률의 착오는 처벌규정의 존재를 인식하지 못한 법률의 부지뿐만 아니라 일반적으로 범죄가 되는 행위이지만 자기의 특수한 경우에는 법령에 의하여 허용되는 행위로 오인한 경우를 말한다. ○ ×

해설 형법 제16조에 자기가 행한 행위가 법령에 의하여 죄가 되지 아니한 것으로 오인한 행위는 그 오인에 정당한 이유가 있는 때에 한하여 벌하지 아니한다고 규정하고 있는 것은 단순한 법률의 부지의 경우를 말하는 것이 아니고 일반적으로 범죄가 되는 경우이지만 자기의 특수한 경우에는 법령에 의하여 허용된 행위로서 죄가 되지 아니한다고 그릇 인식하고 그와 같이 그릇 인식함에 정당한 이유가 있는 경우에는 벌하지 아니한다는 취지이다. (대법원 95도1351) 정답 ×

096 형법 제16조에 따르면 법률의 착오에 있어서 오인에 정당한 이유가 있으면 벌하지 않으며 정당한 이유가 없는 경우에는 형을 감경할 수 있다. ○ ×

해설

형법 제16조(법률의 착오) 자기의 행위가 법령에 의하여 죄가 되지 아니하는 것으로 오인한 행위는 그 오인에 정당한 이유가 있는 때에 한하여 벌하지 아니한다.

정답 ×

097 제한책임설은 위법성조각사유의 전제사실에 관한 착오를 법률의 착오로 보는 것이다. ○ ×

해설 위법성조각사유의 전제사실에 관한 착오를 법률의 착오로 보는 것은 엄격책임설이다. 정답 ×

098 변호사자격을 가진 국회의원이 의정보고서를 발간하는 과정에서 선거관리위원회에 정식으로 질의를 하여 공식적인 답변을 받지 않고 보좌관을 통하여 선거관리위원회 직원에게 문의하여 답변을 들은 것만으로 선거법규에 저촉되지 않는다고 오인한 경우, 그 오인에 정당한 이유가 있다고 하기 어렵다. ○ ×

해설 대법원 2005도3717 정답 ○

099 자신의 행위가 「건축법」상의 허가대상인 줄을 몰랐다는 사정은 단순한 법률의 부지에 불과하고 법률의 착오에 기인한 행위라고는 할 수 없다. ○ ×

해설 대법원 2010도15260 정답 ○

05 법률의 착오(금지의 착오)와 판례

100 부동산중개업자가 부동산중개업협회의 자문을 통하여 인원수의 제한 없이 중개보조원을 채용하는 것이 허용된다고 믿고 (구)「부동산중개업법」이 정하는 제한인원을 초과하여 중개보조원을 채용한 경우 법률의 착오에 정당한 이유가 있다. ○ ×

> **해설** 부동산중개업자가 부동산중개업협회의 자문을 통하여 인원수의 제한 없이 중개보조원을 채용하는 것이 허용되는 것으로 믿고서 제한인원을 초과하여 중개보조원을 채용함으로써 부동산중개업법 위반행위에 이르게 되었다고 하더라도 그러한 사정만으로 자신의 행위가 법령에 저촉되지 않는 것으로 오인함에 정당한 이유가 있는 경우에 해당한다거나 범의가 없었다고 볼 수는 없다. (대법원 2000도2943) 정답 ×

101 지방자치단체장이 관행적으로 간담회를 열어 업무추진비 지출형식으로 참석자들에게 음식물을 제공해 오면서 법령에 의하여 허용되는 행위라고 오인한 경우 법률의 착오에 정당한 이유가 있다. ○ ×

> **해설** 지방자치단체장이 관행적으로 간담회를 열어 업무추진비 지출 형식으로 참석자들에게 음식물을 제공해 오면서 법령에 의하여 허용되는 행위라고 오인하였다 하더라도, 그 오인에 정당한 이유가 없어 법률의 착오에 해당하지 않는다. (대법원 2007도7205) 정답 ×

102 중국 국적 선박을 구입한 피고인이 외환은행 담당자의 안내에 따라 매도인인 중국 해운회사에 선박을 임대하여 받기로 한 용선료를 재정경제부장관에게 미리 신고하지 아니하고 선박 매매대금과 상계함으로써 (구)「외국환거래법」을 위반한 경우 법률의 착오에 정당한 이유가 있다. ○ ×

> **해설** 중국 국적 선박을 구입한 피고인이 매도인인 중국 해운회사에 선박을 임대하여 받기로 한 용선료를 재정경제부장관에게 미리 신고하지 아니하고 선박 매매대금과 상계한 사안에서, 위 행위가 구 외국환거래법 위반죄에 해당한다. (대법원 2011도2136) 정답 ×

103 범죄의 성립에 있어서 위법의 인식은 그 범죄사실이 사회정의와 조리에 어긋난다는 것을 인식하는 것으로 족하며, 구체적인 해당 법조문까지 인식할 것을 요하는 것은 아니다. ○ ×

> **해설** 대법원 86도2673 정답 ○

104 정부 공인 체육종목인 '활법'의 사회체육지도사 자격증을 취득한 자가 기공원을 운영하면서 환자들을 대상으로 척추교정시술행위를 한 자신의 행위가 무면허 의료행위에 해당되지 아니하여 죄가 되지 않는다고 믿었다면 정당한 사유가 있는 법률의 착오에 해당한다. ○ ×

> **해설** 기공원을 운영하면서 환자들을 대상으로 척추교정시술행위를 한 자가 정부 공인의 체육종목인 '활법'의 사회체육지도자 자격증을 취득한 자라 하여도 자신의 행위가 무면허 의료행위에 해당되지 아니하여 죄가 되지 않는다고 믿은 데에 정당한 사유가 있었다고 할 수 없다. (대법원 2000도2807) 정답 ×

105 일반수요자가 아닌 장의사영업허가를 받은 상인이 장의에 소요되는 기구, 물품을 판매하는 도매업을 하기 위해 관할관청에 영업허가를 신청하자 관할관청이 이 경우 영업허가가 필요없다고 해석하여 영업허가를 해주지 않고 있다면, 이를 믿고 영업허가 없이 위와 같은 도매업을 해온 경우 형법 제16조의 정당한 이유가 인정된다. ○ ×

> 해설 대법원 88도1141
> 정답 ○

106 위법성인식의 체계적 지위에 관한 엄격책임설에 대해서는 상습범 또는 확신범 등을 고의범으로 처벌할 수 없고 특별히 과실범 처벌규정이 있는 경우에 한하여 과실범으로 처벌할 수 밖에 없는 형사정책적인 결함을 가진다는 비판이 있다. ○ ×

> 해설 엄격책임설은 위법성조각사유 전제사실 착오(예:오상방위 등)를 구성요건적 고의는 있고 책임에서 법률의 착오처럼 이해하여 정당한 사유가 있으면 면책하고 정당한 사유가 없으면 면책되지 않는다고 본다. 그렇다면 상습범이나 확신범은 고의범으로 처벌할 수 있다. = 위의 비판은 상습범이나 확신범처럼 위법성인식 자체가 없는 사람에 대해서 고의를 조각하고 과실여부만을 따지게 되는 엄격고의설의 문제점을 말한다.
> 정답 ×

107 자기의 행위가 법령에 의하여 죄가 되지 아니하는 것으로 오인한 행위는 그 오인에 정당한 이유가 있는 때에 한하여 벌하지 아니한다. ○ ×

> 해설
>
> **형법 제16조(법률의 착오)** 자기의 행위가 법령에 의하여 죄가 되지 아니하는 것으로 오인한 행위는 그 오인에 정당한 이유가 있는 때에 한하여 벌하지 아니한다.
>
> 정답 ○

108 광역시의회 의원 甲이 선거구민들에게 의정보고서를 배부하기에 앞서 미리 관할 선거관리위원회 소속 공무원들에게 자문을 구하고 그들의 지적에 따라 수정한 의정보고서를 배부하는 것은 죄가 되지 아니 한다고 오인하고 이를 배부한 경우 甲의 행위는 형법 제16조의 정당한 이유가 인정된다. ○ ×

> 해설 대법원 2005도835
> 정답 ○

109 甲이 변호사에게 문의하여 자문을 받고 압류물을 집행관의 승인 없이 관할구역 밖으로 옮기는 행위가 허용되는 행위로 생각하고 이와 같은 행위를 하였다면, 甲의 오인에는 정당한 이유가 인정된다. ○ ×

> 해설 압류물을 집달관의 승인 없이 임의로 그 관할구역 밖으로 옮긴 경우, 압류집행의 효용을 해하게 된다고 할 것이므로 공무상비밀표시무효죄가 성립한다. 위의 행위를 하면서 변호사 등에게 문의하여 자문을 받았다는 사정만으로는 자신의 행위가 죄가 되지 않는다고 믿는 데에 정당한 이유가 있다고 할 수 없다. (대법원 91도894)
> 정답 ×

110 甲은 실질적으로는 한 사람에게 대출금이 귀속됨에도 다른 사람의 명의를 빌려 그들 사이에 형식적으로만 공동투자약정을 맺고 동일인 한도를 초과하는 대출을 받는, 이른바 '사업자 쪼개기' 방식의 대출이 관행적으로 이루어져 온 만큼 죄가 되지 않는다고 인식하고 상호저축은행에서 대출을 받은 경우 甲이 대출행위가 죄가 되지 않는다고 오인한 점에 정당한 이유가 있다고 볼 수 있다. ○ ×

해설 다른 상호저축은행들에서도 상호저축은행법상 동일인 대출한도 제한규정을 회피하기 위하여 실질적으로는 한 사람에게 대출금이 귀속됨에도 다른 사람의 명의를 빌려 그들 사이에 형식적으로만 공동투자약정을 맺고 동일인 한도를 초과하는 대출을 받는, 이른바 '사업자쪼개기' 방식의 대출이 관행적으로 이루어져 왔으며, 금융감독원도 2008년 이전에는 이를 적발하지 못하였다는 사정만으로는 피고인들이 이 사건 대출행위가 죄가 되지 않는다고 오인하였다거나 그 오인에 정당한 이유가 있다고 볼 수 없다. (대법원 2009도13868) 정답 ×

111 가처분결정으로 직무집행정지 중에 있던 종단대표자가 변호사의 조언에 따라 종단소유의 보관금을 인출하여 소송비용으로 사용한 경우 「형법」 제16조(법률의 착오)에서 규정하는 '정당한 이유'가 있다고 인정된다. ○ ×

해설 가처분결정으로 직무집행정지 중에 있던 종단대표자가 종단소유의 보관금을 소송비용으로 사용함에 있어 변호사의 조언이 있었다는 것만으로 보관금인출사용행위가 법률의 착오에 의한 것이라 할 수 없다. (대법원 90도1604) 정답 ×

112 무선설비기기 수입업자가 무선설비의 납품처 직원으로부터 형식등록이 필요 없다는 취지의 답변을 듣고, 이미 무선설비의 형식승인을 받은 다른 수입업자가 있음을 이용하여 동일한 제품을 법에서 정한 형식승인 없이 수입·판매한 경우 「형법」 제16조(법률의 착오)에서 규정하는 '정당한 이유'가 있다고 인정된다. ○ ×

해설 이미 무선설비의 형식승인을 받은 다른 수입업자가 있음을 이용하여 동일한 제품을 형식승인 없이 수입·판매한 행위는 무선설비에 대한 관계 법령의 취지 및 내용에 비추어 볼 때 전파법 위반죄에 해당하고, 무선설비의 납품처 직원으로부터 형식등록이 필요 없다는 취지의 답변을 들었다는 사정만으로는 형법 제16조의 법률의 착오에 해당하지 않는다. (대법원 2008도10373) 정답 ×

113 직업소개업자가 관할관청에 외국인 근로자의 국내 입국절차를 대행하여 주는 허가절차에 관하여 문의하였으나, 담당 공무원이 아직 허가 관련 법규가 제정되지 아니하여 허가를 받지 않아도 되는 것으로 잘못 알려주어 법에서 정한 허가를 받지 않고 외국인 근로자를 국내업체에 취업 알선한 경우 「형법」 제16조(법률의 착오)에서 규정하는 '정당한 이유'가 있다고 인정된다. ○ ×

해설 대법원 94도1814 정답 ○

114 부동산중개업자가 아파트 분양권의 매매를 중개하면서 중개수수료 산정에 관한 지방자치단체의 조례를 잘못 해석하여 법에서 허용하는 금액을 초과한 중개수수료를 수수한 경우 「형법」 제16조(법률의 착오)에서 규정하는 '정당한 이유'가 있다고 인정된다. ○ ×

해설 부동산중개업자인 피고인이 아파트 분양권의 매매를 중개하면서 중개수수료 산정에 관한 지방자치단체의 조례를 잘못 해석하여 법에서 허용하는 금액을 초과한 중개수수료를 수수한 경우, 자신의 행위가 법령에 저촉되지 않는 것으로 오인함에 정당한 사유가 있는 경우에 해당한다거나 피고인에게 범의가 없었다고 볼 수는 없다 할 것이다. (대법원 2004도62) 정답 ×

115 정당한 이유가 있는지 여부는 행위자에게 자기 행위의 위법의 가능성에 대해 심사숙고하거나 조회할 수 있는 계기가 있어 자신의 지적 능력을 다하여 이를 회피하기 위한 진지한 노력을 다하였더라면 스스로의 행위에 대하여 위법성을 인식할 수 있는 가능성이 있었음에도 이를 다하지 못한 결과 자기행위의 위법성을 인식하지 못한 것인지 여부에 따라 판단하여야 한다. ○ ×

해설 대법원 2014도11501, 2014전도197　　　　　　　　　　　　　　　　　　　　　　　　정답 ○

116 행정청의 허가가 있어야 함에도 불구하고 허가를 받지 아니하여 처벌대상이 되는 행위를 한 경우라도 허가를 담당하는 공무원이 허가를 요하지 않는 것으로 잘못 알려주어 이를 믿었기 때문인 경우 형법 제16조에 해당하여 벌할 수 없다. ○ ×

해설 대법원 2005도1697　　　　　　　　　　　　　　　　　　　　　　　　　　　　　정답 ○

117 「자격기본법」에 의한 민간자격관리자로부터 대체의학자격증을 수여받은 자가 사업자등록을 한 후 침술원을 개설하였다고 한다면, 자신의 행위가 무면허 의료행위에 해당되지 아니하여 죄가 되지 않는다고 믿은 데에 정당한 사유가 있었다고 볼 수 있다. ○ ×

해설 자격기본법에 의한 민간자격관리자로부터 대체의학자격증을 수여받은 자가 사업자등록을 한 후 침술원을 개설하였다고 하더라도 국가의 공인을 받지 못한 민간자격을 취득하였다는 사실만으로는 자신의 행위가 무면허 의료행위에 해당되지 아니하여 죄가 되지 않는다고 믿는 데에 정당한 사유가 있었다고 할 수 없다. (대법원 2003도939) 　　정답 ×

118 숙박업자가 자신이 운영하는 숙박업소에서 위성방송수신장치를 이용하여 수신한 외국의 음란한 위성방송프로그램을 투숙객 등에게 제공하였는데, 그 이전에 그와 유사한 행위로 '혐의없음' 처분을 받은 전력이 있다거나 일정한 시청차단장치를 설치하였더라도 「형법」 제16조의 정당한 이유가 있다고 볼 수 없다. ○ ×

해설 대법원 2008도11679　　　　　　　　　　　　　　　　　　　　　　　　　　　정답 ○

119 십전대보초를 제조·판매하다가 검거되어 검찰의 혐의없음 결정을 받은 적이 있는 자가 다시 전과 동일한 방법으로 한약 가지 수에만 차이가 있는 가감삼십전대보초를 허가 없이 제조·판매한 경우 그 오인에 정당한 이유가 없다. ○ ×

해설 가감삼십전대보초와 한약 가지수에만 차이가 있는 십전대보초를 제조하고 그 효능에 관하여 광고를 한 사실에 대하여 이전에 검찰의 혐의없음 결정을 받은 적이 있다면, 피고인이 비록 한의사 약사 한약업사면허나 의약품판매업 허가가 없이 의약품인 가감삼십전대보초를 판매하였다고 하더라도 자기의 행위가 법령에 의하여 죄가 되지 않는 것으로 믿을 수밖에 없었고, 또 그렇게 오인함에 있어서 정당한 이유가 있는 경우에 해당한다. (대법원 95도717)　　정답 ×

120 법률의 착오에 정당한 이유가 있는지 여부는 행위자가 위법한 행위를 하지 않으려는 진지한 노력을 했음에도 위법성을 인식하지 못한 것인지 여부를 기준으로 판단해야 하며, 위법성인식에 필요한 노력의 정도는 행위자 개인의 인식능력 및 행위자가 속한 사회집단에 따라 달리 평가되어서는 안된다. ○ ✕

> 해설 형법 제16조에서 자기가 행한 행위가 법령에 의하여 죄가 되지 아니한 것으로 오인한 행위는 그 오인에 정당한 이유가 있는 때에 한하여 벌하지 아니한다고 규정하고 있는 것은 일반적으로 범죄가 되는 경우이지만 자기의 특수한 경우에는 법령에 의하여 허용된 행위로서 죄가 되지 아니한다고 그릇 인식하고 그와 같이 그릇 인식함에 정당한 이유가 있는 경우에는 벌하지 아니한다는 취지이고, 이러한 정당한 이유가 있는지 여부는 행위자에게 자기 행위의 위법의 가능성에 대해 심사숙고하거나 조회할 수 있는 계기가 있어 자신의 지적능력을 다하여 이를 회피하기 위한 진지한 노력을 다하였더라면 스스로의 행위에 대하여 위법성을 인식할 수 있는 가능성이 있었음에도 이를 다하지 못한 결과 자기 행위의 위법성을 인식하지 못한 것인지 여부에 따라 판단하여야 할 것이고, 이러한 위법성의 인식에 필요한 노력의 정도는 구체적인 행위정황과 행위자 개인의 인식능력 그리고 행위자가 속한 사회집단에 따라 달리 평가되어야 한다. (대법원 2005도3717)
>
> 정답 ✕

121 (구)「건설폐기물의 재활용촉진에 관한 법률」 제16조 제1항의 위반행위를 하면서 이를 판단하는데 직접적인 자료가 되지 않는 환경부의 질의회신을 받은 경우 그 오인에 정당한 이유가 있다. ○ ✕

> 해설 구 건설폐기물의 재활용촉진에 관한 법률 제16조 제1항의 위반행위를 하면서 이를 판단하는 데 직접적인 자료가 되지 않는 환경부의 질의회신을 받은 것만으로는 정당한 이유가 있는 법률의 착오에 해당하지 않는다. (대법원 2008도8607)
>
> 정답 ✕

122 변호사 자격을 가진 국회의원이 낙천대상자로 선정된 사유에 대한 해명을 넘어 다른 동료의원들이나 네티즌의 낙천대상자 선정이 부당하다는 취지의 반론을 담은 의정보고서를 발간하는 과정에서 보좌관을 통하여 선거관리위원회 직원에게 구두로 문의하여 답변 받은 결과 선거법규에 저촉되지 않는다고 오인한 경우 정당한 이유가 있다고 볼 수 있다. ○ ✕

> 해설 피고인이 ㄱ 부좌관을 통하여 관할 선거관리위원회 직원에게 문의하여 이 사건 의정보고서에 앞서 본 바와 같은 내용을 게재하는 것이 허용된다는 답변을 들은 것만으로는(또한, 원심도 인정하는 바와 같이 이 사건 의정보고서의 제작과 관련하여, 피고인 측에서 관할 선거관리위원회의 지도계장인 공소외 1에게 구두로 문의를 하였을 뿐 관할 선거관리위원회에 정식으로 질의를 하여 공식적인 답신을 받은 것도 아니다), 자신의 지적 능력을 다하여 이를 회피하기 위한 진지한 노력을 다 하였다고 볼 수 없고, 그 결과 자신의 행위의 위법성을 인식하지 못한 것이라고 할 것이므로 그에 대해 정당한 이유가 있다고 하기 어렵다. (대법원 2005도3717)
>
> 정답 ✕

123 긴급명령이 시행된 지 오래되지 않아 비밀보장의무의 내용에 관해 확립된 규정이나 관계기관의 유권해석 및 금융관행이 확립되어 있지 아니하므로 금융거래의 내용을 공개한 경우 형법 제16조(법률의 착오)에서 규정하는 '정당한 이유'가 있다고 인정된다. ○ ✕

> 해설 긴급명령 위반행위 당시 긴급명령이 시행된 지 그리 오래되지 않아 금융거래의 실명전환 및 확인에만 관심이 집중되어 있었기 때문에 비밀보장의무의 내용에 관하여 확립된 규정이나 판례, 학설은 물론 관계기관의 유권해석이나 금융관행이 확립되어 있지 아니하였다는 사정은 단순한 법률의 부지에 불과하며, 그 위반행위가 형사재판 변호인들의 자료 요청에서 기인하였다고 하더라도 변호인들에게 구체적으로 긴급명령위반 여부에 관하여 자문을 받은 것은 아닌데다가, 해당 은행에서는 긴급명령상의 비밀보장에 관하여 상당한 교육을 시행하였음을 알 수 있어 피고인들의 행위가 죄가 되지 않는다고 믿은 데에 정당한 이유가 있는 경우에 해당하지 않는다. (대법원 95도1964)
>
> 정답 ✕

124 법규해석을 잘못하여 공무원이 직무상 실시한 봉인 등의 표시가 법률상 효력이 없다고 믿고 손상, 은닉, 기타의 방법으로 그 효용을 해한 경우 형법 제16조(법률의 착오)에서 규정하는 '정당한 이유'가 있다고 인정된다. ○ ×

해설 공무원이 그 직무에 관하여 실시한 봉인 등의 표시를 손상 또는 은닉 기타의 방법으로 그 효용을 해함에 있어서 그 봉인 등의 표시가 법률상 효력이 없다고 믿은 것은 법규의 해석을 잘못하여 행위의 위법성을 인식하지 못한 것이라고 할 것이므로 그와 같이 믿은 데에 정당한 이유가 없는 이상, 그와 같이 믿었다는 사정만으로는 공무상표시무효죄의 죄책을 면할 수 없다고 할 것이다. (대법원 99도5563) 정답 ×

125 채권자가 관할 공무원과 변호사에게 문의 확인하여 자기의 채권이 신고해야 할 기업사채에 해당하지 않는다고 믿고 신고를 하지 않은 경우 형법 제16조(법률의 착오)에서 규정하는 '정당한 이유'가 있다고 인정된다. ○ ×

해설 대법원 74도3680 정답 ○

126 행위자가 처벌되지 않는 행위를 처벌되는 행위로 오인하고 행위를 한 경우 금지착오에 해당하며 오인에 정당한 이유가 있으면 책임이 조각된다. ○ ×

해설 환각범은 범죄가 성립하지 않거나 처벌받지 않는 경우임에도 자신은 범죄가 성립한다거나 처벌받을 수 있다고 생각한 경우이다. 환각범은 '반전된 금지착오'라고도 하며, 처벌되지 않는다. 정답 ×

127 사인이 현행범인을 체포하면서 그 범인을 자기 집안에 24시간까지 감금할 수 있다고 오인하고 감금한 경우 금지착오에 해당한다. ○ ×

해설 위법성조각사유의 법적 한계에 관한 착오에 해당한다. 정답 ○

128 단순한 법률의 부지의 경우는 「형법」 제16조의 적용대상이 되지 않는다는 것이 판례의 입장이다. ○ ×

해설 대법원 95도1351 정답 ○

129 약 23년간 경찰공무원으로 근무해 온 형사계 강력 1반장이 검사의 수사지휘대로만 하면 모두 적법한 것이라고 믿고 허위공문서를 작성한 경우 오인에 정당한 이유가 없다. ○ ×

해설 대법원 95도2088 정답 ○

130 위법성의 인식에 필요한 노력의 정도는 일반인의 입장에서 판단되어야 하며, 구체적인 행위정황과 행위자 개인의 의사능력 그리고 행위자가 속한 사회집단 등에 따라 다르게 평가될 수 없다. ○ ×

해설 위법성의 인식에 필요한 노력의 정도는 구체적인 행위정황과 행위자 개인의 인식능력 그리고 행위자가 속한 사회집단에 따라 달리 평가되어야 한다. (대법원 2014도11501, 2014전도197) 정답 ×

131 정기간행물의 등록을 강제하는 법률규정이 있다는 것을 몰랐고 또 간행물이 발행될 당시뿐만 아니라 그 발행이 중단되고 오랜 기간이 지난 다음에도 이에 대하여 문제가 제기된 바 없었다면, 자신의 간행물 발행행위가 죄가 되지 아니한다고 믿는 데 정당한 이유가 있다고 할 수 있다. ○ ×

해설 정기간행물을 등록하지 않고 발행한 피고인들이 정기간행물의 등록을 강제하는 법률규정이 있다는 것을 몰랐고 또 그 간행물이 발행될 당시뿐만 아니라 그 발행이 중단되고 오랜 기간이 지난 다음에도 이에 대하여 문제가 제기된 바 없었다는 사정만으로는 피고인들이 그 행위가 죄가 되지 아니한다고 믿은 데 정당한 이유가 있다고 할 수 없다. (대법원 93도3223)

정답 ×

132 甲이 변리사로부터 받은 A의 상표권을 침해하지 않는다는 취지의 회답과 감정결과 통보, 특허청의 상표출원등록 등을 근거로 자신의 행위가 상표권을 침해하는 것이 아니라고 믿은 데에는 정당한 이유가 인정되지 않는다. ○ ×

해설 대법원 97도3337

정답 ○

133 사립학교 운영자 甲이 A학교의 교비회계에 속하는 수입을 수회에 걸쳐 B외국인학교에 대여하는 과정에서 관할청의 소속 공무원들이 참석한 A학교 학교운영위원회에서 B학교에 대한 자금대여안건을 보고하였기 때문에 대여행위가 법률상 죄가 되지 않는 것으로 오인하였다면 그와 같은 그릇된 인식에 정당한 이유가 있다. ○ ×

해설 피고인이 외국인으로서 국어에 능숙하지 못하였다거나 갑 학교 설립·운영협약의 당사자에 불과한 관할청의 소속 공무원들이 참석한 갑 학교 학교운영위원회에서 을 학교에 대한 자금 대여 안건을 보고하였다는 것만으로는 피고인이 자신의 지적능력을 다하여 행위의 위법 가능성을 회피하기 위한 진지한 노력을 다하였다고 볼 수 없으므로, 피고인이 위와 같은 대여행위가 법률상 허용되는 것으로서 죄가 되지 않는다고 그릇 인식하고 있었더라도 그와 같이 그릇된 인식에 정당한 이유가 없다. (대법원 2014도12773)

정답 ×

134 처벌규정이 있음에도 그 규정의 존재 자체를 알지 못하는 경우도 형법 제16조가 적용된다. ○ ×

해설 형법 제16조에 자기가 행한 행위가 법령에 의하여 죄가 되지 아니한 것으로 오인한 행위는 그 오인에 정당한 이유가 있는 때에 한하여 벌하지 아니한다고 규정하고 있는 것은 단순한 법률의 부지의 경우를 말하는 것이 아니고 일반적으로 범죄가 되는 경우이지만 자기의 특수한 경우에는 법령에 의하여 허용된 행위로서 죄가 되지 아니한다고 그릇 인식하고 그와 같이 그릇 인식함에 정당한 이유가 있는 경우에는 벌하지 아니한다는 취지이다. (대법원 95도1351)

정답 ×

135 일본 영주권을 가진 재일교포가 영리를 목적으로 관세물품을 구입한 것이 아니므로 입국 시 관세신고를 하지 않아도 되는 것으로 착오하였다면 외국인으로서 그 오인에 정당한 이유가 있다고 볼 수 있다. ○ ×

해설 일본 영주권을 가진 재일교포가 영리를 목적으로 관세물품을 구입한 것이 아니라거나 국내 입국 시 관세신고를 하지 않아도 되는 것으로 착오하였다는 등의 사정만으로는 형법 제16조의 법률의 착오에 해당하지 않는다. (대법원 2006도1993)

정답 ×

136 죄가 되지 않는다고 오인한 행위의 정당성 여부는 행위자가 진지한 노력을 다하였더라면 스스로의 행위에 대하여 위법성을 인식할 수 있는 가능성이 있었음에도 이를 다하지 못한 결과 자기행위의 위법성을 인식하지 못한 것인지 여부에 따라 판단하여야 한다. ○ ×

해설 대법원 2005도3717

정답 ○

137 마취전문 간호사가 의사의 구체적인 지시없이 독자적으로 마취약제와 양을 결정하고 마취액을 직접 주사하여 척수마취를 시행하는 행위를 유권해석에 따라 의료법규에 의해 허용된다고 오인한 경우 판례가 오인의 정당한 이유를 인정한다. ○ ×

해설 마취액을 직접 주사하여 척수마취를 시행하는 행위는 약제의 선택이나 용법, 투약 부위, 환자의 체질이나 투약 당시의 신체 상태, 응급상황이 발생할 경우 대처능력 등에 따라 환자의 생명이나 신체에 중대한 영향을 미칠 수 있는 행위로서 고도의 전문적인 지식과 경험을 요하므로 의사만이 할 수 있는 의료행위이고 마취전문 간호사가 할 수 있는 진료 보조행위의 범위를 넘어서는 것이므로, 피고인의 행위는 구 의료법 제25조 제1항에서 금지하는 무면허 의료행위에 해당한다. (대법원 2008도590)

정답 ×

138 피고인이 과거 당국의 면허 없이 가감삼십전대보초와 한약 가지수에만 차이가 있는 십전대보초를 제조하고 그 효능에 대하여 광고, 판매한 사실에 대하여 이전에 검찰로부터 '혐의없음' 처분을 받고, 재차 당국의 면허 없이 의약품인 가감삼십전대보초를 제조, 판매한 사안에서 범행당시에 검찰의 처분을 신뢰하여 자신의 행위가 죄가 되지 않는다고 오인한 경우 판례가 오인의 정당한 이유를 인정한다. ○ ×

해설 대법원 95도717

정답 ○

139 도시 및 주거환경정비법 제124조 제4항은 '조합원'이 정비사업 관련 자료의 열람·복사를 요청한 경우에 특별한 사정이 없는 한 조합임원은 열람·복사를 허용할 의무를 부담하고 이를 위반하여 열람·복사를 허용하지 않는 경우에는 형사처벌의 대상이며, 여기에는 신축건물 동호수배정결과도 포함된다. 하지만 정비사업 조합의 '조합원'이자 '감사'인 사람이 신축건물의 동호수 자료를 열람요청 하였음에도 조합임원인 피고인은 조합의 자문변호사가 신축건물의 동호수는 공개하지 않는 것이 좋겠다고 한 답변을 듣고 자신의 행위가 죄가 되지 않는다고 오인한 경우 판례가 오인의 정당한 이유를 인정한다. ○ ×

해설 도시 및 주거환경정비법 제124조 제4항은 '조합원'이 정비사업 관련 자료의 열람·복사를 요청한 경우에 특별한 사정이 없는 한 조합임원은 열람·복사를 허용할 의무를 부담하고 이를 위반하여 열람·복사를 허용하지 않는 경우에는 형사처벌의 대상이며, 여기에는 신축건물 동호수배정결과도 포함된다. 하지만 정비사업 조합의 '조합원'이자 '감사'인 사람이 신축건물의 동호수 자료를 열람요청 하였음에도 조합임원인 피고인은 조합의 자문변호사가 신축건물의 동호수는 공개하지 않는 것이 좋겠다는 취지의 답변을 받았더라도, 이는 자문변호사 개인의 독자적 견해에 불과하고 도시정비법의 전체적 규율 내용에 관한 면밀한 검토와 체계적 해석에 터 잡은 법률해석으로는 보이지 않으며, 피고인의 직업, 경력, 사회적 지위 등을 고려할 때 피고인이 변호사의 자문을 받았다는 사정만으로 자신의 행위가 죄가 되지 않는다고 오인한 것에 정당한 이유가 있다고 보기는 어렵다. (대법원 2019도18700)

정답 ×

140 형법 제16조에서 자기가 행한 행위가 법령에 의하여 죄가 되지 아니한 것으로 오인한 행위는 그 오인에 정당한 이유가 있는 때에 한하여 벌하지 아니한다고 규정하고 있는 것은 단순히 법률의 부지를 말하는 것이 아니다. ○ ×

해설 대법원 94도2148 정답 ○

141 형법 제16조는 일반적으로 범죄가 되는 경우이지만 자기의 특수한 경우에는 법령에 의하여 허용된 행위로서 죄가 되지 아니한다고 그릇 인식하고 그와 같이 그릇 인식함에 정당한 이유가 있는 경우에는 벌하지 않는다는 취지이다. ○ ×

해설 대법원 94도2148 정답 ○

142 법률 위반 행위 중간에 판례에 따라 그 행위가 처벌대상이 되지 않는 것으로 해석되었던 적이 있었던 경우에는 자신의 행위가 처벌되지 않는 것으로 믿은 데에 정당한 이유가 있다고 할 수 있다. ○ ×

해설 법률 위반 행위 중간에 일시적으로 판례에 따라 그 행위가 처벌대상이 되지 않는 것으로 해석되었던 적이 있었다고 하더라도 그것만으로 자신의 행위가 처벌되지 않는 것으로 믿은 데에 정당한 이유가 있다고 할 수 없다. (대법원 2021도10903) = 전송의 방법으로 공중송신권을 침해하는 게시물이나 그 게시물이 위치한 웹페이지 등에 연결되는 링크를 한 행위자가, 그 링크 사이트 운영 도중에 일시적으로 판례에 따라 그 행위가 처벌대상이 되지 않는 것으로 해석되었던 적이 있었다 하더라도 그것만으로 자신의 행위가 처벌되지 않는 것으로 믿은 데에 정당한 이유가 없다. 정답 ×

143 甲이 가감삼십전대보초와 한약 가지 수에만 차이가 있는 십전대보초를 제조하고 그 효능에 관해 광고를 한 사실에 대하여 이전에 검찰의 혐의없음 결정을 받은 적이 있었다고 하더라도, 한의사, 약사, 한약업사 면허나 의약품판매업 허가 없이 의약품인 가감삼십전대보초를 판매한 자신의 행위가 죄가 되지 않는 것으로 믿을 수밖에 없었다거나 그렇게 오인함에 있어서 정당한 이유가 있는 경우에 해당한다고 할 수는 없다. ○ ×

해설 가감삼십전대보초와 한약 가지 수에만 차이가 있는 십전대보초를 제조하고 그 효능에 관하여 광고를 한 사실에 대하여 이전에 검찰의 혐의없음 결정을 받은 적이 있다면, 피고인이 비록 한의사 약사 한약업사 면허나 의약품판매업 허가가 없이 의약품인 가감삼십전대보초를 '나항과 같이 판매하였다고 하더라도 자기의 행위가 법령에 의하여 죄가 되지 않는 것으로 믿을 수밖에 없었고, 또 그렇게 오인함에 있어서 정당한 이유가 있는 경우에 해당한다. (대법원 95도717) 정답 ×

144 외국인학교 경영자인 甲이 학교의 교비회계에 속하는 자금을 다른 외국인학교에 대여함으로써 사립학교법을 위반한 경우, 甲이 외국인으로서 국어에 능숙하지 못하였고 학교운영위원회에서 자금 대여 안건을 보고한 사실이 있었다면, 비록 그와 같은 대여행위가 적법한지에 관하여 관할 도교육청의 담당공무원에게 정확한 정보를 제공하고 회신을 받거나 법률전문가에게 자문을 구하는 등의 조치를 취하지 않았더라도 형법 제16조에 따라 처벌되지 않는다. ○ ×

해설 甲 학교 설립·운영협약의 당사자에 불과한 관할청의 소속 공무원들이 참석한 甲 학교 학교운영위원회에서 乙 학교에 대한 자금 대여 안건을 보고하였다는 것만으로는 피고인이 자신의 지적 능력을 다하여 행위의 위법 가능성을 회피하기 위한 진지한 노력을 다하였다고 볼 수 없으므로, 피고인이 위와 같은 대여행위가 법률상 허용되는 것으로서 죄가 되지 않는다고 그릇 인식하고 있었더라도 그와 같이 그릇된 인식에 정당한 이유가 없다. (대법원 2014도12773) 정답 ×

06 기대가능성

145 직무상 지휘·복종관계에 있는 직장 상사의 범법행위에 가담한 부하의 경우 기대가능성이 없다. ○ ×

해설 직장 상사의 범법행위에 가담한 부하에 대하여 직무상 지휘·복종관계에 있다는 이유만으로 범법행위에 가담하지 않을 기대가능성이 없다고는 할 수 없다. (대법원 2007도1373)
정답 ×

146 비서가 주종관계에 있는 상사의 지시에 따라 공무원에게 뇌물을 공여한 경우 기대가능성이 없다. ○ ×

해설 피고인이 비서라는 특수신분 때문에 주종관계에 있는 공동피고인들의 지시를 거절할 수 없어 뇌물을 공여한 것이었다 하더라도 그와 같은 사정만으로는 피고인에게 뇌물공여 이외의 반대행위를 기대할 수 없는 경우였다고 볼 수 없다. (대법원 82도2873)
정답 ×

147 기관고장과 풍랑으로 표류 중 납북되어 북한을 찬양 고무·동조하고 송환될 때 지령을 받고 수락한 경우 기대가능성이 없다. ○ ×

해설 대법원 67도1115
정답 ○

148 위조통화취득 후 지정행사죄의 법정형이 위조통화행사죄보다 현저히 낮은 것은 적법행위에 대한 기대가능성 법리의 구체화로 볼 수 없다. ○ ×

정답 ○

149 야간 기타 불안스러운 상태하에서 공포, 경악, 흥분 또는 당황으로 인한 과잉방위를 벌하지 아니하는 것은 적법행위에 대한 기대가능성 법리의 구체화로 볼 수 없다. ○ ×

정답 ○

150 도주죄의 법정형이 도주원조죄보다 현저히 낮은 것은 적법행위에 대한 기대가능성 법리의 구체화로 볼 수 없다. ○ ×

해설 위조통화취득후지정행사죄, 단순도주죄는 책임감경사유, 형법 제21조 제3항의 과잉방위는 책임조각사유로서 기대가능성의 법리의 구체화이다.
정답 ○

151 사회통념상 허용될 만한 소극적 저항행위를 처벌하지 않는 것은 적법행위에 대한 기대가능성 법리의 구체화로 볼 수 없다. ○ ×

해설 소극적 저항행위를 처벌하지 않는 것은 위법성조각사유에 관한 제20조의 정당행위와 관련이 있다.
정답 ×

152 '위험의 발생을 예견하고 자의로 심신장애를 야기한 자의 행위'에 대해서는 심신장애에 관한 「형법」 총칙규정의 적용이 배제된다. ○ ×

해설

> 형법 제10조(심신장애인) ③ 위험의 발생을 예견하고 자의로 심신장애를 야기한 자의 행위에는 전2항의 규정을 적용하지 아니한다.

정답 ○

153 심신장애로 인하여 사물을 변별할 능력이나 의사를 결정할 능력이 미약한 자의 행위는 형을 감경할 수 있다. ○ ×

해설

> 형법 제10조(심신장애인) ② 심신장애로 인하여 전항의 능력이 미약한 자의 행위는 형을 감경할 수 있다.

정답 ○

154 통일원장관의 접촉 승인 없이 북한 주민과 접촉한 행위는 적법행위에 대한 기대가능성이 없는 경우에 해당하지 아니한다. ○ ×

해설 대법원 2001도6484

정답 ○

155 입학시험에 응시한 수험생으로서 자기 자신이 부정한 방법으로 탐지한 것이 아니고 우연한 기회에 미리 출제될 시험문제를 알게 되어 그에 대한 답을 암기하였을 경우 그 암기한 답에 해당된 문제가 출제되었다 하여도 위와 같은 경우로서 암기한 답을 그 입학시험 답안지에 기재하여서는 아니된다는 것을 그 일반수험생에게 기대한다는 것은 보통의 경우 노서히 불가능하다 할 것이므로 업무방해죄를 구성하지 않는다. ○ ×

해설 대법원 65도1164

정답 ○

156 자신의 강도상해 범행을 일관되게 부인하였으나 유죄판결이 확정된 피고인이 별건으로 기소된 공범의 형사사건에서 자신의 범행사실을 부인하는 증언을 한 경우에는 사실대로 진술할 기대가능성이 있다고 할 수 없다. ○ ×

해설 자신의 강도상해 범행을 일관되게 부인하였으나 유죄판결이 확정된 피고인이 별건으로 기소된 공범의 형사사건에서 자신의 범행사실을 부인하는 증언을 한 사안에서, 피고인에게 사실대로 진술할 기대가능성이 있으므로 위증죄가 성립한다. (대법원 2005도10101)

정답 ×

157 이미 유죄의 확정판결을 받은 피고인이 설사 자신의 형사사건에서 시종일관 그 범행을 부인하였다 하더라도, 이를 이유로 피고인에게 공범의 형사사건에서 사실대로 증언할 것을 기대할 가능성이 없다고 볼 수는 없다. ○ ×

해설 대법원 2005도10101

정답 ○

158 피고인이 주종관계에 있는 공동피고인의 지시를 거절할 수가 없어 뇌물을 공여하였더라도 그와 같은 사정만으로 피고인에게 뇌물공여 이외의 반대행위를 기대할 수 없는 경우라고 볼 수는 없다. ○ ×

해설 대법원 82도2873　　　　　　　　　　　　　　　　　　　　　　　　　　　　정답 ○

159 영업정지처분에 대한 집행정지 결정이 잠정적으로 받아들여졌다는 사정만으로는 구 음반·비디오물 및 게임물에 관한 법률 위반으로 기소된 피고인에게 적법행위의 기대가능성이 없다고 볼 수는 없다. ○ ×

해설 대법원 2007도8645　　　　　　　　　　　　　　　　　　　　　　　　　　　정답 ○

160 정신적 장애가 있는 자라고 하여도 범행 당시 정상적인 사물변별능력과 행위통제능력이 있었다면 심신장애로 볼 수 없다. ○ ×

해설 대법원 2006도7900　　　　　　　　　　　　　　　　　　　　　　　　　　　정답 ○

161 충동조절장애와 같은 성격적 결함이라 할지라도 그것이 매우 심각하여 원래의 의미의 정신병을 가진 사람과 동등하다고 평가할 수 있는 경우에는 그로 인한 범행은 심신장애로 인한 범행으로 보아야 한다. ○ ×

해설 대법원 2010도14512　　　　　　　　　　　　　　　　　　　　　　　　　　정답 ○

162 야간에 자신의 방에 들어오는 룸메이트를 강도로 오인하고 상해의 고의는 없이 방어할 의사로 그를 폭행하였는데 강도로 오인한 과실이 회피 가능하였을 경우, 법률효과제한적 책임설에 따르면 행위자는 무죄가 된다. ○ ×

해설 법효과제한적 책임설에 의할 때 위법성조각사유 전제사실에 대한 착오가 있는 경우 구성요건고의가 있으나 책임고의가 조각되므로 과실범성립여부가 검토된다. 그러나 과실폭행은 처벌규정이 없으므로 무죄가 된다. 정답 ○

163 엄청난 체력과 힘의 소유자인 체육선생이 연약한 만 16세 여학생 甲의 손목을 잡고 휘둘러 甲의 손으로 옆에 앉아 있던 乙에게 상해를 입힌 경우, 甲의 상해행위는 형법 제12조 강요된 행위에 의해 책임이 조각된다. ○ ×

해설 형법 제12조에서의 '저항할 수 없는 폭력'은 심리적인 의미에 있어서 육체적으로 어떤 행위를 절대적으로 하지 아니할 수 없게 하는 경우와 윤리적인 의미에 있어서 강압된 경우를 의미한다. (대법원 83도2276) = 다음의 사례에서 甲의 행위는 형법상 절대적 폭력에 해당하고, 절대적 폭력에 의한 행위는 형법상 행위에 해당하지 않는다. 그러므로 처음부터 상해죄의 구성요건에 해당하지 않는다. 그렇기 때문에 형법 제12조(강요된 행위)가 적용되어 책임이 조각되는 것이 아니라 처음부터 무죄가 된다. 정답 ×

164 경기 불황 상황에서 임금 지급을 위한 모든 성의와 노력을 다했으나 경영부진으로 인한 자금사정 등 도저히 지급기일 안에 임금을 지급할 수 없었다는 등의 피할 수 없는 사정이 인정된다면 근로기준법 제36조 위반범죄의 책임이 조각된다. ○ ×

해설 대법원 97도813　　　　　　　　　　　　　　　　　　　　　　　　　　　　정답 ○

165 수학여행을 온 대학교 3학년생들 중 일부만의 학생증을 제시받아 성년임을 확인한 후 나이트클럽에 단체로 입장시켰으나 그들 중 1인이 미성년자인 경우, 미성년자가 섞여 있을지도 모른다는 것을 예상하여 그들의 증명서를 일일이 확인할 것을 요구하는 것은 사회통념상 기대가능성이 없으므로 책임이 조각된다. ○ ×

해설 대법원 86도874　　　　　　　　　　　　　　　　　　　　　　　　　정답 ○

166 불법 건축물이라는 이유로 일반음식점 영업신고의 접수가 거부되었고 이전에 무신고 영업행위로 형사처벌까지 받았음에도 계속하여 일반음식점 영업행위를 한 피고인의 행위는 식품위생법상 무신고 영업행위로서 적법행위에 대한 기대가능성이 없는 경우에 해당하지 아니한다. ○ ×

해설 대법원 2008도6829　　　　　　　　　　　　　　　　　　　　　　　정답 ○

167 정당방위의 성립요건으로서의 방어행위에는 순수한 수비적 방어뿐만 아니라 적극적 반격을 포함하는 반격방어의 형태도 포함되나, 그 방어행위는 자기 또는 타인의 법익침해를 방위하기 위한 행위로서 상당한 이유가 있어야 한다. ○ ×

해설 대법원 92도2540　　　　　　　　　　　　　　　　　　　　　　　　정답 ○

168 서로 격투를 하는 자 상호간에는 공격행위와 방어행위가 연속적으로 교차되고 방어행위는 동시에 공격행위가 되는 양면적 성격을 띠는 것이므로 어느 한쪽 당사자의 행위만을 가려내어 방어를 위한 정당행위라거나 정당방위에 해당한다고 보기 어려운 것이 보통이다. ○ ×

해설 대법원 99도3377　　　　　　　　　　　　　　　　　　　　　　　　정답 ○

169 겉으로는 서로 싸움을 하는 것처럼 보이더라도 실제로는 한쪽 당사자가 일방적으로 위법한 공격을 가하고 상대방은 이러한 공격으로부터 자신을 보호하고 이를 벗어나기 위한 저항수단으로서 유형력을 행사한 경우에는, 그 행위가 새로운 적극적 공격이라고 평가되지 아니하는 한, 이는 사회관념상 허용 될 수 있는 상당성이 있는 것으로서 위법성이 조각된다. ○ ×

해설 대법원 99도3377　　　　　　　　　　　　　　　　　　　　　　　　정답 ○

170 형사소송법 제148조의 증언거부권은 헌법 제12조 제2항에 의한 불이익 진술의 강요금지 원칙을 구체화한 자기부죄거부특권에 관한 것이다. 따라서 자신에 대해 유죄판결이 이미 확정된 증인이라 하더라도 공범에 대한 사건에서는 증언을 거부할 수 있고, 특히 증인이 자신에 대한 형사사건에서 시종일관 범행을 부인하였다면 증인이 진실대로 진술할 것을 기대할 가능성이 없는 경우에 해당한다. ○ ×

해설 유죄판결이 확정된 증인은 공범에 대한 사건에서 증언을 거부할 수 없고, 설령 증인이 자신에 대한 형사사건에서 시종일관 범행을 부인하였더라도 그러한 사정만으로 증인이 진실대로 진술할 것을 기대할 수 있는 가능성이 없는 경우에 해당한다고 할 수 없으므로 허위의 진술에 대하여 위증죄 성립을 부정할 수 없다. (대법원 2011도11994)　　　정답 ×

171 피고인에게 적법행위를 기대할 가능성이 있는지 여부를 판단하기 위하여는 행위 당시의 구체적인 상황하에 행위자 대신에 사회적 평균인을 두고 이 평균인의 관점에서 그 기대가능성 유무를 판단하여야 한다. ○ ×

해설 대법원 2005도10101 정답 ○

172 형법 제12조 소정의 '저항할 수 없는 폭력'은 심리적인 의미에 있어서 육체적으로 어떤 행위를 절대적으로 할 수밖에 없게 하는 경우와 윤리적 의미에서 강압된 경우를 의미한다. ○ ×

해설 대법원 83도2276 정답 ○

173 직장 상사의 지시로 인하여 그 부하가 범법행위에 가담한 경우 비록 직무상 지휘 복종 관계가 인정된다고 하더라도 그것 때문에 범법행위에 가담하지 않을 기대가능성이 부정된다고 볼 수는 없다. ○ ×

해설 대법원 99도1911 정답 ○

174 사용자가 근로자에 대한 퇴직금의 지급을 위해 최선의 노력을 다하였으나 경영부진으로 인한 자금사정으로 도저히 지급기일내에 퇴직금을 지급할 수 없었던 경우 적법행위에 대한 기대가능성이 없다. ○ ×

해설 대법원 97도813 정답 ○

175 교수가 출제교수들로부터 대학원입학전형시험 문제를 제출받아 알게 된 것을 틈타서 수험생 등에게 그 시험문제를 알려주었고, 그렇게 알게 된 위 수험생이 답안쪽지를 작성한 다음 이를 답안지에 그대로 베껴 써서 그 정을 모르는 시험감독관에게 제출하였다면 기대가능성이 없는 경우에 해당한다. ○ ×

해설 교수인 피고인 갑이 출제교수들로부터 대학원신입생전형시험문제를 제출받아 피고인 을, 병에게 그 시험문제를 알려주자 그들이 답안쪽지를 작성한 다음 이를 답안지에 그대로 베껴써서 그 정을 모르는 시험감독관에게 제출한 경우, 위계로써 입시감독업무를 방해한 것이므로 업무방해죄에 해당한다. (대법원 91도2211) 정답 ×

176 친족의 명예에 위해를 가하겠다는 협박을 받아 자유로운 의사결정을 하지 않은 경우에는 강요된 행위에 해당한다. ○ ×

해설

> 형법 제12조(강요된 행위) 저항할 수 없는 폭력이나 자기 또는 친족의 생명, 신체에 대한 위해를 방어할 방법이 없는 협박에 의하여 강요된 행위는 벌하지 아니한다. = 형법의 규정상 친족의 명예에 대한 협박은 친족의 생명, 신체에 대한 협박에 포함되지 않는다.

정답 ×

177 「형법」 제12조가 말하는 '저항할 수 없는 폭력'은 심리적 의미에 있어서 어떤 행위를 절대적으로 하지 아니할 수 없게 하는 경우와 윤리적 의미에 있어서 강압된 경우를 말한다. ○ ×

해설 대법원 2008도11784 정답 ○

178 상관의 명령에 절대 복종하여야 한다는 것이 불문율로 되어 있다면 중대하고 명백하게 위법인 명령에 따르는 행위라도 이는 강요된 행위로 인정되어 적법행위에 대한 기대가능성이 없는 경우에 해당한다. ○ ×

해설 설령 대공수사단 직원은 상관의 명령에 절대 복종하여야 한다는 것이 불문율로 되어 있다 할지라도 국민의 기본권인 신체의 자유를 침해하는 고문행위 등이 금지되어 있는 우리의 국법질서에 비추어 볼 때 그와 같은 불문율이 있다는 것만으로는 고문치사와 같이 중대하고도 명백한 위법명령에 따른 행위가 정당한 행위에 해당하거나 강요된 행위로서 적법행위에 대한 기대가능성이 없는 경우에 해당하게 되는 것이라고는 볼 수 없다. (대법원 87도2358) 정답 ×

179 「형법」 제12조에서 말하는 강요된 행위는 어떤 사람의 성장 교육과정을 통하여 형성된 내재적인 관념 내지 확신으로 인하여 행위자 스스로의 의사결정이 사실상 강제되는 결과를 낳게 하는 경우도 포함한다. ○ ×

해설 「형법」 제12조에서 말하는 강요된 행위는 저항할 수 없는 폭력이나 생명, 신체에 위해를 가하겠다는 협박 등 다른 사람의 강요행위에 의하여 이루어진 행위를 의미하는 것이지 어떤 사람의 성장교육과정을 통하여 형성된 내재적인 관념 내지 확신으로 인하여 행위자 스스로의 의사결정이 사실상 강제되는 결과를 낳게 하는 경우까지 의미한다고 볼 수 없다. (대법원 89도1670) 정답 ×

180 자신의 행위가 위법함을 인식하지 못한 이유가 단순한 법률의 부지로 인한 경우라 하더라도 그 오인에 정당한 이유가 있는 경우에 한하여 책임이 조각된다. ○ ×

해설 단순한 법률의 부지를 말하는 것이 아니고, 일반적으로 범죄가 되는 경우이지만 자기의 특수한 경우에는 법령에 의하여 허용된 행위로서 죄가 되지 아니한다고 그릇 인식하고 그와 같이 그릇 인식함에 정당한 이유가 있는 경우에는 벌하지 않는다는 취지이다. (대법원 2005도8873) 정답 ×

181 음주운전을 할 의사를 가지고 음주만취한 후 운전을 결행하여 교통사고를 일으킨 경우는 음주시에 교통사고를 일으킬 위험성을 예견하였는데도 자의로 심신장애를 야기한 경우에 해당하므로 과실에 의한 원인에 있어서 자유로운 행위에 해당한다. ○ ×

해설 대법원 2007도4484 정답 ○

182 법률의 착오와 관련하여 위법성의 인식에 필요한 노력의 정도는 행위자 개인의 인식능력이 기준이 되는 것이므로, 행위자가 어떤 사회집단에 소속되어 있는가는 고려할 필요가 없다. ○ ×

해설 위법성의 인식에 필요한 노력의 정도는 구체적인 행위정황과 행위자 개인의 인식능력 그리고 행위자가 속한 사회집단에 따라 달리 평가되어야 한다. (대법원 2005도3717)
정답 ×

183 기대가능성의 판단기준을 국가에 두면 국가는 국민의 적법행위를 기대하므로 기대가능성이 없다는 이유로 책임이 조각되는 경우가 축소될 수 있다. ○ ×

해설 국가표준설의 입장이다. 평균인표준설이 통설과 판례이다. 행위자가 아닌 일반인 혹은 평균인이 행위자와 동일한 사정하에 있을 때 어떻게 행위하였을 것인가를 기준으로 기대가능성을 판단하는 견해이다.
정답 ○

184 甲이 담배제조업 허가 없이 전자장치를 이용해 흡입할 수 있는 니코틴이 포함된 용액을 제조한 경우 궐련담배제조업의 허가기준은 존재하나 전자담배제조업에 관한 허가기준이 없는 이상 甲에게 담배제조업 관련 법령의 허가기준을 준수하거나 허가기준이 새롭게 마련될 때까지 법 준수를 요구하는 것을 기대할 수 없다. ○ ×

해설 피고인들이 공모하여, 고농도 니코틴 용액에 프로필렌글리콜(Propylene Glycol)과 식물성 글리세린(Vegetable Glycerin)과 같은 희석액, 소비자의 기호에 맞는 향료를 일정한 비율로 첨가하여 전자장치를 이용해 흡입할 수 있는 '니코틴이 포함된 용액'을 만드는 방법으로 담배제조업 허가 없이 담배를 제조하였다고 하여 담배사업법 위반으로 기소된 사안에서, 담배사업법의 위임을 받은 기획재정부가 전자담배제조업에 관한 허가기준을 마련하지 않고 있으나, 궐련담배제조업에 관한 허가기준은 이미 마련되어 있는 상황에서 담배제조업 관련 법령의 허가기준을 준수하거나 허가기준이 새롭게 마련될 때까지 법 준수를 요구하는 것이 죄형법정주의 원칙에 위반된다거나 기대가능성이 없는 행위를 처벌하는 것이어서 위법하다고 보기 어렵다. (대법원 2018도9828)
정답 ×

185 A는 관장 B가 운영하는 복싱클럽에 회원등록을 한 후 등록을 취소하는 문제로 B로부터 질책을 들은 다음 약 1시간이 지나 다시 복싱클럽을 찾아와 B에게 항의를 하였다. 그 과정에서 A와 B가 서로 멱살을 잡아당기거나 뒤엉켜 몸싸움을 벌였다. 이를 지켜보던 코치 甲은 A가 왼손을 주머니에 넣어 특정한 물건을 꺼내 움켜쥐자, 조금만 주의를 기울였으면 흉기가 아니라는 것을 알 수 있었음에도 불구하고 B를 찌르기 위해 흉기를 꺼낸다고 오인하여 A를 다치게 해서라도 이를 막고자 A의 왼손을 때려 손가락 골절상을 입혔다. 그러나 A가 움켜쥔 물건은 휴대용 녹음기로 밝혀졌다. 이 때 법효과제한책임설에 따르면 甲에게는 A에 대한 과실치상죄가 성립한다. ○ ×

해설 위법성 조각사유 전제실에 대한 착오에 해당하는 경우로 ① 엄격고의설에 의하면 위법성 인식에 대해 현실적인 인식이 인정되는 경우가 아닌한 고의가 조각되므로 사례의 경우는 과실치상죄가 성립하게 되고, ② 제한적 고의설에 의하면 위법성 인식 가능성만 인정되어도 고의가 인정되기에 사례는 상해죄가 성립할 수 있다. ③ 엄격책임설은 위법성 인식의 착오에 대해 정당한 이유가 인정될 경우에는 벌하지 아니하게 되지만 사례는 정당한 이유가 인정되기 힘드므로 상해죄가 성립하게 된다. ④ 법효과 제한적 책임설에 의하면 책임고의가 조각되므로 과실치상죄가 성립하게 된다.
정답 ○

CHAPTER 05 미수론

01 미수범 일반이론

001 사인위조죄는 「형법」상 미수범 처벌규정이 없다. ○ ×

해설

형법 제239조(사인등의 위조, 부정사용) ① 행사할 목적으로 타인의 인장, 서명, 기명 또는 기호를 위조 또는 부정사용한 자는 3년 이하의 징역에 처한다.
② 위조 또는 부정사용한 타인의 인장, 서명, 기명 또는 기호를 행사한 때에도 전항의 형과 같다.
형법 제240조(미수범) 본장의 미수범은 처벌한다.

정답 ×

002 불법체포죄는 「형법」상 미수범 처벌규정이 없다. ○ ×

해설

형법 제124조(불법체포, 불법감금) ① 재판, 검찰, 경찰 기타 인신구속에 관한 직무를 행하는 자 또는 이를 보조하는 자가 그 직권을 남용하여 사람을 체포 또는 감금한 때에는 7년 이하의 징역과 10년 이하의 자격정지에 처한다.
② 전항의 미수범은 처벌한다.

정답 ×

003 특수도주죄는 「형법」상 미수범 처벌규정이 없다. ○ ×

해설

형법 제146조(특수도주) 수용설비 또는 기구를 손괴하거나 사람에게 폭행 또는 협박을 가하거나 2인 이상이 합동하여 전조 제1항의 죄를 범한 자는 7년 이하의 징역에 처한다.
형법 제149조(미수범) 전4조의 미수범은 처벌한다.

정답 ×

004 인질치사죄는 「형법」상 미수범 처벌규정이 없다. ○ ×

해설

형법 제324조의4(인질살해·치사) 제324조의2의 죄를 범한 자가 인질을 살해한 때에는 사형 또는 무기징역에 처한다. 사망에 이르게 한 때에는 무기 또는 10년 이상의 징역에 처한다.
형법 제324조의5(미수범) 제324조 내지 제324조의4의 미수범은 처벌한다.

정답 ×

005 점유이탈물횡령죄는 「형법」상 미수범 처벌규정이 없다. ○ ×

> **해설**
>
> **형법 제360조(점유이탈물횡령)** ① 유실물, 표류물 또는 타인의 점유를 이탈한 재물을 횡령한 자는 1년 이하의 징역이나 300만원 이하의 벌금 또는 과료에 처한다.
> ② 매장물을 횡령한 자도 전항의 형과 같다.

정답 ○

006 사문서부정행사죄는 「형법」상 미수범 처벌규정이 없다. ○ ×

> **해설**
>
> **형법 제236조(사문서의 부정행사)** 권리·의무 또는 사실증명에 관한 타인의 문서 또는 도화를 부정행사한 자는 1년 이하의 징역이나 금고 또는 300만원 이하의 벌금에 처한다.

정답 ○

007 공무집행방해죄는 미수범을 처벌한다. ○ ×

> **해설**
>
> **형법 제136조(공무집행방해)** ① 직무를 집행하는 공무원에 대하여 폭행 또는 협박한 자는 5년 이하의 징역 또는 1천만원 이하의 벌금에 처한다.
> ② 공무원에 대하여 그 직무상의 행위를 강요 또는 조지하거나 그 직을 사퇴하게 할 목적으로 폭행 또는 협박한 자도 전항의 형과 같다.

정답 ×

008 공무상비밀표시무효죄는 미수범을 처벌한다. ○ ×

> **해설**
>
> **형법 제140조(공무상비밀표시무효)** ① 공무원이 그 직무에 관하여 실시한 봉인 또는 압류 기타 강제처분의 표시를 손상 또는 은닉하거나 기타 방법으로 그 효용을 해한 자는 5년 이하의 징역 또는 700만원 이하의 벌금에 처한다.
> ② 공무원이 그 직무에 관하여 봉함 기타 비밀장치한 문서 또는 도화를 개봉한 자도 제1항의 형과 같다.
> ③ 공무원이 그 직무에 관하여 봉함 기타 비밀장치한 문서, 도화 또는 전자기록등 특수매체기록을 기술적 수단을 이용하여 그 내용을 알아낸 자도 제1항의 형과 같다.
> **형법 제143조(미수범)** 제140조 내지 전조의 미수범은 처벌한다.

정답 ○

009 위증죄는 미수범을 처벌한다. ○ ×

> **해설**
>
> **형법 제152조(위증, 모해위증)** ① 법률에 의하여 선서한 증인이 허위의 진술을 한 때에는 5년 이하의 징역 또는 1천만원 이하의 벌금에 처한다.
> ② 형사사건 또는 징계사건에 관하여 피고인, 피의자 또는 징계혐의자를 모해할 목적으로 전항의 죄를 범한 때에는 10년 이하의 징역에 처한다.

정답 ×

010 공무상비밀누설죄는 미수범을 처벌한다. ○ ×

> **해설**
>
> **형법 제127조(공무상 비밀의 누설)** 공무원 또는 공무원이었던 자가 법령에 의한 직무상 비밀을 누설한 때에는 2년 이하의 징역이나 금고 또는 5년 이하의 자격정지에 처한다.

정답 ×

011 형법 제25조의 미수범(장애미수)의 경우 이를 기수범의 형과 동일하게 처벌하는 것은 불가능하다. ○ ×

> **해설**
>
> **형법 제25조(미수범)** ② 미수범의 형은 기수범보다 감경할 수 있다. = 미수범은 기수범보다 감경할 수 있다고 하여 임의적 감경규정이므로 동일하게 처벌하는 것이 가능하다.

정답 ×

012 일반 사회통념상 범죄를 완수함에 장애가 되는 사정이 없음에도 공모자 중의 1인이 자의로 범죄의 실행행위를 중지한 경우라면, 그 후 다른 공모자의 실행으로 인해 범죄의 결과가 발생하여도 자의로 중지한 공모자에 한해서는 형법 제26조의 중지범(중지미수)이 성립한다. ○ ×

해설 먼저 자의로 중지한 그 공범 중 일부자는 자기가 분담한 행위 및 결과를 방지한 정도를 넘어서서 공범자 전원의 실행행위를 중지시키거나 모든 결과의 발생을 방지하여야만 중지미수의 관대한 취급을 받게 된다. 중지미수가 궁극적으로 범죄미달성을 요건으로 하고 있다는 점에서 당연히 나오는 결론이다. 이러한 경우에도 중지미수는 자의적으로 범행을 중지한 그 일부에게만 적용되고 그 나머지 공범자는 장애미수의 책임을 지게 된다. 따라서 다른 공범자의 범행을 중지케 한 바 없으면 범의를 철회하여도 중지미수가 될 수 없다. (대법원 68도1676)

정답 ×

013 실행의 착수가 있기 전인 예비·음모 단계에서 예비·음모행위를 자의로 중지한 경우에는 중지범(중지미수)에 관한 형법 제26조가 적용된다. ○ ×

해설 중지범은 범죄의 실행에 착수한 후 자의로 그 행위를 중지한 때를 말하는 것이고 실행의 착수가 있기 전인 예비음모의 행위를 처벌하는 경우에 있어서 중지범의 관념은 이를 인정할 수 없다. (대법원 99도424)

정답 ×

014 소송사기의 목적으로 법원에 소장을 제출한 경우, 아직 피고에게 소장부본이 송달되지 않아도 사기죄의 실행의 착수가 있다. ○ ×

해설 대법원 2006도5811 정답 ○

015 일반적으로 사람으로 하여금 공포심을 일으키게 하기에 충분한 해악을 고지하였고, 상대방이 그 의미를 인식하였다면, 상대방이 현실적으로 공포심을 일으키지 않은 경우에도 협박죄가 성립한다. ○ ×

해설 대법원 2007도606 전합 정답 ○

016 성폭력범죄의처벌등에관한특례법의 특수강간치상죄에 있어서 상해의 결과가 발생한 이상 특수강간이 미수에 그치면 특수강간치상죄의 기수범이 될 수 없다. ○ ×

해설 성폭력범죄의처벌등에관한특례법의 특수강간치상죄에 있어서 상해의 결과가 발생한 이상 특수강간이 미수에 그쳤더라도 특수강간치상죄의 기수범이 된다. 위험한 물건인 전자충격기를 사용하여 강간을 시도하다가 미수에 그치고, 피해자에게 약 2주간의 치료를 요하는 안면부 좌상 등의 상해를 입힌 사안에서, 성폭력범죄의 처벌 및 피해자보호 등에 관한 법률에 의한 특수강간치상죄가 성립한다. (대법원 2007도10058) 정답 ×

017 현행 형법에는 결과적가중범에 대한 미수범 처벌규정이 있다. ○ ×

해설 결과적 가중범은 원칙상 미수가 없는 것이라서 대부분의 결과적 가중범(~치사, ~치상, 중~)은 미수처벌규정이 없다. 결과적 가중범의 미수는 과실범의 미수가 인정되지 않는 것과 마찬가지로 이론상으로는 인정될 여지가 없는 것이다. 다만, 예외적으로 현행형법상 결과적가중범의 미수를 처벌하는 규정을 둔 경우는 형법상 현주건조물일수치상·치사죄, 인질치상·치사죄, 강도치상·치사죄, 해상강도치상·치사죄가 존재한다. 그리고 성폭력특별법상 강간치사(상)죄가 미수규정이 있다. 정답 ○

018 허위내용의 고소장을 경찰관에게 제출하였다면 무고죄는 기수에 이르고 그 후 고소장을 되돌려 받았더라도 무고죄의 성립에는 영향이 없다. ○ ×

해설 대법원 84도2215 정답 ○

019 피해자를 살해하려고 낫을 들고 피해자에게 다가서려고 하였으나 제3자가 이를 제지하여 피해자가 그 틈을 타서 도망함으로써 살인의 목적을 이루지 못했다면 살인미수죄로 처벌할 수 없다. ○ ×

해설 피고인이 격분하여 피해자를 살해할 것을 마음먹고 밖으로 나가 낫을 들고 피해자에게 다가서려고 하였으나 제3자가 이를 제지하여 그 틈을 타서 피해자가 도망함으로써 살인의 목적을 이루지 못한 경우, 피고인이 낫을 들고 피해자에게 접근함으로써 살인의 실행행위에 착수하였다고 할 것이므로 이는 살인미수에 해당한다. (대법원 85도2773) 정답 ×

020

강도의 기회에 강간의 결과가 발생하였더라도 강도가 기수에 이르지 못하였다면 강도강간의 미수에 불과하다. ○ ×

해설 형법 제339조의 강도강간죄는 강도범인이 강도의 기회에 강간행위를 한 경우에 성립되는 것으로서 강도가 실행에 착수하였으나 아직 강도행위를 완료하기 전에 강간을 한 경우도 이에 포함된다. (대법원 84도1880) 정답 ×

021

준강도죄의 기수 또는 미수는 구성요건적 행위인 폭행 또는 협박이 종료되었는가의 여부에 따라 결정된다. ○ ×

해설 준강도죄의 기수 여부는 절도행위의 기수 여부를 기준으로 하여 판단하여야 한다. (대법원 2004도5074 전합) 정답 ×

022

소송비용을 편취할 의사로 소송비용의 지급을 구하는 손해배상 청구의 소를 제기한 사안에서, 재산침해의 위험성을 법률적 지식을 가진 일반인이 아닌 행위자의 인식을 기초로 판단하여 그 위험성은 인정되나, 소송비용 지급청구는 소송비용액 확정절차를 통해서만 가능하기 때문에 결과발생이 불가능하므로 소송사기죄의 불능범으로서 무죄가 된다.
○ ×

해설 불능범의 판단기준으로서 위험성 판단은 피고인이 행위 당시에 인식한 사정을 놓고 이것이 객관적으로 일반인의 판단으로 보아 결과발생의 가능성이 있느냐를 따져야 하고, 한편 민사소송법상 소송비용의 청구는 소송비용액 확정절차에 의하도록 규정하고 있으므로, 위 절차에 의하지 아니하고 손해배상금 청구의 소 등으로 소송비용의 지급을 구하는 것은 소의 이익이 없는 부적법한 소로서 허용될 수 없다고 할 것이다. 따라서 소송비용을 편취할 의사로 소송비용의 지급을 구하는 손해배상청구의 소를 제기하였다고 하더라도 이는 객관적으로 소송비용의 청구방법에 관한 법률적 지식을 가진 일반인의 판단으로 보아 결과 발생의 가능성이 없어 위험성이 인정되지 않는다. (대법원 2005도8105) 정답 ×

023

예비·음모 후 실행의 착수로 나아가기를 자의로 포기한 경우 중지범 규정을 유추적용 할 수 있다. ○ ×

해설 중지범은 범죄의 실행에 착수한 후 자의로 그 행위를 중지한 때를 말하는 것이고 실행의 착수가 있기 전인 예비음모의 행위를 처벌하는 경우에 있어서 중지범의 관념은 이를 인정할 수 없다. (대법원 99도424) 정답 ×

024

2인 이상이 합동하여 주간에 피해자의 아파트 출입문 시정장치를 손괴하다가 발각되어 도주한 경우 형법 제331조 제2항 특수절도죄의 실행의 착수가 인정된다. ○ ×

해설 형법 제331조 제2항의 특수절도에 있어서 주거침입은 그 구성요건이 아니므로, 절도범인이 그 범행수단으로 주거침입을 한 경우에 그 주거침입행위는 절도죄에 흡수되지 아니하고 별개로 주거침입죄를 구성하여 절도죄와는 실체적 경합의 관계에 있게 되고, 2인 이상이 합동하여 야간이 아닌 주간에 절도의 목적으로 타인의 주거에 침입하였다 하여도 아직 절취할 물건의 물색행위를 시작하기 전이라면 특수절도죄의 실행에는 착수한 것으로 볼 수 없는 것이어서 그 미수죄가 성립하지 않는다. (대법원 2009도9667) 정답 ×

025 「범죄수익은닉의 규제 및 처벌 등에 관한 법률」상 범죄수익 등의 은닉에 관한 죄의 경우, 강도범행을 통해 강취할 돈을 송금받기 위해 계좌를 개설한 때 실행의 착수가 인정된다. ○ ✕

해설 범죄수익은닉의 규제 및 처벌 등에 관한 법률 제3조 제1항 제3호에서 정한 범죄수익 등의 은닉에 관한 죄의 미수범으로 처벌하려면 그 실행에 착수한 것으로 인정되어야 하고, 위와 같은 은닉행위의 실행에 착수하는 것은 범죄수익 등이 생겼을 때 비로소 가능하므로, 아직 범죄수익 등이 생기지 않은 상태에서는 범죄수익 등의 은닉에 관한 죄의 실행에 착수하였다고 인정하기 어렵다. (대법원 2006도5288)

정답 ✕

026 태풍 피해복구보조금 지원절차가 행정당국에 의한 실사를 거쳐 피해자로 확인된 경우에 한하여 보조금 지원신청을 할 수 있도록 되어 있는 경우, 허위의 피해신고만으로도 사기죄의 실행의 착수가 있다고 볼 수 있다. ○ ✕

해설 태풍피해를 입은 바가 없으면서도 태풍피해복구금을 지원받기 위하여 면사무소에 허위신고를 했더라도 태풍피해복구금은 면사무소의 피해심사를 거쳐 지급되도록 되어 있는 경우에는 사기죄의 실행착수를 인정할 수 없다. (대법원 98도3443)

정답 ✕

027 강간의 실행에 착수하였으나 피해자가 수술한지 얼마 안되어 배가 아프다면서 애원하여 간음을 중단한 경우에는 자의로 실행을 중지한 경우로 볼 수 없다. ○ ✕

해설 대법원 92도917

정답 ○

028 피고인이 피해자가 심신상실 또는 항거불능의 상태에 있다고 인식하고 그러한 상태를 이용하여 간음할 의사로 피해자를 간음하였으나 피해자가 실제로는 심신상실 또는 항거불능의 상태에 있지 않은 경우, 준강간죄의 불능미수가 성립하지 아니한다. ○ ✕

해설 피고인이 피해자가 심신상실 또는 항거불능의 상태에 있다고 인식하고 그러한 상태를 이용하여 간음할 의사로 피해자를 간음하였으나 피해자가 실제로는 심신상실 또는 항거불능의 상태에 있지 않은 경우에는, 실행의 수단 또는 대상의 착오로 인하여 준강간죄에서 규정하고 있는 구성요건적 결과의 발생이 처음부터 불가능하였고 실제로 그러한 결과가 발생하였다고 할 수 없다. 피고인이 준강간의 실행에 착수하였으나 범죄가 기수에 이르지 못하였으므로 준강간죄의 미수범이 성립한다. 피고인이 행위 당시에 인식한 사정을 놓고 일반인이 객관적으로 판단하여 보았을 때 준강간의 결과가 발생할 위험성이 있었으므로 준강간죄의 불능미수가 성립한다. (대법원 2018도16002 전합)

정답 ✕

029 부동산 이중양도에 있어서 매도인이 제2차 매수인으로부터 계약금만을 지급받고 중도금을 수령한 바 없다면 배임죄의 실행의 착수가 있었다고 볼 수 없다. ○ ✕

해설 대법원 2009도14427

정답 ○

030 절도를 준비하면서 뜻하지 않게 절도 범행이 발각되었을 때 체포를 면탈하는 데 도움이 될 수 있을 것이라고 생각하며 칼을 휴대하고 있었더라도 강도예비죄가 성립하지 않는다. ○ ×

해설 대법원 2004도6432

정답 ○

031 중지범은 범죄의 실행에 착수한 후 자의로 그 행위를 중지한 때를 말하는 것이고 실행의 착수가 있기 전인 예비·음모의 행위를 처벌하는 경우에 있어서 중지범의 관념은 이를 인정할 수 없다. ○ ×

해설 대법원 99도424

정답 ○

032 소송비용을 편취할 의사로 「민사소송법」상 소송비용의 지급을 구하는 손해배상청구의 소를 제기한 갑의 행위는 형법 제347조 사기죄의 불능미수이다. ○ ×

해설 불능범의 판단 기준으로서 위험성 판단은 피고인이 행위 당시에 인식한 사정을 놓고 이것이 객관적으로 일반인의 판단으로 보아 결과 발생의 가능성이 있느냐를 따져야 하고, 소송비용을 편취할 의사로 소송비용의 지급을 구하는 손해배상청구의 소를 제기한 경우, 사기죄의 불능범에 해당한다. (대법원 2005도8105)

정답 ×

033 갑은 피해자가 심신상실 또는 항거불능의 상태에 있다고 인식하고 그러한 상태를 이용하여 간음 할 의사로 피해자를 간음하였으나 피해자가 실제로는 심신상실 또는 항거불능의 상태에 있지 않은 경우, 갑의 행위는 형법 제299조 준강간죄의 불가벌적 불능범이다. ○ ×

해설 피고인이 피해자가 심신상실 또는 항거불능의 상태에 있다고 인식하고 그러한 상태를 이용하여 간음할 의사로 피해자를 간음하였으나 피해자가 실제로는 심신상실 또는 항거불능의 상태에 있지 않은 경우에는, 실행의 수단 또는 대상의 착오로 인하여 준강간죄에서 규정하고 있는 구성요건적 결과의 발생이 처음부터 불가능하였고 실제로 그러한 결과가 발생하였다고 할 수 없다. 피고인이 준강간의 실행에 착수하였으나 범죄가 기수에 이르지 못하였으므로 준강간죄의 미수범이 성립한다. 피고인이 행위 당시에 인식한 사정을 놓고 일반인이 객관적으로 판단하여 보았을 때 준강간의 결과가 발생할 위험성이 있었으므로 준강간죄의 불능미수가 성립한다. (대법원 2018도16002 전합)

정답 ×

034 피해자를 살해하기 위해 그의 목 부위와 왼쪽 가슴 부위를 칼로 수 회 찔렀으나 피해자의 가슴 부위에서 많은 피가 흘러나오는 것을 발견하고 겁을 먹고 범행을 그만둔 갑의 행위는 형법 제250조 살인죄의 중지미수이다. ○ ×

해설 범죄의 실행행위에 착수하고 그 범죄가 완수되기 전에 자기의 자유로운 의사에 따라 범죄의 실행행위를 중지한 경우에 그 중지가 일반 사회통념상 범죄를 완수함에 장애가 되는 사정에 의한 것이 아니라면 이는 중지미수에 해당한다고 할 것이지만, 피고인이 피해자를 살해하려고 그의 목 부위와 왼쪽 가슴 부위를 칼로 수 회 찔렀으나 피해자의 가슴 부위에서 많은 피가 흘러나오는 것을 발견하고 겁을 먹고 그만 두는 바람에 미수에 그친 것이라면, 위와 같은 경우 많은 피가 흘러나오는 것에 놀라거나 두려움을 느끼는 것은 일반 사회통념상 범죄를 완수함에 장애가 되는 사정에 해당한다고 보아야 할 것이므로, 이를 자의에 의한 중지미수라고 볼 수 없다. (대법원 99도640)

정답 ×

035 강도행위 중에 피해자를 강간하려고 작은 방으로 끌고 가 팬티를 강제로 벗기고 음부를 만지자 피해자가 수술한 지 얼마 안되어 배가 아프다면서 애원하는 바람에 강간을 그만 둔 갑의 행위는 형법 제339조 강도강간죄의 장애미수이다. ○ ✕

해설 피고인 갑, 을, 병이 강도행위를 하던 중 피고인 갑, 을은 피해자를 강간하려고 작은 방으로 끌고가 팬티를 강제로 벗기고 음부를 만지던 중 피해자가 수술한 지 얼마 안되어 배가 아프다면서 애원하는 바람에 그 뜻을 이루지 못하였다면, 강도행위의 계속 중 이미 공포상태에 빠진 피해자를 강간하려고 한 이상 강간의 실행에 착수한 것이고, 피고인들이 간음행위를 중단한 것은 피해자를 불쌍히 여겨서가 아니라 피해자의 신체조건상 강간을 하기에 지장이 있다고 본 데에 기인한 것이므로, 이는 일반의 경험상 강간행위를 수행함에 장애가 되는 외부적 사정에 의하여 범행을 중지한 것에 지나지 않는 것으로서 중지범의 요건인 자의성을 결여하였다. (대법원 92도917) 정답 ○

036 일반적으로 사람으로 하여금 공포심을 갖도록 하기에 충분한 내용의 해악을 고지하였고 상대방이 그 의미를 인식한 경우라도 현실적으로 공포심을 일으키지 않은 경우에는 협박죄의 미수에 해당한다. ○ ✕

해설 협박죄가 성립하려면 고지된 해악의 내용이 행위자와 상대방의 성향, 고지 당시의 주변 상황, 행위자와 상대방 사이의 친숙의 정도 및 지위 등의 상호관계 등 행위 전후의 여러 사정을 종합하여 볼 때에 일반적으로 사람으로 하여금 공포심을 일으키게 하기에 충분한 것이어야 하지만, 상대방이 그에 의하여 현실적으로 공포심을 일으킬 것까지 요구되는 것은 아니며, 그와 같은 정도의 해악을 고지함으로써 상대방이 그 의미를 인식한 이상, 상대방이 현실적으로 공포심을 일으켰는지 여부와 관계없이 그로써 구성요건은 충족되어 협박죄의 기수에 이르는 것으로 해석하여야 한다. (대법원 2010도14316) 정답 ✕

037 불능범의 판단기준인 위험성을 판단할 때에는 피고인이 행위 당시 인식한 사정을 놓고 구체적으로 피고인의 판단으로 볼 때 결과 발생의 가능성이 있는지를 살펴야 한다. ○ ✕

해설 '위험성'은 피고인이 행위 당시에 인식한 사정을 놓고 일반인이 객관적으로 판단하여 결과 발생의 가능성이 있는지 여부를 따져야 한다. (대법원 2018도16002 전합) 정답 ✕

038 특수강간이 미수에 그친 경우에도 그로 인하여 피해자가 상해를 입었으면 특수강간치상죄가 성립한다. ○ ✕

해설 대법원 2007도10058 정답 ○

039 법령에 어떠한 행위의 예비음모를 처벌한다는 규정은 있으나 그 형을 따로 정하지 않은 경우에는 결국 예비음모로 처벌할 수 없다. ○ ✕

해설 대법원 77도251 정답 ○

040 음모는 실행의 착수 이전에 2인 이상의 자 사이에 성립한 범죄실행의 합의로서, 합의 자체는 행위로 표출되지 않은 합의 당사자들 사이의 의사표시에 불과한 만큼 실행행위로서의 정형이 없고, 따라서 합의의 모습 및 구체성의 정도도 매우 다양하게 나타날 수밖에 없다. 그런데 어떤 범죄를 실행하기로 막연하게 합의한 경우나 특정한 범죄와 관련하여 단순히 의견을 교환한 경우까지 모두 범죄실행의 합의가 있는 것으로 보아 음모죄가 성립한다고 한다면 음모죄의 성립범위가 과도하게 확대되어 국민의 기본권인 사상과 표현의 자유가 위축되거나 그 본질이 침해되는 등 죄형법정주의 원칙이 형해화 될 우려가 있으므로, 음모죄의 성립범위도 이러한 확대해석의 위험성을 고려하여 엄격하게 제한하여야 한다. ○ ×

해설 대법원 2014도10978 전합   정답 ○

041 미수범이란 행위를 종료했더라도 결과가 발생하지 아니한 경우를 말하는 것이므로 결과가 발생한 경우에는 미수범이 성립할 여지가 없다. ○ ×

해설 형법 제25조는 범죄의 실행에 착수하여 행위를 종료하지 못하였거나 결과가 발생하지 아니한 때에는 미수범으로 처벌한다고 규정한다. 따라서 결과가 발생한 경우라도 예외적으로 인과관계나 객관적 귀속이 부정되는 경우 미수범이 성립할 수 있다.   정답 ×

042 강도치상죄와는 달리 강도상해죄는 강도가 미수에 그쳤다면 상해가 발생하였어도 강도상해죄의 미수에 해당한다. ○ ×

해설 강도상해죄가 성립하기 위하여는 강도가 반드시 재물강취의 목적을 달성하여 강도기수에 이른 것을 요건으로 하는 것은 아니므로 피고인이 이 사건에서 강도미수에 그쳤다 할지라도 강도행위 과정에서 피해자에게 1심판시와 같은 상해를 입힌 이상 강도상해죄가 성립한다. (대법원 69도154)   정답 ×

043 대법원은 예비죄의 실행행위성을 긍정하는 입장에 서 있으므로 예비죄의 공동정범뿐만 아니라 예비죄에 대한 종범의 성립도 긍정한다. ○ ×

해설 형법 제32조 제1항 소정 타인의 범죄란 정범이 범죄의 실현에 착수한 경우를 말하는 것이므로 종범이 처벌되기 위하여는 정범의 실행의 착수가 있는 경우에만 가능하고 형법 전체의 정신에 비추어 정범이 실행의 착수에 이르지 아니한 예비의 단계에 그친 경우에는 이에 가공하는 행위가 예비의 공동정범이 되는 경우를 제외하고는 종범의 성립을 부정하고 있다고 보는 것이 타당하다. (대법원 75도1549)   정답 ×

044

저작권 침해 게시물을 인터넷 웹사이트 서버 등에 업로드 하여 공중의 구성원이 개별적으로 선택한 시간과 장소에서 접근할 수 있도록 이용에 제공하였더라도 공중에게 침해 게시물을 실제로 송신하지 않았다면 저작권법상 공중송신권 침해는 기수에 이르지 않는다. ○ ×

해설 정범이 침해 게시물을 인터넷 웹사이트 서버 등에 업로드하여 공중의 구성원이 개별적으로 선택한 시간과 장소에서 접근할 수 있도록 이용에 제공하면, 공중에게 침해 게시물을 실제로 송신하지 않더라도 공중송신권 침해는 기수에 이른다. (대법원 2017도19025 전합) = 공중송신권을 침해하는 게시물이나 그 게시물이 위치한 웹페이지 등(이하 통틀어 '침해 게시물 등'이라 한다)에 연결되는 링크를 한 행위라도, 전송권(공중송신권) 침해행위의 구성요건인 '전송(공중송신)'에 해당하지 않기 때문에 전송권 침해가 성립하지 않는다. 정범이 공중송신권을 침해하는 게시물을 인터넷 웹사이트 서버 등에 업로드하여 공중의 구성원이 개별적으로 선택한 시간과 장소에서 접근할 수 있도록 이용에 제공한 후 침해 게시물을 서버에서 삭제하는 등으로 게시를 철회하지 않는 경우, 정범의 범죄행위가 방조의 대상이 될 수 있으며 공중송신권을 침해하는 게시물인 영상저작물에 연결되는 링크를 자신이 운영하는 사이트에 영리적·계속적으로 게시한 행위가 전송의 방법으로 공중송신권을 침해한 정범의 범죄를 방조한 행위에 해당한다. 다만 행위자가 링크 대상이 침해 게시물 등이라는 점을 명확하게 인식하지 못한 경우에는 방조가 성립하지 않고, 침해 게시물 등에 연결되는 링크를 영리적·계속적으로 제공한 정도에 이르지 않은 경우 등과 같이 방조범의 고의 또는 링크 행위와 정범의 범죄 실현 사이의 인과관계가 부정될 수 있거나 법질서 전체의 관점에서 살펴볼 때 사회적 상당성을 갖추었다고 볼 수 있는 경우에는 공중송신권 침해에 대한 방조가 성립하지 않을 수 있다.

정답 ×

045

필로폰을 매수하려는 자에게서 필로폰을 구해 달라는 부탁과 함께 돈을 지급받았다고 하더라도, 당시 필로폰을 소지 또는 입수한 상태에 있었거나 그것이 가능하였다는 등 매매행위에 근접 밀착한 상태에서 대금을 지급받은 것이 아니라 단순히 필로폰을 구해 달라는 부탁과 함께 대금 명목으로 돈을 지급받은 것에 불과한 경우에는 필로폰 매매행위의 실행의 착수에 이르렀다고 볼 수 없다. ○ ×

해설 대법원 2014도16920

정답 ○

046

도박장소등개설죄는 영리의 목적으로 도박을 하는 장소나 공간을 개설하면 기수에 이르고, 실제로 도박이 행하여져야 기수가 되는 것은 아니다. ○ ×

해설 대법원 2008도5282

정답 ○

047

장애미수는 형을 감경할 수 있고, 중지미수는 형을 감경 또는 면제할 수 있으며, 불능미수는 형을 감경 또는 면제한다. ○ ×

해설 장애미수는 형을 감경할 수 있고(형법 제25조 제2항), 불능미수는 형을 감경 또는 면제할 수 있으며(형법 제27조 단서), 중지미수는 반드시 형을 감경 또는 면제한다(형법 제26조).

정답 ×

048

업무상 배임죄에서 부작위를 실행의 착수로 볼 수 있기 위해서는 작위의무가 이행되지 않으면 사무처리의 임무를 부여한 사람이 재산권을 행사할 수 없으리라고 객관적으로 예견되는 등으로 구성요건적 결과 발생의 위험이 구체화한 상황에서 부작위가 이루어져야 한다. ○ ×

해설 대법원 2020도15529

정답 ○

049

구 외국환거래법에서 규정하는 신고를 하지 아니하거나 허위로 신고하고 지급수단 귀금속 또는 증권을 수출하는 행위는 지급수단 등을 국외로 반출하기 위한 행위에 근접 밀착하는 행위가 행하여진 때에 그 실행의 착수가 있으므로, 공항 내에서 보안검색대에 나아가지 않은 채 휴대용 가방 안에 해당 물건을 가지고 탑승을 기다리던 중에 발각되었다면 이미 실행의 착수가 있는 것으로 볼 수 있다. ○ ×

해설 피고인이 일화 500만 ¥은 기탁화물로 부치고 일화 400만 ¥은 피고인이 휴대용 가방에 넣어 가지고 비행기에 탑승하려고 하였으므로 이 부분에 대하여는 일화 400만 ¥이 들어 있는 휴대용 가방을 보안검색대에 올려놓거나 이를 휴대하고 통과하는 때에 비로소 실행의 착수가 있다고 볼 것이고, 피고인이 위 휴대용 가방을 가지고 보안검색대로 나아가지 않은 채 공항 내에서 탑승을 기다리고 있던 중에 체포되었다면 위 일화 400만 ¥에 대하여는 실행의 착수가 있었다고 볼 수는 없다. (대법원 2000도4298)

정답 ×

050

타인의 사망을 보험사고로 하는 생명보험계약을 체결함에 있어 제3자가 피보험자인 것처럼 가장하여 체결하는 등으로 그 유효 요건이 갖추어지지 못한 경우, 보험사고의 우연성과 같은 보험의 본질을 해칠 정도라고 볼 수 있는 특별한 사정이 없더라도, 그와 같이 하자 있는 보험계약을 체결한 행위는 보험금을 편취하려는 의사에 의한 기망행위의 실행에 착수한 것으로 볼 수 있다. ○ ×

해설 타인의 사망을 보험사고로 하는 생명보험계약을 체결함에 있어 제3자가 피보험자인 것처럼 가장하여 체결하는 등으로 그 유효요건이 갖추어지지 못한 경우에도, 보험계약 체결 당시에 이미 보험사고가 발생하였음에도 이를 숨겼다거나 보험사고의 구체적 발생 가능성을 예견할 만한 사정을 인식하고 있었던 경우 또는 고의로 보험사고를 일으키려는 의도를 가지고 보험계약을 체결한 경우와 같이 보험사고의 우연성과 같은 보험의 본질을 해칠 정도라고 볼 수 있는 특별한 사정이 없는 한, 그와 같이 하자 있는 보험계약을 체결한 행위만으로는 미필적으로라도 보험금을 편취하려는 의사에 의한 기망행위의 실행에 착수한 것으로 볼 것은 아니다. 그러므로 그와 같이 기망행위의 실행의 착수로 인정할 수 없는 경우에 피보험자 본인임을 가장하는 등으로 보험계약을 체결한 행위는 단지 장차의 보험금 편취를 위한 예비행위에 지나지 않는다. (대법원 2013도7494)

정답 ×

051

정범의 실행의 착수 전에 장래의 실행행위를 예상하고 이를 용이하게 하는 행위를 하여 방조한 경우에도 정범이 그 실행행위에 나아갔다면 종범이 성립하지만, 정범이 실행의 착수에 이르지 못한 경우 방조자는 예비죄의 종범으로 처벌된다. ○ ×

해설 형법 제32조 제1항 소정 타인의 범죄란 정범이 범죄의 실현에 착수한 경우를 말하는 것이므로 종범이 처벌되기 위하여는 정범의 실행의 착수가 있는 경우에만 가능하고 형법 전체의 정신에 비추어 정범이 실행의 착수에 이르지 아니한 예비의 단계에 그친 경우에는 이에 가공하는 행위가 예비의 공동정범이 되는 경우를 제외하고는 종범의 성립을 부정하고 있다고 보는 것이 타당하다. (대법원 75도1549)

정답 ×

052 형식적 객관설은 행위자가 구성요건에 해당하는 행위 또는 그 행위의 일부가 시작되었을 때 실행의 착수가 있다는 견해로 실행의 착수시기를 인정하는 시점이 너무 늦어져 미수의 범위가 좁아진다는 비판이 있다. ○ ×

> **해설** 형식적 객관설은 실행의 착수시기를 구성요건에 해당하는 행위를 실제로 행한 시점으로 본다. 실행의 착수시기를 명확하게 할 수 있다는 장점이 있지만, 실행의 착수시기가 너무 늦어져서 미수의 범위가 좁아진다는 비판이 존재한다.
> 정답 ○

053 실질적 객관설은 구성요건의 보호법익을 기준으로 하여 법익에 대한 직접적 위험을 발생시킨 객관적 행위시점에서 실행의 착수가 있다는 견해로 법익침해의 '직접적 위험'이라는 기준이 모호하다는 비판이 있다. ○ ×

> **해설** 실질적 객관설은 법익에 대한 위험을 발생시킨 시점에 실행의 착수가 인정된다는 견해이다. "법익에 대한 위험을 발생시킨 시점"이 언제인지 명확하지 않다는 비판이 있다.
> 정답 ○

054 주관설은 범죄란 범죄적 의사의 표현이므로 범죄의사를 명백하게 인정할 수 있는 외부적 행위가 있을 때 또는 범의의 비약적 표동이 있을 때 실행의 착수가 있다는 견해로 가벌적 미수의 범위가 지나치게 확대될 수 있다. ○ ×

> **해설** 주관설은 범의의 비약적인 표동이 있을 때 실행의 착수가 인정된다는 견해로, 실질적 객관설과 마찬가지로 실행의 착수시기를 정하는 시점이 명확하지 않으며, 미수의 범위가 지나치게 넓어질 수 있다는 비판이 존재한다.
> 정답 ○

055 주관적(개별적) 객관설은 행위자의 전체적 범행계획에 비추어 구성요건실현에 대한 직접적 행위가 있을 때 실행의 착수가 있다는 견해로 실행의 착수에 관한 객관설과 주관설의 단점을 제거하고 양설을 타협하기 위해 제시된 절충적인 견해이다. ○ ×

> **해설** 주관적 객관설은 실행의 착수에 관한 객관설과 주관설의 단점을 제거하고 양설을 타협하기 위해 제시된 절충적인 견해로 범행계획의 존재 여부에 따라 실행의 착수시기가 달라져 법적 안정성을 해한다는 비판이 있다.
> 정답 ○

02 예비·음모죄

056 강도예비·음모죄가 성립하기 위해서는 예비·음모 행위자에게 미필적으로라도 '강도'를 할 목적이 있음이 인정되어야 하고, 그에 이르지 않고 단순히 '준강도'할 목적이 있음에 그치는 경우에는 강도예비·음모죄로 처벌할 수 없다. ○ ×

> **해설** 대법원 2004도6432
>
> 정답 ○

057 형법상 폭발물사용죄와 미성년자약취·유인죄는 예비·음모의 처벌규정을 두고 있다. ○ ×

> **해설**
>
> **형법 제119조(폭발물 사용)** ① 폭발물을 사용하여 사람의 생명, 신체 또는 재산을 해하거나 그 밖에 공공의 안전을 문란하게 한 자는 사형, 무기 또는 7년 이상의 징역에 처한다.
> ② 전쟁, 천재지변 그 밖의 사변에 있어서 제1항의 죄를 지은 자는 사형이나 무기징역에 처한다.
> ③ 제1항과 제2항의 미수범은 처벌한다.
> **형법 제120조(예비, 음모, 선동)** ① 전조 제1항, 제2항의 죄를 범할 목적으로 예비 또는 음모한 자는 2년 이상의 유기징역에 처한다. 단, 그 목적한 죄의 실행에 이르기 전에 자수한 때에는 그 형을 감경 또는 면제한다.
> ② 전조 제1항, 제2항의 죄를 범할 것을 선동한 자도 전항의 형과 같다.
> **형법 제287조(미성년자의 약취, 유인)** 미성년자를 약취 또는 유인한 사람은 10년 이하의 징역에 처한다.
> **형법 제296조(예비, 음모)** 제287조부터 제289조까지, 제290조 제1항, 제291조 제1항과 제292조 제1항의 죄를 범할 목적으로 예비 또는 음모한 사람은 3년 이하의 징역에 처한다.

정답 ○

058 피고인이 본범이 절취한 차량이라는 정을 알면서도 본범 등으로부터 그들이 위 차량을 이용하여 강도를 하려 함에 있어 차량을 운전해 달라는 부탁을 받고 위 차량을 운전해 준 경우, 피고인은 강도예비와 아울러 장물운반의 고의를 가지고 위와 같은 행위를 하였다고는 볼 수 없다. ○ ×

> **해설** 본범자와 공동하여 장물을 운반한 경우에 본범자는 장물죄에 해당하지 않으나 그 외의 자의 행위는 장물운반죄를 구성하므로, 피고인이 본범이 절취한 차량이라는 정을 알면서도 본범 등으로부터 그들이 위 차량을 이용하여 강도를 하려 함에 있어 차량을 운전해 달라는 부탁을 받고 위 차량을 운전해 준 경우, 피고인은 강도예비와 아울러 장물운반의 고의를 가지고 위와 같은 행위를 하였다고 봄이 상당하다. (대법원 98도3030)
>
> 정답 ×

059 미성년자약취·유인죄는 형법상 예비·음모의 처벌규정이 없다. ○ ×

> **해설**
>
> **형법 제287조(미성년자의 약취, 유인)** 미성년자를 약취 또는 유인한 사람은 10년 이하의 징역에 처한다.
> **형법 제296조(예비, 음모)** 제287조부터 제289조까지, 제290조 제1항, 제291조 제1항과 제292조 제1항의 죄를 범할 목적으로 예비 또는 음모한 사람은 3년 이하의 징역에 처한다.

정답 ×

060 통화유사물제조죄는 형법상 예비·음모의 처벌규정이 없다. ○ ×

해설

> **형법 제211조(통화유사물의 제조 등)** ① 판매할 목적으로 내국 또는 외국에서 통용하거나 유통하는 화폐, 지폐 또는 은행권에 유사한 물건을 제조, 수입 또는 수출한 자는 3년 이하의 징역 또는 700만원 이하의 벌금에 처한다.
> ② 전항의 물건을 판매한 자도 전항의 형과 같다.

정답 ○

061 폭발물사용죄는 형법상 예비·음모의 처벌규정이 없다. ○ ×

해설

> **형법 제119조(폭발물 사용)** ① 폭발물을 사용하여 사람의 생명, 신체 또는 재산을 해하거나 그 밖에 공공의 안전을 문란하게 한 자는 사형, 무기 또는 7년 이상의 징역에 처한다.
> ② 전쟁, 천재지변 그 밖의 사변에 있어서 제1항의 죄를 지은 자는 사형이나 무기징역에 처한다.
> ③ 제1항과 제2항의 미수범은 처벌한다.
> **형법 제120조(예비, 음모, 선동)** ① 전조 제1항, 제2항의 죄를 범할 목적으로 예비 또는 음모한 자는 2년 이상의 유기징역에 처한다. 단, 그 목적한 죄의 실행에 이르기 전에 자수한 때에는 그 형을 감경 또는 면제한다.
> ② 전조 제1항, 제2항의 죄를 범할 것을 선동한 자도 전항의 형과 같다.

정답 ×

062 일반교통방해죄는 형법상 예비·음모의 처벌규정이 없다. ○ ×

해설

> **형법 제185조(일반교통방해)** 육로, 수로 또는 교량을 손괴 또는 불통하게 하거나 기타 방법으로 교통을 방해한 자는 10년 이하의 징역 또는 1천500만원 이하의 벌금에 처한다.

정답 ○

063 허위유가증권작성죄는 「형법」상 예비·음모의 처벌규정이 있다. ○ ×

해설

> **형법 제216조(허위유가증권의 작성 등)** 행사할 목적으로 허위의 유가증권을 작성하거나 유가증권에 허위사항을 기재한 자는 7년 이하의 징역 또는 3천만원 이하의 벌금에 처한다.

정답 ×

064 중립명령위반죄는 「형법」상 예비·음모의 처벌규정이 있다. ○ ×

> **해설**
>
> **형법 제112조(중립명령위반)** 외국간의 교전에 있어서 중립에 관한 명령에 위반한 자는 3년 이하의 금고 또는 500만원 이하의 벌금에 처한다.

정답 ×

065 도주원조죄는 「형법」상 예비·음모의 처벌규정이 있다. ○ ×

> **해설**
>
> **형법 제147조(도주원조)** 법률에 의하여 구금된 자를 탈취하거나 도주하게 한 자는 10년 이하의 징역에 처한다.
> **형법 제150조(예비, 음모)** 제147조와 제148조의 죄를 범할 목적으로 예비 또는 음모한 자는 3년 이하의 징역에 처한다.

정답 ○

066 수도불통죄는 「형법」상 예비·음모의 처벌규정이 있다. ○ ×

> **해설**
>
> **형법 제195조(수도불통)** 공중이 먹는 물을 공급하는 수도 그 밖의 시설을 손괴하거나 그 밖의 방법으로 불통(不通)하게 한 자는 1년 이상 10년 이하의 징역에 처한다.
> **형법 제197조(예비, 음모)** 제192조 제2항, 제193조 제2항 또는 제195조의 죄를 범할 목적으로 예비 또는 음모한 자는 2년 이하의 징역에 처한다.

정답 ○

067 인질강요죄는 「형법」상 예비·음모의 처벌규정이 있다. ○ ×

> **해설**
>
> **형법 제324조의2(인질강요)** 사람을 체포·감금·약취 또는 유인하여 이를 인질로 삼아 제3자에 대하여 권리행사를 방해하거나 의무없는 일을 하게 한 자는 3년 이상의 유기징역에 처한다.

정답 ×

068 미수범은 법률에 특별한 규정이 있는 경우에 한하여 예외적으로 처벌된다. ○ ×

> **해설**
>
> **형법 제29조(미수범의 처벌)** 미수범을 처벌할 죄는 각칙의 해당 죄에서 정한다.

정답 ○

069 범죄의 결심은 원칙적으로 처벌하지 않지만, 교사 받은 자가 범죄의 실행을 승낙하고 실행에 착수하지 않았다면 음모 또는 예비에 준하여 처벌한다. ○ ×

> **해설**
> 형법 제31조(교사범) ② 교사를 받은 자가 범죄의 실행을 승낙하고 실행의 착수에 이르지 아니한 때에는 교사자와 피교사자를 음모 또는 예비에 준하여 처벌한다.

정답 ○

070 음모란 2인 이상이 범죄의 의사를 공유하는 것으로, 2인 이상이 일정한 범죄의 실행에 대한 결심을 외부에 표시·전달하는 것만으로도 음모죄가 성립한다. ○ ×

해설 내란음모죄에 해당하는 합의가 있다고 하기 위해서는 단순히 내란에 관한 범죄결심을 외부에 표시·전달하는 것만으로는 부족하고 객관적으로 내란범죄의 실행을 위한 합의라는 것이 명백히 인정되고, 그러한 합의에 실질적인 위험성이 인정되어야 한다. (대법원 2014도10978 전합)

정답 ×

071 계속범의 경우 기수에 이르렀어도 범죄가 종료되지 않은 경우에는 그 범죄에 대한 방조와 정당방위의 성립이 가능하다. ○ ×

해설 기수에 이르렀어도 범죄행위는 계속되는 계속범의 경우 여전히 위법한 상태가 계속되므로 이에 대한 방조와 정당방위도 가능하다.

정답 ○

072 예비음모의 행위를 처벌하는 경우에 있어서 중지범의 관념을 인정할 수 있다. ○ ×

해설 중지범은 범죄의 실행에 착수한 후 자의로 그 행위를 중지한 때를 말하는 것이고 실행의 착수가 있기 전인 예비음모의 행위를 처벌하는 경우에 있어서는 중지범의 관념은 이를 인정할 수 없으므로 위 피고인에 대한 형을 양정함에 있어서 중지범의 감면규정을 적용하지 아니한 원심의 조치에 소론과 같은 위법이 있다고 할 수 없다. (대법원 91도436)

정답 ×

073 甲이 행사할 목적으로 미리 준비한 물건들과 옵세트인쇄기를 사용하여 한국은행권 100원 권을 사진 찍어 그 필름 원판 7매와 이를 확대하여 현상한 인화지 7매를 만들었다면 통화위조의 착수에 이른 것이다. ○ ×

해설 피고인이 행사할 목적으로 미리 준비한 물건들과 옵세트인쇄기를 사용하여 한국은행권 100원권을 사진 찍어 그 필름 원판 7매와 이를 확대하여 현상한 인화지 7매를 만들었음에 그쳤다면 아직 통화위조의 착수에는 이르지 아니하였고 그 준비단계에 불과하다. (대법원 66도1317)

정답 ×

074 살인예비죄가 성립하기 위해서는 살인죄를 범할 목적 외에 살인의 준비에 관한 고의가 있어야 하고, 실행의 착수에 이르지 아니하는 살인죄 실현을 위한 준비행위가 있어야 하는데, 여기서의 준비행위는 단순한 범행의 의사 또는 계획만으로 족하다. ○ ×

해설 형법 제255조, 제250조의 살인예비죄가 성립하기 위하여는 형법 제255조에서 명문으로 요구하는 살인죄를 범할 목적 외에도 살인의 준비에 관한 고의가 있어야 하며, 나아가 실행의 착수까지는 이르지 아니하는 살인죄의 실현을 위한 준비행위가 있어야 한다. 여기서의 준비행위는 물적인 것에 한정되지 아니하며 특별한 정형이 있는 것도 아니지만, 단순히 범행의 의사 또는 계획만으로는 그것이 있다고 할 수 없고 객관적으로 보아서 살인죄의 실현에 실질적으로 기여할 수 있는 외적 행위를 필요로 한다. (대법원 2009도7150) 정답 ×

075 같은 부대에 근무하던 甲과 乙이 수회에 걸쳐 '총을 훔쳐 전역 후 은행이나 현금수송차량을 털어 한탕 하자'는 말을 나눈 경우, 강도음모죄가 성립된다. ○ ×

해설 음모란 2인 이상의 자 사이에 성립한 범죄실행의 합의를 말하는 것으로, 범죄실행의 합의가 있다고 하기 위하여는 단순히 범죄결심을 외부에 표시·전달하는 것만으로는 부족하고, 객관적으로 보아 특정한 범죄의 실행을 위한 준비행위라는 것이 명백히 인식되고, 그 합의에 실질적인 위험성이 인정될 때에 비로소 음모죄가 성립한다고 할 것이다. 甲과 乙이 수회에 걸쳐 '총을 훔쳐 전역 후 은행이나 현금수송차량을 털어 한탕 하자'는 말을 나눈 정도만으로는 강도음모를 인정하기에 부족하다고 판단한 것은 정당하고, 거기에 강도음모죄의 법리를 오해하여 판결 결과에 영향을 미친 위법이 있다고 할 수 없다. (대법원 99도3801) 정답 ×

076 정범이 실행의 착수에 이르지 아니한 예비의 단계에 그친 경우에는 이에 가공하는 행위가 예비의 공동정범이 되는 경우를 제외하고는 예비죄의 방조범으로 처벌할 수 없다. ○ ×

해설 대법원 79도552 정답 ○

077 甲이 제1차 매수인으로부터 계약금 및 중도금 명목의 금원을 교부받은 후 제2차 매수인에게 부동산을 매도하기로 하고 계약금을 지급받았더라도 배임죄의 실행의 착수가 있었다고 볼 수 없다. ○ ×

해설 대법원 2002도7134 정답 ○

078 중지범은 범행의 실행에 착수한 후 자의로 그 행위를 중지한 때를 말하는 것이므로 실행의 착수가있기 전인 예비·음모의 행위를 처벌하는 경우에 있어서는 중지범의 관념을 인정할 여지가 없다. ○ ×

해설 대법원 91도436 정답 ○

079 「형법」은 예비죄의 처벌이 가져올 범죄의 구성요건을 부당하게 유추 내지 확장 해석하는 것을 금지하고 있기 때문에 「형법」 각칙의 예비죄를 처단하는 규정을 바로 독립된 구성요건 개념에 포함시킬 수는 없다고 하는 것이 죄형법정주의의 원칙에 합당한 해석이다. ○ ×

해설 대법원 75도1549   정답 ○

080 「폭력행위 등 처벌에 관한 법률」 제7조는 "정당한 이유 없이 이 법에 규정된 범죄에 공용될 우려가 있는 흉기나 그 밖의 위험한 물건을 휴대하거나 제공 또는 알선한 사람은 3년 이하의 징역 또는 300만 원 이하의 벌금에 처한다."라고 정하고 있는데, 이러한 폭력행위처벌법위반(우범자)죄는 대상범죄인 '이 법에 규정된 범죄'의 예비죄로서의 성격을 지니고 있다. ○ ×

해설 대법원 2017도7687   정답 ○

081 보험사기를 준비하기 위한 타인의 보험계약 체결 과정에서 甲이 피보험자를 가장하는 등으로 이를 도운 행위는 그 사기 범행을 위한 예비행위에 대한 방조의 여지가 있을 뿐이라 할 것이고, 甲의 행위는 그 후 정범이 실행행위에 나아갔다고 하여도 정범에 대한 방조가 되는 것은 아니다. ○ ×

해설 종범은 정범이 실행행위에 착수하여 범행을 하는 과정에서 이를 방조한 경우뿐 아니라 정범의 실행의 착수 이전에 장래의 실행행위를 미필적으로나마 예상하고 이를 용이하게 하기 위하여 방조한 경우에도 그 후 정범이 실행행위에 나아 갔다면 성립할 수 있다. (대법원 2013도7494)   정답 ×

082 불능범은 범죄행위의 성질상 결과발생 또는 법익침해의 가능성이 절대로 있을 수 없는 경우를 말한다. ○ ×

해설 대법원 85도206   정답 ○

083 불능범의 판단 기준으로서 위험성 판단은 피고인이 행위 당시에 인식한 사정을 놓고 이것이 객관적으로 일반인의 판단으로 보아 결과 발생의 가능성이 있느냐를 따지는 것이다. ○ ×

해설 대법원 77도4049   정답 ○

084 예비죄에 대해서는 방조범을 인정할 수 없으므로 예비죄의 공동정범도 성립할 수 없다. ○ ×

해설 형법 제32조 제1항 소정 타인의 범죄란 정범이 범죄의 실현에 착수한 경우를 말하는 것이므로 종범이 처벌되기 위하여는 정범의 실행의 착수가 있는 경우에만 가능하고 형법 전체의 정신에 비추어 정범이 실행의 착수에 이르지 아니한 예비의 단계에 그친 경우에는 이에 가공하는 행위가 예비의 공동정범이 되는 경우를 제외하고는 종범의 성립을 부정하고 있다고 보는 것이 타당하다. (대법원 75도1549)   정답 ×

085 甲이 乙을 살해하기 위하여 丙, 丁 등을 고용하면서 그들에게 대가의 지급을 약속한 경우, 甲에게는 살인예비죄가 성립한다. ○ ×

해설 대법원 2009도7150   정답 ○

086 甲이 절도 범행이 발각되었을 경우 체포를 면탈하는데 도움이 될 수 있을 것이라는 정도의 생각에서 등산용 칼을 휴대하고 있던 중에 붙잡힌 경우, 甲에게 강도예비죄가 성립한다. ○ ×

해설 강도예비·음모죄가 성립하기 위해서는 예비·음모 행위자에게 미필적으로라도 '강도'를 할 목적이 있음이 인정되어야 하고 그에 이르지 않고 단순히 준강도 할 목적이 있음에 그치는 경우에는 강도예비·음모죄로 처벌할 수 없다고 봄이 상당하다. 피고인은 상습으로 절도 범행이 발각될 염려가 거의 없는 심야의 인적이 드문 주택가 주차장이나 길가에 주차된 자동차를 골라 그 문을 열고 동전 등 물건을 훔치는 범행을 계속해 온 사실 등을 알 수 있는바, 이에 의하면 피고인이 주택가를 배회하며 범행 대상을 물색할 당시 비록 등산용 칼 등을 휴대하고 있었다 하더라도 피고인이 휴대 중이던 등산용 칼을 그 주장하는 바와 같이 뜻하지 않게 절도 범행이 발각되었을 경우 체포를 면탈하는데 도움이 될 수 있을 것이라는 정도의 생각에서 더 나아가, 타인으로부터 물건을 강취하는데 사용하겠다는 생각으로 준비하였다고 단정하기는 어렵고, 이와 같이 피고인에게 준강도 할 목적이 인정되는 정도에 그치는 이상 피고인에게 강도할 목적이 있었다고 볼 수 없으므로 강도예비죄의 죄책을 인정할 수는 없다. (대법원 2004도6432)   정답 ×

087 甲은 강도를 하려고 흉기를 구하던 乙에게 자신이 가지고 있던 전자충격기를 건네주었는데 乙이 실행행위로 나아가지 않은 경우, 甲에게 乙의 강도예비죄에 대한 방조범이 성립한다. ○ ×

해설 형법 제32조 제1항의 타인의 범죄를 방조한 자는 종범으로 처벌한다는 규정의 타인의 범죄란 정범이 범죄를 실현하기 위하여 착수한 경우를 말하는 것이라고 할 것이므로 종범이 처벌되기 위하여는 정범의 실행의 착수가 있는 경우에만 가능하고 정범이 실행의 착수에 이르지 아니한 예비의 단계에 그친 경우에는 이에 가공하는 행위가 예비의 공동정범이 되는 경우를 제외하고는 이를 종범으로 처벌할 수 없다고 할 것이다. (대법원 75도1549)   정답 ×

088 甲이 자신을 배신한 A를 살해하려고 사냥용 총을 구입한 직후 스스로 후회하고 총을 폐기한 경우, 甲에게 살인죄의 중지미수 규정이 준용될 수 있다. ○ ×

해설 중지범은 범죄의 실행에 착수한 후 자의로 그 행위를 중지한 때를 말하는 것이고 실행의 착수가 있기 전인 예비음모의 행위를 처벌하는 경우에 있어서 중지범의 관념은 이를 인정할 수 없다. (대법원 99도424)   정답 ×

CHAPTER 05 미수론 **211**

089 존속살해죄와 촉탁·승낙살인죄는 예비·음모를 처벌하는 규정이 없다. ○ ×

해설

형법 제250조(살인, 존속살해) ① 사람을 살해한 자는 사형, 무기 또는 5년 이상의 징역에 처한다.
② 자기 또는 배우자의 직계존속을 살해한 자는 사형, 무기 또는 7년 이상의 징역에 처한다.
형법 제252조(촉탁, 승낙에 의한 살인 등) ① 사람의 촉탁이나 승낙을 받아 그를 살해한 자는 1년 이상 10년 이하의 징역에 처한다.
② 사람을 교사하거나 방조하여 자살하게 한 자도 제1항의 형에 처한다.
형법 제254조(미수범) 제250조, 제252조 및 제253조의 미수범은 처벌한다.

정답 ×

090 상해죄 및 폭행죄의 상습범에 관한 형법 제264조는 "상습으로 제257조, 제258조, 제258조의2, 제260조 또는 제261조의 죄를 범한 때에는 그 죄에 정한 형의 2분의 1까지 가중한다."라고 규정하고 있다. 형법 제264조에서 말하는 '상습'이란 위 규정에 열거된 상해 내지 폭행행위의 습벽을 말하는 것이므로, 위 규정에 열거되지 아니한 다른 유형의 범죄까지 고려하여 상습성의 유무를 결정해서는 아니된다. ○ ×

해설 대법원 2017도21663

정답 ○

091 상해는 피해자의 신체의 완전성을 훼손하거나 생리적 기능에 장애를 초래하는 것으로 반드시 외부적인 상처가 있어야만 하는 것이 아니고, 여기서의 생리적 기능에는 육체적 기능뿐만 아니라 정신적 기능도 포함한다. ○ ×

해설 대법원 98도3732

정답 ○

092 폭행죄는 피해자의 명시한 의사에 반하여 공소를 제기할 수 없는 반의사불벌죄로서 피해자가 사망한 후에는 그 상속인이 피해자를 대신하여 처벌불원의 의사표시를 할 수 없다. ○ ×

해설 대법원 2010도2680

정답 ○

093 살해의 용도에 공하기 위한 흉기를 준비하였다 하더라도 그 흉기로 살해할 대상자가 확정되지 아니한 경우에는 살인예비죄로 처벌할 수 없다. ○ ×

해설 대법원 4292형상387

정답 ○

094 준강도죄에 관한 형법 제335조는 "절도가 재물의 탈환을 항거하거나 체포를 면탈하거나 죄적을 인멸할 목적으로 폭행 또는 협박을 가한 때에는 전2조의 예에 의한다."라고 규정하면서 준강도를 강도죄와 같이 취급하도록 규정하고 있다. 따라서 강도예비·음모죄가 성립하기 위해서는 예비·음모행위자에게 미필적으로라도 '준강도'를 할 목적이 있음이 인정되어야 하고 만일 이에 이르지 않고 단순히 '특수절도'할 목적이 있음에 그치는 경우에는 강도예비·음모죄로 처벌할 수 없다. ○ ×

해설 강도예비·음모죄가 성립하기 위해서는 예비·음모 행위자에게 미필적으로라도 '강도'를 할 목적이 있음이 인정되어야 하고 그에 이르지 않고 단순히 준강도 할 목적이 있음에 그치는 경우에는 강도예비·음모죄로 처벌할 수 없다. (대법원 2004도6432)

정답 ×

095 종범은 정범의 실행행위 중에 이를 방조하는 경우뿐만 아니라, 실행 착수 전에 장래의 실행행위를 예상하고 이를 용이하게 하는 것을 말한다. 따라서 정범의 범죄종료 후의 이른바 사후방조를 종범이라고 볼 수는 없다. ○ ×

해설 범죄가 종료된 후에는 방조가 성립할 수 없고 그 자체가 독립적인 범죄로 논해질 뿐이다. 즉, 범죄가 종료된 후에 범인을 은닉하거나 증거를 인멸하는 것은 종범이 아니라 범인은닉죄 내지 증거인멸죄라는 독자적인 범죄로 취급된다.

정답 ○

096 정범이 실행의 착수에 이르지 아니하고 예비단계에 그친 경우에는, 이에 가공한다 하더라도 예비의 공동정범이 되는 때를 제외하고는 종범으로 처벌할 수 없다. ○ ×

해설 대법원 75도1549

정답 ○

097 예비행위를 자의로 중지한 경우 중지미수에 관한 형법 제26조가 준용된다. ○ ×

해설 예비죄의 중지범에 관한 규정은 준용하지 않는다.

정답 ×

098 형법 제28조는 예비죄의 처벌이 가져올 범죄의 구성요건을 부당하게 유추 내지 확장해석하는 것을 금지하고 있기 때문에 형법각칙의 예비죄를 처단하는 규정을 바로 독립된 구성요건 개념에 포함시킬 수는 없다. ○ ×

해설 대법원 75도1549

정답 ○

099 예비와 미수는 각각 형법각칙에 처벌규정이 있는 경우에만 처벌할 수 있지만 구체적인 법정형까지 규정될 필요는 없다. ○ ×

해설 부정선거관련자처벌법 제5조 제4항에 동법 제5조 제1항의 예비음모는 이를 처벌한다고만 규정하고 있을 뿐이고 그 형에 관하여 따로 규정하고 있지 아니한 이상 죄형법정주의의 원칙상 위 예비음모를 처벌할 수 없다. (대법원 77도251)

정답 ×

100 예비죄를 처벌하는 범죄의 예비단계에서 자의로 중지를 하였다면, 예비죄의 중지미수가 성립한다. ○ ×

해설 중지범은 범죄의 실행에 착수한 후 자의로 그 행위를 중지한 때를 말하는 것이고, 실행의 착수가 있기 전인 예비음모의 행위를 처벌하는 경우에 있어서는 중지범의 관념은 이를 인정할 수 없다. (대법원 91도436) 정답 ×

101 살인예비죄가 성립하기 위하여는 살인죄를 범할 목적이 있어야 할 뿐만 아니라 살인의 준비에 관한 고의도 있어야 한다. ○ ×

해설 대법원 2009도7150 정답 ○

102 정범의 실행 착수 전에 장래의 실행행위를 예상하고 이를 용이하게 하는 행위를 하여 방조한 경우, 정범이 실행의착수에 이르지 못했다면 방조자는 종범이 성립되지 않지만 정범이 그 실행행위로 나아갔다면 종범이 성립한다. ○ ×

해설 대법원 2013도7494 정답 ○

103 예비죄는 형법상 독립된 구성요건에 해당하는 범죄가 아니라 기본범죄 실행행위의 전 단계의 행위, 즉 발현행위를 처벌하고 있는 것이다. ○ ×

해설 범죄의 구성요건 개념상 예비죄의 실행행위는 무정형 무한정한 행위이고 종범의 행위도 무정형 무한정한 것이고 형법 제28조에 의하면 범죄의 음모 또는 예비행위가 실행의 착수에 이르지 아니한 때에는 법률에 특별한 규정이 없는 한 벌하지 아니한다고 규정하여 예비죄의 처벌이 가져올 범죄의 구성요건을 부당하게 유추 내지 확장해석하는 것을 금지하고 있기 때문에 형법각칙의 예비죄를 처단하는 규정을 바로 독립된 구성요건 개념에 포함시킬 수는 없다고 하는 것이 죄형법정주의의 원칙에도 합당하는 해석이라 할 것이기 때문이 다. 따라서 형법전체의 정신에 비추어 예비의 단계에 있어서는 그 종범의 성립을 부정하고 있다고 보는 것이 타당한 해석이라고 할 것이다. (대법원 75도1549) 정답 ○

104 2인 이상이 합동하여 강제추행을 준비하였지만 실행의 착수에 이르지 않은 경우에는 「성폭력범죄의 처벌 등에 관한 특례법」상 특수강제추행죄의 예비·음모죄가 성립하지 않는다. ○ ×

해설

> **성폭력범죄의 처벌 등에 관한 특례법 제4조(특수강간 등)** ① 흉기나 그 밖의 위험한 물건을 지닌 채 또는 2명 이상이 합동하여 「형법」 제297조(강간)의 죄를 범한 사람은 무기징역 또는 7년 이상의 징역에 처한다.
> ② 제1항의 방법으로 「형법」 제298조(강제추행)의 죄를 범한 사람은 5년 이상의 유기징역에 처한다. 성폭력범죄의 처벌 등에 관한 특례법 제15조의2(예비, 음모) 제3조부터 제7조까지의 죄를 범할 목적으로 예비 또는 음모한 사람은 3년 이하의 징역에 처한다.

정답 ×

03 장애미수

105 가압류는 강제집행의 보전방법에 불과하고 그 기초가 되는 허위의 채권에 의하여 실제로 청구의 의사표시를 한 것이라고 할 수 없으므로 소의 제기 없이 가압류신청을 한 것만으로는 사기죄의 실행에 착수한 것이라고 할 수 없다. ○ ×

해설 대법원 82도1529   정답 ○

106 부동산 경매절차에서 피고인들이 허위의 공사대금채권을 근거로 유치권 신고를 한 경우, 소송사기의 실행의 착수가 인정된다. ○ ×

해설 부동산경매절차에서 피고인들이 허위의 공사대금채권을 근거로 유치권 신고를 한 경우, 소송사기의 실행의 착수가 있다고 볼 수 없다. (대법원 2009도5900)   정답 ×

107 피고인이 히로뽕 제조원료 구입비로 금 3,000,000원을 제1심 공동피고인에게 제공하였는데 공동피고인이 그로써 구입할 원료를 물색 중 적발되었다면 피고인의 행위는 히로뽕 제조에 착수하였다고 볼 수 없다. ○ ×

해설 대법원 83도2590   정답 ○

108 「부정경쟁방지 및 영업비밀보호에 관한 법률」 제18조 제2항에서 정하고 있는 영업비밀부정사용죄에 있어서는, 행위자가 당해 영업비밀과 관계된 영업활동에 이용 혹은 활용할 의사 아래 그 영업활동에 근접한 시기에 영업비밀을 열람하는 행위를 하였다면 그 실행의 착수가 있다. ○ ×

해설 대법원 2008도9433   정답 ○

109 회사직원이 영업비밀 등을 적법하게 반출하여 반출행위가 업무상배임죄에 해당하지 않는 경우라도, 퇴사 시에 영업비밀 등을 회사에 반환하거나 폐기할 의무가 있음에도 경쟁업체에 유출하거나 스스로의 이익을 위하여 이용할 목적으로 이를 반환하거나 폐기하지 아니하였다면, 이러한 행위 역시 퇴사 시에 업무상배임죄의 기수가 된다. ○ ×

해설 대법원 2017도3808   정답 ○

110 추행의 고의로 상대방의 의사에 반하는 유형력의 행사, 즉 폭행행위를 하여 실행행위에 착수하였으나 추행의 결과에 이르지 못한 때에는 강제추행미수죄가 성립하며, 이러한 법리는 폭행행위 자체가 추행행위라고 인정되는 이른바 '기습추행'의 경우에도 마찬가지로 적용된다. ○ ×

해설 대법원 2015도6980, 2015모2524(병합)   정답 ○

111 공무원이 뇌물로 투기적 사업에 참여할 기회를 제공받은 경우, 뇌물수수죄의 기수 시기는 투기적 사업에 참여하는 행위가 종료된 때로 보아야 한다. ○ ×

해설 대법원 2002도3539　　　　　　　　　　　　　　　　　　　　　　　　　　　정답 ○

112 주거침입의 실행의 착수는 주거자, 관리자, 점유자 등의 의사에 반하여 주거나 관리하는 건조물 등에 들어가는 행위, 즉 구성요건의 일부를 실현하는 행위까지 요구하는 것은 아니고, 범죄구성요건의 실현에 이르는 현실적 위험성을 포함하는 행위를 개시하는 것으로 족하다. ○ ×

해설 대법원 2006도2824　　　　　　　　　　　　　　　　　　　　　　　　　　　정답 ○

113 입영대상자가 병역면제처분을 받을 목적으로 병원으로부터 허위의 병사용진단서를 발급받은 행위만으로는 사위행위에 의한 병역기피를 이유로 한 병역법위반죄의 실행에 착수한 것이 아니다. ○ ×

해설 대법원 2005도3065　　　　　　　　　　　　　　　　　　　　　　　　　　　정답 ○

114 피담보채권인 공사대금 채권을 실제와 달리 허위로 부풀려 유치권에 의한 경매를 신청한 경우 소송사기죄의 실행의 착수가 인정되지 않는다. ○ ×

해설 유치권에 의한 경매를 신청한 유치권자는 일반채권자와 마찬가지로 피담보채권액에 기초하여 배당을 받게 되는 결과 피담보채권인 공사대금 채권을 실제와 달리 허위로 크게 부풀려 유치권에 의한 경매를 신청할 경우 정당한 채권액에 의하여 경매를 신청한 경우보다 더 많은 배당금을 받을 수도 있으므로, 이는 법원을 기망하여 배당이라는 법원의 처분행위에 의하여 재산상이익을 취득하려는 행위로서, 불능범에 해당한다고 볼 수 없고, 소송사기죄의 실행의 착수에 해당한다. (대법원 2012도9603)　　　　　　　　　　　　　　　　　　　　　　　　　　　정답 ×

115 위조사문서행사죄는 상대방이 위조된 문서의 내용을 실제로 인식할 필요 없이 상대방으로 하여금 위조된 문서를 인식할 수 있는 상태에 둠으로써 기수가 된다. ○ ×

해설 위조사문서의 행사는 상대방으로 하여금 위조된 문서를 인식할 수 있는 상태에 둠으로써 기수가 되고 상대방이 실제로 그 내용을 인식하여야 하는 것은 아니므로, 위조된 문서를 우송한 경우에는 그 문서가 상대방에게 도달한 때에 기수가 되고 상대방이 실제로 그 문서를 보아야 하는 것은 아니다. (대법원 2004도4663)　　　　　　　　　　　정답 ○

116 양팔을 높이 들어 갑자기 뒤에서 껴안으려는 행위를 하는 경우 행위자의 팔이 피해자의 몸에 닿지 않으면 강제추행죄의 실행의 착수를 인정할 수 없다. ○ ×

해설 피고인의 팔이 갑의 몸에 닿지 않았더라도 양팔을 높이 들어 갑자기 뒤에서 껴안으려는 행위는 갑의 의사에 반하는 유형력의 행사로서 폭행행위에 해당하며, 그때 '기습추행'에 관한 실행의 착수가 인정된다. (대법원 2015도6980, 2015모2524(병합))　　　　　　　　　　　　　　　　　　　　　　　　　　　　　　　　　　　정답 ×

117 피고인이 피해자 소유 자동차 안에 들어있는 밍크코트를 발견하고 이를 절취할 생각으로 다른 사람이 망을 보고 있는 상태에서 차량 앞문손잡이를 당기다가 피해자에게 발각된 경우 절도의 실행에 착수하였다고 볼 수 있다. ○ ×

해설 대법원 86도2256 정답 ○

118 사기죄는 편취의 의사로 기망행위를 개시한 때에 실행에 착수한 것으로 보아야 하므로 사기도박에 있어 도금을 편취하려는 자가 상대방에게 참가할 것을 권유한 것만으로도 원칙적으로 사기죄의 실행에 착수한 것으로 볼 수 있다. ○ ×

해설 대법원 2010도9330 정답 ○

119 제3자가 피보험자 본인인 것처럼 가장하여 타인의 사망을 보험사고로 하는 생명보험계약을 체결한 행위는 원칙적으로 사기죄의 실행에 착수한 것으로 볼 수 있다. ○ ×

해설 하자 있는 보험계약을 체결한 행위만으로는 미필적으로라도 보험금을 편취하려는 의사에 의한 기망행위의 실행에 착수한 것으로 볼 것은 아니다. 그러므로 기망행위의 실행의 착수로 인정할 수 없는 경우에 피보험자 본인임을 가장하는 등으로 보험계약을 체결한 행위는 단지 장차의 보험금 편취를 위한 예비행위에 지나지 않는다. (대법원 2013도7494) 정답 ×

120 강제집행절차를 통한 소송사기는 집행절차의 개시신청을 한 때 또는 진행 중인 집행절차에 배당신청을 한 때에 사기죄의 실행에 착수하였다고 볼 수 있다. ○ ×

해설 대법원 2014도10086 정답 ○

121 위장결혼의 당사자 및 브로커와 공모한 피고인이 허위로 결혼사진을 찍고 혼인신고에 필요한 서류를 준비하여 위장결혼의 당사자에게 건네준 것만으로도 공전자기록등불실기재죄의 실행에 착수하였다고 볼 수 있다. ○ ×

해설 위장결혼의 당사자 및 브로커와 공모한 피고인이 허위로 결혼사진을 찍고 혼인신고에 필요한 서류를 준비하여 위장결혼의 당사자에게 건네준 것만으로는 공전자기록등불실기재죄의 실행에 착수한 것으로 볼 수 없다. (대법원 2009도4998) 정답 ×

122 피고인이 피해자 A를 추행하기 위하여 뒤따라가다가 외진 곳에서 가까이 접근하여 껴안으려 하였으나, A가 뒤돌아보면서 소리치자 그 상태로 몇 초 동안 쳐다보다가 다시 오던 길로 되돌아간 경우, 피고인의 팔이 A의 몸에 닿지 않았지만 양팔을 높이 들어 갑자기 뒤에서 껴안으려고 하는 것만으로도 강제추행죄의 실행의 착수가 있다고 볼 수 있다. ○ ×

해설 대법원 2015도6980, 2015모2524(병합) 정답 ○

123 피고인이 방화의 의사로 뿌린 휘발유가 인화성이 강한 상태로 주택 주변과 피해자의 몸에 적지 않게 살포되어 있는 사정을 알면서도 라이터를 켜 불꽃을 일으킴으로써 피해자의 몸에 불이 붙은 경우, 비록 외부적 사정에 의하여 불이 방화 목적물인 주택 자체에 옮겨 붙지는 아니하였다 하더라도 현존건조물방화죄의 실행의 착수가 있었다고 볼 수 있다. ○ ×

> 해설 대법원 2001도6641 정답 ○

124 금융기관 직원이 전산단말기를 이용하여 다른 공범들이 지정한 특정계좌에 돈이 입금된 것처럼 허위의 정보를 입력하는 방법으로 위 계좌로 입금되도록 한 경우, 그 후 그러한 입금이 취소되어 현실적으로 인출되지 못하였다면 컴퓨터등사용사기죄의 미수에 해당한다. ○ ×

> 해설 금융기관 직원이 전산단말기를 이용하여 다른 공범들이 지정한 특정계좌에 돈이 입금된 것처럼 허위의 정보를 입력하는 방법으로 위 계좌로 입금되도록 한 경우, 이러한 입금절차를 완료함으로써 장차 그 계좌에서 이를 인출하여 갈 수 있는 재산상 이익을 취득하였으므로 형법 제347조의2에서 정하는 컴퓨터 등 사용사기죄는 기수에 이르렀고, 그 후 그러한 입금이 취소되어 현실적으로 인출되지 못하였다고 하더라도 이미 성립한 컴퓨터 등 사용사기죄에 어떤 영향이 있다고 할 수는 없다. (대법원 2006도4127) 정답 ×

125 피고인이 지하철 환승에스컬레이터 내에서 짧은 치마를 입고 있는 피해자의 뒤에 서서 카메라폰으로 성적 수치심을 느낄 수 있는 치마 속 신체 부위를 피해자 의사에 반하여 동영상 촬영 중 경찰관에게 발각되어 저장버튼을 누르지 않고 촬영을 종료하였더라도 동영상 촬영을 시작하여 일정한 시간이 경과하였다면 구 성폭력범죄의 처벌 및 피해자보호 등에 관한 법률 상 '카메라 등 이용 촬영죄'의 기수에 해당한다. ○ ×

> 해설 대법원 2010도10677 정답 ○

126 야간에 다세대주택에 침입하여 물건을 절취하기 위하여 가스배관을 타고 오르다가 순찰 중이던 경찰관에게 발각되어 그냥 뛰어내린 경우 야간주거침입절도죄의 실행의 착수가 있다. ○ ×

> 해설 피고인이 이 사건 다세대주택 2층의 불이 꺼져있는 것을 보고 물건을 절취하기 위하여 가스배관을 타고 올라가다가, 발은 1층 방범창을 딛고 두 손은 1층과 2층 사이에 있는 가스배관을 잡고 있던 상태에서 순찰 중이던 경찰관에게 발각되자 그대로 뛰어내린 사실을 인정한 후, 이러한 피고인의 행위만으로는 주거의 사실상의 평온을 침해할 현실적 위험성이 있는 행위를 개시한 때에 해당한다고 보기 어렵다. (대법원 2008도917) 정답 ×

127 가압류는 강제집행의 보전방법에 불과한 것이어서 허위의 채권을 피보전권리로 삼아 가압류를 하였다고 하더라도 본안소송을 제기하지 아니하였다면 사기죄의 실행에 착수가 없다. ○ ×

> 해설 대법원 88도55 정답 ○

128 간첩의 목적으로 외국 또는 북한에서 국내에 침투 또는 월남하는 경우에는 기밀탐지가 가능한 국내에 침투 상륙함으로써 간첩죄의 실행의 착수가 있다. ○ ×

> 해설 대법원 84도1381 정답 ○

129 허위채권에 기한 공정증서를 집행권원으로 하여 채무자의 소유권이전등기청구권에 대하여 압류신청을 한 것만으로는 소송사기의 실행에 착수한 것으로 볼 수 없다. ○ ×

해설 민사집행법 제244조에서 규정하는 부동산에 관한 권리이전청구권에 대한 강제집행은 그 자체를 처분하여 그 대금으로 채권에 만족을 기하는 것이 아니고, 부동산에 관한 권리이전청구권을 압류하여 청구권의 내용을 실현시키고 부동산을 채무자의 책임재산으로 귀속시킨 다음 다시 그 부동산에 대한 경매를 실시하여 그 매각대금으로 채권에 만족을 기하는 것이다. 이러한 경우 소유권이전등기청구권에 대한 압류는 당해 부동산에 대한 경매의 실시를 위한 사전 단계로서의 의미를 가지나, 전체로서의 강제집행절차를 위한 일련의 시작행위라고 할 수 있으므로, 허위채권에 기한 공정증서를 집행권원으로 하여 채무자의 소유권이전등기청구권에 대하여 압류신청을 한 시점에 소송사기의 실행에 착수하였다고 볼 것이다. (대법원 2014도10086) 정답 ×

130 甲이 강간할 목적으로 乙의 집에 침입해 안방에 들어가 누워 자고 있는 乙의 가슴과 엉덩이를 만지면서 간음을 기도하였다면 실행의 착수가 있다. ○ ×

해설 강간죄의 실행의 착수가 있었다고 하려면 강간의 수단으로서 폭행이나 협박을 한 사실이 있어야 할 터인데 피고인이 강간할 목적으로 피해자의 집에 침입하였다 하더라도 안방에 들어가 누워 자고 있는 피해자의 가슴과 엉덩이를 만지면서 간음을 기도하였다는 사실만으로는 강간의 수단으로 피해자에게 폭행이나 협박을 개시하였다고 하기는 어렵다. (대법원 90도607) 정답 ×

131 행위자가 처음부터 미수에 그치겠다는 고의를 가진 경우라도 미수범이 성립할 수 있다. ○ ×

해설 미수는 고의범에서만 성립될 수 있는 것으로 고의가 필요하다. 그런데 이때 고의란 범죄완성이라는 기수의 고의이지 단순히 미수에 그치겠다는 미수의 고의로는 미수범이 성립할 수 없다. 정답 ×

132 신체의 일부만 타인의 집 안에 들어간다는 인식하에 타인의 집의 창문을 열고 집 안으로 얼굴을 들이미는 등의 행위를 한 경우에도 주거침입죄의 실행착수가 인정될 수 있다. ○ ×

해설 대법원 94도2561 정답 ○

133 절도미수범이 체포를 면탈하기 위하여 폭행을 가한 경우에는 절도행위가 기수에 이르지 않았더라도 준강도죄의 기수가 성립한다. ○ ×

해설 준강도죄의 입법취지, 강도죄와의 균형 등을 종합적으로 고려해 보면, 준강도죄의 기수 여부는 절도행위의 기수 여부를 기준으로 하여 판단하여야 한다. (대법원 2004도5074 전합) 정답 ×

134 2인 이상이 합동하여 주간에 절도의 목적으로 타인의 주거에 침입하였으나 아직 절취할 물건의 물색행위를 시작하기 전이라면 「형법」 제331조 제2항의 특수절도죄의 실행에 착수한 것은 아니다. ○ ×

해설 대법원 2009도9667 정답 ○

135 법원을 기망하여 자기에게 유리한 판결을 얻고자 소송을 제기한 자가 상대방의 주소를 허위로 기재하여 소송을 제기함으로써 그 허위주소로 소송서류가 송달되어 그로 인하여 상대방 아닌 다른 사람이 그 서류를 받아 소송을 진행한 경우에는 소송사기죄의 실행의 착수가 인정되지 않는다. ○ ×

해설 소송사기는 법원을 기망하여 자기에게 유리한 판결을 얻고 이에 터잡아 상대방으로부터 재물의 교부를 받거나 재산상 이익을 취득하는 것을 말하는 것으로서 소송에서 주장하는 권리가 존재하지 않는 사실을 알고 있으면서도 법원을 기망한다는 인식을 가지고 소를 제기하면 이로써 실행의 착수가 있고 소장의 유효한 송달을 요하지 아니한다고 할 것인바, 이러한 법리는 제소자가 상대방의 주소를 허위로 기재함으로써 그 허위주소로 소송서류가 송달되어 그로 인하여 상대방 아닌 다른 사람이 그 서류를 받아 소송이 진행된 경우에도 마찬가지로 적용된다. (대법원 2006도5811)   정답 ×

136 피해자의 해외도피를 방지하기 위하여 피해자를 협박하고 이에 피해자가 겁을 먹고 있는 상태를 이용하여 피해자 소유의 여권을 교부하게 함으로써 피해자가 그의 여권을 강제회수 당하였다면 강요죄의 기수가 성립한다. ○ ×

해설 대법원 93도901   정답 ○

137 침입 대상인 아파트에 사람이 있는지를 확인하기 위해 그 집의 초인종을 누른 경우 주거의 사실상의 평온을 침해할 객관적인 위험성이 있으므로 주거침입죄의 실행의 착수가 인정된다. ○ ×

해설 침입 대상인 아파트에 사람이 있는지를 확인하기 위해 그 집의 초인종을 누른 행위만으로는 침입의 현실적 위험성을 포함하는 행위를 시작하였다거나, 주거의 사실상의 평온을 침해할 객관적인 위험성을 포함하는 행위를 한 것으로 볼 수 없다 할 것이다. (대법원 2008도1464)   정답 ×

138 야간에 아파트에 침입하여 물건을 훔칠 의도하에 아파트의 베란다 철제난간까지 올라가 유리창문을 열려고 시도하고 실제로 집안에 들어가지는 못한 경우 야간주거침입절도죄의 실행의 착수가 인정되지 않는다. ○ ×

해설 야간에 아파트에 침입하여 물건을 훔칠 의도하에 아파트의 베란다 철제난간까지 올라가 유리창문을 열려고 시도하였다면 야간주거침입절도죄의 실행에 착수한 것으로 보아야 한다. (대법원 2003도4417)   정답 ×

139 노상에 세워 놓은 자동차안에 있는 물건을 훔칠 생각으로 자동차의 유리창을 통하여 그 내부를 손전등으로 비추어 본 경우 유리창을 따기 위해 면장갑을 끼고 있었고 칼을 소지하고 있었다면 절도죄의 실행의 착수가 인정된다. ○ ×

해설 노상에 세워 놓은 자동차 안에 있는 물건을 훔칠 생각으로 자동차의 유리창을 통하여 그 내부를 손전등으로 비추어 본 것에 불과하다면 비록 유리창을 따기 위해 면장갑을 끼고 있었고 칼을 소지하고 있었다 하더라도 절도의 예비행위로 볼 수는 있겠으나 타인의 재물에 대한 지배를 침해하는데 밀접한 행위를 한 것이라고는 볼 수 없어 절취행위의 착수에 이른 것이었다고 볼 수 없다. (대법원 85도464)   정답 ×

140 주거침입죄의 실행의 착수는 구성요건의 일부를 실현하는 행위까지 요구하는 것은 아니고 범죄구성요건의 실현에 이르는 현실적 위험성을 포함하는 행위를 개시하는 것으로 족하다. ○ ×

해설 대법원 2008도1464   정답 ○

141 주간에 주거에 침입하여 야간에 절도를 범한 경우 주거침입을 한 때에 야간주거침입절도죄의 실행에 착수한 것으로 보는 것이 타당하다. ○ ×

해설 형법은 제329조에서 절도죄를 규정하고 곧바로 제330조에서 야간주거침입절도죄를 규정하고 있을 뿐, 야간절도죄에 관하여는 처벌규정을 별도로 두고 있지 아니하다. 이러한 형법 제330조의 규정형식과 그 구성요건의 문언에 비추어 보면, 형법은 야간에 이루어지는 주거침입행위의 위험성에 주목하여 그러한 행위를 수반한 절도를 야간주거침입절도죄로 중하게 처벌하고 있는 것으로 보아야 하고, 따라서 주거침입이 주간에 이루어진 경우에는 야간주거침입절도죄가 성립하지 않는다고 해석하는 것이 타당하다. (대법원 2011도300, 2011감도5) 정답 ×

142 소매치기가 피해자의 상의 호주머니로부터 금품을 훔치려고 그 호주머니에 손을 뻗쳐 그 겉을 더듬은 때에는 절도죄의 실행에 착수하였다고 봄이 상당하다. ○ ×

해설 대법원 84도2524 정답 ○

143 불능미수와 장애미수는 모두 형을 감경 또는 면제할 수 있다. ○ ×

해설

> 형법 제27조(불능범) 실행의 수단 또는 대상의 착오로 인하여 결과의 발생이 불가능하더라도 위험성이 있는 때에는 처벌한다. 단, 형을 감경 또는 면제할 수 있다.
> 형법 제25조(미수범) ② 미수범의 형은 기수범보다 감경할 수 있다.

정답 ×

144 범행이 발각될 것이 두려워 범행을 중지한 경우, 자의에 의한 중지미수로 볼 수 없다. ○ ×

해설 대법원 2011도10539 정답 ○

145 예비행위를 자의로 중지한 경우 중지미수의 규정을 준용하여 형을 감경 또는 면제한다. ○ ×

해설 중지범은 범죄의 실행에 착수한 후 자의로 그 행위를 중지한 때를 말하는 것이고 실행의 착수가 있기 전인 예비음모의 행위를 처벌하는 경우에 있어서 중지범의 관념은 이를 인정할 수 없다. (대법원 99도424) 정답 ×

146 장애인단체의 지회장이 지방자치단체로부터 다음 해의 보조금을 더 많이 지원받기 위하여 지원금 지원결정의 참고자료로 이용되는 허위의 보조금 정산보고서를 제출한 경우에는 보조금 편취범행의 실행에 착수한 것으로 보기 어렵다. ○ ×

해설 대법원 2003도1279 정답 ○

147 진정한 임차권자가 아니면서 허위의 임대차계약서를 법원에 제출하여 임차권등기명령을 신청한 것만으로는 소송사기의 실행행위에 착수한 것으로 볼 수 없고, 나아가 그 임차보증금 반환채권에 관하여 현실적으로 청구의 의사표시를 하여야 사기죄의 실행의 착수가 있다고 볼 것이다. ○ ×

해설 진정한 임차권자가 아니면서 허위의 임대차계약서를 법원에 제출하여 임차권등기명령을 신청하면 그로써 소송사기의 실행행위에 착수한 것으로 보아야 하고, 나아가 그 임차보증금 반환채권에 관하여 현실적으로 청구의 의사표시를 하여야만 사기죄의 실행의 착수가 있다고 볼 것은 아니다. (대법원 2010도12732) 정답 ×

148 필로폰을 매수하려는 자에게서 필로폰을 구해 달라는 부탁과 함께 돈을 지급받았다고 하더라도, 당시 필로폰을 소지 또는 입수한 상태에 있었거나 그것이 가능하였다는 등 매매행위에 근접·밀착한 상태에서 대금을 지급받은 것이 아니라 단순히 필로폰을 구해 달라는 부탁과 함께 대금 명목으로 돈을 지급받은 것에 불과한 경우에는 필로폰 매매행위의 실행의 착수에 이른 것이라고 볼 수 없다. ○ ×

해설 대법원 2014도16920 정답 ○

149 공동정범 중 1인이 다른 공범의 범행을 중지하게 하지 아니하고 자기만의 범의를 철회, 포기한 경우 중지미수로 인정될 수 없다. ○ ×

해설 대법원 68도1676 정답 ○

150 甲이 A에게 위조한 예금통장 사본 등을 보여주면서 외국회사에서 투자금을 받았다고 거짓말하며 자금 대여를 요청한 후 A와 함께 그 입금 여부를 확인하기 위해 은행에 가던 중 범행이 발각될 것이 두려워 은행 입구에서 그 차용을 포기하고 돌아간 경우 사기죄의 장애미수에 해당한다. ○ ×

해설 대법원 2011도10539 정답 ○

151 甲이 타인의 명의를 빌려 예금계좌를 개설한 후 통장과 도장은 명의인에게 보관시키고 자신은 위 계좌의 현금인출카드를 소지한 채 명의인을 기망하여 위 계좌로 돈을 송금하게 하였지만 그 돈을 인출 하지 않고 있던 중 명의인이 이를 인출한 경우, 甲은 사기죄의 장애미수에 해당한다. ○ ×

해설 타인의 명의를 빌려 예금계좌를 개설한 후, 통장과 도장은 명의인에게 보관시키고 자신은 위 계좌의 현금인출카드를 소지한 채, 명의인을 기망하여 위 예금계좌로 돈을 송금하게 한 경우, 자신은 통장의 현금인출카드를 소지하고 있으면서 언제든지 카드를 이용하여 차명계좌 통장으로부터 금원을 인출할 수 있었고, 명의인을 기망하여 위 통장으로 돈을 송금받은 이상, 이로써 송금받은 돈을 자신의 지배하에 두게 되어 편취행위는 기수에 이르렀다고 할 것이고, 이후 편취금을 인출하지 않고 있던 중 명의인이 이를 인출하여 갔다 하더라도 이는 범죄성립 후의 사정일 뿐 사기죄의 성립에 영향이 없다. (대법원 2003도2252) 정답 ×

152 장애미수범(「형법」 제25조)에 해당하기 위하여는 물론이고 중지미수범(「형법」 제26조)에 해당하기 위하여도 실행의 착수가 있어야 한다. ○ ×

해설 미수범의 성립에는 실행의 착수가 필요하다. 정답 ○

153 중지미수범은 임의적 형감면사유에 해당하지만, 불능미수범(「형법」 제27조)은 필요적 형감면사유에 해당한다.   ○ ×

해설 중지미수는 필요적 감면(제26조), 불능미수는 임의적 감면(제27조)을 규정하고 있다.   정답 ×

154 불능미수범에서 말하는 '실행의 수단 또는 대상의 착오'는 행위자가 시도한 행위방법 또는 행위객체로는 결과의 발생이 처음부터 불가능하다는 것을 의미한다.   ○ ×

해설

> 형법 제27조(불능범) 실행의 수단 또는 대상의 착오로 인하여 결과의 발생이 불가능하더라도 위험성이 있는 때에는 처벌한다. 단, 형을 감경 또는 면제할 수 있다.

정답 ○

155 특수강간이 미수에 그쳤지만, 피해자에게 상해의 결과가 발생한 경우 특수강간치상죄의 미수범을 인정한다.   ○ ×

해설 강간이 미수에 그친 경우라도 그 수단이 된 폭행에 의하여 피해자가 상해를 입었으면 강간치상죄가 성립하는 것이며, 미수에 그친 것이 피고인이 자의로 실행에 착수한 행위를 중지한 경우이든 실행에 착수하여 행위를 종료하지 못한 경우이든 가리지 않는다. (대법원 88도1628)   정답 ×

156 체포의 고의로 피해자의 팔을 잡아당기거나 등을 미는 등의 방법으로 피해자를 끌고 갔으나 일시적인 자유 박탈에 그친 경우 체포죄의 미수범이다.   ○ ×

해설 대법원 2017도21249   정답 ○

157 주간에 절도의 목적으로 타인의 주거에 침입하였지만, 아직 절취할 물건의 물색행위를 시작하기 전인 경우 절도죄의 미수범을 부정한다.   ○ ×

해설 대법원 92도1650   정답 ○

158 甲이 금품을 훔칠 목적으로 A의 집에 담을 넘어 침입한 후 부엌에서 금품을 물색하던 중 발각되어 도주한 경우, 甲에게는 절도죄의 실행의 착수가 인정되지 않는다.   ○ ×

해설 절도죄의 경우 절취대상품에 대한 물색행위가 있으면 실행의 착수가 인정된다. (대법원 89도1153)   정답 ×

04 중지미수

159 甲은 乙과 합동하여 피해자를 텐트 안으로 끌고 간 후 甲, 乙 순으로 성관계를 하기로 하고 乙은 위 텐트 밖으로 나와 주변에서 망을 보고 甲은 피해자의 옷을 모두 벗기고 피해자의 반항을 억압한 후 피해자를 1회 간음하여 강간하고, 이어 乙이 위 텐트 안으로 들어가 피해자를 강간하려 하였으나 피해자가 반항을 하며 강간을 하지 말아 달라고 사정을 하여 강간을 하지 않았다면 乙에 대하여는 중지미수가 인정된다. ○ ×

> **해설** 다른 공범의 범행을 중지하게 하지 아니한 이상 자기만의 범의를 철회, 포기하여도 중지미수로는 인정될 수 없는 것인바, 기록에 의하면, 피고인은 원심 공동피고인과 합동하여 피해자를 텐트 안으로 끌고 간 후 원심 공동피고인, 피고인의 순으로 성관계를 하기로 하고 피고인은 위 텐트 밖으로 나와 주변에서 망을 보고 원심 공동피고인은 피해자의 옷을 모두 벗기고 피해자의 반항을 억압한 후 피해자를 1회 간음하여 강간하고, 이어 피고인이 위 텐트 안으로 들어가 피해자를 강간하려 하였으나 피해자가 반항을 하며 강간을 하지 말아 달라고 사정을 하여 강간을 하지 않았다는 것이므로, 앞서 본 법리에 비추어 보면 위 구본선이 피고인과의 공모 하에 강간행위에 나아간 이상 비록 피고인이 강간행위에 나아가지 않았다 하더라도 중지미수에 해당하지는 않는다. (대법원 2004도8259)
>
> 정답 ×

160 실행의 수단 또는 대상의 착오로 인하여 결과의 발생이 불가능하더라도 위험성이 있는 때에는 처벌한다. 단, 형을 감경 또는 면제한다. ○ ×

> **해설**
>
> > **형법 제27조(불능범)** 실행의 수단 또는 대상의 착오로 인하여 결과의 발생이 불가능하더라도 위험성이 있는 때에는 처벌한다. 단, 형을 감경 또는 면제할 수 있다.
>
> 정답 ×

161 장롱 안에 있는 옷가지에 불을 놓아 건물을 소훼하려 하였으나 불길이 치솟는 것을 보고 겁이 나서 자의로 물을 가져다 불을 끈 경우 중지미수에 해당한다. ○ ×

> **해설** 피고인이 장롱 안에 있는 옷가지에 불을 놓아 건물을 소훼하려 하였으나 불길이 치솟는 것을 보고 겁이 나서 물을 부어 불을 끈 것이라면, 위와 같은 경우 치솟는 불길에 놀라거나 자신의 신체안전에 대한 위해 또는 범행 발각시의 처벌 등에 두려움을 느끼는 것은 일반 사회통념상 범죄를 완수함에 장애가 되는 사정에 해당한다고 보아야 할 것이므로, 이를 자의에 의한 중지미수라고는 볼 수 없다. (대법원 97도957)
>
> 정답 ×

162 피해자를 강간하려다가 피해자의 다음 번에 만나 친해지면 응해주겠다는 취지의 간곡한 부탁으로 인하여 그 목적을 이루지 못한 후 피해자를 자신의 차에 태워 집에까지 데려다주었다면 중지미수에 해당한다. ○ ×

> **해설** 대법원 93도1851
>
> 정답 ○

163 피고인이 임야를 편취할 목적으로 소송을 제기하였으나 소제기시 이미 소송의 상대방이 사망하였을 경우에는 소송에서 승소판결을 받는다고 하더라도 판결의 효력이 해당 임야의 재산상속인에게 미칠 수 없으므로 이는 사기죄의 불능미수에 해당한다. ○ ×

해설 소송사기에 있어서 피기망자인 법원의 재판은 피해자의 처분행위에 갈음하는 내용과 효력이 있는 것이어야 하고, 그렇지 아니하는 경우에는 착오에 의한 재물의 교부행위가 있다고 할 수 없어서 사기죄는 성립되지 아니한다고 할 것이므로, 피고인의 제소가 사망한 자를 상대로 한 것이라면 이와 같은 사망한 자에 대한 판결은 그 내용에 따른 효력이 생기지 아니하여 상속인에게 그 효력이 미치지 아니하고 따라서 사기죄를 구성한다고 할 수 없다. (대법원 2000도1881) 정답 ×

164 살해의 의사로 피해자를 칼로 수회 찔렀으나, 많은 피가 흘러나오는 것을 보고 겁을 먹고 그만둔 경우 중지미수에 해당한다. ○ ×

해설 피고인이 피해자를 살해하려고 그의 목 부위와 왼쪽 가슴 부위를 칼로 수 회 찔렀으나 피해자의 가슴 부위에서 많은 피가 흘러나오는 것을 발견하고 겁을 먹고 그만두는 바람에 미수에 그친 것이라면, 위와 같은 경우 많은 피가 흘러나오는 것에 놀라거나 두려움을 느끼는 것은 일반사회통념상 범죄를 완수함에 장애가 되는 사정에 해당한다고 보아야 할 것이므로, 이를 자의에 의한 중지미수라고 볼 수 없다. (대법원 99도640) 정답 ×

05 불능미수

165 히로뽕 제조를 시도하였으나 그 약품배합 미숙으로 완제품을 만들지 못한 경우에는 불능범이 성립한다. ○ ×

해설 불능범은 범죄행위의 성질상 결과발생의 위험이 절대로 불가능한 경우를 말하는 것인바 향정신성의약품인 메스암페타민 속칭 "히로뽕" 제조를 위해 그 원료인 염산에 페트린 및 수종의 약품을 교반하여 "히로뽕" 제조를 시도하였으나 그 약품배합미숙으로 그 완제품을 제조하지 못하였다면 위 소위는 그 성질상 결과발생의 위험성이 있다고 할 것이므로 이를 습관성의약품제조미수범으로 처단한 것은 정당하다. (대법원 85도206)

정답 ×

166 불능미수의 경우 형을 감경 또는 면제하여야 한다. ○ ×

해설

> 형법 제27조(불능범) 실행의 수단 또는 대상의 착오로 인하여 결과의 발생이 불가능하더라도 위험성이 있는 때에는 처벌한다. 단, 형을 감경 또는 면제할 수 있다.

정답 ×

167 불능미수의 위험성판단에 관한 학설 중 객관설은 주관설보다 미수범의 인정범위가 좁다. ○ ×

해설 위험성판단에 관한 주관설은 미신범을 제외하고는 원칙적으로 불능범의 개념을 인정하지 않는다. 주관설은 특별한 사정이 없는 한 항상 위험성이 인정되어 불능미수가 된다. 따라서 위험성 판단에 관한 여러 학설 중 주관설은 위험성을 인정하는 범위가 가장 넓다. 주관설은 위험성을 범죄행위자가 범죄실현 가능성이 있다고 봤다면 위험성이 있는 것으로 보아 불능미수라고 본다. 그렇다면 미신범과 같이 도저히 범죄가 성립할 수 없는 경우를 제외하고는 범죄행위자는 범죄가 성립할 수 있다고 생각하면서 행위 했을 것이므로 주관설에 의하면 불능범은 인정될 수 없는 것이 된다. 이에 비해서 객관설은 범죄행위자가 아니라 일반인의 입장에서 위험성이 없다면 불능범, 위험성이 있다고 인정되면 불능미수라고 본다. 즉 객관설이 주관설보다 불능범을 인정하는 사례가 더 많을 것이다. 그렇다면 이는 불능미수범 인정범위가 좁아진다는 의미이다. 따라서 객관설이 주관설보다 (불능)미수범 인정범위가 좁다. 역으로 객관설은 주관설보다 불능범 인정범위가 넓다.

정답 ○

168 피고인의 제소가 사망한 자를 상대로 한 것이라면 이와 같은 사망한 자에 대한 판결은 그 내용에 따른 효력이 생기지 아니하여 상속인에게 그 효력이 미치지 아니하므로 사기죄의 불능미수로 처벌된다. ○ ×

해설 피고인의 제소가 사망한 자를 상대로 한 것이라면 이와 같은 사망한 자에 대한 판결은 그 내용에 따른 효력이 생기지 아니하여 상속인에게 그 효력이 미치지 아니하고 따라서 사기죄를 구성한다고 할 수 없다. (대법원 2000도1881)

정답 ×

169 불능미수는 실행의 수단이나 대상의 착오로 처음부터 구성요건이 충족될 가능성이 없는 경우로, 결과적으로 구성요건의 충족은 불가능하지만 그 행위의 위험성이 있으면 불능미수로 처벌한다. ○ ×

해설 대법원 2018도16002 전합

정답 ○

170 불능미수는 행위자가 실제로 존재하지 않는 사실을 존재한다고 오인하였다는 측면에서 존재하는 사실을 인식하지 못한 사실의 착오와 다르다. ○ ✕

해설 대법원 2018도16002 전합　　　　　　　　　　　　　　　　　　　　　　　　　　정답 ○

171 불능범과 구별되는 불능미수의 성립요건인 '위험성'은 행위 당시에 행위자가 인식한 사정과 일반인이 인식할 수 있는 사정을 기초로 일반적 경험법칙에 따라 판단해야 한다. ○ ✕

해설 형법 제27조에서 정한 '실행의 수단 또는 대상의 착오'는 행위자가 시도한 행위방법 또는 행위객체로는 결과의 발생이 처음부터 불가능하다는 것을 의미한다. 그리고 '결과 발생의 불가능'은 실행의 수단 또는 대상의 원시적 불가능성으로 인하여 범죄가 기수에 이를 수 없는 것을 의미한다고 보아야 한다. 한편 불능범과 구별되는 불능미수의 성립요건인 '위험성'은 피고인이 행위 당시에 인식한 사정을 놓고 일반인이 객관적으로 판단하여 결과 발생의 가능성이 있는지 여부를 따져야 한다. (대법원 2018도16002 전합)　　　　　　　　　　　　　　　　　　　정답 ✕

172 장애미수 또는 중지미수는 범죄의 실행에 착수할 당시 실행행위를 놓고 판단하였을 때 행위자가 의도한 범죄의 기수가 성립할 가능성이 있었으므로 처음부터 기수가 될 가능성이 객관적으로 배제되는 불능미수와 구별된다. ○ ✕

해설 대법원 2018도16002 전합　　　　　　　　　　　　　　　　　　　　　　　　　　정답 ○

173 준강간죄가 성립하기 위해서는 피해자의 '심신상실 또는 항거불능의 상태를 현실적으로 이용'할 필요는 없고, 피해자가 사실상 심신상실 또는 항거불능 상태에 있기만 하면 족하며 피고인이 이를 알고 있을 필요도 없다. ○ ✕

해설 형법 제297조는 "폭행 또는 협박으로 사람을 강간한 자는 3년 이상의 유기징역에 처한다."라고 규정하고, 제299조는 "사람의 심신상실 또는 항거불능의 상태를 이용하여 간음 또는 추행을 한 자는 제297조, 제297조의2 및 제298조의 예에 의한다."라고 규정하고 있다. 형법은 폭행 또는 협박의 방법이 아닌 심시상실 또는 항거불능의 상태를 이용하여 간음한 행위를 강간죄에 준하여 처벌하고 있으므로, 준강간의 고의는 피해자가 심신상실 또는 항거불능의 상태에 있다는 것과 그러한 상태를 이용하여 간음한다는 구성요건적 결과 발생의 가능성을 인식하고 그러한 위험을 용인하는 내심의 의사를 말한다. (대법원 2018도16002 전합)　　　　　　　　　　　　　　　　　　　정답 ✕

174 주체의 착오로 인해 결과발생이 불가능한 경우에도 불능미수가 성립될 수 있는지에 대해서는 형법상 명문의 규정이 없다. ○ ✕

해설

> **형법 제27조(불능범)** 실행의 수단 또는 대상의 착오로 인하여 결과의 발생이 불가능하더라도 위험성이 있는 때에는 처벌한다. 단, 형을 감경 또는 면제할 수 있다. = 예를 들어 공무원 아닌 자가 공무원으로 착각하고 뇌물을 받은 경우는 불능미수설로 보아야 한다는 견해와 환각범에 해당한다는 견해가 있으나 환각범에 대한 조문은 존재하지 않는다. 환각범은 범죄가 성립하지 않거나 처벌받지 않는 경우에도 자신은 범죄가 성립한다거나 처벌받을 수 있다고 생각하는 경우이다. 반전된 금지의 착오이다.

　　정답 ○

175 임대인과 소액 임대차계약을 체결한 임차인이 임차건물에 거주하기는 하였으나 그의 처만이 전입신고를 마친 후에 경매절차에서 배당을 받기 위하여 임대차계약서상의 임차인 명의를 처로 변경하여 경매법원에 배당요구를 한 경우 불능범에 해당한다. ○ ×

해설 대법원 2001도6669   정답 ○

176 일반적으로 공범이 자신의 행위를 중지한 것만으로는 중지미수가 성립하지 않지만, 다른 공범 또는 정범의 행위를 중단시키기 위하거나 결과 발생을 저지하기 위한 진지한 노력이 있었을 경우에는 비록 결과가 발생하였다고 할지라도 그 공범에게는 예외적으로 중지미수가 성립될 수 있다. ○ ×

해설 다른 공범의 범행을 중지하게 하지 아니한 이상 자기만의 범의를 철회, 포기하여도 중지미수로는 인정될 수 없는 것인바, 기록에 의하면, 피고인은 원심 공동피고인과 합동하여 피해자를 텐트 안으로 끌고 간 후 원심 공동피고인, 피고인의 순으로 성관계를 하기로 하고 피고인은 위 텐트 밖으로 나와 주변에서 망을 보고 원심 공동피고인은 피해자의 옷을 모두 벗기고 피해자의 반항을 억압한 후 피해자를 1회 간음하여 강간하고, 이어 피고인이 위 텐트 안으로 들어가 피해자를 강간하려 하였으나 피해자가 반항을 하며 강간을 하지 말아 달라고 사정을 하여 강간을 하지 않았다는 것이므로, 앞서 본 법리에 비추어 보면 위 구본선이 피고인과의 공모하에 강간행위에 나아간 이상 비록 피고인이 강간행위에 나아가지 않았다 하더라도 중지미수에 해당하지는 않는다고 할 것이다. (대법원 2004도8259)   정답 ×

177 불능미수에서 '결과의 발생이 불가능'하다는 것은 범죄행위의 성질상 그 어떠한 경우에도 구성요건의 실현이 불가능하다는 것을 의미한다. ○ ×

해설 대법원 2018도16002 전합   정답 ○

178 타인의 재물을 공유하는 자가 공유자의 승낙을 받지 않고 공유 대지를 담보에 제공하고 가등기를 경료한 후 자의로 가등기를 말소하였다면 이는 횡령죄의 중지미수에 해당한다. ○ ×

해설 타인의 재물을 공유하는 자가 공유자의 승낙을 받지 않고 공유대지를 담보에 제공하고 가등기를 경료한 경우 횡령행위는 기수에 이른다. (대법원 78도2175)   정답 ×

CHAPTER 06 공범론

01 정범 및 공범의 일반이론

001 보조 직무에 종사하는 공무원이 허위공문서를 기안하여 허위임을 모르는 작성권자의 결재를 받아 공문서를 완성한 때에는 허위공문서작성죄의 간접정범이 될 것이지만, 이러한 결재를 거치지 않고 임의로 작성권자의 직인 등을 부정사용함으로써 공문서를 완성한 때에는 공문서위조죄는 성립하지 않는다. ○ ×

해설 허위공문서작성죄의 주체는 그 문서를 작성할 권한이 있는 명의인인 공무원에 한하고, 그 공무원의 문서작성을 보조하는 직무에 종사하는 공무원은 위 죄의 주체가 되지 못하므로 보조 공무원이 허위공문서를 기안하여 그 정을 모르는 작성권자의 결재를 받아 공문서를 완성한 때에는 허위공문서작성죄의 간접정범이 되고, 이러한 결재를 거치지 않고 임의로 허위내용의 공문서를 완성한 때에는 공문서위조죄가 성립한다. (대법원 81도898) 정답 ×

002 배임증재의 공모공동정범이 다른 공모공동정범에 의하여 수재자에게 재물 또는 재산상 이익이 제공되는 방법을 구체적으로 몰랐다고 하더라도 공모관계를 부정할 수 없다. ○ ×

해설 대법원 2015도3080 정답 ○

003 「형법」 제127조는 공무원 또는 공무원이었던 자가 법령에 의한 직무상 비밀을 누설하는 행위만을 처벌하고 있을 뿐 직무상 비밀을 누설 받은 상대방을 처벌하는 규정이 없는 점에 비추어, 직무상 비밀을 누설 받은 자에 대하여는 공범에 관한 형법총칙 규정이 적용될 수 없다. ○ ×

해설 대법원 2009도3642 정답 ○

004 변호사가 변호사 아닌 자에게 고용되어 법률사무소를 개설·운영하는 행위에 관여한 행위가 형법 총칙상의 교사, 방조에 해당될 경우 변호사를 변호사법 위반죄의 공범으로 처벌 할 수 있다. ○ ×

해설 변호사 아닌 자가 변호사를 고용하여 법률사무소를 개설·운영하는 행위에 있어서는 변호사 아닌 자는 변호사를 고용하고 변호사는 변호사 아닌 자에게 고용된다는 서로 대향적인 행위의 존재가 반드시 필요하고, 나아가 변호사 아닌 자에게 고용된 변호사가 고용의 취지에 따라 법률사무소의 개설·운영에 어느 정도 관여할 것도 당연히 예상되는바, 이와 같이 변호사가 변호사 아닌 자에게 고용되어 법률사무소의 개설·운영에 관여하는 행위는 위 범죄가 성립하는데 당연히 예상될 뿐만 아니라 범죄의 성립에 없어서는 아니 되는 것인데도 이를 처벌하는 규정이 없는 이상, 그 입법 취지에 비추어 볼 때 변호사 아닌 자에게 고용되어 법률사무소의 개설·운영에 관여한 변호사의 행위가 일반적인 형법 총칙상의 공모, 교사 또는 방조에 해당된다고 하더라도 변호사를 변호사 아닌 자의 공범으로서 처벌할 수는 없다. (대법원 2004도3994) 정답 ×

005 뇌물공여죄가 성립되기 위하여는 뇌물을 공여하는 행위와 상대방이 뇌물을 받아들이는 행위가 필요할 뿐이지 반드시 상대방 측에서 뇌물수수죄가 성립되어야만 하는 것은 아니다. ○ ×

해설 대법원 2013도9003 정답 ○

006 각 가담자에 대해 동일한 법정형이 부과되는 범죄로는 도박죄, 아동혹사죄, 배임수·증재죄 등이 있다. ○ ×

해설 도박죄와 아동혹사죄는 대향자 쌍방에게 동일한 법정형이 부과되는 범죄이지만, 배임수재죄와 배임증재죄는 쌍방에게 상이한 법정형이 부과된 범죄이다. 정답 ×

007 공무원이 아닌 자는 「형법」 제228조(공정증서원본등의 부실기재)의 경우를 제외하고는 허위공문서작성죄의 간접정범으로 처벌할 수 없으나, 공무원과 공동하여 허위공문서작성죄를 범한 때에는 허위공문서작성죄의 공동정범의 죄책을 진다. ○ ×

해설 대법원 2006도1663 정답 ○

008 범인이 자신을 위하여 친족으로 하여금 허위의 자백을 하게하여 범인도피죄를 범하게 하는 행위는 범인도피교사죄에 해당한다. ○ ×

해설 대법원 2005도3707 정답 ○

009 직무수행 중에 있는 다른 공무원이 직무수행을 거부하여 직무유기죄가 성립하는 경우, 병가중인 공무원은 직무유기죄의 주체가 될 수 없으므로 이에 가담하더라도 직무유기죄의 공동정범의 죄책을 지지 아니한다. ○ ×

해설 노동조합의 승인 없이 또는 지시에 반하여 일부 조합원의 집단에 의하여 이루어진 쟁의행위가 그 경위와 목적, 태양 등에 비추어 정당행위에 해당하지 아니하고, 그 쟁의행위에 참가한 일부 조합원이 병가 중이어서 직무유기죄의 주체로 될 수는 없다 하더라도 직무유기죄의 주체가 되는 다른 조합원들과의 공범관계가 인정된다는 이유로, 그 쟁의행위에 참가한 조합원들 모두 직무유기죄로 처단되어야 한다. (대법원 95도748) 정답 ×

010 피고인들이 1시간의 시간적 간격을 두고 피해자를 각 폭행하여 피해자가 사망에 이르게 되었으나, 피고인들 중 누구의 폭행행위로 피해자가 사망하였는지가 밝혀지지 않았더라도 피고인들을 모두 폭행치사죄로 처벌할 수 있다. ○ ×

해설 대법원 2000도2466 정답 ○

011 피고인이 의약품을 판매할 수 없는 甲이 판매 목적으로 의약품을 취득한다는 정을 알면서 甲에게 의약품을 공급해 준 경우 피고인을 甲의 판매목적 의약품 취득이라는 약사법위반의 공범으로 처벌할 수 있다. ○ ×

해설 의약품을 판매할 수 없는 공소외인이 판매의 목적으로 의약품을 취득한 범행과 대향범관계에 있는 피고인들의 공소외인에 대한 의약품 판매행위에 대하여는 형법총칙상 공범이나 방조범 규정의 적용이 있을 수 없으므로, 피고인들을 공소외인의 범행에 대한 방조범으로 처벌할 수 없다. (대법원 2001도5158) 정답 ×

012 변호사 사무실 직원인 甲이 공무원인 乙에게 부탁을 하여 수사 중인 사건의 체포영장 발부자 명단을 누설 받은 경우 甲을 공무상비밀누설교사죄로 처벌할 수 있다. ○ ×

해설 형법 제127조는 공무원 또는 공무원이었던 자가 법령에 의한 직무상 비밀을 누설하는 행위만을 처벌하고 있을 뿐 직무상 비밀을 누설 받은 상대방을 처벌하는 규정이 없는 점에 비추어, 직무상 비밀을 누설 받은 자에 대하여는 공범에 관한 형법총칙 규정이 적용될 수 없다. (대법원 2009도3642) 정답 ×

013 금품 등을 공여한 자에게 따로 처벌규정이 없는 이상, 그 공여행위는 그와 대향적 행위의 존재를 필요로 하는 상대방의 범행에 대하여 공범관계가 성립되지 아니하고, 오로지 금품 등을 공여한 자의 행위에 대하여만 관여하여 그 공여행위를 교사하거나 방조한 행위도 상대방의 범행에 대하여 공범관계가 성립되지 아니한다. ○ ×

해설 대법원 2013도6969 정답 ○

014 정치자금을 기부하는 자의 범죄가 성립하지 않으면 정치자금을 기부받는 자가 「정치자금법」이 정하지 않은 방법으로 정치자금을 제공받는다는 의사를 가지고 받더라도 정치자금부정수수죄가 성립하지 아니한다. ○ ×

해설 정치자금을 기부하는 자의 범죄가 성립하지 않더라도 정치자금을 기부받는 자가 정치자금법이 정하지 않은 방법으로 정치자금을 제공받는다는 의사를 가지고 받으면 정치자금부정수수죄가 성립한다. (대법원 2017도3449) 정답 ×

015 정범의 성립은 교사범의 구성요건의 일부를 형성하고 교사범이 성립함에는 정범의 범죄행위가 인정되는 것이 그 전제요건이 된다. ○ ×

해설 대법원 99도1252 정답 ○

016 의사가 직접 환자를 진찰하지 않고 처방전을 작성하여 교부한 행위와 대향범 관계에 있는 '처방전을 교부받은 행위'에 대하여 공범에 관한 형법총칙 규정을 적용할 수 없다. ○ ×

해설 대법원 2011도6287 정답 ○

017 합동범의 공동정범은 가능하다. ○ ×

해설 대법원 98도321 전합 정답 ○

018 합동범에 대한 교사·방조는 불가능하다. ○ ×

해설 형법 제331조 제2항 후단의 규정이 위와 같이 3인 이상이 공모하고 적어도 2인 이상이 합동절도의 범행을 실행한 경우에 대하여 공동정범의 성립을 부정하는 취지라고 해석할 이유가 없을 뿐만 아니라, 만일 공동정범의 성립가능성을 제한한다면 직접 실행행위에 참여하지 아니하면서 배후에서 합동절도의 범행을 조종하는 수괴는 그 행위의 기여도가 강력함에도 불구하고 공동정범으로 처벌받지 아니하는 불합리한 현상이 나타날 수 있다. 그러므로 합동절도에서도 공동정범과 교사범·종범의 구별기준은 일반원칙에 따라야 하고, 그 결과 범행현장에 존재하지 아니한 범인도 공동정범이 될 수 있으며, 반대로 상황에 따라서는 장소적으로 협동한 범인도 방조만 한 경우에는 종범으로 처벌될 수도 있다. (대법원 98도321 전합)

정답 ×

019 합동범이 성립하기 위해서는 주관적 요건으로서의 공모와 객관적 요건으로서의 실행행위의 분담이 필요하고 그 공모는 법률상 어떠한 정형을 요구하는 것은 아니어서, 공범자 상호간에 직접 또는 간접으로 범죄의 공동가공의사가 암묵리에 서로 상통하여도 합동범의 공모에 포함된다. ○ ×

해설 대법원 2012도2631

정답 ○

020 乙, 丙과 A회사의 사무실 금고에서 현금을 절취할 것을 공모한 甲이 乙과 丙에게 범행도구를 구입하여 제공해주었을 뿐만 아니라 乙과 丙이 사무실에서 현금을 절취하는 동안 범행 장소에서 100m 떨어진 곳에서 기다렸다가 절취한 현금을 운반한 경우, 甲은 乙과 丙의 합동절도의 공동정범의 죄책을 진다. ○ ×

해설 대법원 2011도2021

정답 ○

021 편면적 방조에 있어서 공범종속성은 판례가 긍정한다. ○ ×

해설 대법원 74도509

정답 ○

022 예비단계에 있어서 방조범 성립은 판례가 긍정한다. ○ ×

해설 형법 제32조 제1항 소정 타인의 범죄란 정범이 범죄의 실현에 착수한 경우를 말하는 것이므로 종범이 처벌되기 위하여는 정범의 실행의 착수가 있는 경우에만 가능하고 형법 전체의 정신에 비추어 정범이 실행의 착수에 이르지 아니한 예비의 단계에 그친 경우에는 이에 가공하는 행위가 예비의 공동정범이 되는 경우를 제외하고는 종범의 성립을 부정하고 있다고 보는 것이 타당하다. (대법원 75도1549)

정답 ×

023 합동절도의 공동정범 성립은 판례가 긍정한다. ○ ×

해설 대법원 98도321 전합

정답 ○

024
허위공문서작성죄의 간접정범 성립은 판례가 긍정한다. ○ ×

해설 대법원 85도2728

정답 ○

025
강간치상죄의 동시범특례규정 적용은 판례가 긍정한다. ○ ×

해설 형법 제263조의 동시범은 상해와 폭행죄에 관한 특별규정으로서 동 규정은 그 보호법익을 달리하는 강간치상죄에는 적용할 수 없다. (대법원 84도372)

정답 ×

026
甲이 乙과 공동으로 A의 권리행사를 방해한 혐의로 기소되었으나 물건의 소유자인 乙에게 고의가 없는 등으로 범죄가 성립하지 않는 경우라도, 甲에게는 권리행사방해죄의 공동정범이 성립될 수 있다. ○ ×

해설 물건의 소유자가 아닌 사람은 형법 제33조 본문에 따라 소유자의 권리행사방해 범행에 가담한 경우에 한하여 그의 공범이 될 수 있을 뿐이다. 그러나 권리행사방해죄의 공범으로 기소된 물건의 소유자에게 고의가 없는 등으로 범죄가 성립하지 않는다면 공동정범이 성립할 여지가 없다. (대법원 2017도4578)

정답 ×

027
乙이 위조된 부동산임대차계약서를 담보로 제공하고 A로부터 돈을 빌려 편취할 것을 계획하면서 甲에게 미리 전화를 하여 임대인 행세를 하여달라고 부탁하였고, 甲은 그 사정을 잘 알면서도 임대인인 것처럼 행세하여 전세금액 등을 확인한 경우 甲에게 위조사문서행사죄의 방조범이 성립한다. ○ ×

해설 공동피고인이 위조된 부동산임대차계약서를 담보로 제공하고 피해자로부터 돈을 빌려 편취할 것을 계획하면서 피고인에게 미리 전화를 하여 임대인 행세를 하여달라고 부탁하였고, 피고인은 임대인인 것처럼 행세하여 전세금액 등을 확인한 사안에서, 피고인의 행위는 위조사문서행사에 있어서 기능적 행위지배의 공동정범 요건을 갖추었다고 할 것이다. (대법원 2009도10139)

정답 ×

028
乙의 포괄일죄의 범행 도중에 공동정범으로 범행에 가담한 甲이 그 범행에 가담할 때에 이미 이루어진 종전의 범행을 알았던 경우 甲은 가담 이전의 범행에 대하여도 공동정범으로 책임을 진다. ○ ×

해설 포괄일죄의 범행 도중에 공동정범으로 범행에 가담한 자는 비록 그가 그 범행에 가담할 때에 이미 이루어진 종전의 범행을 알았다 하더라도 그 가담 이후의 범행에 대하여만 공동정범으로 책임을 진다. (대법원 2007도6336)

정답 ×

029
피해자 A가 승용차를 구입하고 다만 장애인에 대한 면세 혜택 등의 적용을 받기 위해 甲의 어머니인 乙의 명의를 빌려 등록하였는데, 甲이 乙로부터 승용차를 가져가 매도할 것을 허락받고 乙의 인감증명 등을 교부받은 뒤 甲이 승용차를 피해자 A 몰래 가져간 경우 甲과 乙에게는 절도죄의 공모공동정범이 성립한다. ○ ×

해설 대법원 2006도4498

정답 ○

030

「의료법」의 무면허의료행위죄란 면허 없이 의료행위를 하는 경우에 성립하는 범죄로, 면허 있는 의료인이 면허 없는 자의 의료행위에 공모하여 가공한 경우 무면허의료행위죄의 공동정범으로 처벌된다. ○ ×

해설 대법원 85도448   정답 ○

031

「농업협동조합법」 제50조 제2항 소정의 호별방문죄는 '임원이 되고자 하는 자'라는 신분자가 스스로 호별방문을 한 경우만을 처벌하는 것으로 보아야 하고, 비록 신분자가 비신분자와 통모하였거나 신분자가 비신분자를 시켜 방문케 하였다고 하더라도 비신분자만이 호별방문을 한 경우에는 신분자는 물론 비신분자도 같은 죄로 의율하여 처벌할 수는 없다. ○ ×

해설 대법원 2003도889   정답 ○

032

「세무사법」의 직무상 비밀누설죄는 세무사 등이 직무상 비밀을 타인에게 누설하는 경우에 성립하는 범죄로, 세무사와 공모하여 세무사로부터 직무상 비밀을 전달받은 세무사 등이 아닌 자는 해당 세무사법 위반죄의 공동정범으로 처벌된다. ○ ×

해설 2인 이상의 서로 대향된 행위의 존재를 필요로 하는 대향범에 대하여는 공범에 관한 형법총칙 규정을 적용할 수 없는바, 세무사법은 제22조 제1항 제2호, 제11조에서 세무사와 세무사였던 자 또는 그 사무직원과 사무직원이었던 자가 그 직무상 지득한 비밀을 누설하는 행위를 처벌하고 있을 뿐 비밀을 누설 받는 상대방을 처벌하는 규정이 없고, 세무사의 사무직원이 직무상 지득한 비밀을 누설한 행위와 그로부터 그 비밀을 누설 받은 행위는 대향범 관계에 있으므로 이에 공범에 관한 형법총칙 규정을 적용할 수 없다. (대법원 2007도6712)   정답 ×

033

극단적 종속형식에 따르면 정범의 행위가 구성요건에 해당하고 위법하면 유책하지 않은 때에도 공범은 성립할 수 있다. ○ ×

해설 극단적 종속형식에 의하면 구성요건에 해당하고 위법하며 유책할 것까지 요구한다. 제한적 종속형식은 구성요건에 해당하고 위법성까지를 요구하며 통설의 견해이다.   정답 ×

034

사기의 공모공동정범은 순차적·암묵적으로 상통하여 그 의사의 결합이 이루어지면 공모관계가 성립하지만, 이러한 공모가 이루어졌다 하더라도 실행행위에 직접 관여하지 아니하여 기망방법을 구체적으로 몰랐다면 공모관계는 부정된다. ○ ×

해설 2인 이상이 범죄에 공동가공하는 공범관계에 있어서 공모는 법률상 어떤 정형을 요구하는 것이 아니고 2인 이상이 공모하여 범죄에 공동가공하여 범죄를 실현하려는 의사의 결합만 있으면 되는 것으로서, 비록 전체의 모의과정이 없다고 하더라도 수인 사이에 순차적으로 또는 암묵적으로 상통하여 그 의사의 결합이 이루어지면 공모관계가 성립하고, 이러한 공모가 이루어진 이상 실행행위에 직접 관여하지 아니한 자라도 다른 공범자의 행위에 대하여 공동정범으로서의 형사책임을 진다. (대법원 97도1706)   정답 ×

035 업무상의 임무라는 신분관계가 없는 자가 신분관계 있는 자와 공모하여 업무상배임죄를 범한 경우, 신분관계가 없는 공범도 업무상배임죄에 정한 형으로 처벌한다. ○ ×

해설 업무상의 임무라는 신분관계가 없는 자가 그러한 신분관계 있는 자와 공모하여 업무상배임죄를 저질렀다면, 그러한 신분관계가 없는 공범에 대하여는 형법 제33조 단서에 따라 단순배임죄에서 정한 형으로 처단하여야 한다. 이 경우에는 신분관계 없는 공범에게도 같은 조 본문에 따라 일단 신분범인 업무상배임죄가 성립하고 다만 과형에서만 무거운 형이 아닌 단순배임죄의 법정형이 적용된다. (대법원 2018도10047)

정답 ×

036 강제추행에 관한 간접정범의 의사를 실현하는 도구로서의 타인에는 피해자도 포함될 수 있으므로 피해자를 도구로 삼아 피해자의 신체를 이용하여 추행행위를 한 경우에도 강제추행죄의 간접정범이 성립할 수 있다. ○ ×

해설 대법원 2016도17733

정답 ○

037 교사를 받은 자가 범죄의 실행을 승낙하고 실행의 착수에 이르지 아니한 때에는 교사자만 음모 또는 예비에 준하여 처벌한다. ○ ×

해설

형법 제31조(교사범) ② 교사를 받은 자가 범죄의 실행을 승낙하고 실행의 착수에 이르지 아니한 때에는 교사자와 피교사자를 음모 또는 예비에 준하여 처벌한다.

정답 ×

038 자기의 지휘, 감독을 받는 자를 방조하여 범죄의 결과를 발생하게 한 자는 정범에 정한 형의 장기에 그 2분의 1까지 가중한 형으로 처벌한다. ○ ×

해설

형법 제34조(간접정범, 특수한 교사, 방조에 대한 형의 가중) ② 자기의 지휘, 감독을 받는 자를 교사 또는 방조하여 전항의 결과를 발생하게 한 자는 교사인 때에는 정범에 정한 형의 장기 또는 다액에 그 2분의 1까지 가중하고 방조인 때에는 정범의 형으로 처벌한다.

정답 ×

039 공범종속성설에 따르면, 기도된 교사(제31조 제2항 효과 없는 교사와 제31조 제3항 실패한 교사)는 공범의 미수를 처벌하는 것으로서 당연규정(원칙규정)으로 본다. ○ ×

해설 기도된 교사의 처벌규정은 확장적 정범개념에 따르는 공범독립성설에 입각한 것이다. 독립성설에 따르면 협의의 공범(교사나 방조)는 피교사자인 정범의 실행행위에 종속되는 것이 아니라 교사범이나 방조범 자신의 범죄의사 때문에 당연히 처벌되는 것이라고 본다. 따라서 피교사자인 정범의 실행행위가 없는 경우인 기도된 교사도 공범의 미수를 처벌하는 것으로서 당연규정이라고 본다. 이에 비해, 공범종속성설은 제한적 정범개념에 따르는 것으로 협의의 공범(교사나 방조)는 원래 처벌되지 않는다고 본다. 따라서 종속성설은 공범규정을 두고 있음은 별도로 처벌하겠다는 처벌확장규정으로 본다. 이에 따르면 피교사자인 정범의 실행행위가 없는 기도된 교사를 처벌한다는 것은 당연규정이 아니라 별도의 특별규정인 것이다. 정답 ×

040 극단적 종속형식에 따르면, 甲이 乙(만13세)을 부추겨 교회에 있는 시계를 절취해 오도록 한 경우 甲은 절도죄의 간접정범이 된다. ○ ×

해설 형사미성년자인 만13세 아동에게 시계 절취를 교사한 경우 제한적 종속형식이론에 의하면 책임은 공범에서 필요하지 않다. 따라서 절도죄의 교사범이 성립할 수 있다. 극단적 종속형식이론은 공범 성립을 위해서는 책임까지 필요하므로 교사범이 성립할 수 없고 간접정범이 될 수 있을 뿐이다. 정답 ○

041 거래상대방의 대향적 행위의 존재를 필요로 하는 유형의 배임죄에 있어서 거래상대방이 배임행위를 교사하거나 그 배임행위의 전 과정에 관여하는 등으로 배임행위에 적극 가담함으로써 그 실행행위자와의 계약이 반사회적 법률행위에 해당하여 무효로 되는 경우라면 그 상대방은 배임죄의 교사범 또는 공동정범이 될 수 있다. ○ ×

해설 대법원 2012도9417 정답 ○

042 시간적 차이가 있는 독립된 상해행위나 폭행행위가 경합하여 사망의 결과가 일어나고 그 사망의 원인 된 행위가 판명되지 아니한 경우에는 공동정범의 예에 의하여 처벌한다. ○ ×

해설 대법원 2000도2466 정답 ○

043 처음에는 甲이, 그 다음에는 甲의 연락을 받고 온 乙과 丙이 함께 잡귀를 물리친다면서 피해자의 팔과 다리를 붙잡고 배와 가슴을 손과 무릎으로 힘껏 누르고 밟아 피해자가 복강내출혈로 사망에 이르렀으나 원인행위가 판명되지 아니한 경우에는 동시범의 문제가 발생하지 않는다. ○ ×

해설 대법원 85도1892 정답 ○

044 피고인은 자신의 행위와 상해의 결과 사이에 개별 인과관계가 존재하지 않음을 입증하더라도 상해의 결과에 대한 책임에서 벗어날 수 없다. ○ ×

해설 신체에 대한 가해행위는 그 자체로 상해의 결과를 발생시킬 위험을 내포하고 있으므로, 독립한 가해행위가 경합하여 상해가 발생한 경우 상해의 발생 또는 악화에 전혀 기여하지 않은 가해행위의 존재라는 것은 상정하기 어렵고, 각 가해행위가 상해의 발생 또는 악화에 어느 정도 기여하였는지를 계량화할 수 있는 것도 아니다. 이에 입법자는 피해자의 법익보호와 일반예방적 효과를 높일 필요성을 고려하여 다른 독립행위가 경합하는 경우와 구분하여 심판대상조항을 마련한 것이다. 심판대상조항을 적용하기 위하여 검사는 실제로 발생한 상해를 야기할 수 있는 구체적인 위험성을 가진 가해행위의 존재를 입증하여야 하므로 이를 통하여 상해의 결과에 대하여 아무런 책임이 없는 피고인이 심판대상조항으로 처벌되는 것을 막을 수 있고, 피고인도 자신의 행위와 상해의 결과 사이에 개별 인과관계가 존재하지 않음을 입증하여 상해의 결과에 대한 책임에서 벗어날 수 있다. (헌법재판소 2017헌가10) 정답 ×

045 형법 제263조는 상해와 폭행죄에 관한 특별규정으로서 그 보호법익을 달리하는 강간치상죄에는 적용할 수 없다. ○ ×

해설 대법원 84도372 정답 ○

046 부작위범 사이의 공동정범은 부작위범 상호간에 공통된 의무가 부여되어 있지 않더라도 그 의무를 공통으로 이행할 수 있는 경우에 성립한다. ○ ×

해설 부작위범 사이의 공동정범은 다수의 부작위범에게 공통된 의무가 부여되어 있고 그 의무를 공통으로 이행할 수 있을 때에만 성립한다. (대법원 2008도89) 정답 ×

047 피고인 甲이 A를 모해할 목적으로 乙에게 위증을 교사하였더라도, 정범인 乙에게 모해의 목적이 없었다면 甲을 모해위증교사죄로 처단할 수는 없다. ○ ×

해설 피고인이 갑을 모해할 목적으로 을에게 위증을 교사한 이상, 가사 정범인 을에게 모해의 목적이 없었다고 하더라도, 형법 제33조 단서의 규정에 의하여 피고인을 모해위증교사죄로 처단할 수 있다. (대법원 93도1002) 정답 ×

048 甲이 존재하지 않는 약정이자에 관한 내용을 부가하여 위조한 乙명의 차용증을 바탕으로 乙에 대한 차용금채권을 丙에게 양도하고, 이러한 사정을 모르는 丙으로 하여금 乙을 상대로 양수금 청구소송을 제기하게 한 경우, 甲의 행위는 간접정범 형태의 소송사기죄를 구성한다. ○ ×

해설 대법원 2006도3591 정답 ○

049 甲은 乙에게 전화하여 피해자를 공갈할 것을 교사하였으나, 그 후 甲은 乙에게 여러 차례 전화하여 공갈범행에 나아가는 것을 만류하였음에도 乙은 甲의 제안을 거절한 후 피해자에게 겁을 주어 피해자로부터 현금 500만 원을 교부받은 경우, 甲은 공갈죄의 공범관계에서 이탈한 것으로 볼 수 있다. ○ ×

해설 피고인의 교사행위로 인하여 공소외인이 범행의 결의를 가지게 되었고, 그 후 공갈의 실행행위에 착수하여 피해자로부터 500만 원을 교부받음으로써 범행이 기수에 이르렀으므로 피고인의 교사행위와 공소외인의 범행 결의 및 실행행위 사이에 인과관계가 인정되고, 또 피고인이 전화로 범행을 만류하는 취지의 말을 한 것만으로는 피고인의 교사행위와 공소외인의 실행행위 사이에 인과관계가 단절되었다거나 피고인이 공범관계에서 이탈한 것으로 볼 수 없다. (대법원 2012도7407)

정답 ×

050 건설회사의 대표 甲은 회사 대표의 지위에서 장기간에 걸쳐 건설공사 현장소장들의 뇌물공여행위를 보고받고 이를 확인·결재하는 등의 방법으로 뇌물공여행위에 관여하였지만, 사전에 구체적인 대상 및 액수를 정하여 뇌물공여를 지시하지 아니하였으므로 甲에게는 공모공동정범의 죄책을 인정할 수 없다. ○ ×

해설 건설 관련 회사의 유일한 지배자가 회사 대표의 지위에서 장기간에 걸쳐 건설공사 현장소장들의 뇌물공여행위를 보고받고 이를 확인·결재하는 등의 방법으로 위 행위에 관여한 사안에서, 비록 사전에 구체적인 대상 및 액수를 정하여 뇌물공여를 지시하지 아니하였다고 하더라도 그 핵심적 경과를 계획적으로 조종하거나 촉진하는 등으로 기능적 행위지배를 하였다고 보아 공모공동정범의 죄책을 인정한다. (대법원 2010도3544)

정답 ×

051 甲, 乙, 丙은 사전 모의에 따라 피해자들을 야산으로 유인한 다음 암묵적인 합의에 따라 각자 마음에 드는 피해자들을 데리고 불과 100m 이내의 거리에 있는 곳으로 흩어져 동시 또는 순차적으로 피해자들을 각각 강간하였다면, 각 강간의 실행행위도 시간적으로나 장소적으로 협동관계에 있었다고 보아 특수강간죄가 성립한다. ○ ×

해설 대법원 2004도2870

정답 ○

052 간접정범의 피이용자가 甲을 乙로 오인하여 살해하였을 경우, 법정적 부합설에 따르면 간접정범은 살인의 고의기수범에 해당한다. ○ ×

해설 피이용자의 객체의 착오는 이용자에게 방법의 착오가 된다. 따라서 법정적 부합설에 따르면 간접정범은 甲에 대한 살인죄의 고의기수범이 성립한다.

정답 ○

053

甲과 乙은 술집으로 가던 도중 앞서 가던 甲과 피해자가 부딪혀 시비가 붙고, 이에 甲은 피해자를 뒤로 밀어 피해자가 바닥에 뒷머리를 부딪치게 하고 술집을 향해 떠났다. 이에 뒤따라오던 乙이 이 장면을 보고 달려와 피해자를 또다시 가격하여 피해자가 뇌저부경화동맥파열상으로 사망에 이른 경우, 甲과 乙은 상해치사의 공동정범으로 처벌된다. ○ ×

해설 공동정범은 행위자 상호간에 범죄행위를 공동으로 한다는 공동가공의 의사를 가지고 범죄를 공동실행하는 경우에 성립하는 것으로서, 여기에서의 공동가공의 의사는 공동행위자 상호간에 있어야 하며 행위자 일방의 가공의사만으로는 공동정범관계가 성립할 수 없다. (대법원 84도2118)   정답 ×

054

필요적 공범인 뇌물공여죄와 뇌물수수죄가 성립하기 위해서는 반드시 관여된 자 모두의 행위가 범죄로 성립되어야 하므로 일방에게 뇌물공여죄가 성립하려면 상대방 측에서 뇌물수수죄가 성립되어야 한다. ○ ×

해설 필요적 공범이라는 것은 법률상 범죄의 실행이 다수인의 협력을 필요로 하는 것을 가리키는 것으로서 이러한 범죄의 성립에는 행위의 공동을 필요로 하는 것에 불과하고 반드시 협력자 전부가 책임이 있음을 필요로 하는 것은 아니다. 뇌물증여죄가 성립되기 위하여서는 뇌물을 공여하는 행위와 상대방측에서 금전적으로 가치가 있는 그 물품 등을 받아들이는 행위(부작위 포함)가 필요할 뿐이지 반드시 상대방측에서 뇌물수수죄가 성립되어야만 한다는 것을 뜻하는 것은 아니다. (대법원 87도1699)   정답 ×

055

甲이 세무사의 사무직원으로부터 그가 직무상 보관하고 있던 임대사업자 등의 인적사항, 사업자소재지가 기재된 서면을 교부받은 경우 구 「세무사법」상 직무상 비밀누설죄의 공동정범에 해당하지 않는다. ○ ×

해설 대법원 2007도6712   정답 ○

056

해적 甲, 乙이 두목의 사전지시에 따라 선원들을 윙브리지로 세워 해군의 위협사격을 받게 함으로써 '인간방패'로 사용한 경우, 甲이 사전모의는 하였지만 선원들을 윙브리지로 내몰았을 당시 총을 버리고 도망갔다면 공모관계에서 이탈한 것에 해당한다. ○ ×

해설 해적들 사이에는 해군이 다시 구출작전에 나설 경우 선원들을 '인간방패'로 사용하는 것에 관하여 사전 공모가 있었고, 해군의 총격이 있는 상황에서 선원들을 윙브리지로 내몰 경우 선원들이 사망할 수 있다는 점을 당연히 예견하고 나아가 이를 용인하였다고 할 것이므로 살인의 미필적 고의 또한 인정되며, 나아가 선원들을 윙브리지로 내몰았을 때 살해행위의 실행에 착수한 것으로 판단하였다. 그리고 위와 같은 행위는 사전 공모에 따른 것으로서 피고인 2, 피고인 3 및 피고인 4가 당시 총을 버리고 도망갔다고 하더라도 그것만으로는 공모관계에서 이탈한 것으로 볼 수 없다. (대법원 2011도12927)   정답 ×

057

대향범은 대립적 범죄로서 2인 이상의 서로 대향된 행위의 존재를 필요로 하는 필요적 공범관계에 있는 범죄로, 대향범 간에는 공범에 관한 형법총칙 규정이 적용되지 않는다. ○ ×

해설 대법원 2012도4842   정답 ○

058 예비죄의 중지범은 대법원 판례가 인정하고 있지 않다. ○ ×

해설 중지범은 범죄의 실행에 착수한 후 자의로 그 행위를 중지한 때를 말하는 것이고, 실행의 착수가 있기 전인 예비음모의 행위를 처벌하는 경우에 있어서는 중지범의 관념은 이를 인정할 수 없다. (대법원 91도436) 정답 ×

059 진정결과적 가중범의 공동정범은 대법원 판례가 인정하고 있지 않다. ○ ×

해설 대법원 2000도745 정답 ○

060 부작위범 사이의 공동정범은 대법원 판례가 인정하고 있지 않다. ○ ×

해설 대법원 2008도89 정답 ○

061 사후방조로서의 종범은 대법원 판례가 인정하고 있지 않다. ○ ×

해설 형법상 방조행위는 정범이 범행을 한다는 정을 알면서 그 실행행위를 용이하게 하는 직접·간접의 모든 행위를 가리키는 것으로서 유형적·물질적인 방조뿐만 아니라 정범에게 범행의 결의를 강화하도록 하는 것과 같은 무형적·정신적 방조행위까지도 이에 해당하며, 정범의 실행행위 중에 이를 방조하는 경우뿐만 아니라, 실행 착수 전에 장래의 실행행위를 예상하고 이를 용이하게 하는 행위를 하여 방조한 경우에도 성립한다. 따라서 종범은 정범의 실행행위 전이나 실행행위 중에 정범을 방조하여 그 실행행위를 용이하게 하는 것을 말하므로 정범의 범죄종료 후의 이른바 사후방조를 종범이라고 볼 수 없다. (대법원 82도122) 정답 ×

062 편면적 종범은 대법원 판례가 인정하고 있지 않다. ○ ×

해설 편면적 방조란 방조자만이 방조의 의사를 지니고 있고 정범은 방조사실을 모르는 경우이다. 종범의 성립에는 정범자의 방조사실 인식이 필요 없기 때문에 편면적 종범이 성립할 수 있다. 정답 ○

063 제한적 종속형식의 입장을 취하게 되면, 정범의 책임이 조각되는 경우 공범이 성립할 수 없다는 결론에 이른다. ○ ×

해설 제한적 종속형식 이론의 입장에 의하면 정범의 구성요건과 위법성만 있어도 책임은 공범의 책임으로 범죄성립요건이 완성된다. 정범의 책임 여부는 공범성립에 영향을 미치지 않는다. 따라서 책임무능력자를 교사하여 범죄를 저지르게 한 경우 교사를 받은 책임무능력자는 책임이 탈락되어 처벌받지 않아도 교사범은 처벌받을 수 있다. 정답 ×

064 교사자가 피교사자에 대하여 상해 또는 중상해를 교사하였는데 피교사자가 이를 넘어 살인을 한 경우, 교사자에게 피해자의 사망이라는 결과에 대하여 고의가 없더라도 살인죄의 교사범이 된다. ○ ✕

해설 교사자가 피교사자에 대하여 상해 또는 중상해를 교사하였는데 피교사자가 이를 넘어 살인을 한 경우, 교사자에게 피해자의 사망이라는 결과에 대하여 고의가 없다면 예견할 수 있었을 경우 상해치사죄의 교사범으로 처벌된다. 예견하지 못한 경우 상해 또는 중상해죄의 교사범으로 처벌된다. 정답 ✕

065 공범관계에 있어 공모는 공범자 상호간에 직접 또는 간접으로 범죄의 공동실행에 관한 암묵적인 의사의 연락이 있으면 족하고, 비록 전체의 모의과정이 없었다고 하더라도 수인 사이에 의사의 연락이 있으면 공동정범이 성립될 수 있다. ○ ✕

해설 대법원 92도2832 정답 ○

066 실행의 착수 전에 장래의 실행행위를 예상하고 이를 용이하게 하는 행위를 하여 방조한 경우, 정범이 그 실행행위에 나아갔다면 종범이 성립할 수 있다. ○ ✕

해설 대법원 96도3377 전합 정답 ○

067 목적범에 있어서 목적 없는 고의 있는 도구를 이용한 경우, 피이용자에 대한 의사지배가 인정되지 않으므로 간접정범이 성립할 수 없다. ○ ✕

해설 목적 없는 고의 있는 도구를 이용이 가능하다. 내란죄의 국헌 문란의 목적 없는 대통령을 이용하거나(대법원 96도3376 전합) 출판물에 의한 명예훼손죄는 간접정범에 의하여 범하여질 수도 있으므로 타인을 비방할 목적으로 허위의 기사재료를 그 정을 모르는 기자에게 제공하여 신문 등에 보도되게 한 경우에도 성립할 수 있다. (대법원 2000도3045) 정답 ✕

068 '구성요건상의 실행행위의 전부 또는 일부를 스스로 하는 자'를 정범, '구성요건적 행위 이외의 행위로써 구성요건실현에 기여하는 자'를 공범으로 보는 형식적 객관설에 따르면, 간접정범을 정범으로 인정하기 어렵다. ○ ✕

해설 형식적 객관설의 내용으로 이 학설에 대한 비판은 간접정범의 정범성을 인정하기 곤란하다. 왜냐하면 이 학설은 실행행위를 한자를 정범으로 보는데 간접정범은 실행행위가 없는 자이다. 따라서 간접정범을 공범으로 볼 수밖에 없는 문제가 생긴다. 따라서 객관설은 간접정범의 개념을 고안해 내는 것이다. '구성요건상의 실행행위의 전부 또는 일부를 스스로 하는 자'를 정범, '구성요건적 행위 이외의 행위로써 구성요건실현에 기여하는 자'를 공범으로 보는 형식적 객관설에 따르면, 간접정범을 정범으로 인정하기 어렵다. 정답 ○

069 '스스로 구성요건상의 정형적 행위를 한 자'만을 정범으로 이해하는 제한적 정범개념에 따르면, 형법 제31조, 제32조는 형벌확장사유로서 정범 이외에 특별히 공범의 처벌을 인정하는 규정이다. ○ ×

해설 객관설에서 주장하는 제한적 정범개념에 따르면 '스스로 구성요건상의 정형적 행위를 한 자'만을 정범으로 이해하고 형법 제31조(교사범), 제32조(종범)는 형벌확장사유로서 정범 이외에 특별히 공범의 처벌을 인정하는 규정이라고 말한다.
정답 ○

070 '정범자의 의사로 행위한 자'는 정범, '공범자의 의사로 행위한 자'는 공범이라는 의사설에 따르면, 청부살인업자는 구성요건적 행위를 스스로 모두 수행하기에 항상 정범이 된다. ○ ×

해설 정범과 공범의 구별기준에 관한 주관설 중 정범의사(자기의 범죄로 실현하고자 하는 의사)를 가지고 하는 행위를 한 자는 정범이고, 공범의사(타인의 범죄에 가담할 의사)를 가지고 행위를 한 자는 공범이 된다는 의사설이다. 의사설에 따르면 살인청부업자는 타인의 범죄에 가담할 의사로 살인을 한 자에 해당하여 정범이 아니라 공범에 해당하게 된다.
정답 ×

071 '자기 자신의 이익을 위한 목적으로 행위한 자'는 정범, '타인의 이익을 위한 목적으로 행위한 자'는 공범이라는 이익설에 따르면, 제3자를 위하여 강도행위를 한 자는 공범이 된다. ○ ×

해설 '자기 자신의 이익을 위한 목적으로 행위한 자'는 정범, '타인의 이익을 위한 목적으로 행위한 자'는 공범이라는 이익설에 따르면, 제3자를 위하여 강도행위를 한 자는 공범이 된다.
정답 ○

072 행위지배설에 따르면, 이용자가 자신의 우월한 지위에 의하여 피이용자를 수중에 두고 도구처럼 그의 의사를 조종(지배)하여 그로 하여금 범죄를 행하게 하면 행위지배가 인정되어 정범이 된다. ○ ×

해설 행위지배설에 따르면, 이용자가 자신의 우월한 지위에 의하여 피이용자를 수중에 두고 도구처럼 그의 의사를 지배하여 그로 하여금 범죄를 행하게 하면 행위지배가 인정되어 정범이 된다.
정답 ○

073 형법 제30조의 공동정범이 성립하기 위하여는 공동가공의 의사가 필요한데, 여기서 공동가공의 의사란 타인의 범행을 인식하면서도 이를 제지하지 않고 용인하는 심리상태만으로도 충분하다. ○ ×

해설 형법 제30조의 공동정범은 2인 이상이 공동하여 죄를 범하는 것으로서, 공동정범이 성립하기 위하여는 주관적 요건으로서 공동가공의 의사와 객관적 요건으로서 공동의사에 기한 기능적 행위지배를 통한 범죄의 실행사실이 필요하고, 공동가공의 의사는 타인의 범행을 인식하면서도 이를 제지하지 아니하고 용인하는 것만으로는 부족하고 공동의 의사로 특정한 범죄행위를 하기 위하여 일체가 되어 서로 다른 사람의 행위를 이용하여 자기의 의사를 실행에 옮기는 것을 내용으로 하는 것이어야 한다. (대법원 2002도7477)
정답 ×

074 형법 제31조 제2항은 기도된 교사 중 효과 없는 교사를 규정하고 있는데, 효과 없는 교사는 교사자만을 음모 또는 예비에 준하여 처벌한다. ○ ×

해설

형법 제31조(교사범) ① 타인을 교사하여 죄를 범하게 한 자는 죄를 실행한 자와 동일한 형으로 처벌한다.
② 교사를 받은 자가 범죄의 실행을 승낙하고 실행의 착수에 이르지 아니한 때에는 교사자와 피교사자를 음모 또는 예비에 준하여 처벌한다.
③ 교사를 받은 자가 범죄의 실행을 승낙하지 아니한 때에도 교사자에 대하여는 전항과 같다.

정답 ×

075 타인의 범죄를 방조한 자는 종범으로 처벌하는데, 종범의 형은 정범의 형보다 임의적 감경한다. ○ ×

해설

형법 제32조(종범) ① 타인의 범죄를 방조한 자는 종범으로 처벌한다.
② 종범의 형은 정범의 형보다 감경한다.

정답 ×

076 공모에 의한 범죄의 공동실행은 모든 공범자가 스스로 범죄의 구성요건을 실현하는 것을 전제로 하지 아니하고, 그 실현행위를 하는 공범자에게 그 행위결정을 강화하도록 협력하는 것으로도 가능하다. ○ ×

해설 대법원 2006도1623

정답 ○

077 시간적 차이가 있는 독립행위가 경합한 경우, 그 결과발생의 원인된 행위가 판명되지 아니한 때에 형법 제263조가 적용되는 경우를 제외하고는 형법 제19조가 적용된다. ○ ×

해설

형법 제19조(독립행위의 경합) 동시 또는 이시의 독립행위가 경합한 경우에 그 결과발생의 원인된 행위가 판명되지 아니한 때에는 각 행위를 미수범으로 처벌한다.
형법 제263조(동시범) 독립행위가 경합하여 상해의 결과를 발생하게 한 경우에 있어서 원인된 행위가 판명되지 아니한 때에는 공동정범의 예에 의한다.

정답 ○

078 독립행위가 경합하여 상해의 결과를 발생하게 한 경우에 있어서 원인된 행위가 판명되지 아니한 때에는 각 행위자를 미수범으로 처벌한다. ○ ×

해설 원인행위가 불분명한 경우의 동시범은 형법 제19조에 의해 미수범이 되는 것이 원칙이고, 예외적으로 상해의 결과가 발생한 경우에는 형법 제263조에 따라 공동정범의 예에 의하여 처벌한다. 동시범의 특례(형법 제263조)의 사안이므로 공동정범의 예(기수범)로 처벌한다.

정답 ×

079 형법 제263조의 동시범은 강간치상죄에는 적용할 수 없다. ○ ×

해설 대법원 84도372

정답 ○

080 A가 甲으로부터 폭행을 당하고 얼마 후 함께 A를 폭행하자는 甲의 연락을 받고 달려 온 乙로부터 다시 폭행을 당하고 사망하였으나 사망의 원인행위가 판명되지 않았다면, 형법 제263조가 적용되어 甲과 乙은 폭행치사죄의 공동정범의 예에 의하여 처벌된다. ○ ×

해설 2인 이상이 상호의사의 연락 없이 동시에 범죄구성요건에 해당하는 행위를 하였을 때에는 원칙적으로 각인에 대하여 그 죄를 논하여야 하나 그 결과 발생의 원인이 된 행위가 분명하지 아니한 때에는 각 행위자를 미수범으로 처벌하고(독립행위의 경합), 이 독립행위가 경합하여 특히 상해의 결과를 발생하게 하고 그 결과발생의 원인이 된 행위가 밝혀지지 아니한 경우에는 공동정범의 예에 따라 처단(동시범)하는 것이므로 공범관계에 있어 공동가공의 의사가 있었다면 이에는 동시범 등의 문제는 제기될 여지가 없다. (대법원 85도1892)

정답 ×

081 공모공동정범에 있어서 공모자가 공모에 주도적으로 참여하여 다른 공모자의 실행에 영향을 미친 때에는 범행을 저지하기 위하여 적극적으로 노력하는 등 실행에 미친 영향력을 제거하지 아니하는 한 공모관계에서 이탈하였다고 할 수 없다. ○ ×

해설 대법원 2008도1274

정답 ○

082 피교사자가 교사자의 교사행위 당시에는 일응 범행을 승낙하지 아니한 것으로 보여진다 하더라도 이후 그 교사행위에 의하여 범행을 결의한 것으로 인정되는 이상 교사범의 성립에는 영향이 없다. ○ ×

해설 대법원 2012도2744

정답 ○

083 甲이 책임무능력자를 이용하여 범행한 사례에 있어서 공범의 종속 정도와 관련하여 제한종속형식설을 취하는 경우, 공범의 우위성에 따라 甲에게는 교사범이 성립하므로 간접정범이 성립할 여지가 없다. ○ ×

해설 책임무능력자를 이용하여 범행한 사례에서 공범의 종속정도와 관련하여 제한종속형식설을 취하는 경우, 실행행위자의 행위가 구성요건해당성 및 위법성이 인정되면 이에 종속하여 공범의 성립이 가능한 상태이다. 다만 공범의 우위성에 따른다면 간접정범을 정범으로 보는 한 간접정범과 공범의 성부가 문제되는 경우 정범이 간접정범의 성부를 먼저 결정하여야 한다. 따라서 간접정범의 고유한 정범표지를 독자적으로 구비하였는가를 검토하여 이를 구비한 경우에는 간접정범으로 처벌하고(정범개념의 우위성), 이를 구비하지 못한 경우에 비로소 공범의 성부를 검토하여야 한다. 따라서 제한적 종속형식에 따른다 하더라도 정범개념 우위성에 따라 정범이 우선적으로 성립하므로 의사지배가 인정된다면 간접정범이 우선적으로 성립할 수 있다. 의사지배가 없는 경우 교사범이 성립한다.

정답 ×

084 어느 행위로 인하여 과실범으로 처벌되는 자를 교사 또는 방조하여 범죄행위의 결과를 발생하게 한 자는 교사 또는 방조의 예에 의하여 처벌한다. ○ ×

해설
형법 제34조(간접정범, 특수한 교사, 방조에 대한 형의 가중) ① 어느 행위로 인하여 처벌되지 아니하는 자 또는 과실범으로 처벌되는 자를 교사 또는 방조하여 범죄행위의 결과를 발생하게 한 자는 교사 또는 방조의 예에 의하여 처벌한다.

정답 ○

085 甲이 乙과 공모한 대로 칼을 들고 강도를 하기 위하여 A의 집에 들어가 칼을 휘둘러 A에게 상해를 가한 이상 대문 밖에서 망을 본 乙이 구체적으로 상해를 가할 것까지 공모하지 않았다 하더라도 乙은 상해의 결과에 대하여도 공범으로서의 책임을 면할 수 없다. ○ ×

해설 대법원 98도356

정답 ○

086 甲이 乙 및 丙과 택시강도를 하기로 모의를 하였다면, 乙과 丙이 피해자에 대한 폭행에 착수하기 전에 겁을 먹고 미리 현장에서 도주해 버렸더라도 특수강도의 합동범이 성립한다. ○ ×

해설 형법 제334조 제2항에 규정된 합동범은 주관적 요건으로서 공모가 있어야 하고 객관적 요건으로서 현장에서의 실행행위의 분담이라는 협동관계가 있어야 하는 것이므로 피고인이 다른 피고인들과 택시강도를 하기로 모의한 일이 있다고 하여도 다른 피고인들이 피해자에 대한 폭행에 착수하기 전에 겁을 먹고 미리 현장에서 도주해 버렸다면 다른 피고인들과의 사이에 강도의 실행행위를 분담한 협동관계가 있었다고 보기는 어려우므로 피고인을 특수강도의 합동범으로 다스릴 수는 없다. (대법원 84도2956)

정답 ×

087 3인 이상의 범인이 절도의 범행을 공모한 후 적어도 2인 이상의 범인이 시간적, 장소적으로 협동관계를 이루어 절도의 실행행위를 분담하여 절도 범행을 한 경우, 현장에서 실행행위를 직접 분담하지 않은 가담자는 합동절도의 공동정범도 될 수 없다. ○ ×

해설 3인 이상의 범인이 합동절도의 범행을 공모한 후 적어도 2인 이상의 범인이 범행 현장에서 시간적, 장소적으로 협동관계를 이루어 절도의 실행행위를 분담하여 절도 범행을 한 경우에는 공동정범의 일반 이론에 비추어 그 공모에는 참여하였으나 현장에서 절도의 실행행위를 직접 분담하지 아니한 다른 범인에 대하여도 그가 현장에서 절도 범행을 실행한 위 2인 이상의 범인의 행위를 자기 의사의 수단으로 하여 합동절도의 범행을 하였다고 평가할 수 있는 정범성의 표지를 갖추고 있다고 보여지는 한 그 다른 범인에 대하여 합동절도의 공동정범의 성립을 부정할 이유가 없다고 할 것이다. (대법원 98도321 전합)

정답 ×

088 甲은 乙, 丙과 실행행위의 분담을 공모하고, 乙과 丙의 절취행위장소 부근에서 甲 자신이 운전하는 차량 내에 대기한 경우, 甲에게는 합동절도가 성립할 수 없다. ○ ×

해설 피고인은 공소외 1, 2와 실행행위의 분담을 공모하고 위 공소외인들의 절취행위 장소부근에서 피고인이 운전하는 차량내에 대기하여 실행행위를 분담한 사실이 인정되고 다만 위 공소외인들이 범행대상을 물색하는 과정에서 절취행위 장소가 피고인이 대기 중인 차량으로부터 다소 떨어지게 된 때가 있었으나 그렇다고 하여 시간적, 장소적 협동관계에서 일탈하였다고는 보여지지 아니하다. (대법원 88도1197) 정답 ×

089 공무상비밀누설죄에 있어서 비밀을 누설하는 행위와 그 비밀을 누설 받는 행위는 대향범 관계에 있지만, 처벌받지 않는 대향자는 처벌받는 대향자의 교사범이 될 수 있다. ○ ×

해설 변호사 사무실 직원인 피고인 甲이 법원공무원인 피고인 乙에게 부탁하여, 수사 중인 사건의 체포영장 발부자 53명의 명단을 누설 받은 사안에서, 피고인 乙이 직무상 비밀을 누설한 행위와 피고인 甲이 이를 누설 받은 행위는 대향범 관계에 있으므로 공범에 관한 형법총칙 규정이 적용될 수 없는데도, 피고인 甲의 행위가 공무상 비밀누설교사죄에 해당한다고 본 원심판단에 법리오해의 위법이 있다. (대법원 2009도3642) 정답 ×

090 「형법」은 절도의 죄, 강도의 죄 및 도주의 죄에 관하여 '2인(또는 2명) 이상이 합동하여' 죄를 범하는 경우를 규정하고 있다. ○ ×

해설

> 형법 제331조(특수절도) ② 흉기를 휴대하거나 2명 이상이 합동하여 타인의 재물을 절취한 자도 제1항의 형에 처한다.
> 형법 제334조(특수강도) ② 흉기를 휴대하거나 2인 이상이 합동하여 전조의 죄를 범한 자도 전항의 형과 같다.
> 형법 제146조(특수도주) 수용설비 또는 기구를 손괴하거나 사람에게 폭행 또는 협박을 가하거나 2인 이상이 합동하여 전조 제1항의 죄를 범한 자는 7년 이하의 징역에 처한다.

정답 ○

091 합동범이 성립하기 위하여는 객관적 요건으로서의 실행행위가 시간적으로나 장소적으로 협동관계에 있다고 볼 수 있는 사정이 있어야 한다. ○ ×

해설 대법원 2004도2870 정답 ○

092 뇌물공여자와 뇌물수수자 사이에서는 각자 상대방의 범행에 대하여 「형법」 총칙의 공범규정이 적용되지 않는다. ○ ×

해설 대법원 2013도6969 정답 ○

02 공동정범

093 다른 3명의 공모자들과 강도모의를 주도한 甲이 함께 범행대상을 물색하다가 다른 공모자들이 강도 대상을 지목하고 뒤쫓아가자 단지 "어?"라고만 하고 비대한 체격 때문에 뒤따라가지 못한 채 범행현장에서 200m정도 떨어진 곳에 앉아 있었으나, 위 공모자들이 피해자를 쫓아가 강도상해의 범행을 한 경우 甲은 그 공모관계에서 이탈하였다고 볼 수 없다. ○ ×

해설 대법원 2008도1274 정답 ○

094 甲이 부녀를 유인하여 성매매를 통해 수익을 얻을 것을 乙과 공모한 후 乙로 하여금 유인된 丙(여, 16세)의 성매매 홍보용 나체사진을 찍도록 하고 丙이 중도에 약속을 어길 경우에는 민·형사상 책임을 진다는 각서를 작성하도록 하였지만, 자신이 별건으로 체포되어 구치소에 수감 중인 동안 丙이 乙의 관리 아래 성매매의 대가로 받은 돈을 丙, 乙 및 甲의 처 등이 나누어 사용한 경우라면 甲에게는 공모관계에서의 이탈이 인정된다. ○ ×

해설 甲이 乙과 공모하여 가출 청소년 丙(여, 16세)에게 낙태수술비를 벌도록 해주겠다고 유인하였고, 乙로 하여금 丙의 성매매 홍보용 나체사진을 찍도록 하였으며, 丙이 중도에 약속을 어길 경우 민형사상 책임을 진다는 각서를 작성하도록 한 후, 자신이 별건으로 체포되어 구치소에 수감 중인 동안 丙이 乙의 관리 아래 12회에 걸쳐 불특정 다수 남성의 성매수 행위의 상대방이 된 대가로 받은 돈을 丙, 乙 및 甲의 처 등이 나누어 사용한 사안에서, 丙의 성매매 기간 동안 甲이 수감되어 있었다 하더라도 위 甲은 乙과 함께 미성년자유인죄, 구 청소년의 성보호에 관한 법률(2009.6.9. 법률 제9765호 아동·청소년의 성보호에 관한 법률로 전부 개정되기 전의 것) 위반죄의 책임을 진다. (대법원 2010도6924) 정답 ×

095 甲과 乙이 칼을 들고 강도하기로 공모한 경우, 乙이 피해자의 거소에 들어가 피해자를 향하여 칼을 휘둘러 상해를 가하였다면 대문 밖에서 망을 본 甲은 상해의 결과에 대하여도 공동정범으로서의 책임을 면할 수 없다. ○ ×

해설 대법원 98도356 정답 ○

096 우연히 만난 자리에서 서로 협력하여 공동의 범의를 실현하려는 의사가 암묵적으로 상통하여 범행에 공동가공한 것이라면 공동정범은 성립하지 않는다. ○ ×

해설 공동정범이 성립하기 위하여는 반드시 공범자간에 사전에 모의가 있어야 하는 것은 아니며, 우연히 만난 자리에서 서로 협력하여 공동의 범의를 실현하려는 의사가 암묵적으로 상통하여 범행에 공동가공하더라도 공동정범은 성립된다. (대법원 82도1373) 정답 ×

097 타인의 범행을 인식하면서도 이를 제지하지 아니하고 용인하는 심리상태만으로 공동정범의 공동가공의 의사가 인정될 수 있다. ○ ×

해설 공동가공의 의사는 타인의 범행을 인식하면서도 이를 제지하지 아니하고 용인하는 것만으로는 부족하고 공동의 의사로 특정한 범죄행위를 하기 위하여 일체가 되어 서로 다른 사람의 행위를 이용하여 자기의 의사를 실행에 옮기는 것을 내용으로 하는 것이어야 한다. (대법원 2002도7477) 정답 ×

098

딱지어음을 발행하여 매매하였더라도, 딱지어음의 전전유통경로나 중간소지인들 및 그 기망방법을 구체적으로 몰랐던 경우라면 사기죄의 공모관계를 인정할 수 없다. ○ ×

해설 딱지어음을 발행하여 매매한 이상 사기의 실행행위에 직접 관여하지 아니하였다고 하더라도 공동정범으로서의 책임을 면하지 못하고, 딱지어음의 전전유통경로나 중간소지인들 및 그 기망방법을 구체적으로 몰랐다고 하더라도 공모관계를 부정할 수는 없다. (대법원 97도1706)

정답 ×

099

업무상배임죄로 이익을 얻는 수익자 또는 그와 밀접한 관련이 있는 제3자를 배임의 실행행위자와 공동정범으로 인정하기 위해서는 실행행위자의 행위가 피해자 본인에 대한 배임행위에 해당한다는 것을 알면서도 소극적으로 배임행위에 편승하여 이익을 취득한 것만으로는 부족하고, 실행행위자의 배임행위를 교사하거나 또는 배임행위의 전 과정에 관여하는 등으로 배임행위에 적극 가담할 것이 필요하다. ○ ×

해설 대법원 99도1911

정답 ○

100

판례는 최근에 "공모자가 공모공동정범으로 인정되기 위해서는 그가 단순히 공모자에 그치는 것이 아니라 범죄에 대한 본질적 기여를 통한 기능적 행위지배가 존재하여야 한다"고 하여 공모공동정범의 성립범위를 제한하는 경향을 보이고 있다. ○ ×

해설 대법원 2007도428

정답 ○

101

이른바 '승계적 공동정범'의 경우 비록 그 범행에 가담할 때에 이미 종전의 범행을 알았다 하더라도 자신이 가담하기 이전에 타인이 행한 부분에는 죄책을 지지 않는다. ○ ×

해설 포괄일죄의 범행 도중에 공동정범으로 범행에 가담한 자는 비록 그가 그 범행에 가담할 때에 이미 이루어진 종전의 범행을 알았다 하더라도 그 가담 이후의 범행에 대하여만 공동정범으로 책임을 진다. (대법원 97도163) = 포괄일죄의 범행 도중에 공동정범으로 범행에 가담한 자는 그 가담 이후의 범행에 대해서만 공동정범으로 책임을 지고, 그 가담 이전에 이미 이루어진 종전의 범행을 인식하고 범행에 가담한 경우라도 그 가담 이전의 범행에 대해서는 공동정범으로 책임을 지지 않는다.

정답 ○

102

공범자 중의 한 사람이 실행의 착수 이전에 공모관계에서 이탈하였더라도 그 이후 다른 공모자에 의하여 범행이 이루어졌다면 그 이탈자는 공동정범의 죄책을 진다. ○ ×

해설 공모공동정범에 있어서 그 공모자중의 1인이 다른 공모자가 실행행위에 이르기 전에 그 공모관계에서 이탈한 때에는 그 이후의 다른 공모자의 행위에 관하여 공동정범으로서의 책임은 지지 않는다고 할 것이고 그 이탈의 표시는 반드시 명시적임을 요하지 않는다. (대법원 85도2371, 85감도347)

정답 ×

103 실행행위가 종료함과 동시에 범죄가 기수에 이르는 이른바 '즉시범'에서는 범죄가 기수에 이르기 이전에 가담하는 경우에만 공동정범이 성립하고 범죄가 기수에 이른 이후에는 공동정범이 성립될 수 없다. ○ ×

해설 회사직원이 영업비밀을 경쟁업체에 유출하거나 스스로의 이익을 위하여 이용할 목적으로 무단으로 반출한 때 업무상배임죄의 기수에 이르렀다고 할 것이고, 그 이후에 위 직원과 접촉하여 영업비밀을 취득하려고 한 자는 업무상배임죄의 공동정범이 될 수 없다고 한 사례. (대법원 2003도4382)

정답 ○

104 甲, 乙, 丙 세 사람이 한자리에 모여 절도 범행을 공모한 후, 공모한 바대로 甲과 乙 두 사람이 직접 A의 집에 들어가 안에 있는 물건을 훔쳐오고 丙은 A의 집에서 한참 떨어진 현장에서 트럭을 준비하고 대기하다 甲과 乙이 물건을 가져오자 트럭에 싣고 함께 도주한 사안에서, 丙이 甲과 乙의 행위를 자기 의사의 수단으로 하여 위의 범행을 저질렀다고 평가할 수 있는 정범성의 표지를 갖추고 있는 한 공동정범의 일반이론에 비추어 丙에게는 일반 절도죄의 공동정범이 성립한다. ○ ×

해설 3인 이상의 범인이 합동절도의 범행을 공모한 후 적어도 2인 이상의 범인이 범행 현장에서 시간적, 장소적으로 협동관계를 이루어 절도의 실행행위를 분담하여 절도 범행을 한 경우에는 공동정범의 일반이론에 비추어 그 공모에는 참여하였으나 현장에서 절도의 실행행위를 직접 분담하지 아니한 다른 범인에 대하여도 그가 현장에서 절도 범행을 실행한 위 2인 이상의 범인의 행위를 자기 의사의 수단으로 하여 합동절도의 범행을 하였다고 평가할 수 있는 정범성의 표지를 갖추고 있다고 보여지는 한 그 다른 범인에 대하여 합동절도의 공동정범의 성립을 부정할 이유가 없다. (대법원 98도321 전합)

정답 ×

105 甲이 한 달여에 걸쳐 연속적으로 마약류를 제조하고 있었는데, 뒤늦게 乙이 甲의 그 같은 제조행위를 알고 도중에 공동정범으로 범행에 가담하여 甲과 함께 마약류 제조행위를 계속하였다고 하는 사안에서 乙이 범행에 가담할 당시에 이미 이루어진 종전의 범행을 알고 있었던 이상, 乙은 가담 이전의 제조행위에 대해서까지 공동정범으로 책임을 져야 한다. ○ ×

해설 연속된 제조행위 도중에 공동정범으로 범행에 가담한 자는 비록 그가 그 범행에 가담할 때에 이미 이루어진 종전의 범행을 알았다 하더라도 그 가담 이후의 범행에 대하여만 공동정범으로 책임을 진다. (대법원 82도884)

정답 ×

106 공모공동정범에 있어서 공모자 중의 1인이 다른 공모자가 실행행위에 이르기 전에 그 공모관계에서 이탈한 때에는 그 이후의 다른 공모자의 행위에 관하여 공동정범으로서의 책임은 지지 않는다 할 것이고 그 이탈의 표시는 명시적이어야 한다. ○ ×

해설 공모자 중의 어떤 사람이 다른 공모자가 실행행위에 이르기 전에 그 공모관계에서 이탈한 때에는 그 이후의 다른 공모자의 행위에 관하여 공동정범으로서의 책임은 지지 않는다고 할 것이고 그 이탈의 표시는 반드시 명시임을 요하지 않는다. (대법원 85도2371, 85감도347)

정답 ×

107 피고인이 포괄일죄의 관계에 있는 범행의 일부를 실행한 후 공범관계에서 이탈하였으나 다른 공범자에 의하여 나머지 범행이 이루어진 경우 피고인이 관여하지 않은 부분에 대해서는 죄책을 부담하지 않는다. ○ ✕

해설 피고인이 다른 공범들과 특정 회사 주식의 시세조정 주문을 내기로 공모한 다음 시세조정행위의 일부를 실행한 후 공범관계로부터 이탈하였고, 다른 공범들이 그 이후의 나머지 시세조정행위를 계속한 사안에서, 피고인이 다른 공범들의 범죄실행을 저지하지 않은 이상 그 이후 나머지 공범들이 행한 시세조정행위에 대하여도 공동정범으로서의 죄책을 부담한다. (대법원 2010도9927) 정답 ✕

108 공모관계에서의 이탈은 공모자가 공모에 의하여 담당한 기능적 행위지배를 해소하는 것이 필요하므로 공모자가 공모에 주도적으로 참여하여 다른 공모자의 실행에 영향을 미친 때에는 범행을 저지하기 위하여 적극적으로 노력하는 등 실행에 미친 영향력을 제거하지 아니하는 한 공모관계에서 이탈하였다고 할 수 없다. ○ ✕

해설 대법원 2010도6924 정답 ○

109 피고인이 자기 자신을 무고하기로 제3자와 공모하고 이에 따라 무고행위에 가담하였더라도 자기 자신을 무고하는 행위는 무고죄의 구성요건에 해당하지 않아 범죄가 성립할 수 없는 행위를 실현하고자 한 것에 지나지 않으므로 무고죄의 공동정범으로 처벌할 수 없다. ○ ✕

해설 대법원 2013도12592 정답 ○

110 甲이 피해자 일행을 한 사람씩 나누어 강간하자는 乙의 제의에 아무런 대답도 하지 않고 따라다니다가 자신의 강간 상대방으로 남겨진 A에게 일체의 신체적 접촉도 시도하지 않은 채 乙이 인근 숲속에서 강간을 마칠 때까지 A와 함께 이야기만 나눈 경우, 甲에게 乙의 강간 범행에 공동으로 가공할 의사가 있었다고 볼 수 없다. ○ ✕

해설 대법원 2002도7477 정답 ○

111 2인 이상이 범죄에 공동 가공하는 공범관계에서 공모는 법률상 어떤 정형을 요구하는 것이 아니고, 2인 이상이 공모하여 어느 범죄에 공동 가공하여 그 범죄를 실현하려는 의사의 결합만 있으면 되는 것으로서, 비록 전체의 모의과정이 없었다고 하더라도 수인 사이에 순차적으로 또는 암묵적으로 상통하여 그 의사의 결합이 이루어지면 공모관계가 성립한다. ○ ✕

해설 대법원 2016도6297 정답 ○

112 甲은 乙로부터 캠코더 등을 밀수입해 오면 팔아주겠느냐는 제의를 받고 팔아주겠다고 승낙한 다음 乙이 물품을 밀수입해오자 대금을 지불하고 이를 인도받아 타에 처분하였다면 밀수입 범행의 공동정범이 된다. ○ ✕

> **해설** 전자제품 등을 밀수입해 올 테니 이를 팔아달라는 제의를 받고 승낙한 경우, 그 승낙은 물품을 밀수입해오면 이를 취득하거나 그 매각알선을 하겠다는 의사표시로 볼 수 있을 뿐 밀수입 범행을 공동으로 하겠다는 공모의 의사를 표시한 것으로는 볼 수 없다. (대법원 2000도576)
>
> 정답 ✕

113 甲은 A회사의 영업비밀을 다른 벤처기업에 유출하거나 스스로의 이익을 위하여 이용할 목적으로 CD에 저장한 다음 반출하여 집으로 가져와 보관한 후에, 乙에게 그 사실을 말하여 乙이 甲과 접촉해 A회사의 영업비밀을 취득하려 하였다면 乙은 업무상배임죄의 공동정범이 될 수 있다. ○ ✕

> **해설** 회사직원이 영업비밀을 경쟁업체에 유출하거나 스스로의 이익을 위하여 이용할 목적으로 무단으로 반출한 때 업무상배임죄의 기수에 이르렀다고 할 것이고, 그 이후에 위 직원과 접촉하여 영업비밀을 취득하려고 한 자는 업무상배임죄의 공동정범이 될 수 없다. (대법원 2003도4382)
>
> 정답 ✕

114 공동가공의 의사는 타인의 범행을 인식하면서도 이를 제지하지 아니하고 용인하는 것만으로는 부족하고 공동의 의사로 특정한 범죄행위를 하기 위하여 일체가 되어 서로 다른 사람의 행위를 이용하여 자기의 의사를 실행에 옮기는 것을 내용으로 하는 것이어야 한다. ○ ✕

> **해설** 대법원 2002도7477
>
> 정답 ○

115 업무상배임죄로 이익을 얻는 수익자 또는 그와 밀접한 관련이 있는 제3자를 배임의 실행행위자와 공동정범으로 인정하기 위해서는 실행행위자의 행위가 피해자 본인에 대한 배임행위에 해당한다는 것을 알면서 소극적으로 배임행위에 편승하여 이익을 취득한 것으로 족하며, 실행행위자의 배임행위를 교사하거나 또는 배임행위의 전체 과정에 관여하는 등으로 배임행위에 적극 가담 할 것을 요하지 않는다. ○ ✕

> **해설** 업무상 배임죄의 실행으로 인하여 이익을 얻게 되는 수익자 또는 그와 밀접한 관련이 있는 제3자를 배임의 실행행위자에 대한 공동정범으로 인정하기 위하여는, 우선 실행행위자의 행위가 피해자 본인에 대한 배임행위에 해당한다는 점을 인식하였어야 한다. 나아가 실행행위자의 배임행위를 교사하거나 또는 배임행위의 전 과정에 관여하는 등으로 배임행위에 적극 가담할 것을 필요로 한다. (대법원 2009도5630)
>
> 정답 ✕

116 전국노점상연합회가 주관한 도로행진시위에 단순 가담자인 甲이 다른 시위참가자들과 시위 중 경찰관 등에 대한 특수공무집행방해 행위로 체포된 경우 체포된 이후에 이루어진 다른 시위참가자들의 범행에 대해서는 공모공동정범의 죄책을 인정할 수 없다. ○ ×

해설 대법원 2009도2994   정답 ○

117 공동정범은 공동가공의 의사와 그 공동의사에 의한 기능적 행위지배를 통한 범죄실행이라는 주관적·객관적 요건을 충족함으로써 성립하므로, 공모자 중 구성요건행위를 직접분담하여 실행하지 아니한 사람도 위 요건을 충족하면 공모공동정범으로서의 죄책을 진다. ○ ×

해설 대법원 2015도3080   정답 ○

118 순차적 또는 암묵적으로 상통할 뿐 전체의 모의과정이 없었다면 공모관계가 성립하지 않으므로 공동정범으로 처벌할 수 없다. ○ ×

해설 2인 이상의 범죄에 공동가공하는 공범관계에 있어서 공모는, 법률상 어떤 정형을 요구하는 것이 아니고 2인 이상이 공모하여 범죄에 공동가공하여 범죄를 실현하려는 의사의 결합만 있으면 되는 것으로서, 비록 전체의 모의과정이 없었다고 하더라도 수인 사이에 순차적으로 또는 암묵적으로 상통하여 그 의사의 결합이 이루어지면 공모관계가 성립한다. (대법원 98도2654)   정답 ×

119 합동범이 성립하기 위하여는 주관적 요건으로서의 공모와 객관적 요건으로서의 실행행위의 분담이 있어야 하고 그 실행행위에 있어서는 시간적으로나 장소적으로 협동관계에 있어야 한다. ○ ×

해설 대법원 96도313   정답 ○

120 공모공동정범에 있어서 주관적 요건인 공모가 이루어졌다면 실행행위에 관여하지 않았더라도 다른 공범자의 행위에 대하여 형사책임을 진다. ○ ×

해설 대법원 97도1706   정답 ○

121 2인 이상이 상호 의사 연락하에 과실행위를 함으로써 범죄가 되는 결과를 발생케 한 경우 과실범의 공동정범이 성립된다. ○ ×

해설 대법원 79도1249   정답 ○

122 3인 이상의 범인이 합동절도의 범행을 공모하였지만 범행 현장에 있지 않은 자에 대해서는 합동범의 공동정범을 인정할 수 없다. ○ ×

해설 형법 제331조 제2항 후단의 규정이 위와 같이 3인 이상이 공모하고 적어도 2인 이상이 합동절도의 범행을 실행한 경우에 대하여 공동정범의 성립을 부정하는 취지라고 해석할 이유가 없을 뿐만 아니라, 만일 공동정범의 성립가능성을 제한한다면 직접 실행행위에 참여하지 아니하면서 배후에서 합동절도의 범행을 조종하는 수괴는 그 행위의 기여도가 강력함에도 불구하고 공동정범으로 처벌받지 아니하는 불합리한 현상이 나타날 수 있다. 그러므로 합동절도에서도 공동정범과 교사범·종범의 구별기준은 일반원칙에 따라야하고, 그 결과 범행현장에 존재하지 아니한 범인도 공동정범이 될 수 있으며, 반대로 상황에 따라서는 장소적으로 협동한 범인도 방조만 한 경우에는 종범으로 처벌될 수도 있다. (대법원 98도321 전합) 정답 ×

123 결과적 가중범의 공동정범은 행위를 공동으로 할 의사가 있으면 성립하고 그 결과를 공동으로 할 의사까지는 필요 없다. ○ ×

해설 대법원 2000도745 정답 ○

124 피고인이 공범과 함께 가출청소년에게 성매매를 하도록 한 후 피고인이 별건으로 구속된 상태에서 공범들이 그 청소년에게 계속 성매매를 하게 한 경우, 구속 이후 범행에 대하여는 피고인의 실질적인 행위지배가 인정되지 않으므로 피고인에게는 공동정범의 죄책이 인정되지 않는다. ○ ×

해설 甲이 乙과 공모하여 가출 청소년 丙을 유인하고 성매매 홍보용 나체사진을 찍은 후, 자신이 별건으로 체포되어 수감 중인 동안 丙이 乙의 관리 아래 성매수의 상대방이 된 대가로 받은 돈을 丙, 乙 및 甲의 처 등이 나누어 사용한 사안에서, 甲은 乙과 함께 미성년자유인죄, 구 청소년의 성보호에 관한 법률 위반죄의 책임을 진다. (대법원 2010도6924) 정답 ×

125 공동정범에서 공모나 모의는 순차적 암묵적으로 상통하여 이루어질 수 있다. ○ ×

해설 대법원 82도1373 정답 ○

126 포괄일죄의 일부에 공동정범으로 가담하면서 종전에 이루어진 범행을 알았다면, 가담 이후의 범행은 물론 전체 범죄에 대해 공동정범으로서의 책임을 진다. ○ ×

해설 포괄일죄의 범행 도중에 공동정범으로 범행에 가담한 자는 비록 그가 그 범행에 가담할 때에 이미 이루어진 종전의 범행을 알았다 하더라도 그 가담 이후의 범행에 대하여만 공동정범으로 책임을 진다. (대법원 2007도6336) 정답 ×

127 합동범이 성립하기 위하여는 주관적 요건으로서의 공모와 객관적 요건으로서의 실행행위의 분담이 있어야 하고, 그 실행행위에 있어서는 시간적·장소적 협동관계에 있어야 한다. ○ ×

해설 대법원 2012도2631 정답 ○

128 공범자의 범인도피행위 도중에 그 범행을 인식하면서 그와 공동의 범의를 가지고 기왕의 범인도피상태를 이용하여 스스로 범인도피행위를 계속한 자에 대하여는 범인도피죄의 공동정범이 성립한다. ○ ×

해설 대법원 95도577 정답 ○

129 甲이 A를 살해하고자 A의 음료수 잔에 치사량의 독약을 넣고 사라진 후 그 사실을 알고 있는 乙이 독자적으로 A를 확실히 살해하고자 한 번 더 치사량의 독약을 넣어 A가 이를 마시고 사망한 경우, 甲과 乙은 상호 간에 의사의 연락이 없어 공동정범이 성립되지 아니한다. ○ ×

해설 대법원 84도2118 정답 ○

130 甲이 강도살인의 의사로 먼저 A를 살해한 직후 마침 그곳을 지나가던 乙이 이를 보고 甲의 양해 하에 절취의 의사로 참가하여 甲은 A의 지갑과 현금을, 乙은 A의 시계와 금반지를 가져간 경우, 승계적 공동정범을 인정하더라도 乙은 살인에 대한 책임은 지지 아니한다. ○ ×

해설 대법원 82도884 정답 ○

131 행동대원 甲, 乙, 丙은 조직의 두목으로부터 지시를 받고 상대 조직 행동대장 A를 살해하기로 공모하였으나, 甲은 쇠파이프 등을 들고 차량에 탑승하던 중 사태의 심각성을 실감하고 범행에 휘말리기 싫어서 조용히 혼자 빠져나와 택시를 타고 집으로 갔다. 이후 乙과 丙이 공모한 대로 A의 사무실로 가서 A를 살해한 경우, 甲에게는 살인죄의 공동정범이 성립한다. ○ ×

해설 공모공동정범에 있어서 그 공모자중의 1인이 다른 공모자가 실행행위에 이르기 전에 그 공모관계에서 이탈한 때에는 그 이후의 다른 공모자의 행위에 관하여 공동정범으로서의 책임은 지지 않는다고 할 것이고 그 이탈의 표시는 반드시 명시적임을 요하지 않는다. (대법원 85도2371, 85감도347) 정답 ×

132 조직의 보스 甲은 부하인 乙과 반대조직의 보스 A를 살해하기로 공모하고, 甲은 자신의 사무실에서 진행 상황을 실시간으로 보고 받고 乙이 A의 사무실로 가서 A를 살해한 경우, 공모공동정범을 인정하는 견해에 따르면 甲에게는 살인죄의 공동정범이 성립한다. ○ ×

해설 대법원 2008도6551 정답 ○

133 甲이 A투자금융회사에 입사하여 다른 공범들과 특정 회사 주식을 허위매수 주문 등의 방법으로 시세조종 주문을 내기로 공모하고 시세조종 행위의 일부를 실행한 후 A회사로부터 해고를 당하여 공범관계에서 이탈한 경우 甲이 다른 공범들의 범죄실행을 저지하지 않은 이상 그 이후 공범들이 행한 나머지 시세조종행위에 대해서도 공동정범이 성립한다. ○ ×

해설 대법원 2010도9927   정답 ○

134 예인선 정기용선자의 현장소장 甲은 사고의 위험성이 높은 시점에 출항을 강행할 것을 지시하였고, 예인선 선장 乙은 甲의 지시에 따라 사고의 위험성이 높은 시점에 출항하는 등 무리하게 예인선을 운항한 결과 예인되던 선박에 적재된 물건이 해상에 추락하여 선박교통을 방해한 경우 甲과 乙은 업무상과실일반교통방해죄의 공동정범이 성립한다. ○ ×

해설 대법원 2008도11784   정답 ○

135 甲·乙·丙주식회사가 A주식회사의 주식 총수의 5/100 이상을 보유하여 「자본시장과 금융투자업에 관한 법률」상 주식 등 변경 보고의무를 공동으로 부담하게 되었고, 동법은 이러한 보고의무를 이행하지 않는 자를 처벌하는 진정부작위범인 주식 등 변경 보고의무 위반죄를 규정하고 있음에도 불구하고 甲과 乙주식회사만이 공모하여 보고의무를 이행하지 않은 경우 보고의무가 있는 甲주식회사, 乙주식회사, 丙주식회사에게 주식 등 변경 보고의무 위반죄의 공동정범이 성립한다. ○ ×

해설 주권상장법인의 주식 등 변경 보고의무 위반으로 인한 자본시장법위반죄는 구성요건이 부작위에 의해서만 실현될 수 있는 진정부작위범에 해당한다. 진정부작위범인 주식 등 변경 보고의무 위반으로 인한 자본시장법위반죄의 공동정범은 그 의무가 수인에게 공통으로 부여되어 있는데도 수인이 공모하여 전원이 그 의무를 이행하지 않았을 때 성립할 수 있다. (대법원 2021도11110)   정답 ×

136 강도를 모의한 甲, 乙, 丙이 A에게 칼을 들이댄 후 전화선으로 A의 손발을 묶고 폭행하여 반항을 억압한 후 甲이 다른 방에서 물건을 찾는 사이 乙과 丙이 공동으로 A를 강간하고 다 같이 도주한 경우 甲에게는 강도강간죄의 공동정범이 성립하지 않는다. ○ ×

해설 대법원 88도1114   정답 ○

137 甲이 포괄일죄의 관계에 있는 범행의 일부를 실행한 후 공범관계에서 이탈하였으나 다른 공범자에 의하여 나머지 범행이 이루어진 경우, 甲은 자신이 관여하지 않은 부분에 대하여도 죄책을 부담한다. ○ ×

해설 대법원 2010도9927   정답 ○

138 甲과 乙이 서로 살인의 공모하에 실행행위로 나아가고 그들의 행위로 피해자가 사망하였다면 실제로 사망의 결과발생이 둘 중 누구의 행위로 인한 것인지 인과관계가 판명되지 아니한 때에도 甲과 乙 모두 살인죄의 기수로 처벌된다. ○ ×

해설 공동정범은 인과관계를 전체적으로 판단하므로 개별적 인과관계가 밝혀지지 않아도 인과관계가 인정될 수 있다. (대법원 85도1892) 정답 ○

139 시공, 감독 및 유지관리 상 각각의 과실만으로는 교량의 붕괴원인이 되지 못한다고 하더라도, 그것이 합쳐지면 교량이 붕괴될 수 있다는 점은 쉽게 예상할 수 있고, 따라서 위 각 단계에 관여한 자는 전혀 과실이 없다거나 과실이 있다고 하여도 교량 붕괴의 원인이 되지 않았다는 등의 특별한 사정이 있는 경우를 제외하고는 붕괴에 대한 공동책임을 면할 수 없다. ○ ×

해설 대법원 97도1740 정답 ○

140 포괄일죄의 범행 도중에 공동정범으로 범행에 가담한 자가 그 범행에 가담할 때에 이미 이루어진 종전의 범행을 알았다면 포괄일죄 범행 전체에 대하여 공동정범으로 책임을 진다. ○ ×

해설 포괄일죄의 범행 도중에 공동정범으로 범행에 가담한 자는 비록 그가 그 범행에 가담할 때에 이미 이루어진 종전의 범행을 알았다 하더라도 그 가담 이후의 범행에 대하여만 공동정범으로 책임을 진다. (대법원 97도163) 정답 ×

141 2인 이상이 공동가공하여 범죄를 실현하려는 의사의 결합이 있으면 공모관계는 성립한다. ○ ×

해설 대법원 2013도5080 정답 ○

142 공동정범이 성립하기 위하여는 범죄행위 시에 행위자 상호 간에 주관적으로는 서로 범죄행위를 공동으로 한다는 공동가공의 의사가 있어야 하고, 그 의사의 연락이 묵시적이거나 간접적이거나를 불문한다. ○ ×

해설 대법원 2017도14322 전합 정답 ○

143 공동정범이 성립하기 위하여 반드시 범죄의 실행 전에 모의가 있어야만 하는 것은 아니다. ○ ×

해설 대법원 82도1373 정답 ○

144 고의는 미필적 인식으로도 족하므로, 타인의 범행을 인식하면서 제지하지 않고 용인한 것만으로도 공동가공의 의사는 인정된다. ○ ×

해설 공동가공의 의사는 타인의 범행을 인식하면서도 이를 제지하지 아니하고 용인하는 것만으로는 부족하고, 공동의 의사로 특정한 범죄행위를 하기 위하여 일체가 되어 서로 다른 사람의 행위를 이용하여 자기의 의사를 실행에 옮기는 것을 내용으로 하여야 한다. (대법원 2018도7658)

정답 ×

145 피고인이 포괄일죄의 관계에 있는 범행의 일부를 실행한 후 공범관계에서 이탈하였으나 다른 공범자에 의하여 나머지 범행이 이루어진 경우, 피고인은 관여하지 않은 부분에 대하여도 죄책을 부담한다. ○ ×

해설 피고인이 공범들과 다단계금융판매조직에 의한 사기범행을 공모하고 피해자들을 기망하여 그들로부터 투자금명목으로 피해금원의 대부분을 편취한 단계에서 위 조직의 관리이사직을 사임한 경우, 피고인의 사임 이후 피해자들이 납입한 나머지 투자금명목의 편취금원도 같은 기망상태가 계속된 가운데 같은 공범들에 의하여 같은 방법으로 수수됨으로써 피해자별로 포괄일죄의 관계에 있으므로 이에 대하여도 피고인은 공범으로서의 책임을 부담한다. (대법원 2001도513)

정답 ○

146 공동정범의 본질에 관한 범죄공동설에 따르면, 고의범과 과실범 상호간에는 공동정범이 인정되지 않는다. ○ ×

해설 범죄공동설에 의하면 공동으로 행위를 한 경우라고 해도 고의가 다른 경우라면 공동정범이 성립할 수 없다. 따라서 고의범과 과실범 사이에는 공동정범이 성립할 수 없다. 행위공동설에 의하면 행위를 공동으로 한 경우이기만 하면 공동정범이 성립할 수 있어 과실범 상호간이나 고의범 과실범 사이에도 공동정범이 성립할 수 있다.

정답 ○

03 간접정범

147 인신구속에 관한 직무를 행하는 자 또는 이를 보조하는 자가 피해자를 구속하기 위하여 진술조서 등을 허위로 작성한 후 이를 기록에 첨부하여 구속영장을 신청하고, 진술조서 등이 허위로 작성된 정을 모르는 검사와 영장전담판사를 기망하여 구속영장을 발부받은 후 그 영장에 의하여 피해자를 구금하였다면 직권남용감금죄가 성립한다. ○ ×

해설 대법원 2003도3945   정답 ○

148 공무원 아닌 자가 관공서에 허위내용의 증명원을 제출하여 그 내용이 허위인 정을 모르는 담당공무원으로부터 그 증명원 내용과 같은 증명서를 발급받은 경우, 공문서위조죄의 간접정범이 성립한다. ○ ×

해설 어느 문서의 작성권한을 갖는 공무원이 그 문서의 기재사항을 인식하고 그 문서를 작성할 의사로써 이에 서명날인 하였다면, 설령 그 서명날인이 타인의 기망으로 착오에 빠진 결과 그 문서의 기재사항이 진실에 반함을 알지 못한 데 기인한다고 하여도, 그 문서의 성립은 진정하며 여기에 하등 작성명의를 모용한 사실이 있다고 할 수는 없으므로, 공무원 아닌 자가 관공서에 허위내용의 증명원을 제출하여 그 내용이 허위인 정을 모르는 담당공무원으로부터 그 증명원 내용과 같은 증명서를 발급받은 경우 공문서위조죄의 간접정범으로 의율 할 수는 없다. (대법원 2000도938)   정답 ×

149 범죄는 '어느 행위로 인하여 처벌되지 아니하는 자'를 이용하여서도 이를 실행할 수 있으므로, 내란죄의 경우에도 '국헌문란의 목적'을 가진 자가 그러한 목적이 없는 자를 이용하여 이를 실행할 수 있다. ○ ×

해설 대법원 96도3376 전합   정답 ○

150 신용카드를 제시받은 상점점원이 그 카드의 금액란을 정정기재 하였다 하더라도 그것이 카드소지인이 위 점원에게 자신이 위 금액을 정정 기재할 수 있는 권리가 있는 양 기망하여 이루어졌다면 이는 간접정범에 의한 유가증권변조죄가 성립한다. ○ ×

해설 대법원 84도1862   정답 ○

151 정유회사 경영자인 甲의 청탁으로, A 지역구 국회의원 乙이 甲과 A 지역구 지방자치단체 장 사이에 정유공장의 지역구 유치를 위한 간담회를 주선하고, 甲은 위와 같은 사실을 알지 못하는 자신의 회사직원들로 하여금 乙이 사실상 지배·장악하고 있던 후원회에 후원금을 기부하게 한 경우, 乙은 정치자금법 위반죄가, 甲은 정치자금법 위반죄의 간접정범이 성립한다. ○ ×

해설 대법원 2007도7204   정답 ○

152 경찰서 보안과장인 甲이 A의 음주운전을 눈감아주기 위하여 그에 대한 음주운전 적발보고서를 찢어버리고, 부하인 B로 하여금 일련번호가 동일한 가짜 음주운전 적발보고서에 乙에 대한 음주운전 사실을 기재케 하여 그 정을 모르는 담당경찰관으로 하여금 주취운전자 음주측정처리부에 乙에 대한 음주운전 사실을 기재하도록 한 경우, 甲은 허위공문서작성 및 동행사죄의 간접정범에 해당한다. ○ ×

해설 대법원 95도1706 정답 ○

153 강제추행죄는 처벌되지 아니하는 타인을 도구로 삼아 피해자를 강제로 추행하는 간접정범의 형태로도 범할 수 있으나, 이때 피해자는 그 타인에 포함되지 않는다. ○ ×

해설 강제추행죄는 사람의 성적 자유 내지 성적 자기결정의 자유를 보호하기 위한 죄로서 정범 자신이 직접 범죄를 실행하여야 성립하는 자수범이라고 볼 수 없으므로, 처벌되지 아니하는 타인을 도구로 삼아 피해자를 강제로 추행하는 간접정범의 형태로도 범할 수 있다. 여기서 강제추행에 관한 간접정범의 의사를 실현하는 도구로서의 타인에는 피해자도 포함될 수 있다고 봄이 타당하므로, 피해자를 도구로 삼아 피해자의 신체를 이용하여 추행행위를 한 경우에도 강제추행죄의 간접정범에 해당할 수 있다. (대법원 2016도17733) 정답 ×

154 공문서의 작성권한이 있는 공무원(A)의 직무를 보좌하는 공무원이 행사할 목적으로 그 직위를 이용하여 허위의 내용이 기재된 문서 초안을 그 정을 모르는 A에게 제출하여 결재하도록 한 경우에는 허위공문서작성죄의 간접정범이 성립한다. ○ ×

해설 대법원 89도1816 정답 ○

155 자기에게 유리한 판결을 얻기 위해 증거가 조작되어 있다는 점을 알지 못하는 제3자를 이용하여 그를 소송의 당사자가 되게 하고 법원을 기망하여 소송 상대방의 재물을 취득하였다면 간접정범 형태의 소송사기죄가 성립한다. ○ ×

해설 대법원 2006도3591 정답 ○

156 처벌되지 아니하는 타인의 행위를 적극적으로 유발하고 이를 이용하여 자신의 범죄를 실현한 자는 간접정범의 죄책을 지게 되고, 그 과정에서 타인의 의사를 부당하게 억압하여야만 간접정범에 해당하는 것은 아니다. ○ ×

해설 대법원 2007도7204 정답 ○

157 간접정범의 실행의 착수시기를 이용자의 이용행위시로 보는 경우 이용자의 이용의사가 외부로 표현되기만 하면 실행의 착수가 인정되어 미수범의 처벌 범위가 축소될 수 있다. ○ ×

해설 간접정범의 실행의 착수시기를 이용자의 이용행위시로 보는 경우 이용자의 이용의사가 외부로 표현되기만 하면 실행의 착수가 인정되므로 미수범 성립과 처벌범위가 확장되게 된다. 정답 ×

158 甲이 아동·청소년인 피해자를 협박하여 스스로 아동·청소년의 성보호에 관한 법률 제2조 제4호의 어느 하나에 해당하는 행위 또는 그 밖의 성적 행위에 해당하는 아동·청소년 자신의 행위를 내용으로 하는 화상·영상 등을 생성하게 하고 이를 인터넷 사이트 운영자의 서버에 저장시켜 甲의 휴대전화기에서 재생할 수 있도록 한 경우 아동·청소년의 성보호에 관한 법률 위반죄의 간접정범이 성립한다. ○ ×

해설 대법원 2017도18443   정답 ○

159 사법경찰관 甲이 상해죄만으로는 구속되기 어려운 A에 대하여 허위의 진술조서를 작성하고, A의 혐의없음이 입증될 수 있는 유리한 사실의 확인결과, 참고자료 및 공용서류인 B에 대한 참고인 진술조서 등을 구속영장신청기록에 누락시키는 한편, A에게 혐의가 인정된다는 허위내용의 범죄인지보고서를 작성한 다음, 구속영장을 신청하여 그 정을 모르는 담당 검사로 하여금 구속영장을 청구하게 하고, 수사서류 등이 허위작성되거나 누락된 사실을 모르는 영장전담 판사로부터 구속영장을 발부받아 A가 구속·수감되게 한 경우 직권남용감금죄의 간접정범이 성립한다. ○ ×

해설 대법원 2003도3945   정답 ○

160 전투비행단 체력단련장 관리사장인 甲이 부대복지위원회의 심의 의결 없이, 공사업체인 B와 체결한 기존의 합의서에서 시설투자비를 증액한 허위의 내용이 기재된 이 사건 수정합의서를 기안하여 작성권자인 이 사건 전투비행단장의 결재를 받지 않고 이를 모르는 단장 명의 직인 담당자 C로부터 단장의 직인을 날인받아 이 사건 수정합의서를 완성한 행위는 허위공문서작성죄의 간접정범이 성립한다. ○ ×

해설 허위공문서작성죄의 주체는 문서를 작성할 권한이 있는 명의인인 공무원에 한하고 그 공무원의 문서작성을 보조하는 직무에 종사하는 공무원은 허위공문서작성죄의 주체가 될 수 없다. 따라서 보조 직무에 종사하는 공무원이 허위공문서를 기안하여 허위임을 모르는 작성권자의 결재를 받아 공문서를 완성한 때에는 허위공문서작성죄의 간접정범이 될 것이지만, 이러한 결재를 거치지 않고 임의로 작성권자의 직인 등을 부정 사용함으로써 공문서를 완성한 때에는 공문서위조죄가 성립한다. (대법원 2016도13912)   정답 ×

161 D정당의 시당위원장인 甲은 비방의 목적으로 허위의 기사자료를 그 정을 모르는 평소에 안면이 있던 기자 E에게 제공하여 그 허위의 사실이 신문에 보도되게 한 경우 출판물에 의한 명예훼손죄의 간접정범이 성립한다. ○ ×

해설 대법원 93도3535   정답 ○

162 공문서의 작성권한이 있는 공무원의 직무를 보좌하는 사람이 그 직위를 이용하여 행사할 목적으로 허위의 내용이 기재된 문서 초안을 그 정을 모르는 상사에게 제출하여 결재하도록 하는 등의 방법으로 작성권한이 있는 공무원으로 하여금 허위의 공문서를 작성하게 한 경우, 허위공문서작성죄의 간접정범이 성립한다. ○ ×

해설 대법원 91도2837   정답 ○

163 작성권한 있는 공무원의 직무를 보조하는 공무원이 임의로 작성권자의 직인 등을 부정 사용함으로써 공문서를 완성한 경우, 허위공문서작성죄의 간접정범이 성립한다. ○ ×

해설 작성권자의 직인 등을 보관하는 담당자는 일반적으로 작성권자의 결재가 있는 때에 한하여 보관 중인 직인 등을 날인할 수 있을 뿐이다. 이러한 경우 다른 공무원 등이 작성권자의 결재를 받지 않고 직인 등을 보관하는 담당자를 기망하여 작성권자의 직인을 날인하도록 하여 공문서를 완성한 때에도 공문서위조죄가 성립한다. (대법원 2016도13912) 정답 ×

164 수표 금액의 지급 또는 거래정지처분을 면할 목적으로 금융기관에 허위신고한 자를 처벌하는 구 「부정수표 단속법」 제4조의 허위신고죄와 관련하여, 발행인이 아닌 자는 허위신고의 고의가 없는 발행인을 이용하여 간접정범의 형태로 구 「부정수표 단속법」 제4조의 허위신고죄를 범할 수 없다. ○ ×

해설 부정수표단속법의 목적이 부정수표 등의 발행을 단속처벌함에 있고(제1조), 허위신고죄를 규정한 법 제4조가 "수표금액의 지급 또는 거래정지처분을 면하게 할 목적"이 아니라 "수표금액의 지급 또는 거래정지처분을 면할 목적"을 요건으로 하고 있는데 수표금액의 지급책임을 부담하는 자 또는 거래정지처분을 당하는 자는 오로지 발행인에 국한되는 점에 비추어 볼 때 발행인 아닌 자는 위 법조가 정한 허위신고죄의 주체가 될 수 없고, 허위신고의 고의 없는 발행인을 이용하여 간접정범의 형태로 허위신고죄를 범할 수도 없다. (대법원 92도1342) 정답 ○

04 교사범

165 피무고자의 교사·방조하에 제3자가 피무고자에 대한 허위의 사실을 신고한 경우에는 제3자의 행위는 무고죄의 구성요건에 해당하여 무고죄를 구성하므로, 제3자를 교사·방조한 피무고자도 교사·방조범으로서의 죄책을 부담한다. ○ ×

해설 대법원 2008도4852 정답 ○

166 「형법」 제127조는 공무원 또는 공무원이었던 자가 법령에 의한 직무상 비밀을 누설하는 행위만을 처벌하고 있을 뿐, 직무상 비밀을 누설 받은 상대방을 처벌하는 규정이 없는 점에 비추어 볼 때, 직무상 비밀을 누설 받은 자에 대하여는 공범에 관한 형법총칙 규정이 적용될 수 없다. ○ ×

해설 대법원 2009도3642 정답 ○

167 자기의 형사사건에 관한 증거를 위조하기 위하여 甲이 타인인 乙을 교사하여 죄를 범하게 한 경우 증거위조교사죄가 성립한다. ○ ×

해설 대법원 99도5275 정답 ○

168 교사행위에 의하여 피교사자가 범죄실행을 결의하였다 하더라도 피교사자에게 다른 원인이 있어 범죄를 실행한 경우에는 교사범이 성립하지 아니한다. ○ ×

해설 교사범이 성립하기 위해 교사범의 교사가 정범의 범행에 대한 유일한 조건일 필요는 없으므로, 교사행위에 의하여 피교사자가 범죄실행을 결의하게 된 이상 피교사자에게 다른 원인이 있어 범죄를 실행한 경우에도 교사범의 성립에는 영향이 없다. (대법원 2012도7407) 정답 ×

169 교사를 받은 자가 범죄의 실행을 승낙하고 실행의 착수에 이르지 아니한 때 교사자의 경우 음모 또는 예비에 준하여 처벌한다. ○ ×

해설

> **형법 제31조(교사범)** ② 교사를 받은 자가 범죄의 실행을 승낙하고 실행의 착수에 이르지 아니한 때에는 교사자와 피교사자를 음모 또는 예비에 준하여 처벌한다.

정답 ○

170 교사를 받은 자가 범죄의 실행을 승낙하지 아니한 경우 피교사자는 음모 또는 예비에 준하여 처벌한다. ○ ×

> 해설
>
> 형법 제31조(교사범) ② 교사를 받은 자가 범죄의 실행을 승낙하고 실행의 착수에 이르지 아니한 때에는 교사자와 피교사자를 음모 또는 예비에 준하여 처벌한다.
> ③ 교사를 받은 자가 범죄의 실행을 승낙하지 아니한 때에도 교사자에 대하여는 전항과 같다.

정답 ×

171 자신의 형사사건에 관한 증거은닉 행위는 피고인의 방어권을 인정하는 취지와 상충하여 처벌의 대상이 되지 아니하므로 자신의 형사사건에 관한 증거은닉을 위하여 타인에게 도움을 요청하는 행위는 언제나 증거은닉교사죄로 처벌되지 아니한다. ○ ×

해설 증거은닉죄는 타인의 형사사건이나 징계사건에 관한 증거를 은닉할 때 성립하고 자신의 형사사건에 관한 증거은닉 행위는 형사소송에 있어서 피고인의 방어권을 인정하는 취지와 상충하여 처벌의 대상이 되지 아니하므로 자신의 형사사건에 관한 증거은닉을 위하여 타인에게 도움을 요청하는 행위 역시 원칙적으로 처벌되지 아니하나, 다만 그것이 방어권의 남용이라고 볼 수 있을 때는 증거은닉교사죄로 처벌할 수 있다. 방어권 남용이라고 볼 수 있는지 여부는, 증거를 은닉하게 하는 것이라고 지목된 행위의 태양과 내용, 범인과 행위자의 관계, 행위 당시의 구체적인 상황, 형사사법작용에 영향을 미칠 수 있는 위험성의 정도 등을 종합하여 판단하여야 한다. (대법원 2016도5596)

정답 ×

172 교사범의 교사가 정범이 죄를 범한 유일한 조건일 필요는 없으나, 정범에게 범죄의 습벽이 있어 그 습벽과 함께 교사행위가 원인이 되어 정범이 범죄를 실행한 경우에도 교사행위와 정범의 범죄실행 사이에 인과관계가 단절되어 교사범이 성립할 여지가 없다. ○ ×

해설 교사범의 교사가 정범이 죄를 범한 유일한 조건일 필요는 없으므로, 비록 정범에게 범죄의 습벽이 있어 그 습벽과 함께 교사행위가 원인이 되어 정범이 범죄를 실행한 경우에도 교사범의 성립에 영향이 없다. (대법원 91도542)

정답 ×

173 고의에 의한 교사행위뿐만 아니라 과실에 의한 교사행위도 가능하다. ○ ×

해설 교사범이 성립하기 위해서는 교사자에게 피교사자로 하여금 범죄실행의 결의를 갖게 하려는 의사와 정범이 실행하는 범죄에 대한 고의가 있어야 한다. 그러므로 과실에 의한 교사는 있을 수 없다.

정답 ×

174 피교사자가 이미 범죄의 결의를 가지고 있는 경우에도 교사범이 성립할 수 있다. ○ ×

해설 교사범이란 타인(정범)으로 하여금 범죄를 결의하게 하여 그 죄를 범하게 한 때에 성립하는 것이고 피교사자는 교사범의 교사에 의하여 범죄실행을 결의하여야 하는 것이므로, 피교사자가 이미 범죄의 결의를 가지고 있을 때에는 교사범이 성립할 여지가 없다. (대법원 91도542)

정답 ×

175 교사를 받은 자가 범죄의 실행을 승낙조차 하지 않은 이른바 실패한 교사의 경우 교사자와 피교사자를 음모 또는 예비에 준하여 처벌한다. ○ ×

해설 교사자의 교사행위에도 불구하고 피교사자가 범행을 승낙하지 아니하거나 피교사자의 범행결의가 교사자의 교사행위에 의하여 생긴 것으로 보기 어려운 경우에는 이른바 실패한 교사로서 형법 제31조 제3항에 의하여 교사자를 음모 또는 예비에 준하여 처벌할 수 있을 뿐이다. (대법원 2012도2744) 정답 ×

176 교사범이 공범관계로부터 이탈하기 위해서는 피교사자가 범죄의 실행행위에 나아가기 전에 교사범에 의하여 형성된 피교사자의 범죄실행의 결의를 해소하여야 한다. ○ ×

해설 대법원 2012도7407 정답 ○

177 간호보조원이 무면허 진료를 했다고 하더라도 그 내용을 의사가 진료부에 기재하는 행위는 정범의 실행행위 종료 후의 사후행위에 불과하여 의사는 무면허 진료행위의 방조책임을 지지 않는다. ○ ×

해설 진료부는 환자의 계속적인 진료에 참고로 공하여지는 진료상황부이므로 간호보조원의 무면허 진료행위가 있은 후에 이를 의사가 진료부에다 기재하는 행위는 정범의 실행행위종료 후의 단순한 사후행위에 불과하다고 볼 수 없고 무면허 의료행위의 방조에 해당한다. (대법원 82도122) 정답 ×

178 교사자의 교사행위에도 불구하고 피교사자가 범행을 승낙하지 아니하거나 피교사자의 범행결의가 교사자의 교사행위에 의하여 생긴 것으로 보기 어려운 경우에는 교사자를 음모 또는 예비에 준하여 처벌한다. ○ ×

해설 대법원 2012도2744 정답 ○

179 甲이 무면허운전을 하던 중 교통사고를 내자 동거하던 동생 乙을 경찰서에 대신 출석시키고 자신을 위하여 허위자백을 하게 한 경우, 甲에게 범인도피죄의 교사범의 죄책을 물을 수 없다. ○ ×

해설 범인이 자신을 위하여 타인으로 하여금 허위의 자백을 하게 하여 범인도피죄를 범하게 하는 행위는 방어권의 남용으로 범인도피교사죄에 해당하는바, 이 경우 그 타인이 「형법」 제151조 제2항에 의하여 처벌을 받지 아니하는 친족, 호주 또는 동거가족에 해당한다 하여 달리 볼 것은 아니다. 무면허운전으로 사고를 낸 사람이 동생을 경찰서에 대신 출두시켜 피의자로 조사받도록 한 행위는 범인도피교사죄를 구성한다. (대법원 2005도3707) 정답 ×

180 백화점 직원이 자신이 관리하는 점포에 가짜 상표가 새겨진 상품이 진열·판매되는 사실을 발견하고도 적절한 조치를 취하지 않아 계속 판매되도록 방치한 행위는 상표법위반 및 부정경쟁방지법위반행위를 방조한 것에 해당한다. ○ ×

해설 대법원 96도1639 정답 ○

181 甲이 고발을 당하자 乙에게 증거를 변조하도록 교사하였는데 乙이 甲과 공범관계에 있는 형사사건의 증거를 변조한 것에 해당하여 乙이 증거변조로 처벌되지 않는 경우, 甲도 증거변조죄의 교사범으로 처벌받지 않는다. ○ ×

해설 대법원 2009도13151 정답 ○

182 정범의 강도예비행위를 방조하였으나 정범이 실행의 착수에 이르지 못한 경우 방조자는 강도예비죄의 종범으로 처벌할 수 있다. ○ ×

해설 형법 제32조 제1항 소정 타인의 범죄란 정범이 범죄의 실현에 착수한 경우를 말하는 것이므로 종범이 처벌되기 위하여는 정범의 실행의 착수가 있는 경우에만 가능하고 형법 전체의 정신에 비추어 정범이 실행의 착수에 이르지 아니한 예비의 단계에 그친 경우에는 이에 가공하는 행위가 예비의 공동정범이 되는 경우를 제외하고는 종범의 성립을 부정하고 있다고 보는 것이 타당하다. (대법원 75도1549) 정답 ×

183 병원 원장인 甲은 A가 정상적으로 입원한 것으로 작성된 허위의 입·퇴원확인서를 작성한 후 A에게 교부하여 A가 보험회사에 보험금을 청구하여 보험금을 받도록 방조하였더라도, A에 대한 공소장에 있어서 검사가 제출한 증거만으로는 A가 보험금을 부당하게 편취하였다고 인정하기 어려운 경우라면, 甲은 사기죄의 방조범이 성립하지 않는다. ○ ×

해설 대법원 2016도12865 정답 ○

184 甲이 상해의 고의로 A를 폭행하여 A가 길에서 쓰러지게 되었고, 2시간쯤 지나 평소 A와 사이가 좋지 않았던 乙이 때마침 지나가던 길에 A를 발견하여 폭행의 고의로 A를 발로 구타하였고, 이후 A는 사망하게 되었으나 누구의 행위로 사망하게 된 것인지 밝혀지지 않았다면 甲은 상해치사죄가 성립하고, 乙은 폭행치사죄가 성립한다. ○ ×

해설 대법원 85도1892 정답 ○

185 甲이 친구 乙을 교사하여 乙의 부모님의 지갑을 가져오게 한 경우, 乙은 절도죄로 처벌되지 않으므로 甲도 절도죄의 교사범이 성립되지 않는다. ○ ×

해설 형벌조각신분이란 범죄 자체는 성립하지만 신분의 존재로 형벌이 면제되는 경우의 신분으로 친족상도례에 있어서 형법 제328조 제1항의 신분이 대표적인 예이다. 형벌조각신분을 가진 자와 비신분자가 공범관계에 있는 때에는 신분자는 형벌이 조각되지만 비신분자는 그 범죄의 공동정범·교사범 또는 종범이 된다. 따라서 甲이 친구 乙을 교사하여 乙의 부모님의 지갑을 가져오게 한 경우, 乙은 절도죄로 처벌되지 않지만 甲은 절도죄의 교사범이 성립된다. 정답 ×

186 방조자의 인식과 정범의 실행간에 착오가 있고 양자의 구성요건을 달리한 경우, 그 구성요건이 중첩되는 부분뿐만 아니라 정범의 초과부분에 대해서도 방조자의 죄책을 인정하여야 한다. ○ ×

해설 방조자의 인식과 정범의 실행 간에 착오가 있고 양자의 구성요건을 달리한 경우에는 원칙적으로 방조자의 고의는 조각되는 것이나 그 구성요건이 중첩되는 부분이 있는 경우에는 그 중복되는 한도 내에서는 방조자의 죄책을 인정하여야 할 것이다. (대법원 84도2987) 정답 ×

187   공범종속성설에 의하면 공범의 가벌성은 교사자 자신의 행위에 의해 결정되기 때문에 교사자의 교사행위가 있는 이상 피교사자의 범죄실행이 없어도 교사한 범죄의 미수범으로 처벌받게 된다. ○ ×

해설

> 형법 제31조(교사범) ② 교사를 받은 자가 범죄의 실행을 승낙하고 실행의 착수에 이르지 아니한 때에는 교사자와 피교사자를 음모 또는 예비에 준하여 처벌한다. = 피교사자의 범죄 실행행위가 없는 실패한 교사의 경우 교사자는 교사한 범죄의 예비·음모에 준하여 처벌받는다.

정답 ×

188   甲과 乙이 A를 강도하기로 공모하였음에도 불구하고 乙이 공모한 내용과 전혀 다른 강도강간을 한 경우, 직접 실행행위에 관여하지 않았더라도 甲은 강도강간죄의 죄책을 진다. ○ ×

해설   공동정범간의 범행에서 1인이 공동모의한 범행사실에 대해 질적 초과한 경우 초과행위자만 그 부분에 대해 책임지고 나머지 공동자들은 공모한 범행부분에 대해서만 책임을 진다고 보는 것이 타당하다. 그러므로 甲은 乙이 저지른 강간행위에 대해 직접 실행행위에 관여한바 없다면 처음 공모한 강도죄의 부분에 대해서만 책임진다.

정답 ×

189   피교사자가 교사자의 교사내용과 전혀 다른 범죄를 실현한 경우 교사범이 성립하지 않는다는 견해에 따르면, 甲이 乙에게 A에 대한 강간을 교사하였는데 乙이 강도를 한 경우 甲은 강간의 예비·음모에 준하여 처벌된다. ○ ×

해설   甲이 乙에게 강간을 교사하였는데, 강도를 한 경우는 전혀 다른 범죄를 실행한 질적 초과의 경우로 甲은 처음 교사한 사실에 대한 예비·음모에 준하여 처벌받는다. 현재 형법은 강간죄의 예비·음모 규정을 신설했기 때문에 강간의 예비·음모에 준하여 처벌 받는다.

정답 ○

190   교사범이란 정범인 피교사자로 하여금 범죄를 결의하게 하여 그 죄를 범하게 한 때에 성립하므로, 교사자의 교사행위에도 불구하고 피교사자가 범행을 승낙하지 아니하거나 피교사자의 범행결의가 교사자의 교사행위에 의하여 생긴 것으로 보기 어려운 경우에는 이른바 실패한 교사로서 형법 제31조 제3항에 의하여 교사자를 음모 또는 예비에 준하여 처벌할 수 있을 뿐이다. ○ ×

해설   대법원 2012도2744

정답 ○

191   교사자가 피교사자에게 피해자를 "정신차릴 정도로 때려주라"고 교사하였다는 사정만으로는 상해에 대한 교사로 보기까지는 어렵다. ○ ×

해설   교사자가 피교사자에게 피해자를 "정신차릴 정도로 때려주라"고 교사하였다면 이는 상해에 대한 교사로 봄이 상당하다. 교사자가 피교사자에 대하여 상해를 교사하였는데 피교사자가 이를 넘어 살인을 실행한 경우, 일반적으로 교사자는 상해죄에 대한 교사범이 되는 것이고, 다만 이 경우 교사자에게 피해자의 사망이라는 결과에 대하여 과실 내지 예견가능성이 있는 때에는 상해치사죄의 교사범으로서의 죄책을 지울 수 있다. (대법원 97도1075)

정답 ×

192 막연히 "범죄를 하라"거나 "절도를 하라"고 하는 등의 행위만으로는 교사행위가 되기에 부족하므로, 교사범이 성립하기 위해서는 범행의 일시, 장소, 방법 등의 사항을 특정하여 교사하여야 한다. ○ ×

해설 막연히 "범죄를 하라"거나 "절도를 하라"고 하는 등의 행위만으로는 교사행위가 되기에 부족하다 하겠으나, 타인으로 하여금 일정한 범죄를 실행할 결의를 생기게 하는 행위를 하면 되는 것으로서 교사의 수단방법에 제한이 없다 할 것이므로, 교사범이 성립하기 위하여는 범행의 일시, 장소, 방법 등의 세부적인 사항까지를 특정하여 교사할 필요는 없는 것이고, 정범으로 하여금 일정한 범죄의 실행을 결의할 정도에 이르게 하면 교사범이 성립된다. (대법원 91도542)   정답 ×

193 대리응시자들의 시험장 입장이 시험관리자의 승낙 또는 그 추정된 의사에 반한 불법침입이라 하더라도, 이와 같은 침입을 교사한 사람에게 주거침입교사죄가 성립된다고 볼 수는 없다. ○ ×

해설 대리응시자들의 시험장의 입장은 시험관리자의 승낙 또는 추정된 의사에 반한 불법침입이라 아니 할 수 없고 따라서 피고인이 대리응시자에게 시험장 입장을 교사한 이상 주거침입교사죄가 성립된다. (대법원 67도1281)   정답 ×

194 교사자가 피교사자에 대하여 상해를 교사하였는데 피교사자가 살인을 실행한 경우, 일반적으로 교사자는 상해죄에 대한 교사범이 되는 것이고, 다만 교사자에게 피해자의 사망이라는 결과에 대하여 과실 내지 예견가능성이 있는 때에는 상해치사죄의 교사범으로서의 죄책을 지울 수 있다. ○ ×

해설 대법원 97도1075   정답 ○

195 교사범이란 타인(정범)으로 하여금 범죄를 결의하게 하여 그 죄를 범하게 한 때에 성립하는 것이므로, 피교사자가 이미 범죄의 결의를 가지고 있을 때에는 교사범이 성립할 여지가 없고, 교사범의 교사가 정범이 그 죄를 범한 유일한 조건이어야 한다. ○ ×

해설 교사범의 교사가 정범이 죄를 범한 유일한 조건일 필요는 없으므로, 교사행위에 의하여 정범이 실행을 결의하게 된 이상 비록 정범에게 범죄의 습벽이 있어 그 습벽과 함께 교사행위가 원인이 되어 정범이 범죄를 실행한 경우에도 교사범의 성립에 영향이 없다. (대법원 91도542)   정답 ×

196 스스로 본인을 무고하는 자기무고는 형법 제156조 무고죄의 구성요건에 해당하지 아니하여 무고죄를 구성하지 않는다. 그러나 피무고자의 교사·방조 하에 제3자가 피무고자에 대한 허위의 사실을 신고한 경우에는 제3자의 행위는 무고죄의 구성요건에 해당하여 무고죄를 구성하므로, 제3자를 교사·방조한 피무고자도 교사·방조범으로서의 죄책을 부담한다. ○ ×

해설 대법원 2013도12592   정답 ○

197 甲이 乙에게 사기를 교사하였는데 乙이 공갈을 실행한 경우, 교사내용과 실행행위의 질적 차이가 본질적이지 않으므로 甲은 교사한 범죄에 대한 교사범의 책임을 지지 않는다. ○ ×

해설 교사한 범죄보다 양적으로 중한 죄를 저지른 경우에는 교사한 범죄에 대한 교사범만 성립한다.   정답 ×

05 방조범

198 종범은 정범이 실행행위에 착수하여 범행을 하는 과정에서 이를 방조한 경우뿐 아니라, 정범의 실행의 착수 이전에 장래의 실행행위를 미필적으로나마 예상하고 이를 용이하게 하기 위하여 방조한 경우에도 그 후 정범이 실행행위에 나아갔다면 성립할 수 있다. ○ ×

해설 대법원 2013도7494

정답 ○

199 공무원 또는 중재인이 부정한 청탁을 받고 제3자에게 뇌물을 제공하게 하고 제3자가 그러한 공무원 또는 중재인의 범죄행위를 알면서 방조한 경우에는 그에 대한 별도의 처벌규정이 없더라도 방조범에 관한 형법총칙의 규정이 적용되어 제3자뇌물수수방조죄가 인정될 수 있다. ○ ×

해설 대법원 2016도19659

정답 ○

200 피무고자의 교사·방조 하에 제3자가 피무고자에 대한 허위의 사실을 신고한 경우에는 제3자의 행위는 무고죄의 구성요건에 해당하지 않아 무고죄를 구성하지 않고, 제3자를 교사·방조한 피무고자도 교사·방조범으로서의 죄책을 부담하지 않는다. ○ ×

해설 피무고자의 교사·방조 하에 제3자가 피무고자에 대한 허위의 사실을 신고한 경우에는 제3자의 행위는 무고죄의 구성요건에 해당하여 무고죄를 구성하므로, 제3자를 교사·방조한 피무고자도 교사·방조범으로서의 죄책을 부담한다. (대법원 2008도4852)

정답 ×

201 효과 없는 교사는 교사자와 피교사자 모두 예비·음모에 준하여 처벌되지만, 효과 없는 방조는 처벌되지 않는다. ○ ×

해설

> 형법 제31조(교사범) ② 교사를 받은 자가 범죄의 실행을 승낙하고 실행의 착수에 이르지 아니한 때에는 교사자와 피교사자를 음모 또는 예비에 준하여 처벌한다.

정답 ○

202 자신들이 개설한 인터넷 사이트를 통해 회원들로 하여금 음란한 동영상을 게시하도록 하고 다른 회원들로 하여금 이를 다운받을 수 있도록 하는 방법으로 정보통신망을 통한 음란한 영상의 배포·전시를 방조한 행위가 단일하고 계속된 범의 아래 일정기간 계속하여 이루어졌고 피해법익도 동일한 경우, 방조행위는 포괄일죄의 관계에 있다. ○ ×

해설 대법원 2010도1588

정답 ○

203 방조행위와 정범의 실행행위 사이에 인과관계가 필요하지 않다는 견해에 따르면, 공범종속성설에 따라 기도된 방조의 가벌성을 인정하기 때문에 방조범의 처벌범위가 부당하게 확대된다는 비판이 있다. ○ ×

해설 방조행위와 정범의 실행행위 사이에 인과관계가 필요하지 않다는 견해는 공범독립성설에 해당한다. 공범독립성설에 의하면 공범은 독립된 범죄이므로, 교사·방조행위가 있으면 정범의 실행행위가 없더라도 공범이 성립되고 기도된 교사를 독립성설에 근거한 규정으로 이해한다. 따라서 기도된 방조의 가벌성을 인정하기 때문에 방조범의 처벌범위가 부당하게 확대된다는 비판이 있다. 정답 ×

204 방조행위와 정범의 실행행위 사이에 인과관계가 필요하다는 견해는 공범의 처벌근거가 타인의 불법을 야기·촉진시키는데 있으므로 방조행위가 피방조자의 실행에 아무런 영향을 끼치지 못한 경우에는 처벌근거가 상실된다는 점을 논거로 한다. ○ ×

해설 방조행위와 정범의 실행행위 사이에 인과관계가 필요하다는 인과관계 필요설에 관한 설명으로 옳다. 통설은 방조행위와 실행행위 사이에 인과관계가 필요하다는 견해이다. 방조행위가 인정되려면, 방조행위가 최소한 정범의 실행행위의 방법이나 수단 등에 영향을 주어 실행행위를 용이하게 해 주어야 한다는 점이다. 정답 ○

205 방조범에 있어서 정범의 고의는 정범에 의하여 실현되는 범죄의 구체적 내용을 인식할 것을 요하는 것은 아니고 미필적 인식 또는 예견으로 족하다. ○ ×

해설 대법원 2012도2628 정답 ○

206 방조범은 정범이 누구인지를 확실히 알아야 한다. ○ ×

해설 정범이 범행을 한다는 점을 알면서 그 실행행위를 용이하게 한 이상 그 행위가 간접적이거나 직접적이거나를 가리지 않으며 이 경우 정범이 누구에 의하여 실행되어지는가를 확지할 필요는 없다. (대법원 76도4133) 정답 ×

207 범인이 자신을 위하여 타인으로 하여금 허위의 자백을 하게 하여 범인도피죄를 범하게 하는 행위는 방어권의 남용으로 범인도피교사죄에 해당하고, 그 타인이 형법 제151조 제2항에 의하여 처벌을 받지 아니하는 친족 또는 동거 가족에 해당하는 경우에도 마찬가지이다. ○ ×

해설 대법원 2005도3707 정답 ○

208 甲은 여당의 유력 정치가인 乙이 기업인들로부터 뇌물을 수수하기 전에 乙과 기업인들의 면담을 주선하였고, 그 후 乙이 기업인들로부터 뇌물을 받았다면 甲은 수뢰죄의 종범에 해당한다. ○ ×

해설 대법원 96도3377 전합 정답 ○

209 1인 회사의 주주가 개인적 거래에 수반하여 법인 소유의 부동산을 담보로 제공한다는 사정을 거래상대방이 알면서 가등기의 설정을 요구하고 그 가등기를 경료받은 경우 거래상대방은 배임행위의 방조범에 해당한다. ○ ×

해설 거래상대방의 대향적 행위의 존재를 필요로 하는 유형의 배임죄에 있어서 거래상대방으로서는 기본적으로 배임행위의 실행행위자와는 별개의 이해관계를 가지고 반대편에서 독자적으로 거래에 임한다는 점을 감안할 때, 거래상대방이 배임행위를 교사하거나 그 배임행위의 전 과정에 관여하는 등으로 배임행위에 적극 가담함으로써 그 실행행위자와의 계약이 반사회적 법률행위에 해당하여 무효로 되는 경우 배임죄의 교사범 또는 공동정범이 될 수 있음은 별론으로 하고, 관여의 정도가 거기에까지 이르지 아니하여 법질서 전체적인 관점에서 살펴볼 때 사회적 상당성을 갖춘 경우에 있어서는 비록 정범의 행위가 배임행위에 해당한다는 점을 알고 거래에 임하였다는 사정이 있어 외견상 방조행위로 평가될 수 있는 행위가 있었다 할지라도 범죄를 구성할 정도의 위법성은 없다고 봄이 상당하다. (대법원 2005도4915) 정답 ×

210 의사인 피고인이 입원치료를 받을 필요가 없는 환자들이 보험금 수령을 위하여 입원치료를 받으려고 하는 사실을 알면서도 입원을 허가하여 형식상으로 입원치료를 받도록 한 후 입원확인서를 발급하여 준 경우, 사기방조죄가 성립한다. ○ ×

해설 대법원 2004도6557 정답 ○

211 과실범에 대한 교사범은 성립할 수 있으나 과실범에 대한 방조범은 성립할 수 없다. ○ ×

해설

> 형법 제34조(간접정범, 특수한 교사, 방조에 대한 형의 가중) ① 어느 행위로 인하여 처벌되지 아니하는 자 또는 과실범으로 처벌되는 자를 교사 또는 방조하여 범죄행위의 결과를 발생하게 한 자는 교사 또는 방조의 예에 의하여 처벌한다. = 과실범에 대한 교사나 방조는 성립할 수 없고 간접정범에 해당할 뿐이다.

정답 ×

212 피교사자가 교사자의 교사행위 당시에는 일응 범행을 승낙하지 아니한 것으로 보여진다 하더라도 이후 그 교사행위에 의하여 범행을 결의한 것으로 인정되는 이상 교사범의 성립에는 영향이 없다. ○ ×

해설 대법원 2012도2744 정답 ○

213 자기의 지휘, 감독을 받는 자를 방조하여 범죄의 결과를 발생하게 한 자는 정범에 정한 형의 장기 또는 다액에 그 2분의 1까지 가중한 형으로 처벌한다. ○ ×

해설

> 형법 제34조(간접정범, 특수한 교사, 방조에 대한 형의 가중) ② 자기의 지휘, 감독을 받는 자를 교사 또는 방조하여 전항의 결과를 발생하게 한 자는 교사인 때에는 정범에 정한 형의 장기 또는 다액에 그 2분의 1까지 가중하고 방조인 때에는 정범의 형으로 처벌한다.

정답 ×

214 인터넷 카페의 대표 甲이 기자회견을 열어 A회사에 대하여 불매운동을 하겠다고 하면서 공갈행위를 하였는데, 위 카페의 회원 乙이 그러한 사정을 알면서도 그 자리에서 지지의 의사로 공감을 표시하거나 甲의 부탁을 받고 사진을 찍어주는 행위는 공갈죄의 방조에 해당한다. ○ ×

해설 대법원 2010도13774   정답 ○

215 작위는 물론이고 부작위에 의한 종범도 성립할 수 있지만, 정범이 작위범인 경우에는 부작위에 의한 방조자에게 보증인적 지위가 인정되지 않으면 부작위에 의한 종범이 성립하지 않는다. ○ ×

해설 방조는 물리적·심리적으로도 가능하므로 부작위에 의한 방조는 가능하다는 것이 통설이다. 다만 정범이 작위범인 경우 부작위에 의한 방조는 보증인지위에 있는 자에 한정된다. (대법원 85도1906)   정답 ○

216 종범이 성립하기 위해서는 방조자에게 자신이 피방조자의 범죄실행을 방조한다는 점에 대한 고의와 피방조자의 행위가 구성요건적 결과를 실현한다는 점에 대한 고의가 둘 다 있어야 한다. ○ ×

해설 대법원 2010도9500, 대법원 2012도2628   정답 ○

217 정범이 강도의 예비행위를 할 때 방조행위가 행해졌고 그 후에 정범이 강도의 실행에 착수하지 못했다면 방조자는 강도예비죄의 종범으로 처벌된다. ○ ×

해설 정범이 실행착수에 이르지 않고 예비단계에 그친 행위에 가공하더라도 예비의 공동정범이 되는 때를 제외하고는 종범으로 처벌할 수 없다. (대법원 79도552) = 판례는 종범은 정범의 실행행위를 전제로 한 것인데, 예비죄에는 기본범죄와는 달리 실행행위가 없으므로 종범이 성립할 수 없고, 형법은 예비죄의 교사범에 관하여 명시적인 처벌규정을 두면서도 예비죄의 종범에 대해서는 일체 언급하지 않는바, 이러한 형법의 태도는 예비죄의 종범을 부인하는 것으로 해석되어져야 한다는 부정설의 입장에서 예비죄의 공동정범을 인정하면서도 종범에 대해서만은 부정한다.   정답 ×

218 의료인이 의료인의 자격이 없는 일반인의 의료기관 개설행위에 공모하여 가공하면 구 의료법 제87조 제1항 제2호, 제33조 제2항 위반죄의 공동정범에 해당한다. ○ ×

해설 대법원 2017도378   정답 ○

219 형법 제31조 제1항은 협의의 공범의 일종인 교사범이 그 성립과 처벌에 있어서 정범에 종속한다는 일반적인 원칙을 선언한 것에 불과하다. 신분관계로 인하여 형의 경중이 있는 경우에 신분이 있는 자가 신분이 없는 자를 교사하여 죄를 범하게 한 때에는 형법 제33조 단서가 형법 제31조 제1항에 우선하여 적용됨으로써 신분이 있는 교사범이 신분이 없는 정범보다 중하게 처벌된다. ○ ×

해설 대법원 93도1002   정답 ○

220 甲이 사기 범행에 이용되리라는 사정을 알고서도 A에게 자신의 명의로 된 은행 예금계좌의 접근매체를 양도함으로써 A가 B를 속여 B로 하여금 현금을 위 계좌로 송금하게 한 경우, 甲은 사기죄의 방조범이 된다. ○ ×

해설 대법원 2010도6256

정답 ○

221 은행지점장 甲이 정범인 부하직원들의 은행에 대한 배임행위를 인식하면서도 이를 방치한 경우 업무상배임죄의 방조범이 성립한다. ○ ×

해설 대법원 84도1906

정답 ○

222 방조죄는 정범의 범죄에 종속하여 성립하는 것으로서, 방조의 대상이 되는 정범의 실행행위의 착수가 없으면 방조죄만 독립하여 성립할 수 없다. ○ ×

해설 대법원 78도3113

정답 ○

223 정범의 실행행위 전이나 실행행위 중에 정범을 방조하여 그 실행행위를 용이하게 하는 것뿐만 아니라 정범의 범죄종료 후의 이른바 사후방조도 방조범으로 볼 수 있다. ○ ×

해설 종범은 정범의 실행행위 전이나 실행행위 중에 정범을 방조하여 그 실행행위를 용이하게 하는 것을 말하므로 정범의 범죄종료 후의 이른바 사후방조를 종범이라고 볼 수 없다. (대법원 82도122)

정답 ×

224 매도, 매수와 같이 2인 이상의 서로 대향된 행위의 존재를 필요로 하는 관계에 있어서는 공범이나 방조범에 관한 형법총칙 규정의 적용이 있을 수 없고, 따라서 매도인에게 따로 처벌규정이 없는 이상 매도인의 매도행위는 그와 대향적 행위의 존재를 필요로 하는 상대방의 매수범행에 대하여 공범이나 방조범관계가 성립되지 아니한다. ○ ×

해설 대법원 2002도1696

정답 ○

225 방조범은 정범의 실행을 방조한다는 이른바 방조의 고의가 필요하고, 정범의 행위가 구성요건에 해당하는 행위인 점에 대한 정범의 고의가 있어야 하는 것은 아니다. ○ ×

해설 종범에도 교사범에서와 마찬가지로 이중의 고의가 필요하다. 즉, 방조의사와 정범의 고의가 있어야 하는 것이다.

정답 ×

226

종범은 임의적 감경사유에 해당한다. ○ ×

해설

형법 제32조(종범) ① 타인의 범죄를 방조한 자는 종범으로 처벌한다.
② 종범의 형은 정범의 형보다 감경한다.

정답 ×

227

교사범이 성립하기 위해 교사범의 교사가 정범의 범행에 대한 유일한 조건일 필요는 없다. ○ ×

해설 대법원 91도542

정답 ○

228

종범은 정범의 실행행위 중에 이를 방조하는 경우는 물론이고 실행의 착수 전에 장래의 실행행위를 예상하고 이를 용이하게 하는 행위를 하여 방조한 경우에도 성립할 수 있고, 이 경우 정범이 실행에 착수하지 않았다 하더라도 종범 성립에는 영향이 없다. ○ ×

해설 종범은 정범의 실행행위 중에 이를 방조하는 경우는 물론이고 실행의 착수 전에 장래의 실행행위를 예상하고 이를 용이하게 하는 행위를 하여 방조한 경우에도 정범이 그 실행행위에 나아갔다면 성립한다. (대법원 96도3377 전합)

정답 ×

229

형법상 방조행위는 정범의 실행행위를 용이하게 하는 직접, 간접의 모든 행위를 가리키는 것으로서 작위에 의한 경우뿐만 아니라 부작위에 의하여도 성립된다. ○ ×

해설 대법원 2003도4128

정답 ○

230

乙이 甲의 교사행위 당시에는 범행을 승낙하지 않았으나 이후 그 교사행위에 의하여 범행을 결의한 것으로 인정되는 경우, 甲에게는 교사범이 성립한다. ○ ×

해설 대법원 2012도2744

정답 ○

231

甲이 乙에게 A를 살해할 것을 제의하였는데 乙이 그 제의를 거절한 경우 甲은 살인죄의 예비 음모에 준하여 처벌된다. ○ ×

해설

형법 제31조(교사범) 제31조(교사범) ② 교사를 받은 자가 범죄의 실행을 승낙하고 실행의 착수에 이르지 아니한 때에는 교사자와 피교사자를 음모 또는 예비에 준하여 처벌한다.
③ 교사를 받은 자가 범죄의 실행을 승낙하지 아니한 때에도 교사자에 대하여는 전항과 같다.

정답 ○

232 甲이 乙에게 A를 상해할 것을 교사하였는데 乙이 이를 넘어 살인을 실행한 경우, 甲에게 A의 사망이라는 결과에 대하여 과실 내지 예견가능성이 있는 때에는 살인죄의 교사범으로서의 죄책을 지울 수 있다. ○ ×

해설 교사자가 피교사자에 대하여 상해 또는 중상해를 교사하였는데 피교사자가 이를 넘어 살인을 실행한 경우 일반적으로 교사자는 상해죄 또는 중상해죄의 교사범이 되지만 이 경우 교사자에게 피해자의 사망이라는 결과에 대하여 과실 내지 예견가능성이 있는 때에는 상해치사죄의 교사범으로서의 죄책을 지울 수 있다. (대법원 93도1873)   정답 ×

233 교사를 받은 자가 범죄의 실행을 승낙하지 아니한 때에는 교사자만을 음모 또는 예비에 준하여 처벌한다. ○ ×

해설

> 형법 제31조(교사범) ③ 교사를 받은 자가 범죄의 실행을 승낙하지 아니한 때에도 교사자에 대하여는 전항과 같다.

정답 ○

234 필요적 공범이라는 것은 법률상 범죄의 실행이 다수인의 협력을 필요로 하는 것을 가리키는 것으로서 이러한 범죄의 성립에는 행위의 공동을 필요로 하는 것에 불과하고 반드시 협력자 전부가 책임이 있음을 필요로 하는 것은 아니다. ○ ×

해설 대법원 87도1699   정답 ○

235 공모공동정범에 있어서의 공모는 범죄사실을 구성하는 것으로서 이를 인정하기 위해서는 엄격한 증명이 요구된다. ○ ×

해설 대법원 98도2654   정답 ○

236 정범에 의한 법익침해의 위험을 증대시키면 방조범이 성립하므로 방조범에서는 인과관계가 요구되지 아니한다. ○ ×

해설 방조범은 정범에 종속하여 성립하는 범죄이므로 방조행위와 정범의 범죄 실현 사이에는 인과관계가 필요하다. 방조범이 성립하려면 방조행위가 정범의 범죄 실현과 밀접한 관련이 있고 정범으로 하여금 구체적 위험을 실현시키거나 범죄결과를 발생시킬 기회를 높이는 등으로 정범의 범죄 실현에 현실적인 기여를 하였다고 평가할 수 있어야 한다. 정범의 범죄 실현과 밀접한 관련이 없는 행위를 도와준 데 지나지 않는 경우에는 방조범이 성립하지 않는다. (대법원 2017도19025 전합)   정답 ×

237 甲이 乙에게 A의 주거에 침입할 것을 교사하였으나 乙은 A의 승낙을 얻어 정당하게 A의 주거에 들어간 경우, 공범종속성설 중 제한종속형식에 의하면 甲에게는 주거침입죄의 교사범이 성립하지 않는다. ○ ×

해설 제한적 종속설에 의하면 구성요건 해당성과 위법성이 인정되어야 공범이 성립할 수 있다. 위의 사안은 피해자의 승낙을 얻은 경우로 구성요건이 조각되는 양해의 경우에 해당하므로 제한적 종속설에 의하게 될 경우 불법이 성립되지 않으므로 공범이 성립할 수 없다.   정답 ○

06 공범과 신분

238 공무원이 아닌 자는 형법 제228조의 경우를 제외하고는 허위공문서작성죄의 간접정범으로 처벌할 수 없으므로, 공무원이 아닌 자가 공무원과 공동하여 허위공문서작성죄를 범한 때에도 허위공문서작성죄의 공동정범으로 처벌할 수 없다. ○ ×

해설 공무원이 아닌 자는 형법 제228조의 경우를 제외하고는 허위공문서작성죄의 간접정범으로 처벌할 수 없으나, 공무원이 아닌 자가 공무원과 공동하여 허위공문서작성죄를 범한 때에는 공무원이 아닌 자도 형법 제33조, 제30조에 의하여 허위공문서작성죄의 공동정범이 된다. (대법원 2006도1663) 정답 ×

239 공직선거법 제257조 제1항 제1호에서 규정하는 각 기부행위제한위반의 죄와 관련하여 각 기부행위의 주체로 인정되지 아니하는 자가 기부행위의 주체자 등과 공모하여 기부행위를 한 경우, 기부행위 주체자에 해당하는 법조 위반의 공동정범으로 처벌할 수 있다. ○ ×

해설 공직선거법 제257조 제1항 제1호에서 규정하는 각 기부행위제한위반의 죄는 공직선거법 제113조(후보자 등의 기부행위 제한), 제114조(정당 및 후보자의 가족 등의 기부행위 제한), 제115조(제3자의 기부행위 제한)에 각기 한정적으로 열거되어 규정하고 있는 신분관계가 있어야만 성립하는 범죄이고, 죄형법정주의의 원칙상 유추해석은 할 수 없으므로, 위 각 해당 신분관계가 없는 자의 기부행위는 위 각 해당 법조항 위반의 범죄로는 되지 않는다. 또한, 각 법조항을 구분하여 기부행위의 주체 및 그 주체에 따라 기부행위제한의 요건을 각기 달리 규정한 취지는 각 기부행위의 주체자에 대하여 그 신분에 따라 각 해당법조로 처벌하려는 것이므로, 각 기부행위의 주체로 인정되지 아니하는 자가 기부행위의 주체자 등과 공모하여 기부행위를 하였다 하더라도 그 신분에 따라 각 해당법조로 처벌하여야지 기부행위 주체자에 해당하는 법조 위반의 공동정범으로 처벌할 수는 없다. (대법원 2007도9507) 정답 ×

240 업무상 타인의 사무를 처리하는 자가 그러한 신분관계가 없는 자와 공모하여 업무상 배임죄를 저질렀다면 그러한 신분관계가 없는 자에 대하여는 형법 제33조 단서에 의하여 업무상 배임죄의 정한 형으로 처벌한다. ○ ×

해설 업무상배임죄는 업무상 타인의 사무를 처리하는 지위에 있는 사람이 그 임무에 위배하는 행위로써 재산상의 이익을 취득하거나 제3자로 하여금 이를 취득하게 하여 본인에게 손해를 가한 때에 성립하는 것으로서, 이는 타인의 사무를 처리하는 지위라는 점에서 보면 신분관계로 인하여 성립될 범죄이고, 업무상 타인의 사무를 처리하는 지위라는 점에서 보면 단순배임죄에 대한 가중규정으로서 신분관계로 인하여 형의 경중이 있는 경우라고 할 것이므로, 그와 같은 신분관계가 없는 자가 그러한 신분관계가 있는 자와 공모하여 업무상배임죄를 저질렀다면 그러한 신분관계가 없는 자에 대하여는 형법 제33조 단서에 의하여 단순배임죄에 정한 형으로 처단하여야 할 것이다. (대법원 2012도6676) 정답 ×

241 「형법」 제33조의 신분관계라 함은 남녀의 성별, 내·외국인의 구별, 친족관계, 공무원인 자격과 같은 관계뿐만 아니라 널리 일정한 범죄행위에 관련된 범인의 인적관계인 특수한 지위 또는 상태를 말한다. ○ ×

해설 대법원 93도1002 정답 ○

242 비신분자가 신분자와 공모하여 업무상 횡령죄를 범한 경우 비신분자에게 업무상 횡령죄가 성립하고 처벌에 있어서도 업무상 횡령죄에 정한 형으로 처벌해야 한다. ○ ×

해설 비신분자가 신분자와 공동으로 업무상 횡령행위를 한 경우, 비신분자에게도 업무상횡령죄가 성립하고 처벌에 있어서 제33조 단서에 의하여 단순횡령죄로 처벌한다는 것이 판례의 입장이다. 정답 ×

243 공무원이 아닌 자는 공정증서원본등불실기재의 경우를 제외하고는 허위공문서작성죄의 간접정범으로 처벌할 수 없으나, 공무원이 아닌 자가 공무원과 공동하여 허위공문서작성죄를 범한 때에는 공무원이 아닌 자도 허위공문서작성죄의 공동정범이 된다. ○ ×

해설 대법원 2006도1663 정답 ○

244 비신분자인 甲이 신분자인 A의 업무상횡령 행위를 교사하여 A로 하여금 업무상횡령을 하게 한 경우 甲에게는 단순횡령죄의 교사범이 성립하지만 업무상횡령죄의 교사범의 형으로 처벌된다. ○ ×

해설 판례의 입장은 형법 제33조 단서에 따라 甲의 경우 업무상횡령교사죄가 성립하지만 단순횡령교사죄에 정한 형을 처단하여야 한다. 정답 ×

245 범인 甲이 도피하기 위하여 타인으로 하여금 허위의 자백을 하게 하는 등으로 범인도피죄를 범하게 하는 경우 그것이 방어권의 남용으로 볼 수 있을 때에는 범인도피교사죄에 해당할 수 있다. ○ ×

해설 대법원 2000도20 정답 ○

246 甲이 증인 乙을 사주하여 법정에서 위증하게 한 경우 甲은 위증죄의 교사범이 성립한다. ○ ×

해설 대법원 2003도5114 정답 ○

247 공무원 甲이 뇌물공여자로 하여금 뇌물수수죄의 공동정범 관계에 있는 생계를 같이 하는 아내 乙에게 뇌물을 공여하게 한 경우 甲은 뇌물수수죄의 공동정범이 성립한다. ○ ×

해설 대법원 2003도8077 정답 ○

248 비신분자인 아내 甲과 신분자인 아들 乙이 공동하여 남편을 살해한 경우 아내 甲과 아들 乙에게는 존속살해죄의 공동정범이 성립하고, 아내 甲은 보통살인죄의 형으로 처벌된다. ○ ×

해설 대법원 4294형상284 정답 ○

249 도박의 습벽이 있는 甲이 도박을 하고 또 상습성 없는 乙의 도박을 방조한 경우 甲은 도박죄로 처벌된다. ○ ✕

해설 상습도박의 죄나 상습도박방조의 죄에 있어서의 상습성은 행위의 속성이 아니라 행위자의 속성으로서 도박을 반복해서 거듭하는 습벽을 말하는 것인바, 도박의 습벽이 있는 자가 타인의 도박을 방조하면 상습도박방조의 죄에 해당하는 것이며, 도박의 습벽이 있는 자가 도박을 하고 또 도박방조를 하였을 경우 상습도박방조의 죄는 무거운 상습도박의 죄에 포괄시켜 일죄로서 처단하여야 한다. (대법원 84도195)

정답 ✕

250 「형법」 제33조 본문의 신분관계로 인하여 성립될 범죄에는 진정신분범뿐만 아니라 부진정신분범도 포함되며, 단서는 비신분자와 신분자의 과형의 개별화에 관한 규정으로 본다. ○ ✕

해설 다수설은 형법 제33조 본문은 진정신분범의 성립과 과형을, 단서는 부진정신분범의 성립과 과형을 규정한 것이라고 해석하지만, 판례는 형법 제33조 본문은 진정신분범·부진정신분범의 성립을, 단서는 부진정신분범의 과형을 규정한 것이라고 해석하고 있다.

정답 ○

251 공무원이 뇌물공여자로 하여금 공무원과 뇌물수수죄의 공동정범 관계에 있는 비공무원에게 뇌물을 공여하게 하여 비공무원이 뇌물을 받은 경우 비공무원은 공무원과 함께 뇌물수수죄의 공동정범이 성립하고 제3자뇌물수수죄는 성립하지 않는다. ○ ✕

해설 대법원 2018도2738 전합

정답 ○

252 지방공무원의 신분을 가지지 아니하는 사람이 구 「지방공무원법」에 따라 처벌되는 지방공무원의 범행에 가공한다면 「형법」 제33조 본문에 의해서 공범으로 처벌받을 수 있다. ○ ✕

해설 대법원 2010도14409

정답 ○

253 변호사가 변호사 아닌 자에게 고용되어 법률사무소의 개설·운영에 관여하는 행위는 변호사법위반죄의 방조범으로 처벌할 수 없다. ○ ✕

해설 대법원 2004도3994

정답 ○

254 물건의 소유자가 아닌 사람은 형법 제33조 본문에 따라 소유자의 권리행사방해죄의 범행에 가담한 경우에 한하여 그의 공범이 될 수 있을 뿐이다. 그러나 권리행사방해죄의 공범으로 기소된 물건의 소유자에게 고의가 없는 등으로 범죄가 성립하지 않는다면 공동정범이 성립할 여지가 없다. ○ ✕

해설 대법원 2017도4578

정답 ○

255 의료인 甲이 의료인 아닌 乙의 무면허의료행위에 공모하여 가공한 경우, 의료인의 신분을 가진 甲을 乙의 의료법위반행위의 공범으로 처벌할 수 없다. ○ ×

해설 의료인일지라도 의료인 아닌 자의 의료행위에 공모하여 가공하면 의료법 제25조 제1항이 규정하는 무면허의료행위의 공동정범으로서의 책임을 진다. (대법원 85도448)   정답 ×

256 '업무상의 임무'라는 신분관계가 없는 자가 그러한 신분관계 있는 자와 공모하여 업무상배임죄를 저질렀다면, 그러한 신분관계가 없는 공범에게도 형법 제33조 본문에 따라 일단 신분범인 업무상배임죄가 성립하되, 다만 과형에서는 같은 조 단서에 따라 단순배임죄의 법정형이 적용된다. ○ ×

해설 대법원 86도1517   정답 ○

257 의료인인 甲이 의료인이나 의료법인 아닌 乙의 의료기관 개설행위에 공모하여 가공하면 의료법위반죄의 공동정범에 해당하나, 甲이 乙을 교사하여 진료행위를 하도록 지시하면 무면허의료행위의 교사범에 해당하지 않는다. ○ ×

해설 치과의사가 환자의 대량유치를 위해 치과기공사들에게 내원환자들에게 진료행위를 하도록 지시하여 동인들이 각 단독으로 전항과 같은 진료행위를 하였다면 무면허의료행위의 교사범에 해당한다. (대법원 86도749)   정답 ×

258 비공무원이 공무원과 공동가공의 의사와 이를 기초로 한 기능적행위지배를 통하여 공무원의 직무에 관하여 뇌물을 수수한 경우, 공무원과 비공무원에게 뇌물수수죄의 공동정범이 성립한다. ○ ×

해설 대법원 2018도2738 전합   정답 ○

259 의사가 의사 면허 없는 일반인의 무면허의료행위에 공모하여 가공하는 등 기능적 행위지배가 인정된다면, 의사도 「의료법」상 무면허의료행위의 공동정범으로서의 죄책을 진다. ○ ×

해설 대법원 2002도995   정답 ○

260 도박의 습벽이 있는 자가 타인의 도박을 방조하면 상습도박방조의 죄에 해당하는 것이며, 도박의 습벽이 있는 자가 도박을 하고 또 도박방조를 하였을 경우, 상습도박죄와는 별도로 상습도박방조의 죄가 성립하고 양자는 실체적 경합 관계에 있다. ○ ×

해설 상습도박의 죄나 상습도박방조의 죄에 있어서의 상습성은 행위의 속성이 아니라 행위자의 속성으로서 도박을 반복해서 거듭하는 습벽을 말하는 것인바, 도박의 습벽이 있는 자가 타인의 도박을 방조하면 상습도박방조의 죄에 해당하는 것이며, 도박의 습벽이 있는 자가 도박을 하고 또 도박방조를 하였을 경우 상습도박방조의 죄는 무거운 상습도박의 죄에 포괄시켜 1죄로서 처단하여야 한다. (대법원 84도195)   정답 ×

261   업무상의 임무라는 신분관계가 없는 자가 그러한 신분관계 있는 자와 공모하여 업무상배임죄를 저질렀다면, 신분관계 없는 공범에게도 형법 제33조 본문에 따라 일단 신분범인 업무상배임죄가 성립하고 다만 과형에서만 형법 제33조 단서가 적용되어 무거운 형이 아닌 단순배임죄의 법정형이 적용된다. ○ ×

해설 대법원 2018도10047   정답 ○

262   의료인이 의료인이나 의료법인 아닌 자의 의료기관 개설행위에 공모하여 가공하였더라도, 그 의료인을 '의료인이나 의료법인 아닌 자의 의료기관 개설행위를 처벌하는 의료법 위반행위'의 공동정범으로 처벌할 수는 없다. ○ ×

해설 의료인이 의료인이나 의료법인 아닌 자의 의료기관 개설행위에 공모하여 가공하면 의료법 제66조 제3호, 제30조 제2항 위반죄의 공동정범에 해당된다. (대법원 2001도2015)   정답 ×

263   공범과 신분에 관하여 신분관계로 인하여 범죄가 성립하는 경우를 진정신분범, 신분관계로 형이 가중되거나 감경되는 경우를 부진정신분범이라 한다. ○ ×

해설 신분범의 개념 정의에 대한 설명이다.   정답 ○

264   甲이 乙을 교사하여 乙의 아버지를 살해하게 한 경우, 甲에게는 보통살인죄의 교사범이 성립한다. ○ ×

해설 甲이 乙을 교사하여 乙의 아버지를 살해하게 한 경우, 甲에게는 성립과 관련해서는 제33조 본문이 적용되어 존속살해죄의 교사범이 성립하나, 처벌과 관련해서는 제33조 단서가 적용되어 보통살인죄의 교사범으로 처벌된다.   정답 ×

265   부진정 부작위범에 있어서 작위의무는 법령, 법률행위, 선행행위로 인한 경우는 물론, 신의성실의 원칙이나 사회상규 혹은 조리상 작위의무가 기대되는 경우에도 인정된다. ○ ×

해설 대법원 95도2551   정답 ○

266   부진정 결과적가중범은 예견 가능한 결과를 예견하지 못한 경우뿐만 아니라 그 결과를 예견하거나 고의가 있는 경우까지도 포함하는 것이므로, 공무원의 적법한 직무집행을 방해하는 집단행위의 과정에서 일부 집단원이 고의로 공무원에게 살상을 가한 경우, 다른 집단원에게 그 사상의 결과가 예견 가능한 것이었다면 다른 집단원도 특수공무방해치사상의 책임을 면할 수 없다. ○ ×

해설 대법원 90도765   정답 ○

CHAPTER 06 공범론

267 비신분자가 신분관계로 인하여 성립될 범죄에 가공한 경우 비신분자에게 공동가공의 의사와 이에 기초한 기능적 행위지배를 통한 범죄의 실행이라는 주관적·객관적 요건이 충족되면 신분자와 공동정범이 성립한다. ○ ×

해설 대법원 2018도13792 전합

정답 ○

268 甲이 친구 乙과 공모하여 자신의 아버지를 살해한 경우, 乙은 존속살해죄의 공동정범이 성립하나 보통살인죄에 정한 형으로 처단된다. ○ ×

해설 대법원 4294형상284

정답 ○

269 甲이 공무원인 자신의 남편 A에게 채무변제로 받는 돈이라고 속여 A로 하여금 뇌물을 받게 한 경우, 甲은 형법 제33조에 의해 수뢰죄의 간접정범으로 처벌된다. ○ ×

해설 甲이 수뢰죄로 처벌되기 위해서는 공무원이라는 신분이 있어야 한다. 그런데 형법 제33조는 공동정범, 교사범, 방조범에만 적용되고, 간접정범 형태에는 적용이 되지 않는다. 따라서 甲은 일반인으로 취급되어 수뢰죄(간접정범)로 처벌할 수 없다.

정답 ×

CHAPTER 07 죄수론

01 죄수의 일반이론

001 행위표준설은 죄수의 판단을 위한 기본요소를 행위자의 행위에서 구하여 행위가 하나일 때 하나의 죄를, 행위가 다수일 때 수개의 죄를 인정하는 견해로 판례는 연속범의 경우 이 견해를 취하고 있다. ○ ×

해설 행위표준설에 따르면 연속범은 수죄가 되고, 상상적경합은 일죄가 된다. 판례에 의하면 연속범의 경우 의사표준설(범죄의사를 기준으로 죄수를 결정하는 견해, 주관주의)을 취하고 있다. 연속범은 연속한 동종의 범죄의 행위에 해당하는 것을 의미한다. 정답 ×

002 법익표준설은 한 사람의 행위자가 실현시킨 범죄실현의 과정에서 몇 개의 보호법익이 침해 또는 위태롭게 되었는가를 기준으로 죄의 개수를 인정하는 견해로 판례는 강간, 공갈죄의 경우 이 견해를 취하고 있다. ○ ×

해설 대법원은 강간과 추행에 관한 죄에 대하여 원칙적으로 법익표준설이 아니라 행위표준설에 입각하고 있으며 공갈죄에 있어서도 협박 행위마다 하나의 죄를 구성한다고 하고 있다. 정답 ×

003 의사표준설은 행위자가 실현하려는 범죄의사의 개수에 따라서 죄의 개수를 결정하려는 견해로 행위자에게 1개의 범죄의사가 있으면 1죄를, 수개의 범죄의사가 있으면 수개의 죄를 각각 인정하게 되며, 판례는 연속범의 경우를 제외하고는 원칙적으로 이 견해를 취하고 있다. ○ ×

해설 대법원은 포괄일죄 특히 연속범의 경우 이외에는 원칙적으로 법익표준설을 취하고 있다고 한다. 법익표준설은 행위에 의하여 침해 또는 위태롭게 되는 법익의 수, 또는 행위로부터 발생하는 결과의 수를 가지고 죄수를 결정하는 견해(객관주의)이다. 정답 ×

004 구성요건표준설은 구성요건에 해당하는 횟수를 기준으로 죄수를 결정하는 견해로 죄수의 결정은 법률적인 구성요건 충족의 문제로 해석하여 구성요건을 1회 충족하면 일죄이고, 수개의 구성요건에 해당하면 수죄를 인정하게 되며, 판례는 조세포탈범의 죄수는 위반사실의 구성요건 충족 횟수를 기준으로 1죄가 성립하는 것이 원칙이라고 하여 이 견해를 따르는 경우도 있다. ○ ×

해설 법률상의 구성요건에 해당하는 횟수를 기준으로 하여 죄수를 결정하는 견해(다수설)이다. 대법원은 예금통장과 인장을 절취 한 행위와 예금출금전표를 위조한 행위 또는 조세포탈의 죄수 문제에 대해 구성요건표준설에 입각한 판시를 내리고 있다. 조세포탈의 죄수는 위반사실의 구성요건 충족회수를 기준으로 하여 정하는 것이므로, 수입물품의 수입신고를 하면서 과세가격 또는 관세율 등을 허위로 신고하여 수입하는 경우에는 그 수입신고시마다 당해 수입물품에 대한 정당한 관세의 확보라는 법익이 침해되어 별도로 구성요건이 충족되는 것이므로 각각의 허위 수입신고시마다 1개의 죄가 성립한다. (대법원 99도782) 정답 ○

005 연속범은 개별적인 행위가 범죄의 요소인 구성요건에 해당하고 위법·유책해야 하며, 동일한 법익의 침해가 있어야 성립되므로 피해법익의 동일성에 따라 보호법익을 같이 하는 횡령, 배임 등의 행위와 사기의 행위는 포괄일죄를 구성한다.

O X

해설 판례는 포괄일죄의 성립요건으로 ⅰ) 피해법익의 단일성, ⅱ) 범의의 단일성 또는 계속성, ⅲ) 범죄태양의 동일성을 들고 있다. 우리 법원은 배임행위가 사기죄를 구성하는 경우에 배임죄와 별개로 사기죄가 성립한다고 본다. (대법원 2010도10690)

정답 ×

02 일죄

006 피고인이 수개의 선거비용 항목을 허위기재한 하나의 선거비용 보전청구서를 제출하여 대한민국으로부터 선거비용을 과다 보전 받아 이를 편취하였다면 이는 일죄로 평가되어야 하고, 각 선거비용 항목에 따라 별개의 사기죄가 성립하는 것은 아니다. ○ ×

해설 대법원 2016도21713 정답 ○

007 회사에 대한 관계에서 타인의 사무를 처리하는 자가 임무에 위배하는 행위로써 회사로 하여금 회사가 펀드 운영사에 지급하여야 할 펀드출자금을 정해진 시점보다 선지급하도록 하여 배임죄를 범한 다음, 그와 같이 선지급된 펀드출자금을 보관하는 자와 공모하여 펀드출자금을 임의로 인출한 후 자신의 투자금으로 사용하기 위하여 임의로 송금하도록 한 행위는 펀드출자금 선지급으로 인한 배임죄와는 다른 새로운 보호법익을 침해하지 않는 행위로서 배임 범행의 불가벌적 사후행위가 되는 것이므로, 별죄로서 횡령죄를 구성한다고 볼 수 없다. ○ ×

해설 대법원 2012도1895 정답 ○

008 흡연할 목적으로 대마를 매입한 후 흡연할 기회를 포착하기 위하여 2일 이상 하의주머니에 넣고 다님으로써 매입한 대마를 소지한 행위는 불가벌적 사후행위에 해당한다. ○ ×

해설 매입한 대마를 처분함이 없이 계속 소지하고 있는 경우에 있어서 그 소지행위가 매매행위와 불가분의 관계에 있는 것이라거나, 매매행위에 수반되는 필연적 결과로서 일시적으로 행하여진 것에 지나지 않는다고 평가되지 않는 한 그 소지행위는 매매 행위에 포괄 흡수되지 아니하고 대마매매죄와는 달리 대마소지죄가 성립한다고 보아야 할 것인바, 흡연할 목적으로 대마를 매입한 후 흡연할 기회를 포착하기 위하여 이틀 이상 하의주머니에 넣고 다님으로써 소지한 행위는 매매행위의 불가분의 필연적 결과라고 평가될 수 없다. (대법원 90도543) 정답 ×

009 부정한 이익을 얻을 목적으로 타인의 영업비밀이 담긴 CD를 절취하여 그 영업비밀을 부정 사용한 행위는 불가벌적 사후행위에 해당한다. ○ ×

해설 부정한 이익을 얻을 목적으로 타인의 영업비밀이 담긴 CD를 절취하여 그 영업비밀을 부정사용한 사안에서, 절도죄와 별도로 부정경쟁방지 및 영업비밀보호에 관한 법률상 영업비밀부정사용죄가 성립한다. (대법원 2008도5364) 정답 ×

010 자동차를 절취한 후 절취한 자동차에서 자동차등록번호판을 떼어내는 행위는 불가벌적 사후행위에 해당한다. ○ ×

해설 자동차를 절취한 후 자동차등록번호판을 떼어내는 행위는 새로운 법익의 침해로 보아야 하므로 위와 같은 번호판을 떼어내는 행위가 절도범행의 불가벌적 사후행위가 되는 것은 아니다. (대법원 2007도4739) 정답 ×

011 피해법익이 단일하고 범죄의 태양이 동일할 뿐만 아니라, 그 수개의 배임행위가 단일한 범의에 기한 일련의 행위라고 볼 수 있는 경우 포괄일죄의 관계에 있다. ○ ×

해설 대법원 2014도753 정답 ○

012 상표권자 및 표장이 동일한 수개의 등록상표에 대하여 상표법 제93조 소정의 상표권침해 행위가 계속하여 행하여진 경우 포괄일죄의 관계에 있다. ○ ×

해설 수개의 등록상표에 대하여 상표법 제93조 소정의 상표권침해 행위가 계속하여 행하여진 경우에는 각 등록상표 1개마다 포괄하여 1개의 범죄가 성립하므로, 특별한 사정이 없는 한 상표권자 및 표장이 동일하다는 이유로 등록상표를 달리하는 수개의 상표권침해 행위를 포괄하여 하나의 죄가 성립하는 것으로 볼 수 없다. (대법원 2011도12482)   정답 ×

013 단일하고도 계속된 범의 아래 동일한 저작물에 대한 침해행위가 일정기간 반복하여 행하여진 경우 포괄일죄의 관계에 있다. ○ ×

해설 대법원 2011도1435   정답 ○

014 종친회 회장이 위조한 종친회 규약 등을 공탁관에게 제출하는 방법으로 종친회를 피공탁자로 하여 공탁된 수용보상금을 출급받아 편취한 후, 이를 보관하던 중 종친회의 요구에 대하여 정당한 이유 없이 반환을 거부한 행위는 사기범행의 불가벌적 사후행위에 해당한다. ○ ×

해설 대법원 2015도8592   정답 ○

015 채무자가 자신의 부동산에 甲 명의로 허위의 금전채권에 기한 담보가등기를 설정하여 강제집행면탈죄가 성립된 후, 그 부동산을 乙에게 양도하여 乙 명의로 이루어진 가등기 양도 및 본등기를 경료한 행위는 강제집행면탈범행의 불가벌적 사후행위에 해당한다. ○ ×

해설 강제집행면탈죄는 이른바 위태범으로서 강제집행을 당할 구체적인 위험이 있는 상태에서 재산을 은닉, 손괴, 허위양도 또는 허위의 채무를 부담하면 바로 성립하는 것이고, 반드시 채권자를 해하는 결과가 야기되거나 이로 인하여 행위자가 어떤 이득을 취하여야 범죄가 성립하는 것은 아니며, 허위양도한 부동산의 시가액보다 그 부동산에 의하여 담보된 채무액이 더 많다고 하여 그 허위양도로 인하여 채권자를 해할 위험이 없다고 할 수 없다. (대법원 2008도198)   정답 ×

016 법원을 기망하여 승소판결을 받고 그 확정판결에 의하여 소유권이전등기를 경료한 경우 불가벌적 사후행위에 해당하지 아니하고 별도의 죄가 성립한다. ○ ×

해설 대법원 83도188   정답 ○

017 타인을 공갈하여 취득한 임야를 매각한 경우 불가벌적 사후행위에 해당하지 아니하고 별도의 죄가 성립한다. ○ ×

해설 횡령죄는 불법영득의 의사 없이 목적물의 점유를 시작한 경우라야 하고, 타인을 공갈하여 재물을 교부케 한 경우에는 공갈죄를 구성하는 외에 그것을 소비하고 타에 처분하였다 하더라도 횡령죄를 구성하지는 않는다. (대법원 85도2513)   정답 ×

018 절취한 자기앞수표를 음식대금으로 교부하고 거스름돈을 환불받은 경우 불가벌적 사후행위에 해당하지 아니하고 별도의 죄가 성립한다. ○ ×

해설 절취한 자기앞수표를 음식대금으로 교부하고 거스름돈을 환불받은 행위는 절도의 불가벌적 사후처분행위로서 사기죄가 되지 아니한다. (대법원 86도1728)
정답 ×

019 장물보관의뢰를 받은 자가 그 정을 알면서 이를 보관하고 있다가 임의처분한 경우 불가벌적 사후행위에 해당하지 아니하고 별도의 죄가 성립한다. ○ ×

해설 절도범인으로부터 장물보관 의뢰를 받은 자가 그 정을 알면서 이를 인도받아 보관하고 있다가 임의 처분하였다 하여도 장물보관죄가 성립하는 때에는 이미 그 소유자의 소유물 추구권을 침해하였으므로 그 후의 횡령행위는 불가벌적 사후행위에 불과하여 별도로 횡령죄가 성립하지 않는다. (대법원 2003도8219)
정답 ×

020 동일한 장소에서 동일한 방법으로 시간적으로 접착된 상황에서 권총으로 처와 자식들에게 각기 실탄 1발씩을 순차로 발사하여 살해한 경우 단일하고도 계속된 범의 아래 동종의 범행을 반복하여 행하였으므로 포괄일죄에 해당한다. ○ ×

해설 피고인이 단일한 범의로 동일한 장소에서 동일한 방법으로 시간적으로 접착된 상황에서 처와 자식들을 살해하였다고 하더라도 휴대하고 있던 권총에 실탄 6발을 장전하여 처와 자식들의 머리에 각기 1발씩 순차로 발사하여 살해하였다면, 피해자들의 수에 따라 수개의 살인죄를 구성한다. (대법원 91도1637)
정답 ×

021 피해자를 2회 강간하여 상해를 입힌 자가 피해자에게 용서를 구하였으나 피해자가 이에 불응하면서 강간사실을 부모에게 알리겠다고 하자 피해자를 살해하여 범행을 은폐시키기로 마음먹고 목을 졸라 질식 사망케 한 경우 강간치상죄와 살인죄의 경합범이 된다. ○ ×

해설 대법원 86도2360
정답 ○

022 형법 제40조의 상상적 경합의 경우 중한 죄가 친고죄로서 고소가 취소되었다 하더라도 경한 죄에 대하여는 아무런 영향을 미치지 않는다. ○ ×

해설 대법원 83도323
정답 ○

023 1개의 기망행위에 의하여 다수의 피해자로부터 각각 재산상 이익을 편취한 경우에는 피해자별로 수개의 사기죄가 성립하고 각 사기죄는 상상적 경합의 관계에 있다. ○ ×

해설 대법원 2014도16980
정답 ○

024 甲이 계속적으로 무면허로 운전할 의사를 가지고 여러 날에 걸쳐 무면허운전행위를 반복한 경우 포괄일죄가 성립한다. (어느 날에 운전을 시작하여 다음날까지 동일한 기회에 일련의 과정에서 계속 운전을 한 경우와 같은 특별한 경우 등은 제외함) ○ ×

해설 무면허운전으로 인한 도로교통법위반죄에 있어서는 어느 날에 운전을 시작하여 다음날까지 동일한 기회에 일련의 과정에서 계속 운전을 한 경우 등 특별한 경우를 제외하고는 사회통념상 운전한 날을 기준으로 운전한 날마다 1개의 운전행위가 있다고 보는 것이 상당하므로 운전한 날마다 무면허운전으로 인한 도로교통법위반의 1죄가 성립한다고 보아야 할 것이고, 비록 계속적으로 무면허운전을 할 의사를 가지고 여러 날에 걸쳐 무면허운전 행위를 반복하였다 하더라도 이를 포괄하여 일죄로 볼 수는 없다. (대법원 2001도6281) 정답 ×

025 작가협회 회원인 甲이 A의 명의를 도용하여 작가협회 교육원장을 비방하는 내용의 호소문을 작성한 후, 이를 작가협회 회원들에게 우편으로 송달한 경우 포괄일죄가 성립한다. ○ ×

해설 방송작가협회 회원이 타인의 명의를 도용하여 협회 교육원장을 비방하는 내용의 호소문을 작성한 후 이를 협회 회원들에게 우편으로 송달한 경우, 사문서위조죄와 명예훼손죄가 성립하고 이는 실체적경합관계에 있다. (대법원 2008도8527) 정답 ×

026 금융기관 임직원인 甲이 그 직무에 관하여 乙로부터 정식 이사가 될 수 있도록 도와달라는 부탁을 받고 1년 동안 12회에 걸쳐 그 사례금 명목으로 합계 1억 2,000만원을 교부받은 경우 포괄일죄가 성립한다. ○ ×

해설 대법원 2000도1155 정답 ○

027 甲이 히로뽕 완제품을 제조하고, 그 때 함께 만든 액체 히로뽕 반제품을 땅에 묻어 두었다가 약 1년 9개월 후, 이전에 제조를 요구했던 사람이 아닌 다른 사람들의 요구에 따라 그들과 함께 위 반제품을 완제품으로 제조한 경우 포괄일죄가 성립한다. ○ ×

해설 히로뽕 완제품을 제조할 때 함께 만든 액체 히로뽕 반제품을 땅에 묻어 두었다가 약 1년 9월 후에 앞서 제조시의 공범 아닌 자 등의 요구에 따라 그들과 함께 위 반제품으로 그 완제품을 제조한 경우 포괄일죄를 이룬다고 할 수 없으므로 형법 제37조 전단의 경합범으로 의율처단하여야 한다. (대법원 90도2900) 정답 ×

028 부정한 이익을 얻거나 기업에 손해를 가할 목적으로 그 기업에 유용한 영업비밀이 담겨 있는 타인의 재물을 절취한 후, 그 영업비밀을 사용하는 행위는 법조경합에 해당하여 처벌되지 않는다. ○ ×

해설 부정한 이익을 얻거나 기업에 손해를 가할 목적으로 그 기업에 유용한 영업비밀이 담겨 있는 타인의 재물을 절취한 후 그 영업비밀을 사용하는 경우, 영업비밀의 부정사용행위는 새로운 법익의 침해로 보아야 하므로 위와 같은 부정사용행위가 절도범행의 불가벌적 사후행위가 되는 것은 아니다. 부정한 이익을 얻을 목적으로 타인의 영업비밀이 담긴 CD를 절취하여 그 영업비밀을 부정사용한 사안에서, 절도죄와 별도로 부정경쟁방지 및 영업비밀보호에 관한 법률상 영업비밀부정사용죄가 성립한다. (대법원 2008도5364) 정답 ×

029 필로폰을 받아 장소를 옮겨 투약한 다음, 남은 필로폰을 숨겨 소지하는 행위는 법조경합에 해당하여 처벌되지 않는다.
○ ×

해설 수수한 메스암페타민을 장소를 이동하여 투약하고서 잔량을 은닉하는 방법으로 소지한 행위는 그 소지의 경위나 태양에 비추어 볼 때 당초의 수수행위에 수반되는 필연적 결과로 볼 수는 없고, 사회통념상 수수행위와는 독립한 별개의 행위를 구성한다. (대법원 99도1744)
정답 ×

030 피해자의 택시 운행업무를 방해하기 위하여 이루어진 폭행행위는 법조경합에 해당하여 처벌되지 않는다. ○ ×

해설 업무방해죄와 폭행죄는 구성요건과 보호법익을 달리하고 있고, 업무방해죄의 성립에 일반적·전형적으로 사람에 대한 폭행행위를 수반하는 것은 아니며, 폭행행위가 업무방해죄에 비하여 별도로 고려되지 않을 만큼 경미한 것이라고 할 수도 없으므로, 설령 피해자에 대한 폭행행위가 동일한 피해자에 대한 업무방해죄의 수단이 되었다고 하더라도 그러한 폭행행위가 이른바 '불가벌적 수반행위'에 해당하여 업무방해죄에 대하여 흡수관계에 있다고 볼 수는 없다. (대법원 2012도1895)
정답 ×

031 공동상속인 중 1인이 상속재산인 임야를 보관 중 다른 상속인들로부터 그들 지분을 나눠달라는 요구를 받고도 거부한 다음, 제3자에게 근저당권설정등기를 경료해 준 행위는 법조경합에 해당하여 처벌되지 않는다. ○ ×

해설 대법원 2010도93
정답 ○

032 같은 심급에서 선서는 한 번 하고 그 최초 한 선서의 효력을 유지시킨 후 증언하였더라도, 변론기일을 달리하여 수차 증인으로 나가 수 개의 허위진술을 하면 각 증인신문기일별로 위증죄의 경합범이 될 뿐 위증죄의 포괄일죄에 해당하지 않는다.
○ ×

해설 하나의 사건에 관하여 한 번 선서한 증인이 같은 기일에 여러 가지 사실에 관하여 기억에 반하는 허위의 진술을 한 경우 이는 하나의 범죄의사에 의하여 계속하여 허위의 진술을 한 것으로서 포괄하여 1개의 위증죄를 구성하는 것이고 각 진술마다 수 개의 위증죄를 구성하는 것이 아니다. 나아가 행정소송사건의 같은 심급에서 변론기일을 달리하여 수차 증인으로 나가 수 개의 허위진술을 한 경우, 최초 한 선서의 효력을 유지시킨 후 증언한 이상 1개의 위증죄를 구성함에 그친다. (대법원 2006도9463)
정답 ×

033 음주상태로 자동차를 운전하다가 제1차 사고를 내고 그대로 진행하여 제2차 사고를 낸 경우, 제1차사고 시의 음주운전죄와 제2차사고 시의 음주운전죄는 포괄일죄에 해당한다.
○ ×

해설 대법원 2007도4404
정답 ○

034 사기죄에 있어서 동일한 피해자에 대하여 수회에 걸쳐 기망행위를 하여 금원을 편취한 경우, 그 범의가 단일하고 범행 방법이 동일하다면 사기죄의 포괄일죄만이 성립한다. ○ ×

해설 대법원 89도582
정답 ○

035 뇌물을 여러 차례에 걸쳐 수수함으로써 그 행위가 여러 개이더라도 그것이 단일하고 계속적 범의에 의하여 이루어지고 동일법익을 침해한 때에는 포괄일죄로 처벌함이 상당하다. ○ ×

해설 대법원 2007도8645

정답 ○

036 미등기건물의 관리를 위임받아 보관하고 있는 자가 피해자의 승낙 없이 건물을 자신의 명의로 보존등기를 한 때 이미 횡령죄는 완성되고, 이후 근저당권설정등기를 한 행위는 불가벌적 사후행위에 해당한다. ○ ×

해설 대법원 92도2999

정답 ○

037 사람을 살해한 자가 그 사체를 다른 장소로 옮겨 유기한 행위는 불가벌적 사후행위에 해당하여 별도의 사체유기죄를 구성하지 않는다. ○ ×

해설 사람을 살해한 자가 그 사체를 다른 장소로 옮겨 유기하였을 때에는 별도로 사체유기죄가 성립하고, 이와 같은 사체유기를 불가벌적 사후행위로 볼 수는 없다. (대법원 97도1142)

정답 ×

038 장물인 자기앞수표를 취득한 후 이를 현금 대신 교부한 행위는 장물취득에 대한 가벌적 평가에 당연히 포함되는 불가벌적 사후행위로서 별도의 범죄를 구성하지 아니한다. ○ ×

해설 금융기관 발행의 자기앞수표는 그 액면금을 즉시 지급받을 수 있는 점에서 현금에 대신하는 기능을 가지고 있어서 장물인 자기앞수표를 취득한 후 이를 현금 대신 교부한 행위는 장물취득에 대한 가벌적 평가에 당연히 포함되는 불가벌적 사후행위로서 별도의 범죄를 구성하지 아니한다. (대법원 93도213)

정답 ○

039 甲이 컴퓨터로 음란 동영상을 제공하는 행위를 하였다가 동영상이 저장되어 있던 서버 컴퓨터 2대를 압수당한 이후 다시 장비를 갖추어 영업을 재개한 경우 포괄일죄에 해당한다. ○ ×

해설 컴퓨터로 음란동영상을 제공한 제1범죄행위로 서버컴퓨터가 압수된 이후 다시 장비를 갖추어 동종의 제2범죄행위를 하고 제2범죄행위로 인하여 약식명령을 받아 확정된 사안에서, 피고인에게 범의의 갱신이 있어 제1범죄행위는 약식명령이 확정된 제2범죄행위와 실체적 경합관계에 있다고 보아야 할 것이다. (대법원 2005도4051)

정답 ×

040 하나의 사건에 관하여 한 번 선서한 증인 甲이 같은 기일에 여러 가지 사실에 관하여 기억에 반하는 허위의 진술을 한 경우 포괄일죄에 해당한다. ○ ×

해설 대법원 97도3340

정답 ○

041 은행장 甲이 乙로부터 정식이사가 될 수 있도록 도와달라는 부탁을 받고 1년 동안 12회에 걸쳐 그 사례금 명목으로 합계 1억 2,000만원을 교부받은 경우 포괄일죄에 해당한다. ○ ×

해설 대법원 97도2836

정답 ○

042 포괄일죄의 관계에 있는 범행의 일부에 대하여 약식명령이 확정된 경우, 그 약식명령 발령시를 기준으로 그 이전에 이루어진 범행에 대해서는 면소판결을 선고해야 한다. ○ ×

해설 대법원 94도1318

정답 ○

043 경찰공무원이 지명수배 중인 범인을 발견하고도 직무상 의무에 따른 적절한 조치를 취하지 아니하고 오히려 범인을 도피하게 한 경우, 범인도피죄와 직무유기죄가 모두 성립하고 양 죄는 상상적 경합관계에 있다. ○ ×

해설 경찰공무원이 지명수배 중인 범인을 발견하고도 직무상 의무에 따른 적절한 조치를 취하지 아니하고 오히려 범인을 도피하게 하는 행위를 하였다면, 그 직무위배의 위법상태는 범인도피행위 속에 포함되어 있다고 보아야 할 것이므로, 이와 같은 경우에는 작위범인 범인도피죄만이 성립하고 부작위범인 직무유기죄는 따로 성립하지 아니한다. (대법원 2015도1456)

정답 ×

044 건물제공행위와 성매매알선행위의 경우 성매매알선행위가 건물제공행위의 결과에 해당하고 반대로 건물제공행위는 성매매알선행위에 수반되는 수단으로 볼 수 있으므로 별개의 죄를 구성하지 않고 위 각 행위를 통틀어 법정형이 더 무거운 성매매알선행위의 포괄일죄를 구성한다. ○ ×

해설 건물제공행위와 성매매알선행위의 경우 성매매알선행위가 건물제공행위의 필연적 결과라거나 반대로 건물제공행위가 성매매알선행위에 수반되는 필연적 수단이라고도 볼 수 없다. 따라서 '영업으로 성매매를 알선한 행위'와 '영업으로 성매매에 제공되는 건물을 제공하는 행위'는 당해 행위 사이에서 각각 포괄일죄를 구성할 뿐, 서로 독립된 가벌적 행위로서 별개의 죄를 구성한다고 보아야 한다. (대법원 2010도6090)

정답 ×

045 「공직선거법」 제106호 제1항이 규정하고 있는 호별방문죄는 집집을 중단 없이 방문하거나 동일한 일시 및 기회에 방문할 것을 요하지 않으므로, 선거운동이라는 단일한 범의 하에 수인의 집을 방문한 경우 시간적 근접성 및 연속성에 대한 판단 없이 포괄일죄가 성립한다. ○ ×

해설 공직선거법 제106조 제1항 소정의 호별방문죄에 있어서 각 집의 방문이 '연속적'인 것으로 인정되기 위해서는 반드시 집집을 중단 없이 방문하여야 하거나 동일한 일시 및 기회에 각 집을 방문하여야 하는 것은 아니지만, 각 방문행위 사이에는 어느 정도의 시간적 근접성이 있어야 할 것이고, 이러한 시간적 근접성이 없다면 '연속적'인 것으로 인정될 수는 없다. (대법원 2006도9042)

정답 ×

046 단일한 범의 하에 동일한 방법으로 수인의 피해자에 대하여 각 피해자별로 기망행위를 하여 재물을 편취한 경우, 사기죄의 포괄일죄가 성립한다. ○ ×

해설 수인의 피해자에 대하여 각별로 기망행위를 하여 각각 재물을 편취한 경우에는 범의가 단일하고 범행방법이 동일하더라도 각 피해자의 피해법익은 독립한 것이므로 이를 포괄 1죄로 파악할 수 없고 피해자별로 독립한 사기죄가 성립된다. (대법원 93도743)

정답 ×

047 수인의 피해자에 대하여 각 피해자별로 기망행위를 하여 각각 재물을 편취한 경우에도 그 범의가 단일하고 범행방법이 동일한 경우에는 사기죄의 포괄일죄가 성립한다. ○ ×

해설 사기죄에 있어서 수인의 피해자에 대하여 각별로 기망행위를 하여 각각 재물을 편취한 경우, 그 범의가 단일하고 범행 방법이 동일하다고 하더라도 포괄1죄가 되는 것이 아니라 피해자별로 1개씩의 죄가 성립하는 것으로 보아야 하고, 이러한 경우 그 공소사실은 각 피해자와 피해자별 피해액을 특정할 수 있도록 기재하여야 한다. (대법원 95도594) 정답 ×

048 동일한 저작권자의 여러 개의 저작물에 대한 침해행위가 단일하고 동일한 범의 아래 행하여졌다면 저작권법 위반의 포괄일죄가 성립한다. ○ ×

해설 저작재산권 침해행위는 저작권자가 같더라도 저작물별로 침해되는 법익이 다르므로, 각각의 저작물에 대한 침해 행위는 원칙적으로 각 별개의 죄를 구성한다. 다만 단일하고도 계속된 범의 아래 동일한 저작물에 대한 침해행위가 일정 기간 반복하여 행하여진 경우에는 포괄하여 하나의 범죄가 성립한다고 볼 수 있다. (대법원 2011도12131) 정답 ×

049 폭력행위 등 처벌에 관한 법률 제4조 제1항에서는 그 법에 규정된 범죄행위를 목적으로 하는 단체를 구성하거나 이에 가입하는 행위 또는 구성원으로 활동하는 행위를 처벌하도록 규정하고 있으므로, 범죄단체를 구성하거나 이에 가입한 자가 나아가 구성원으로 활동하는 경우에는 폭력행위 등 처벌에 관한 법률 위반의 포괄일죄가 성립한다. ○ ×

해설 대법원 2015도7081 정답 ○

050 비의료인이 의료기관을 개설하여 운영하는 도중 개설자 명의를 다른 의료인으로 변경한 경우에는 그 범의가 단일하고 범행 방법이 종전과 동일하므로 의료법 위반의 포괄일죄가 성립한다. ○ ×

해설 의료기관의 개설자 명의는 의료기관을 특정하고 동일성을 식별하는 데에 중요한 표지가 되는 것이므로, 비의료인이 의료기관을 개설하여 운영하는 도중 개설자 명의를 다른 의료인 등으로 변경한 경우에는 그 범의가 단일하다거나 범행방법이 종전과 동일하다고 보기 어렵다. 따라서 개설자 명의별로 별개의 범죄가 성립하고 각 죄는 실체적 경합범의 관계에 있다고 보아야 한다. (대법원 2018도10779) 정답 ×

051 포괄일죄로 되는 개개의 범죄행위가 법 개정의 전후에 걸쳐서 행하여진 경우, 범죄 실행 종료시의 법이라고 할 수 있는 신법을 적용한다. ○ ×

해설 대법원 97도183 정답 ○

052 포괄일죄의 중간에 다른 종류의 확정판결이 끼어 있는 경우에는 그 확정판결 때문에 포괄적 범죄가 둘로 나뉘는 것이고, 이를 그 확정판결 후의 범죄로서 다룰 것은 아니다. ○ ×

해설 포괄일죄로 되는 개개의 범죄행위가 '다른 종류의 죄'의 확정판결의 전후에 걸쳐서 행하여진 경우에는 그 죄는 2죄로 분리되지 않고 확정판결 후인 최종의 범죄행위시에 완성되는 것이다. (대법원 2002도5341) 정답 ×

053 포괄일죄에 있어서는 그 죄의 일부를 구성하는 개개의 행위에 대하여 구체적으로 특정하지 않더라도 그 전체 범행의 시기와 종기, 범행방법, 범행횟수 또는 피해액의 합계 및 피해자나 상대방을 명시하면 이로써 그 범죄 사실은 특정된다. ○ ×

해설 대법원 97도2609 정답 ○

03 수죄

054 경찰관이 검사로부터 범인을 검거하라는 지시를 받고서도 그 직무상의 의무에 따른 적절한 조치를 취하지 아니하고 오히려 범인에게 전화로 도피하라고 권유하여 그를 도피케 한 경우, 범인도피죄와 직무유기죄의 상상적 경합이다. ○ ×

해설 피고인이 검사로부터 범인을 검거하라는 지시를 받고서도 그 직무상의 의무에 따른 적절한 조치를 취하지 아니하고 오히려 범인에게 전화로 도피하라고 권유하여 그를 도피케 하였다는 범죄사실만으로는 직무위배의 위법상태가 범인도피행위 속에 포함되어 있는 것으로 보아야 할 것이므로, 이와 같은 경우에는 작위범인 범인도피죄만이 성립하고 부작위범인 직무유기죄는 따로 성립하지 아니한다. (대법원 96도51) 정답 ×

055 상습성이 있는 자가 같은 종류의 죄를 반복하여 저질렀다 하더라도 상습범을 별도의 범죄유형으로 처벌하는 규정이 없는 한, 각 죄는 원칙적으로 별개의 범죄로서 경합범으로 처단하여야 한다. ○ ×

해설 대법원 2011도12131 정답 ○

056 사기의 수단으로 발행한 수표가 지급거절된 경우, 부정수표단속법위반죄와 사기죄는 그 행위의 태양과 보호법익을 달리하므로 상상적 경합범의 관계에 있다. ○ ×

해설 사기의 수단으로 발행한 수표가 지급 거절된 경우 부정수표단속법위반죄와 사기죄는 그 행위의 태양과 보호법익을 달리하므로 실체적 경합범의 관계에 있다. (대법원 2004도1751) 정답 ×

057 편취한 약속어음을 그와 같은 사실을 모르는 제3자에게 편취사실을 숨기고 할인 받은 경우, 그 약속어음을 취득한 제3자가 선의이고 약속어음의 발행인이나 배서인이 어음금을 지급할 의사와 능력이 있었다면 제3자에 대한 별도의 사기죄는 성립하지 않는다. ○ ×

해설 편취한 약속어음을 그와 같은 사실을 모르는 제3자에게 편취사실을 숨기고 할인받는 행위는 당초의 어음 편취와는 별개의 새로운 법익을 침해하는 행위로서 기망행위와 할인금의 교부행위 사이에 상당인과관계가 있어 새로운 사기죄를 구성한다 할 것이고, 설령 그 약속어음을 취득한 제3자가 선의이고 약속어음의 발행인이나 배서인이 어음금을 지급할 의사와 능력이 있었다 하더라도 이러한 사정은 사기죄의 성립에 영향이 없다. (대법원 2005도5236) 정답 ×

058 공직선거후보자를 추천하기 위한 정당의 당내 경선과 관련하여 경선운동 또는 교통을 방해하거나 위계·사술 그 밖의 부정한 방법으로 당내 경선의 자유를 방해하는 행위를 처벌하는 「공직선거법」 제237조 제5항 제2호의 선거의 자유방해죄와 「형법」 제314조 제1항의 업무방해죄는 위 선거의 자유방해죄가 성립할 경우 업무방해죄가 이에 흡수되는 법조경합관계이다. ○ ×

해설 공직선거후보자를 추천하기 위한 정당의 당내 경선과 관련하여 경선운동 또는 교통을 방해하거나 위계·사술 그 밖의 부정한 방법으로 당내 경선의 자유를 방해하는 행위를 처벌하는 공직선거법 제237조 제5항 제2호의 선거의 자유방해죄와 형법 제314조 제1항의 업무방해죄는 그 보호법익과 구성요건을 서로 달리하는 것이므로, 위 양 죄의 관계를 위 선거의 자유방해죄가 성립할 경우 업무방해죄가 이에 흡수되는 법조경합관계라고 볼 수는 없다. (대법원 2006도1667) 정답 ×

059 2개의 인터넷 파일공유 사이트를 운영하는 피고인들이 이를 통해 저작재산권 대상인 디지털 콘텐츠가 불법 유통되고 있음을 알면서도 다수 회원들로 하여금 불법 디지털 콘텐츠를 업로드하게 한 후 이를 다운로드하게 함으로써 저작재산권 침해를 방조한 경우, 위 사이트를 통해 유통된 다수 저작권자의 다수 저작물에 대한 피고인들의 범행 전체가 하나의 포괄 일죄를 구성한다. ○ ×

해설 2개의 인터넷 파일공유 웹스토리지 사이트를 운영하는 피고인들이 이를 통해 저작재산권 대상인 디지털콘텐츠가 불법 유통되고 있음을 알면서도 다수의 회원들로 하여금 수만 건에 이르는 불법 디지털 콘텐츠를 업로드하게 한 후 이를 수십만 회에 걸쳐 다운로드하게 함으로써 저작재산권 침해를 방조하였다는 내용으로 기소된 사안에서, 피고인들에게 '영리 목적의 상습성'이 인정된다고 하더라도 이는 고소 없이도 처벌할 수 있는 근거가 될 뿐 피고인들의 각 방조행위는 원칙적으로 서로 경합범 관계에 있고, 다만 동일한 저작물에 대한 수회의 침해행위에 대한 각 방조행위가 포괄하여 하나의 범죄가 성립할 여지가 있을 뿐인데도, 이와 달리 위 사이트를 통해 유통된 다수 저작권자의 다수 저작물에 대한 피고인들의 범행 전체가 하나의 포괄일죄를 구성한다고 본 원심판결에 저작권법 위반죄의 죄수에 관한 법리오해의 위법이 있다고 한 사례. (대법원 2011도12131) 정답 ×

060 절도범이 甲의 집에 침입하여 그 집의 방안에서 그 소유의 재물을 절취하고 그 무렵 그 집에 세 들어 사는 乙의 방에 침입하여 재물을 절취하려다 미수에 그쳤다면 위 두 범죄는 그 범행장소와 물품의 관리자를 달리하고 있어서 별개의 범죄를 구성한다. ○ ×

해설 대법원 89도664 정답 ○

061 음주로 인한 특정범죄가중처벌 등에 관한 법률 위반(위험운전치사상)죄가 성립하는 때에는 차의 운전자가 「형법」 제268조의 죄를 범한 것을 내용으로 하는 교통사고처리특례법위반죄는 상상적 경합의 관계에 있다. ○ ×

해설 음주로 인한 특정범죄가중처벌 등에 관한 법률 위반(위험운전치사상)죄는 그 입법 취지와 문언에 비추어 볼 때, 주취상태의 자동차 운전으로 인한 교통사고가 빈발하고 그로 인한 피해자의 생명·신체에 대한 피해가 중대할 뿐만 아니라, 사고발생 전 상태로의 회복이 불가능하거나 쉽지 않은 점 등의 사정을 고려하여, 형법 제268조에서 규정하고 있는 업무상과실치사상죄의 특례를 규정하여 가중처벌함으로써 피해자의 생명·신체의 안전이라는 개인적 법익을 보호하기 위한 것이다. 따라서 그 죄가 성립하는 때에는 차의 운전자가 형법 제268조의 죄를 범한 것을 내용으로 하는 교통사고처리특례법위반죄는 그 죄에 흡수되어 별죄를 구성하지 아니한다. (대법원 2008도9182) 정답 ×

062 채권자들에 의한 복수의 강제집행이 예상되는 경우 재산을 은닉 또는 허위 양도함으로써 채권자들을 해하였다면 채권자별로 각각 강제집행면탈죄가 성립하고, 상호 상상적 경합범의 관계에 있다. ○ ×

해설 대법원 2010도4129 정답 ○

063 타인의 사무를 처리하는 자가 여러 사람으로부터 각각 같은 종류의 부정한 청탁을 받고 그들로부터 각각 금품을 수수한 경우, 이는 단일하고 계속된 범의 아래 이루어진 것이고 그 피해법익도 동일하므로 포괄일죄로 보아야 한다. ○ ×

해설 타인의 사무를 처리하는 자가 동일인으로부터 그 직무에 관하여 부정한 청탁을 받고 여러 차례에 걸쳐 금품을 수수한 경우, 그것이 단일하고도 계속된 범의 아래 일정기간 반복하여 이루어진 것이고 그 피해법익도 동일한 때에는 이를 포괄일죄로 보아야 한다. 다만, 여러 사람으로부터 각각 부정한 청탁을 받고 그들로부터 각각 금품을 수수한 경우에는 비록 그 청탁이 동종의 것이라고 하더라도 단일하고 계속된 범의 아래 이루어진 범행으로 보기 어려워 그 전체를 포괄일죄로 볼 수 없다. (대법원 2008도6987) 정답 ×

064 甲이 A주식회사로부터 렌탈(임대차)하여 컴퓨터 본체, 모니터 등을 받아 보관하였고, B주식회사로부터 리스(임대차)하여 컴퓨터 본체, 모니터, 그래픽카드, 마우스 등을 보관하다가, 같은 날 성명불상의 업체에 한꺼번에 처분하여 횡령한 경우, 피해자들에 대한 각 횡령죄는 상상적 경합관계에 있다. ○ ×

해설 대법원 2013도10020   정답 ○

065 경찰서 생활질서계에 근무하는 피고인 甲이 피고인 乙로부터 뇌물을 수수하면서, 피고인 乙의 자녀 명의 은행 계좌에 관한 현금카드를 받은 뒤 피고인 乙이 위 계좌에 돈을 입금하면 피고인 甲이 현금카드로 돈을 인출하는 방법으로 범죄수익의 취득에 관한 사실을 가장한 경우, '범죄수익 은닉의 규제 및 처벌 등에 관한 법률' 위반죄와 '특정범죄 가중처벌 등에 관한 법률' 위반(뇌물)죄가 성립하고 두 죄가 상상적 경합범 관계에 있다. ○ ×

해설 경찰서 생활질서계에 근무하는 피고인 甲이 피고인 乙로부터 뇌물을 수수하면서, 피고인 乙의 자녀 명의 은행 계좌에 관한 현금카드를 받은 뒤 피고인 乙이 위 계좌에 돈을 입금하면 피고인 甲이 현금카드로 돈을 인출하는 방법으로 범죄수익의 취득에 관한 사실을 가장하였다는 내용으로 기소된 사안에서, 피고인 甲에게 범죄수익은닉의 규제 및 처벌 등에 관한 법률 위반죄와 특정범죄 가중처벌 등에 관한 법률 위반(뇌물)죄가 성립하고 두 죄가 실체적 경합범 관계에 있다. (대법원 2012도6079)   정답 ×

066 피고인이 강취한 현금카드를 사용하여 현금자동지급기에서 현금을 인출한 행위는 강도죄와는 별도로 절도죄가 성립한다. ○ ×

해설 대법원 2007도1375   정답 ○

067 열차승차권을 절취한 자가 역 직원에게 자기의 소유인 양 속여 현금과 교환한 경우에 절도죄 외에 사기죄가 성립한다. ○ ×

해설 열차승차권은 그 자체에 권리가 화체되어 있는 무기명증권이므로 이를 곧 사용하여 승차하거나 권면가액으로 양도할 수 있고 매입금액의 환불을 받을 수 있는 것으로서 열차승차권을 절취한 자가 환불을 받음에 있어 비록 기망행위가 수반한다 하더라도 절도죄 외에 따로히 사기죄가 성립하지 아니한다. (대법원 75도1996)   정답 ×

068 저작권자가 같더라도 각각의 저작물에 대한 저작재산권 침해행위는 원칙적으로 각 별개의 죄를 구성하지만 단일하고도 계속된 범의 아래 동일한 저작물에 대한 침해행위가 일정기간 반복하여 행하여진 경우에는 포괄하여 하나의 범죄가 성립한다고 볼 수 있다. ○ ×

해설 대법원 2011도1435   정답 ○

069 강도범인이 체포를 면탈할 목적으로 경찰관에게 폭행을 가한 때에는 강도죄와 공무집행방해죄는 실체적 경합관계에 있다. ○ ×

해설 대법원 92도917   정답 ○

070 甲이 피해자의 재물을 강취한 후 살해할 목적으로 피해자의 집에 방화하여 피해자가 사망하였다면 甲의 행위는 강도살인죄와 현주건조물방화치사죄의 상상적 경합이 성립한다. ○ ×

해설 대법원 98도3416 정답 ○

071 건설업자가 건설기술자를 현장에 배치할 의무를 위반하여, 도로의 지반침하 방지를 위한 그라우팅 공사과정에서 가스가 폭발하였다고 하더라도 건설업자의 건설기술자 현장배치의무위반과 가스폭발사고 사이에 인과관계가 인정되지 않는다. ○ ×

해설 건설업자가 토공사 및 흙막이공사의 감리업무까지 수행하기로 약정하였음에도 이에 위반하여 실질적인 감리업무를 수행할 수 있는 사람을 감리자로 파견하지 않은 상태에서, 건설업법 제33조, 건설업법시행령 제36조 제2항 제2호 소정의 건설기술자를 현장에 배치할 의무를 위반하여 건설기술자조차 현장에 배치하지 아니한 과실은 공사현장 인접 소방도로의 지반침하 방지를 위한 그라우팅 공사과정에서 발생한 가스폭발사고와 상당한 인과관계가 있다고 본 사례. (대법원 96도776) 정답 ×

072 성을 사는 행위를 알선하는 행위를 업으로 하는 자가 성매매알선을 위한 종업원을 고용하면서 고용대상자에 대하여 아동·청소년의 보호를 위한 연령확인의무의 이행을 다하지 아니한 채 아동·청소년을 고용하였다고 하더라도, 특별한 사정이 없는 한 아동·청소년의 성을 사는 행위의 알선에 관한 미필적 고의는 인정되지 않는다. ○ ×

해설 성을 사는 행위를 알선하는 행위를 업으로 하는 자가 성매매알선을 위한 종업원을 고용하면서 고용대상자에 대하여 아동·청소년의 보호를 위한 위와 같은 연령확인의무의 이행을 다하지 아니한 채 아동·청소년을 고용하였다면, 특별한 사정이 없는 한 적어도 아동·청소년의 성을 사는 행위의 알선에 관한 미필적 고의는 인정된다고 봄이 타당하다. (대법원 2014도5173) 정답 ×

073 甲이 치료받은 다음 날 오전 병원 앞에서 허위사실이 기재된 현수막을 설치하고 허위사실을 기재한 유인물을 불특정 다수에게 배포한 경우, 판례는 허위사실 유포에 의한 업무방해죄와 허위사실적시에 의한 명예훼손죄를 실체적 경합관계로 본다. ○ ×

해설 허위사실을 유포한 1개의 행위가 형법 제314조 제1항의 허위사실 유포에 의한 업무방해죄 뿐 아니라 형법 제307조 제2항의 허위사실적시에 의한 명예훼손죄에도 해당하는 경우 그 2개의 죄는 상상적 경합관계에 있다. (대법원 2007도7140) 정답 ×

074 피고인이 당초부터 피해자를 기망하여 약속어음을 교부받은 경우에는 그 교부받은 즉시 사기죄가 성립하고 그 후 이를 피해자에 대한 피고인의 채권의 변제에 충당하였다 하더라도 불가벌적 사후행위가 됨에 그칠 뿐, 별도로 횡령죄를 구성하지 않는다. ○ ×

해설 대법원 82도3079 정답 ○

075 업무상 과실로 장물을 보관하다가 임의로 처분한 행위는 별도의 횡령죄를 구성한다. ○ ×

> 해설 피고인이 업무상 과실로 장물을 보관하고 있다가 처분한 행위는 업무상과실장물보관죄의 가벌적 평가에 포함되고 별도로 횡령죄를 구성하지 않는다. (대법원 2003도8219)
>
> 정답 ×

076 사후적 경합범은 동일인이 범한 수죄 중에서 일부의 죄에 관하여 벌금이상의 형에 처한 확정판결이 있는 경우에, 판결이 확정된 범죄와 그 판결이 확정되기 전에 범한 죄 사이의 경합관계를 말한다. ○ ×

> 해설
>
> 형법 제37조(경합범) 판결이 확정되지 아니한 수개의 죄 또는 금고 이상의 형에 처한 판결이 확정된 죄와 그 판결확정 전에 범한 죄를 경합범으로 한다.
>
> 정답 ×

077 「형법」 제37조 후단의 경합범에 있어서 '판결이 확정된 죄'라 함은 수개의 독립된 죄 중의 어느 죄에 대하여 확정판결이 있었던 사실 그 자체를 의미하고 일반사면으로 형의 선고의 효력이 상실되었는지 여부는 묻지 않는다. ○ ×

> 해설 대법원 95도2114
>
> 정답 ○

078 동시적 경합범은 원칙적으로 수죄 전부가 병합 심리될 것을 요하지 않는다. ○ ×

> 해설 동시적 경합범의 경우 ① 수죄 전부가 판결미확정 상태에 있어야 하며 ② 병합심리된 경우이어야 한다. = 동시적 경합범은 수죄가 하나의 재판에서 같이 판결될 가능성이 있어야 한다. 따라서 수죄는 모두 기소되어 병합심리되어야 한다.
>
> 정답 ×

079 동시적 경합범에서 각 죄에 정한 형이 징역과 금고인 때에는 금고의 형기만큼 징역형으로 처벌할 수 없다. ○ ×

> 해설
>
> 형법 제38조(경합범과 처벌례) ① 경합범을 동시에 판결할 때에는 다음 각 호의 구분에 따라 처벌한다.
> 1. 가장 무거운 죄에 대하여 정한 형이 사형, 무기징역, 무기금고인 경우에는 가장 무거운 죄에 대하여 정한 형으로 처벌한다.
> 2. 각 죄에 대하여 정한 형이 사형, 무기징역, 무기금고 외의 같은 종류의 형인 경우에는 가장 무거운 죄에 대하여 정한 형의 장기 또는 다액(多額)에 그 2분의 1까지 가중하되 각 죄에 대하여 정한 형의 장기 또는 다액을 합산한 형기 또는 액수를 초과할 수 없다. 다만, 과료와 과료, 몰수와 몰수는 병과(倂科)할 수 있다.
> 3. 각 죄에 대하여 정한 형이 무기징역, 무기금고 외의 다른 종류의 형인 경우에는 병과한다.
> ② 제1항 각 호의 경우에 징역과 금고는 같은 종류의 형으로 보아 징역형으로 처벌한다.
>
> 정답 ×

080 1개의 기망행위에 의하여 다수의 피해자로부터 각각 재산상 이익을 편취한 경우에는 포괄일죄가 성립한다. ○ ×

해설 수인의 피해자에 대하여 각별로 기망행위를 하여 각각 재물을 편취한 경우에는 범의가 단일하고 범행방법이 동일하더라도 각 피해자의 피해법익은 독립한 것이므로 이를 포괄 1죄로 파악할 수 없고 피해자별로 독립한 사기죄가 성립된다. (대법원 93도743) 1개의 기망행위에 의하여 여러 피해자로부터 각각 재물을 편취한 경우에는 피해자별로 수개의 사기죄가 성립하고, 그 사이에는 상상적 경합의 관계에 있는 것으로 보아야 한다. (대법원 2010도9330) 정답 ×

081 甲의 乙에 대한 폭행행위가 乙에 대한 업무방해죄의 수단이 된 경우에는 그러한 폭행행위가 불가벌적 수반행위에 해당하여 업무방해죄에 대하여 흡수관계에 있다. ○ ×

해설 업무방해죄와 폭행죄는 구성요건과 보호법익을 달리하고 있고, 업무방해죄의 성립에 일반적·전형적으로 사람에 대한 폭행행위를 수반하는 것은 아니며, 폭행행위가 업무방해죄에 비하여 별도로 고려되지 않을 만큼 경미한 것이라고 할 수도 없으므로, 설령 피해자에 대한 폭행행위가 동일한 피해자에 대한 업무방해죄의 수단이 되었다고 하더라도 그러한 폭행행위가 이른바 '불가벌적 수반행위'에 해당하여 업무방해죄에 대하여 흡수관계에 있다고 볼 수는 없다. (대법원 2012도1895) 정답 ×

082 공동상속인 중 1인이 상속재산인 임야를 보관 중 다른 상속인들로부터 매도 후 분배 또는 소유권이전등기를 요구받고도 그 반환을 거부한 경우 이때 일단 횡령죄가 성립하고, 그 후 그 임야에 관하여 다시 제3자 앞으로 근저당권설정등기를 경료해 준 행위는 별도의 횡령죄를 구성한다. ○ ×

해설 공동상속인 중 1인이 상속재산인 임야를 보관 중 다른 상속인들로부터 매도후 분배 또는 소유권이전등기를 요구받고도 그 반환을 거부한 경우 이때 이미 횡령죄가 성립하고, 그 후 그 임야에 관하여 다시 제3자 앞으로 근저당권설정등기를 경료해 준 행위는 불가벌적 사후행위로서 별도의 횡령죄를 구성하지 않는다. (대법원 2010도93) 정답 ×

083 범죄 피해 신고를 받고 출동한 두 명의 경찰관에게 욕설을 하면서 차례로 폭행을 하여 경찰관의 정당한 직무집행을 방해한 경우에는 각 공무집행방해죄는 상상적 경합의 관계에 있다. ○ ×

해설 대법원 2009도3505 정답 ○

084 위조통화를 행사하여 재물을 불법영득한 때에는 위조통화행사죄와 사기죄의 실체적 경합이다. ○ ×

해설 대법원 79도840 정답 ○

085 시험을 관리하는 공무원이 타인으로부터 돈을 받고 직무상 지득한 시험 문제를 타인에게 알려준 경우 공무상 비밀누설죄와 수뢰후부정처사죄는 상상적 경합의 관계에 있다. ○ ×

해설 대법원 70도562 정답 ○

086 공무원 甲이 A를 기망하여 그로부터 뇌물을 수수한 경우 수뢰죄와 사기죄가 모두 성립하고 양 죄는 상상적 경합관계에 있다. ○ ×

해설 대법원 77도1069 정답 ○

087 경찰공무원이 지명수배 중인 범인을 발견하고도 직무상 의무에 따른 적절한 조치를 취하지 아니하고 오히려 범인을 도피하게 한 경우 범인도피죄와 직무유기죄가 모두 성립하고 양 죄는 실체적 경합관계에 있다. ○ ×

해설 경찰공무원이 지명수배 중인 범인을 발견하고도 직무상 의무에 따른 적절한 조치를 취하지 아니하고 오히려 범인을 도피하게 하는 행위를 한 경우, 범인도피죄 외에 직무유기죄가 따로 성립하지는 않는다. (대법원 2015도1456) 정답 ×

088 여러 개의 위탁관계에 의하여 보관하던 여러 개의 재물을 1개의 행위에 의하여 횡령한 경우 위탁관계별로 수개의 횡령죄가 성립하고, 그 사이에는 상상적 경합관계에 있다. ○ ×

해설 대법원 2013도10020 정답 ○

089 경합범으로 기소되었어도 그중 유죄로 인정된 A죄에 대해서는 상고가 제기되지 않아 확정되고 무죄로 선고된 B죄에 대하여만 상고가 제기되어 파기환송된 경우 환송 후 원심은 B죄를 유죄로 인정하여도 A, B죄를 경합범으로 하여 1개의 형으로 선고할 것이 아니라 B죄에 대하여만 별개의 형을 선고하여야 한다. ○ ×

해설 대법원 74도1301 정답 ○

090 징역형만 규정된 A죄와 징역형과 벌금형을 병과할 수 있도록 규정된 B죄가 상상적 경합관계에 있고, A죄에 정해진 징역형의 상한이 B죄에서 정해진 징역형의 상한보다 높다면 A죄에서 정한 징역형으로 처벌하여야 하고 벌금형을 병과할 수는 없다. ○ ×

해설 상상적 경합관계에 있는 업무상배임죄와 영업비밀 국외누설로 인한 구 부정경쟁방지 및 영업비밀보호에 관한 법률 위반죄에 대하여 형이 더 무거운 업무상배임죄에 정한 형으로 처벌하기로 하면서, 징역형과 벌금형을 병과할 수 있도록 규정한 위 특별법에 의하여 벌금형을 병과할 수 있다. (대법원 2008도9169) 정답 ×

091 상습범과 같은 포괄일죄의 중간에 별종의 범죄에 대한 확정판결이 있어도 그 포괄일죄와 판결이 확정된 죄는 형법 제37조 후단에서 정한 경합범 관계에 있다고 할 수 없다. ○ ×

해설 대법원 2002도2029 정답 ○

092
허위공문서작성죄와 동행사죄가 수뢰후부정처사죄와 각각 상상적 경합관계에 있을지라도 허위공문서작성죄와 동행사죄 상호 간은 실체적 경합범관계에 있으므로 따로이 경합가중을 해야 한다. ○ ×

해설 예비군 중대장인 피고인이 그 소속 예비군으로부터 금원을 받고 그가 예비군훈련에 불참하였음에도 불구하고 참석한 것처럼 허위내용의 중대 학급편성명부를 작성·행사한 사건에서 수뢰 후 부정처사죄 이외에 별도로 허위공문서작성 및 동행사죄가 성립하고 이들 죄와 수뢰후 부정처사죄는 각각 상상적 경합관계에 있으며 이때 허위공문서작성죄와 동행사죄 상호간에는 '실체적 경합관계'에 있다고 할지라도, 상상적 경합관계에 있는 수뢰 후 부정처사죄와 대비하여 가장 중한죄에 정한 형으로서 처단하면 족한 것이고 경합가중을 할 필요없다. (대법원 83도1378)   정답 ×

093
감금행위가 단순히 강도상해 범행의 수단이 되는 데 그치지 아니하고 강도상해의 범행이 끝난 뒤에도 계속된 경우에는 1개의 행위가 감금죄와 강도상해죄에 해당하는 경우라고 볼 수 있다. ○ ×

해설 감금행위가 단순히 강도상해 범행의 수단이 되는 데 그치지 아니하고 강도상해의 범행이 끝난 뒤에도 계속된 경우에는 1개의 행위가 감금죄와 강도상해죄에 해당하는 경우라고 볼 수 없고, 이 경우 감금죄와 강도상해죄는 형법 제37조의 경합범관계에 있다. (대법원 2002도4380)   정답 ×

094
건물관리인이 건물주로부터 월세임대차계약 체결업무를 위임받고도 임차인들을 속여 전세임대차계약을 체결하고 그 보증금을 편취한 경우, 사기죄와 업무상배임죄의 상상적 경합관계에 해당한다. ○ ×

해설 피고인이 건물에 관하여 전세임대차계약을 체결할 권한이 없음에도 임차인들을 속이고 전세임대차계약을 체결하여 그 임차인들로부터 전세보증금 명목으로 돈을 교부받은 행위는 건물주가 민사적으로 임차인들에게 전세보증금반환채무를 부담하는지 여부와 관계없이 사기죄에 해당하고, 위 건물에 관하여 전세임대차계약이 아닌 월세임대차계약을 체결하여야 할 업무상 임무를 위배하여 전세임대차 계약을 체결하여 그 건물주인 피해자로 하여금 전세보증금반환채무를 부담하게 한 행위는 위 사기죄와 별도로 업무상배임죄에 해당한다. (대법원 2010도10690)   정답 ×

095
신용협동조합의 전무가 그 조합의 담당직원을 기망하여 예금인출금 또는 대출금 명목으로 금원을 교부받은 경우, 사기죄와 업무상배임죄의 상상적 경합관계에 해당한다. ○ ×

해설 대법원 2002도669 전합   정답 ○

096
1개의 행위가 수개의 죄에 해당하는 경우에는 가장 중한 죄에 정한 형의 장기 또는 다액의 2분의 1까지 가중한다. ○ ×

해설

> **형법 제40조(상상적 경합)** 한 개의 행위가 여러 개의 죄에 해당하는 경우에는 가장 무거운 죄에 대하여 정한 형으로 처벌한다.

정답 ×

097 수수한 메스암페타민을 장소를 이동하여 투약하고서 잔량을 은닉하는 방법으로 소지한 경우 구 향정신성의약품관리법의 향정신성의약품수수죄 외에 별도로 그 소지죄가 성립한다. ○ ×

해설 대법원 99도1744 정답 ○

098 물품을 수입하는 무역업자가 그 물품을 같은 해에 3차례에 걸쳐 수입하면서 그때마다 과세가격 또는 관세율을 허위로 신고하여 관세를 포탈하였다면 포괄하여 1개의 관세포탈죄를 구성한다. ○ ×

해설 수입물품의 수입신고를 하면서 과세가격 또는 관세율 등을 허위로 신고하여 수입하는 경우에는 그 수입신고시마다 당해 수입물품에 대한 정당한 관세의 확보라는 법익이 침해되어 별도로 구성요건이 충족되는 것이므로 각각의 허위 수입신고시마다 1개의 죄가 성립한다. (대법원 99도782) 정답 ×

099 경찰관이 압수물을 범죄혐의의 입증에 사용하도록 하는 등의 적절한 조치를 취하지 않은 채 부하직원에게 지시하여 피압수자에게 돌려준 경우, 작위범인 증거인멸죄만이 성립하고 부작위범인 직무유기죄는 따로 성립하지 아니한다. ○ ×

해설 대법원 2005도3909 전합 정답 ○

100 미성년자의제강간죄 또는 미성년자의제강제추행죄는 행위시마다 1개의 범죄가 성립한다. ○ ×

해설 대법원 82도2442 정답 ○

101 음주 또는 약물의 영향으로 정상적인 운전이 곤란한 상태에서 자동차를 운전하여 사람을 상해에 이르게 함과 동시에 다른 사람의 재물을 손괴한 때에는 특정범죄가중처벌 등에 관한 법률 위반(위험운전치사상)죄 외에 업무상 과실 재물손괴로 인한 도로교통법 위반죄가 성립하고, 위 두 죄는 1개의 운전행위로 인한 것으로서 상상적 경합관계에 있다. ○ ×

해설 대법원 2009도10845 정답 ○

102 금고 이상의 형에 처한 판결확정 전에 저질러진 것으로서 아직 판결을 받지 아니한 죄가 이미 판결이 확정된 죄와 동시에 판결할 수 없었던 경우, 형법 제39조 제1항에 따라 동시에 판결한 경우와 형평을 고려하여 형을 선고하거나 형을 감경 또는 면제할 수 있다. ○ ×

해설 '금고 이상의 형에 처한 판결이 확정된 죄와 그 판결 확정 전에 범한 죄'는 형법 제37조 후단에서 정하는 경합범에 해당하고, 이 경우 형법 제39조 제1항에 의하여 경합범 중 판결을 받지 아니한 죄와 판결이 확정된 죄를 동시에 판결할 경우와 형평을 고려하여 그 죄에 대하여 형을 선고하여야 하는바, 아직 판결을 받지 아니한 죄가 이미 판결이 확정된 죄와 동시에 판결할 수 없었던 경우에는 형법 제39조 제1항에 따라 동시에 판결할 경우와 형평을 고려하여 형을 선고하거나 그 형을 감경 또는 면제할 수 없다고 해석함이 상당하다. (대법원 2013도12003) 정답 ×

103 절도범이 체포를 면탈할 목적으로 자신을 체포하려는 여러 명의 피해자에게 같은 기회에 폭행을 가하여 그 중 1인에게만 상해를 가하였다면 하나의 강도상해죄가 성립한다. ○ ×

해설 대법원 2001도3447 정답 ○

104 절도범으로부터 장물보관 의뢰를 받은 자가 그 정을 알면서 장물을 인도받아 보관하고 있다가 임의 처분한 때에는 장물보관죄가 성립하고 그 후의 횡령행위에 대해서는 횡령죄가 성립하지 않는다. ○ ×

해설 대법원 76도3067 정답 ○

105 피해자 명의의 신용카드를 부정사용하여 현금자동인출기에서 현금을 인출하고 이를 취득하였다면 신용카드부정사용죄와 절도죄가 성립하고 양죄는 실체적 경합관계에 있다. ○ ×

해설 대법원 95도997 정답 ○

106 공무원이 직무관련자에게 제3자와 계약을 체결하도록 요구하여 계약을 체결하게 한 행위가 제3자뇌물수수죄와 직권남용권리행사방해죄에 모두 해당하는 경우 양죄는 실체적 경합관계에 있다. ○ ×

해설 공무원이 직무관련자에게 제3자와 계약을 체결하도록 요구하여 계약 체결을 하게 한 행위가 제3자뇌물수수죄의 구성요건과 직권남용권리행사방해죄의 구성요건에 모두 해당하는 경우에는, 제3자뇌물수수죄와 직권남용권리행사방해죄가 각각 성립하되, 이는 사회 관념상 하나의 행위가 수 개의 죄에 해당하는 경우이므로 두 죄는 형법 제40조의 상상적 경합관계에 있다. (대법원 2016도19659) 정답 ×

107 전기통신금융사기(이른바 보이스피싱 범죄)의 범인이 피해자를 기망하여 피해자의 돈을 사기이용계좌로 송금 이체 받은 후 그 계좌에서 현금을 인출하였다면, 송금 이체 행위에 대해서는 사기죄가, 현금을 인출한 행위에 대해서는 횡령죄가 성립하며 양 죄는 실체적 경합관계에 있다. ○ ×

해설 전기통신금융사기(이른바 보이스피싱 범죄)의 범인이 피해자를 기망하여 피해자의 돈을 사기이용계좌로 송금·이체 받았다면 이로써 편취행위는 기수에 이른다. 따라서 범인이 피해자의 돈을 보유하게 되었더라도 이로 인하여 피해자와 사이에 어떠한 위탁 또는 신임관계가 존재한다고 할 수 없는 이상 피해자의 돈을 보관하는 지위에 있다고 볼 수 없으며, 나아가 그 후에 범인이 사기이용계좌에서 현금을 인출하였더라도 이는 이미 성립한 사기범행의 실행행위에 지나지 아니하여 새로운 법익을 침해한다고 보기도 어려우므로, 위와 같은 인출행위는 사기의 피해자에 대하여 따로 횡령죄를 구성하지 아니한다. (대법원 2017도3045) 정답 ×

108 음주로 인한 특정범죄 가중처벌 등에 관한 법률 위반(위험운전치사상)죄와 도로교통법 위반(음주운전)죄가 모두 성립하는 경우 두 죄는 실체적 경합관계에 있다. ○ ×

해설 대법원 2008도7143 정답 ○

109 신용카드를 절취한 후 이를 사용한 경우 신용카드의 부정사용행위는 선행 절도범행의 불가벌적 사후행위에 해당한다.

○ ×

해설 신용카드업법 제25조 제1항 소정의 부정사용이라 함은 도난·분실 또는 위조·변조된 신용카드를 진정한 카드로서 신용카드의 본래의 용법에 따라 사용하는 경우를 말하는 것이므로, 절취한 신용카드를 현금인출기에 주입하고 비밀번호를 조작하여 현금서비스를 제공받으려는 일련의 행위는 그 부정사용의 개념에 포함되고, 피해자 명의의 신용카드를 부정사용하여 현금자동인출기에서 현금을 인출하고 그 현금을 취득까지 한 행위는 신용카드업법 제25조 제1항의 부정사용죄에 해당할 뿐 아니라 그 현금을 취득함으로써 현금자동인출기 관리자의 의사에 반하여 그의 지배를 배제하고 그 현금을 자기의 지배하에 옮겨 놓는 것이 되므로 별도로 절도죄를 구성하고, 위 양 죄의 관계는 그 보호법익이나 행위태양이 전혀 달라 실체적 경합관계에 있는 것으로 보아야 한다. (대법원 95도997)

정답 ×

110 비의료인이 의료기관을 개설하여 운영하는 도중 개설자 명의를 다른 의료인 등으로 변경한 경우에는 그 범의가 단일하다거나 범행방법이 종전과 동일하다고 보기 어렵다. 따라서 개설자 명의별로 별개의 범죄가 성립하고 각 죄는 실체적 경합관계에 있다고 보아야 한다.

○ ×

해설 대법원 2018도10779

정답 ○

111 피고인들이, 자신들이 개설한 인터넷 사이트를 통해 회원들로 하여금 음란한 동영상을 게시하도록 하고, 다른 회원들로 하여금 이를 다운받을 수 있도록 하는 방법으로 정보통신망을 통한 음란한 영상의 배포·전시를 방조한 행위가 단일하고 계속된 범의 아래 일정기간 계속하여 이루어졌고 피해법익도 동일한 경우 방조행위는 포괄일죄 관계에 있다.

○ ×

해설 대법원 2010도1588

정답 ○

112 형법 제37조 후단 경합범에 대하여 형법 제39조 제1항에 의하여 형을 감경할 때에도 법률상 감경에 관한 형법 제55조 제1항이 적용되어 유기징역을 감경할 때에는 그 형기의 2분의 1 미만으로는 감경할 수 없다.

○ ×

해설 대법원 2017도14609 전합

정답 ○

113 공무원인 의사가 공무소의 명의로 허위진단서를 작성한 경우, 허위공문서작성죄와 허위진단서작성죄가 성립하고 양 죄는 상상적 경합관계에 있다.

○ ×

해설 형법이 제225조 내지 제230조에서 공문서에 관한 범죄를 규정하고, 이어 제231조 내지 제236조에서 사문서에 관한 범죄를 규정하고 있는 점 등에 비추어 볼 때 형법 제233조 소정의 허위진단서작성죄의 대상은 공무원이 아닌 의사가 사문서로서 진단서를 작성한 경우에 한정되고, 공무원인 의사가 공무소의 명의로 허위진단서를 작성한 경우에는 허위공문서작성죄만이 성립하고 허위진단서작성죄는 별도로 성립하지 않는다. (대법원 2003도7762)

정답 ×

114 사문서를 위조하고 그 위조된 사문서를 행사한 경우, 사문서위조죄와 위조사문서행사죄가 성립하고 양 죄는 상상적 경합관계에 있다. ○ ×

해설 피고인이 예금통장을 강취하고 예금자 명의의 예금청구서를 위조한 다음 이를 은행원에게 제출행사하여 예금인출금 명목의 금원을 교부받았다면 강도, 사문서위조, 동행사, 사기의 각 범죄가 성립하고 이들은 실체적 경합관계에 있다 할 것이다. (대법원 91도1722)

정답 ×

115 경찰관이 압수물을 범죄 혐의의 입증에 사용하도록 하는 등의 적절한 조치를 취하지 아니하고 오히려 피압수자에게 돌려주어 증거를 인멸한 경우, 증거인멸죄와 직무유기죄가 성립하고 양 죄는 상상적 경합관계에 있다. ○ ×

해설 경찰서 방범과장이 부하직원으로부터 음반·비디오물 및 게임물에 관한 법률 위반 혐의로 오락실을 단속하여 증거물로 오락기의 변조 기판을 압수하여 사무실에 보관중임을 보고받아 알고 있었음에도 그 직무상의 의무에 따라 위 압수물을 수사계에 인계하고 검찰에 송치하여 범죄 혐의의 입증에 사용하도록 하는 등의 적절한 조치를 취하지 않고, 오히려 부하 직원에게 위와 같이 압수한 변조 기판을 돌려주라고 지시하여 오락실업주에게 이를 돌려준 경우, 작위범인 증거인멸죄만이 성립하고 부작위범인 직무유기(거부)죄는 따로 성립하지 아니한다. (대법원 2005도3909 전합)

정답 ×

116 배임행위에 사기행위가 수반되어 1개의 행위에 관하여 사기죄와 배임죄의 각 구성요건이 구비된 때에는 양 죄는 상상적 경합관계에 있다. ○ ×

해설 대법원 2002도669 전합

정답 ○

117 자동차를 절취한 후 자동차등록번호판을 떼어낸 경우, 자동차에 대한 절도죄와 별개로 자동차관리법위반죄는 성립하지 않는다. ○ ×

해설 자동차를 절취한 후 자동차등록번호판을 떼어내는 행위는 새로운 법익의 침해로 보아야 하므로 위와 같은 번호판을 떼어내는 행위가 절도범행의 불가벌적 사후행위가 되는 것은 아니다. (대법원 2007도4739)

정답 ×

118 피해자에 대한 업무방해의 수단으로 피해자를 폭행한 경우, 폭행죄와 업무방해죄가 성립하고 양 죄는 상상적 경합의 관계에 있다. ○ ×

해설 대법원 2012도1895

정답 ○

119 甲이 종중 소유의 토지를 명의신탁받아 보관하다가 자신의 채무변제에 사용할 돈을 차용하기 위해 위 토지에 근저당권을 설정하면 횡령죄가 성립하고, 그 후 위 토지를 제3자에게 매도한 행위는 불가벌적 사후행위에 해당한다. ○ ×

해설 피해자 甲 종중으로부터 종중 소유의 토지를 명의신탁받아 보관 중이던 피고인 乙이 자신의 개인 채무 변제에 사용할 돈을 차용하기 위해 위 토지에 근저당권을 설정하였는데, 그 후 피고인 乙, 丙이 공모하여 위 토지를 丁에게 매도한 사안에서, 피고인들이 토지를 매도한 행위는 선행 근저당권설정행위 이후에 이루어진 것이어서 불가벌적 사후행위에 해당한다는 취지의 피고인들 주장을 배척하고 위 토지 매도행위가 별도의 횡령죄를 구성한다. (대법원 2010도10500 전합)

정답 ×

120 음주로 인한 특정범죄가중처벌 등에 관한 법률 위반(위험운전치사상)죄와 도로교통법 위반(음주운전)죄는 입법 취지와 보호법익 및 적용영역을 달리하는 별개의 범죄이므로, 1개의 행위에 관하여 양 죄의 각 구성요건이 모두 구비된 때에는 서로 법조경합의 관계로 볼 것이 아니라 상상적 경합관계로 봄이 상당하다. ○ ×

해설 음주로 인한 특정범죄가중처벌 등에 관한 법률 위반(위험운전치사상)죄와 도로교통법 위반(음주운전)죄는 입법 취지와 보호법익 및 적용영역을 달리하는 별개의 범죄이므로, 양 죄가 모두 성립하는 경우 두 죄는 실체적 경합관계에 있다. (대법원 2008도7143)

정답 ×

121 강도가 한 개의 강도 범행을 하는 기회에 수명의 피해자에게 각 폭행을 가하여 각 상해를 입힌 경우에는 각 피해자별로 수개의 강도상해죄가 성립하고 이들은 실체적 경합범의 관계에 있다. ○ ×

해설 대법원 87도527

정답 ○

122 형법 제131조 제1항 수뢰후부정처사죄에 있어서 단일하고도 계속된 범의 아래 일정 기간 반복하여 일련의 뇌물수수 행위와 부정한 행위가 행하여졌고 뇌물수수 행위와 부정한 행위 사이에 인과관계가 인정되며 피해법익도 동일한 경우에는 최후의 부정한 행위 이후에 저질러진 뇌물수수 행위도 최후의 부정한 행위 이전의 뇌물수수 행위 및 부정한 행위와 함께 수뢰후부정처사죄의 포괄일죄가 된다. ○ ×

해설 대법원 2020도12103

정답 ○

123 미성년자를 약취한 후 강간 목적으로 가혹한 행위 및 상해를 가하고 나아가 강간 및 살인미수를 범한 경우에는 약취한 미성년자에 대한 상해 등으로 인한 특정범죄가중처벌등에관한법률 위반죄와 미성년자에 대한 강간 및 살인미수행위로 인한 성폭력범죄의처벌등에관한특례법위반죄가 성립하고, 상해의 결과가 피해자에 대한 강간 및 살인미수행위 과정에서 발생한 것이라면 각 죄는 상상적 경합관계에 있다. ○ ×

해설 미성년자인 피해자를 약취한 후에 강간을 목적으로 피해자에게 가혹한 행위 및 상해를 가하고 나아가 그 피해자에 대한 강간 및 살인미수를 범하였다면, 이에 대하여는 약취한 미성년자에 대한 상해 등으로 인한 특정범죄 가중처벌 등에 관한 법률 위반죄 및 미성년자인 피해자에 대한 강간 및 살인미수행위로 인한 성폭력범죄의 처벌 등에 관한 특례법 위반죄가 각 성립하고, 설령 상해의 결과가 피해자에 대한 강간 및 살인미수행위 과정에서 발생한 것이라 하더라도 위 각 죄는 서로 형법 제37조 전단의 실체적 경합범 관계에 있다. (대법원 2013도12301)

정답 ×

124 택시운전을 방해하는 과정에서 택시운전사를 폭행한 경우에는 피해자에 대한 폭행행위가 동일한 피해자에 대한 업무방해죄의 수단이 되었다 하더라도 그 폭행행위를 불가벌적 수반행위라 볼 수 없다. ○ ×

해설 대법원 2012도1895

정답 ○

125 강도가 체포면탈의 목적으로 경찰관에게 폭행을 가한 경우 → 강도죄와 공무집행방해죄의 상상적 경합 ○ ×

해설 강도범인이 체포를 면탈할 목적으로 경찰관에게 폭행을 가한 때에는 강도죄와 공무집행방해죄는 실체적 경합관계에 있고 상상적 경합관계에 있는 것이 아니다. (대법원 92도917)

정답 ×

126 동일한 공무를 집행하는 두 명의 경찰관에 대하여 동일한 장소에서 동일한 기회에 각각 폭행을 가한 경우 → 공무집행방해죄의 포괄일죄 ○ ×

해설 동일한 공무를 집행하는 여럿의 공무원에 대하여 폭행·협박 행위를 한 경우에는 공무를 집행하는 공무원의 수에 따라 여럿의 공무집행방해죄가 성립하고, 위와 같은 폭행·협박 행위가 동일한 장소에서 동일한 기회에 이루어진 것으로서 사회관념상 1개의 행위로 평가되는 경우에는 여럿의 공무집행방해죄는 상상적 경합의 관계에 있다. (대법원 2009도3505)

정답 ×

127 주취상태에서 운전을 하여 사람을 사상하게 함으로써 도로교통법 상의 음주운전죄와 특정범죄가중처벌 등에 관한 법률 상의 위험운전치사상죄를 범한 경우 → 도로교통법위반죄와 특정범죄가중처벌등에관한법률위반죄의 실체적 경합 ○ ×

해설 대법원 2008도7143

정답 ○

128 甲에게 폭행 범행을 반복하여 저지르는 습벽이 있고 이러한 습벽에 의하여 A를 단순폭행하고, 甲의 어머니 B를 존속폭행한 경우, 각 죄별로 상습성을 판단할 것이 아니라 포괄하여 甲에게 상습존속폭행죄만 성립한다. ○ ×

해설 대법원 2017도10956

정답 ○

129 예금주인 현금카드 소유자를 협박하여 그 카드를 갈취한 다음 피해자의 승낙에 의하여 현금카드를 사용할 권한을 부여받아 이를 이용하여 현금자동지급기에서 현금을 인출한 행위는 공갈죄와는 별도로 절도죄를 구성한다. ○ ×

해설 피고인이 피해자로부터 현금카드를 사용한 예금인출의 승낙을 받고 현금카드를 교부받은 행위와 이를 사용하여 현금자동지급기에서 예금을 여러 번 인출한 행위들은 모두 피해자의 예금을 갈취하고자 하는 피고인의 단일하고 계속된 범의 아래에서 이루어진 일련 의 행위로서 포괄하여 하나의 공갈죄를 구성한다. (대법원 95도1728)

정답 ×

130 음주로 인한 특정범죄 가중처벌 등에 관한 법률 위반(위험운전치사상)죄는 중한 형태의 도로교통법 위반(음주운전)죄를 기본범죄로 하는 결과적 가중범으로 그 행위유형과 보호법익을 이미 모두 포함하고 있으므로, 특정범죄 가중처벌 등에 관한 법률 위반(위험운전치사상)죄가 성립하면 도로교통법 위반(음주운전) 죄는 이에 흡수되어 따로 성립하지 아니한다. ○ ×

해설 음주로 인한 특정범죄가중처벌 등에 관한 법률 위반(위험운전치사상)죄와 도로교통법 위반(음주운전)죄는 입법취지와 보호법익 및 적용영역을 달리하는 별개의 범죄이므로, 양 죄가 모두 성립하는 경우 두 죄는 실체적 경합관계에 있다. (대법원 2008도7143)

정답 ×

131 주거침입강간죄는 사람의 주거 등을 침입한 자가 피해자를 강간한 경우에 성립하는 것으로서 주거침입죄를 범한 후에 사람을 강간하여야 하는 일종의 신분범이고, 선후가 바뀌어 강간죄를 범한 자가 그 피해자의 주거에 침입한 경우에는 강간죄와 주거침입죄의 실체적 경합범이 된다. ○ ×

해설 대법원 2020도17796

정답 ○

132 피해견인 로트와일러가 묶여 있던 자신의 진돗개를 공격하자, 진돗개 주인이 피해견을 쫓아버리기 위해 엔진 톱으로 위협하다가 피해견의 등 쪽을 절단하여 죽게 한 행위는 구 동물보호법위반죄 (잔인한 방법으로 죽이는 행위)와 재물손괴죄가 성립하고, 양자는 상상적 경합의 관계에 있다. ○ ×

해설 대법원 2014도2477

정답 ○

133 「공직선거법」 제18조 제3항(「형법」 제38조에도 불구하고 제1항 제3호에 규정된 죄와 다른 죄의 경합범에 대하여는 이를 분리 선고하여야 한다)은 선거범이 아닌 다른 죄가 선거범의 양형에 영향을 미치는 것을 최소화하기 위하여 형법상 경합범 처벌례에 관한 조항의 적용을 배제하고 분리하여 형을 따로 선고하여야 한다는 취지이기에 선거범과 상상적 경합관계에 있는 모든 죄는 통틀어 선거범으로 취급하여서는 아니된다. ○ ×

해설 공직선거법 제18조 제3항은 "형법 제38조에도 불구하고 제1항 제3호에 규정된 죄와 다른 죄의 경합범에 대하여는 이를 분리 선고하여야 한다."라고 규정하고 있는바, 그 취지는 선거범이 아닌 다른 죄가 선거범의 양형에 영향을 미치는 것을 최소화하기 위하여 형법상 경합범 처벌례에 관한 조항의 적용을 배제하고 분리하여 형을 따로 선고하여야 한다. 그리고 선거범과 상상적 경합관계에 있는 다른 범죄에 대하여는 여전히 형법 제40조에 의하여 그중 가장 중한 죄에 정한 형으로 처벌해야 하고, 그 처벌받는 가장 중한 죄가 선거범인지 여부를 묻지 않고 선거범과 상상적 경합관계에 있는 모든 죄는 통틀어 선거범으로 취급하여야 한다. (대법원 2018도16587)

정답 ×

134 수 개의 등록상표에 대하여 「상표법」 제230조의 상표권 침해행위가 계속하여 이루어진 경우에는 등록상표마다 포괄하여 1개의 범죄가 성립하나, 하나의 유사상표 사용행위로 수 개의 등록상표를 동시에 침해하였다면 각각의 상표법위반죄는 상상적 경합의 관계에 있다. ○ ×

해설 대법원 2019도11688

정답 ○

135 뇌물을 수수하면서 공여자를 기망한 경우 뇌물수수죄와 사기죄는 상상적 경합관계이다. ○ ×

해설 대법원 2015도12838

정답 ○

136 수개의 접근매체를 한 번에 양도한 경우 각 전자금융거래법 위반죄는 상상적 경합 관계이다. ○ ×

해설 대법원 2009도1530

정답 ○

137 공무원이 취급하는 사건에 관하여 청탁 또는 알선을 할 의사와 능력이 없음에도 청탁 또는 알선을 한다고 기망하여 돈을 받은 경우 사기죄와 변호사법 위반죄는 상상적 경합 관계이다. ○ ×

해설 대법원 2007도2372

정답 ○

138 허위 또는 과장된 사실을 알리는 등 소비자를 유인하는 방법으로 기망하여 돈을 편취한 경우 사기죄와 방문판매업법 위반죄는 상상적 경합 관계이다. ○ ×

> **해설** 사기죄와 방문판매등에관한법률 제45조 제2항 제1호의 위반죄는 법률상 1개의 행위로 평가되는 경우에 해당하지 않으며, 또 각 그 구성요건을 달리하는 별개의 범죄로서, 서로 보호법익을 달리하고 있어 양죄를 상상적 경합관계나 법조경합관계로 볼 것이 아니라 실체적 경합관계로 봄이 상당하다. (대법원 2000도1899)   정답 ×

139 컴퓨터로 음란 동영상을 제공한 제1 범죄행위로 서버컴퓨터가 압수된 이후 다시 장비를 갖추어 동종의 제2 범죄행위를 한 경우, 제1 행위(음란 동영상 제공)에 대한 범죄는 성립하나 제2 행위(음란 동영상 제공)는 불가벌적 사후행위로 범죄 불성립한다. ○ ×

> **해설** 컴퓨터로 음란 동영상을 제공한 제1범죄행위로 서버컴퓨터가 압수된 이후 다시 장비를 갖추어 동종의 제2범죄행위를 하고 제2범죄행위로 인하여 약식명령을 받아 확정된 사안에서, 피고인에게 범의의 갱신이 있어 제1범죄행위는 약식명령이 확정된 제2범죄행위와 실체적 경합관계에 있다고 보아야 할 것이라는 이유로, 포괄일죄를 구성한다고 판단한 원심판결을 파기한 사례 (대법원 2005도4051)   정답 ×

140 금융회사 등의 임직원의 직무에 속하는 사항에 관하여 알선할 의사와 능력이 없음에도 알선을 한다고 기망하고 이에 속은 피해자로부터 알선을 한다는 명목으로 금품 등을 수수한 경우, 사기죄와 특정경제범죄 가중처벌 등에 관한 법률 위반죄에 각 해당하고 두 죄는 실체적 경합의 관계에 있다. ○ ×

> **해설** 금융회사 등의 임직원의 직무에 속하는 사항의 알선에 관하여 금품이나 그 밖의 이익을 수수한 때에는 위와 같은 금품 등을 수수하는 것으로써 특정경제범죄 가중처벌 등에 관한 법률 위반(알선수재)죄가 성립되고, 위와 같은 금품 등을 수수한 자가 실제로 알선할 생각이 없었다 하더라도 금품 등을 수수하는 것이 자기의 이득을 취하기 위한 것이라면 위 죄의 성립에는 영향이 없다. 따라서 피고인이 금융회사 등의 임직원의 직무에 속하는 사항에 관하여 알선할 의사와 능력이 없음에도 알선을 한다고 기망하고 이에 속은 피해자로부터 알선을 한다는 명목으로 금품 등을 수수하였다면, 이러한 피고인의 행위는 형법 제347조 제1항의 사기죄와 특정경제범죄 가중처벌 등에 관한 법률 제7조 위반죄에 각 해당하고 위 두 죄는 상상적 경합의 관계에 있다. (대법원 2012도3927)   정답 ×

141 공무원이 직무관련자에게 제3자와 계약을 체결하도록 요구하여 계약 체결을 하게 한 행위가 제3자뇌물수수죄의 구성요건과 직권남용권리행사방해죄의 구성요건에 모두 해당하는 경우, 제3자뇌물수수죄와 직권남용권리행사방해죄가 각각 성립하고 양 죄는 상상적 경합관계에 있다. ○ ×

> **해설** 대법원 2016도19659   정답 ○

142 유사수신행위의 규제에 관한 법률 제3조에서 금지하고 있는 유사수신행위가 별도로 사기죄의 구성요건도 충족하는 경우 유사수신행위의 규제에 관한 법률 위반죄와 사기죄가 각각 성립하고 양 죄는 상상적 경합관계에 있다. ○ ×

> **해설** 유사수신행위의 규제에 관한 법률 제3조에서 금지하고 있는 유사수신행위 그 자체에는 기망행위가 포함되어 있지 않고, 이러한 위 법률 위반죄와 특정경제범죄 가중처벌 등에 관한 법률 위반(사기)죄는 각 그 구성요건을 달리하는 별개의 범죄로서, 서로 행위의 태양이나 보호법익을 달리하고 있어 양 죄는 상상적 경합관계가 아니라 실체적 경합관계로 봄이 상당할 뿐만 아니라, 그 기본적 사실관계에 있어서도 동일하다고 볼 수 없다. (대법원 2007도10414)   정답 ×

143 甲이 상습절도죄(A죄)로 X법원으로부터 징역형을 선고받고 확정된 후 동일한 습벽이 있는 별개의 B죄를 저질러 Y법원에서 심리 중이었는데 확정된 A죄에 대한 X법원의 적법한 재심심판절차에서 징역형이 선고되어 확정된 경우, 별개로 기소된 B죄를 심판하는 Y법원은 B죄에 대하여 형법 제39조 제1항에 의한 형의 감경 또는 면제를 할 수 없다. ○ ×

해설 대법원 2018도20698 전합   정답 ○

144 甲이 A를 살해할 목적으로 흉기를 구입하여 A의 집 앞에서 A를 기다렸으나 만나지 못하였고 다음날 A의 맥주잔에 독약으로 오인한 제초제를 몰래 넣었으나 복통만 일으키게 하다가 며칠 뒤 A를 자동차로 치어 사망하게 한 경우, 甲에게는 살인예비 내지 미수죄와 동 기수죄의 경합죄가 성립한다. ○ ×

해설 살해의 목적으로 동일인에게 일시 장소를 달리하고 수차에 걸쳐 단순한 예비행위를 하거나 또는 공격을 가하였으나 미수에 그치다가 드디어 그 목적을 달성한 경우에 그 예비행위 내지 공격행위가 동일한 의사발동에서 나왔고 그 사이에 범의의 갱신이 없는한 각 행위가 같은 일시 장소에서 행하여 졌거나 또는 다른 장소에서 행하여 졌거나를 막론하고 또그 방법이 동일하거나 여부를 가릴 것 없이 그 살해의 목적을 달성할 때까지의 행위는 모두 실행행위의 일부로서 이를 포괄적으로 보고 단순한 한 개의 살인기수죄로 처단할 것이지 살인예비 내지 미수죄와 동 기수죄의 경합죄로 처단 할 수 없는 것이다. (대법원 65도695)   정답 ×

145 운전면허시험에 계속 불합격하였으나 운전을 잘하던 甲이 영업을 하기 위해 자동차를 구입하여 일주일 동안 매일 매일 운전해오다가 적발된 경우, 甲에게는 포괄하여 도로교통법위반(무면허운전)의 일죄가 성립한다. ○ ×

해설 무면허운전으로 인한 도로교통법위반죄에 있어서는 어느 날에 운전을 시작하여 다음날까지 동일한 기회에 일련의 과정에서 계속 운전을 한 경우 등 특별한 경우를 제외하고는 사회통념상 운전한 날을 기준으로 운전한 날마다 1개의 운전행위가 있다고 보는 것이 상당하므로 운전한 날마다 무면허운전으로 인한 도로교통법위반의 1죄가 성립한다고 보아야 할 것이고, 비록 계속적으로 무면허운전을 할 의사를 가지고 여러 날에 걸쳐 무면허운전행위를 반복하였다 하더라도 이를 포괄하여 일죄로 볼 수는 없다. (대법원 2001도6281)   정답 ×

146 한 개의 행위가 서로 다른 둘 이상의 구성요건을 실현하는 경우에는 상상적 경합이 성립하나, 한 개의 행위가 동일한 구성요건을 2회 이상 실현하는 경우에는 상상적 경합이 성립하지 않는다. ○ ×

해설 상상적 경합이란 1개의 행위가 수개의 죄에 해당하는 경우로 수개의 죄는 이종일 수도 있지만 동종의 죄일 수도 있다.   정답 ×

147 같은 날 무면허운전 행위를 여러 차례 반복한 경우, 그 범의의 단일성 내지 계속성이 인정되지 않거나 범행 방법 등이 동일하지 않다면 각 무면허운전 범행은 실체적 경합 관계에 있다. ○ ×

해설 같은 날 무면허운전 행위를 여러 차례 반복한 경우라도 그 범의의 단일성 내지 계속성이 인정되지 않거나 범행 방법 등이 동일하지 않은 경우 각 무면허운전 범행은 실체적 경합 관계에 있다고 볼 수 있으나, 그와 같은 특별한 사정이 없다면 각 무면허운전 행위는 동일 죄명에 해당하는 수 개의 동종 행위가 동일한 의사에 의하여 반복되거나 접속·연속하여 행하여진 것으로 봄이 상당하고 그로 인한 피해법익도 동일한 이상, 각 무면허운전 행위를 통틀어 포괄일죄로 처단하여야 한다. (대법원 2022도8806)   정답 ○

CRIMINAL LAW

PART 03

형벌과 보안처분

CHAPTER 01 형벌론

CHAPTER 01 형벌론

01 형벌의 의의와 종류

001   금품의 무상대여를 통하여 위법한 재산상 이익을 취득한 경우 범인이 받은 부정한 이익은 그로 인한 금융이익 상당액이므로 추징의 대상이 되는 것은 무상으로 대여받은 금품 그 자체가 아니라 위 금융이익 상당액이다.   ○ ×

해설 대법원 2014도1547   정답 ○

002   범죄행위로 인하여 물건을 취득하면서 그 대가를 지급하였다고 하더라도 범죄행위로 취득한 것은 물건 자체이고 이는 몰수되어야 할 것이지만, 이미 처분되어 없다면 그 가액 상당을 추징하여야 한다.   ○ ×

해설 대법원 2015도9123   정답 ○

003   A주식회사 대표이사인 甲이 금융기관에 청탁하여 B주식회사가 대출을 받을 수 있도록 알선행위를 하고 그 대가로 용역대금 명목의 수수료를 A주식회사 계좌를 통해 송금받아 회사재산으로 귀속시켰다면 甲이 이 수수료 중에서 개인적으로 사용한 금품에 한해 甲으로부터 몰수 또는 그 가액을 추징할 수 있다.   ○ ×

해설 甲 주식회사 대표이사인 피고인이 금융기관에 청탁하여 乙 주식회사가 대출을 받을 수 있도록 알선행위를 하고 그 대가로 용역대금 명목의 수수료를 甲 회사 계좌를 통해 송금 받아 특정경제범죄 가중처벌 등에 관한 법률 위반(알선수재)죄가 인정된 사안에서, 위 수수료에 대한 권리가 甲 회사에 귀속되는 경우에도 피고인으로부터 몰수·추징할 수 있다. (대법원 2012도7571)   정답 ×

004   甲이 공무원 A에게 승용차 대금 명목으로 1,400만 원을 뇌물로 제공하기로 약속하였다면 甲으로부터 그 뇌물로 제공하기로 약속된 승용차 대금 명목의 금품을 추징해야 한다.   ○ ×

해설 형법 제134조는 뇌물에 공할 금품을 필요적으로 몰수하고 이를 몰수하기 불가능한 때에는 그 가액을 추징하도록 규정하고 있는바, 몰수는 특정된 물건에 대한 것이고 추징은 본래 몰수할 수 있었음을 전제로 하는 것임에 비추어 뇌물에 공할 금품이 특정되지 않았던 것은 몰수할 수 없고 그 가액을 추징할 수도 없다. (대법원 96도221)   정답 ×

005   甲이 A로 하여금 사기도박에 참여하도록 유인하기 위하여 고액의 수표를 제시해 보였다면 그 수표를 직접적으로 도박자금으로 사용하지 않았더라도 몰수할 수 있다.   ○ ×

해설 대법원 2002도3589   정답 ○

006   수뢰자가 증뢰자로부터 뇌물을 교부받아 그대로 보관하였다가 증뢰자에게 뇌물 그 자체를 반환한 경우에는 증뢰자로부터 몰수 또는 추징한다.   ○ ×

해설 대법원 98도3584   정답 ○

007

몰수의 취지가 범죄에 의한 이득의 박탈을 그 목적으로 하는 것이고 추징도 이러한 몰수의 취지를 관철하기 위한 것인 경우에는 추징가액의 산정은 재판선고시의 가격을 기준으로 하여야 한다. ○ ×

해설 대법원 2008도6944

정답 ○

008

피고인이 대형할인매장을 1회 방문하여 범행을 할 때마다 수 개 품목의 수십만 원어치 상품을 절취하여 이를 자신의 승용차에 싣고 간 경우 그 승용차는 형법 제48조 제1항 제1호 소정의 범죄행위에 제공한 물건이므로 몰수할 수 있다. ○ ×

해설 대법원 2006도4075

정답 ○

009

체포될 당시 미처 송금하지 못하고 소지하고 있던 자기앞수표나 현금은 장차 실행하려고 한 외국환거래법 위반의 범행에 제공하려는 물건일 뿐 그 이전에 범해진 외국환거래법 위반의 범죄행위에 제공하려고 한 물건으로 볼 수 없으므로 이를 몰수할 수 없다. ○ ×

해설 대법원 2007도10034

정답 ○

010

징역 또는 금고는 무기 또는 유기로 하고 유기는 1개월 이상 30년 이하로 한다. 단, 유기징역 또는 유기금고에 대하여 형을 가중하는 때에는 50년까지로 하고 자격의 전부 또는 일부에 대한 자격정지는 1개월 이상 15년 이하로 한다. 그리고 유기징역 또는 유기금고에 자격정지를 병과한 때에는 징역 또는 금고의 집행을 종료하거나 면제된 날로부터 정지기간을 기산한다. ○ ×

해설

> 형법 제44조(자격정지) ① 전조에 기재한 자격의 전부 또는 일부에 대한 정지는 1년 이상 15년 이하로 한다.
> ② 유기징역 또는 유기금고에 자격정지를 병과한 때에는 징역 또는 금고의 집행을 종료하거나 면제된 날로부터 정지기간을 기산한다.

정답 ×

011

누범 전과는 금고 이상의 형을 받아 그 집행을 종료하거나 면제받은 후 3년 이내에 금고 이상에 해당하는 죄를 범한 경우인데 일반사면된 전과는 누범가중사유가 되지 아니하나 복권된 전과사실은 누범가중사유에 해당한다. ○ ×

해설

> 형법 제35조(누범) ① 금고 이상의 형을 받아 그 집행을 종료하거나 면제를 받은 후 3년 내에 금고 이상에 해당하는 죄를 범한 자는 누범으로 처벌한다 복권은 사면의 경우와 같이 형의 언도의 효력을 상실시키는 것이 아니고, 다만 형의 언도의 효력으로 인하여 상실 또는 정지된 자격을 회복시킴에 지나지 아니하는 것이므로 복권이 있었다고 하더라도 그 전과사실은 누범가중사유에 해당한다.

정답 ○

012 행위자에게 유죄의 재판을 아니 할 때에도 몰수의 요건이 있는 때에는 몰수만을 선고할 수 있다. ○ ×

> **해설**
> **형법 제49조(몰수의 부가성)** 몰수는 타형에 부가하여 과한다. 단, 행위자에게 유죄의 재판을 아니 할 때에도 몰수의 요건이 있는 때에는 몰수만을 선고할 수 있다.

정답 ○

013 마약류 관리에 관한 법률 제67조의 몰수나 추징을 선고하기 위하여는 몰수나 추징의 요건이 공소가 제기된 범죄사실과 관련되어 있어야 하므로, 법원으로서는 범죄사실에서 인정되지 아니한 사실에 관하여는 몰수나 추징을 선고할 수 없다. ○ ×

해설 대법원 92도700

정답 ○

014 형법 제134조에 의한 필요적 몰수의 경우 뇌물에 공할 금품이 특정되지 않았던 것은 몰수할 수 없고 그 가액을 추징할 수도 없다. ○ ×

해설 대법원 2015도12838

정답 ○

015 형법 제357조에 의한 필요적 몰수의 경우 배임수재자가 배임증재자로부터 받은 재물을 그대로 가지고 있다가 증재자에게 반환하였더라도 수재자로부터 이를 몰수하거나 그 가액을 추징하여야 한다. ○ ×

해설 수뢰자가 뇌물을 그대로 보관하였다가 증뢰자에게 반환한 때에는 증뢰자로부터 몰수·추징할 것이므로 수뢰자로부터 추징함은 위법하다. (대법원 83도2783)

정답 ×

016 주형을 선고유예하는 경우에 몰수의 선고유예도 가능하다. ○ ×

해설 대법원 88도551

정답 ○

017 주형의 선고를 유예하는 경우에 몰수의 요건이 있는 때에는 몰수만을 선고할 수도 있다. ○ ×

해설 대법원 73도1133 전합

정답 ○

018 주형의 선고를 유예하지 않으면서 몰수와 추징에 대하여만 선고를 유예할 수도 있다. ○ ×

해설 형법 제59조에 의하더라도 몰수는 선고유예의 대상으로 규정되어 있지 아니하고 다만 몰수 또는 이에 갈음하는 추징은 부가형적 성질을 띄고 있어 그 주형에 대하여 선고를 유예하는 경우에는 그 부가할 몰수 추징에 대하여도 선고를 유예할 수 있으나, 그 주형에 대하여 선고를 유예하지 아니하면서 이에 부가할 몰수 추징에 대하여서만 선고를 유예할 수는 없다. (대법원 88도551)

정답 ×

019 법정형에 징역형과 벌금형이 선택형으로 규정되어 있는 범죄에서 벌금형을 선택하여 처벌하는 경우에 노역장 유치기간은 법정형에서 정한 징역형의 상한을 초과하여 정할 수 없다. ○ ✕

> **해설** 벌금형에 대한 노역장유치기간의 산정에는 형법 제69조 제2항에 따른 제한이 있을 뿐 그 밖의 다른 제한이 없으므로, 징역형과 벌금형 가운데서 벌금형을 선택하여 선고하면서 그에 대한 노역장유치기간을 환산한 결과 선택형의 하나로 되어 있는 징역형의 장기보다 유치기간이 더 길 수 있게 되었다 하더라도 이를 위법이라고 할 수는 없다. (대법원 2000도3945)
>
> 정답 ✕

020 벌금을 선고할 때에는 납입하지 아니하는 경우의 유치기간을 정하여 동시에 선고하여야 한다. ○ ✕

> **해설**
>
> 형법 제70조(노역장 유치) ① 벌금이나 과료를 선고할 때에는 이를 납입하지 아니하는 경우의 노역장 유치기간을 정하여 동시에 선고하여야 한다.
>
> 정답 ○

021 벌금을 납입하지 아니하는 자에 대한 노역장 유치기간은 벌금액수가 아무리 많더라도 3년을 초과할 수 없다. ○ ✕

> **해설**
>
> 형법 제69조(벌금과 과료) ① 벌금과 과료는 판결확정일로부터 30일내에 납입하여야 한다. 단, 벌금을 선고할 때에는 동시에 그 금액을 완납할 때까지 노역장에 유치할 것을 명할 수 있다.
> ② 벌금을 납입하지 아니한 자는 1일 이상 3년 이하, 과료를 납입하지 아니한 자는 1일 이상 30일 미만의 기간 노역장에 유치하여 작업에 복무하게 한다.
>
> 정답 ○

022 선고하는 벌금이 5억 원 이상 50억 원 미만인 경우에는 500일 이상의 유치기간을 정하여야 한다. ○ ✕

> **해설**
>
> 형법 제70조(노역장 유치) ② 선고하는 벌금이 1억원 이상, 5억원 미만인 경우에는 300일 이상, 5억원 이상 50억원 미만인 경우에는 500일 이상, 50억원 이상인 경우에는 1천일 이상의 노역장 유치기간을 정하여야 한다.
>
> 정답 ○

023 형법 제48조 제1항 제1호, 제2항에 의한 몰수 및 추징은 임의적인 것이므로 그 추징의 요건에 해당되는 물건이라도 이를 추징할 것인지의 여부는 법원의 재량에 맡겨져 있다. ○ ✕

> **해설** 대법원 2000도515
>
> 정답 ○

024 필요적 몰수의 요건을 갖추지 못한 경우라도 형법 제48조 제1항에서 정하는 임의적 몰수 요건을 충족하면 몰수할 수 있다. ○ ✕

해설

> 형법 제48조(몰수의 대상과 추징) ① 범인 외의 자의 소유에 속하지 아니하거나 범죄 후 범인 외의 자가 사정을 알면서 취득한 다음 각 호의 물건은 전부 또는 일부를 몰수할 수 있다.
> 1. 범죄행위에 제공하였거나 제공하려고 한 물건
> 2. 범죄행위로 인하여 생겼거나 취득한 물건
> 3. 제1호 또는 제2호의 대가로 취득한 물건

정답 ○

025 형법상 배임수재죄에서의 몰수·추징은 필요적 몰수·추징이다. ○ ✕

해설

> 형법 제357조(배임수증재) ① 타인의 사무를 처리하는 자가 그 임무에 관하여 부정한 청탁을 받고 재물 또는 재산상의 이익을 취득하거나 제3자로 하여금 이를 취득하게 한 때에는 5년 이하의 징역 또는 1천만원 이하의 벌금에 처한다.
> ② 제1항의 재물 또는 재산상 이익을 공여한 자는 2년 이하의 징역 또는 500만원 이하의 벌금에 처한다.
> ③ 범인 또는 그 사정을 아는 제3자가 취득한 제1항의 재물은 몰수한다. 그 재물을 몰수하기 불가능하거나 재산상의 이익을 취득한 때에는 그 가액을 추징한다.

정답 ○

026 「변호사법」 위반의 범행으로 금품을 취득한 경우 그 범행과정에서 지출한 비용은 그 금품을 취득하기 위하여 지출한 부수적 비용이고, 몰수하여야 할 것은 「변호사법」 위반의 범행으로 취득한 금품 그 자체이므로, 취득한 금품이 이미 처분되어 추징할 금원을 산정할 때 그 금품의 가액에서 그 지출 비용을 공제하여야 한다. ○ ✕

해설 변호사법 위반의 범행으로 금품을 취득한 경우 그 범행과정에서 지출한 비용은 그 금품을 취득하기 위하여 지출한 부수적 비용에 불과하고, 몰수하여야 할 것은 변호사법 위반의 범행으로 취득한 금품 그 자체이므로, 취득한 금품이 이미 처분되어 추징할 금원을 산정할 때 그 금품의 가액에서 위 지출 비용을 공제할 수는 없다. (대법원 2008도6944) 정답 ✕

027 히로뽕을 수수하여 그 중 일부를 직접 투약한 경우에는 수수한 히로뽕의 가액만을 추징할 수 있고 직접 투약한 부분에 대한 가액을 별도로 추징할 수 없다. ○ ✕

해설 대법원 2000도546 정답 ○

028 몰수의 대상이 되는 물건은 반드시 압수되어 있는 물건에 대하여서만 하는 것이 아니므로, 몰수대상 물건이 압수되어 있는가 하는 점 및 적법한 절차에 의하여 압수되었는가 하는 점은 몰수의 요건이 아니다. ○ ✕

해설 대법원 2014도3263

정답 ○

029 몰수나 추징이 공소사실과 관련이 있는 경우 그 공소사실에 관하여 이미 공소시효가 완성된 경우에도 몰수나 추징을 할 수 있다. ○ ✕

해설 행위자에게 유죄의 재판을 아니 할 때에도 몰수의 요건이 있는 때에는 몰수만을 선고할 수 있다. 그러나 우리 법제상 공소의 제기 없이 별도로 몰수만을 선고할 수 있는 제도가 마련되어 있지 아니하므로 실체판단에 들어가 공소사실을 인정하는 경우가 아닌 면소의 경우에는 원칙적으로 몰수도 할 수 없다. (대법원 2007도4556)

정답 ✕

030 피고인의 소유물은 물론 공범자의 소유물도 몰수할 수 있으나, 공범자의 소유물은 공범자가 소추된 경우에 한하여 몰수할 수 있다. ○ ✕

해설 형법 제48조 제1항의 '범인'에는 공범자도 포함되므로 피고인의 소유물은 물론 공범자의 소유물도 그 공범자의 소추 여부를 불문하고 몰수할 수 있고, 여기에서의 공범자에는 공동정범, 교사범, 방조범에 해당하는 자는 물론 필요적 공범관계에 있는 자도 포함된다. (대법원 2006도5586)

정답 ✕

031 집행을 종료함으로써 효력을 상실한 압수 수색영장에 기하여 다시 압수·수색을 실시하면서 몰수대상물건을 압수한 경우, 압수 자체가 위법하므로 그러한 압수물의 몰수 역시 효력이 없다. ○ ✕

해설 이미 그 집행을 종료함으로써 효력을 상실한 압수·수색영장에 기하여 다시 압수·수색을 실시하면서 몰수대상물건을 압수한 경우, 압수 자체가 위법하게 됨은 별론으로 하더라도 그것이 위 물건의 몰수의 효력에는 영향을 미칠 수 없다. (대법원 2003도705)

정답 ✕

032 「형법」 제48조 제1항의 '범인'에 해당하는 공범자는 유죄의 죄책을 지는 자에 국한되므로, 유죄의 죄책을 지지 않는 공범자의 물건은 몰수할 수 없다. ○ ✕

해설 형법 제48조 제1항의 '범인'에 해당하는 공범자는 반드시 유죄의 죄책을 지는 자에 국한된다고 볼 수 없고 공범에 해당하는 행위를 한 자이면 족하므로 이러한 자의 소유물도 형법 제48조 제1항의 '범인 이외의 자의 소유에 속하지 아니하는 물건'으로서 이를 피고인으로부터 몰수할 수 있다. (대법원 2006도5586)

정답 ✕

033 피고인 이외의 제3자의 소유에 속하는 물건의 경우, 몰수를 선고한 판결의 효력은 원칙적으로 몰수의 원인이 된 사실에 관하여 유죄의 판결을 받은 피고인에 대한 관계에서 그 물건을 소지하지 못하게 하는 데 그치지 않고, 그 사건에서 재판을 받지 아니한 제3자의 소유권에도 영향을 미친다. ○ ×

해설 형사법상 몰수는 공소사실에 관하여 형사재판을 받는 피고인에 대한 유죄의 판결에서 다른 형에 부가하여 선고되는 형인 점에 비추어, 피고인 이외의 제3자의 소유에 속하는 물건에 대하여 몰수를 선고한 판결의 효력은 원칙적으로 몰수의 원인이 된 사실에 관하여 유죄의 판결을 받은 피고인에 대한 관계에서 그 물건을 소지하지 못하게 하는 데 그치고 그 사건에서 재판을 받지 아니한 제3자의 소유권에 어떤 영향을 미치는 것은 아니다. (대법원 99다12161) 정답 ×

034 형사소송법 제459조가 "재판은 이 법률에 특별한 규정이 없으면 확정한 후에 집행한다."라고 규정한 취지나 집행유예 제도의 본질 등에 비추어 보면 집행유예를 함에 있어 그 집행유예 기간의 시기(始期)는 집행유예를 선고한 판결 확정일로 하여야 한다. ○ ×

해설 대법원 2000도4637 정답 ○

035 형법 제51조의 사항과 개전의 정상이 현저한지에 관한 사항은 형의 양정에 관한 법원의 재량사항에 속하므로, 상고심으로서는 형사소송법 제383조 제4호에 의하여 사형·무기 또는 10년 이상의 징역·금고가 선고된 사건에서 형의 양정의 당부에 관한 상고이유를 심판하는 경우가 아닌 이상, 선고유예에 관하여 형법 제51조의 사항과 개전의 정상이 현저한지에 대한 원심판단의 당부를 심판할 수 없다. ○ ×

해설 대법원 2001도6138 전합 정답 ○

036 유기징역에 있어서 형기의 3분의 1을 경과한 후 행정처분으로 가석방할 수 있으며, 가석방의 기간은 남은 형기로 하되, 그 기간은 10년을 초과할 수 없다. ○ ×

해설

> **형법 제72조(가석방의 요건)** ① 징역이나 금고의 집행 중에 있는 사람이 행상(行狀)이 양호하여 뉘우침이 뚜렷한 때에는 무기형은 20년, 유기형은 형기의 3분의 1이 지난 후 행정처분으로 가석방을 할 수 있다.
> **형법 제73조의2(가석방의 기간 및 보호관찰)** ① 가석방의 기간은 무기형에 있어서는 10년으로 하고, 유기형에 있어서는 남은 형기로 하되, 그 기간은 10년을 초과할 수 없다.

정답 ○

037 징역형의 집행을 종료한 자가 피해자의 손해를 보상하고 자격정지 이상의 형을 받음이 없이 7년을 경과한 때에는 본인 또는 검사의 신청에 의하여 그 재판의 실효를 선고할 수 있다. ○ ×

해설

형법 제81조(형의 실효) 징역 또는 금고의 집행을 종료하거나 집행이 면제된 자가 피해자의 손해를 보상하고 자격정지 이상의 형을 받음이 없이 7년을 경과한 때에는 본인 또는 검사의 신청에 의하여 그 재판의 실효를 선고할 수 있다.

정답 ○

038 벌금형의 경우에 선고유예는 물론이고 그 액수에 상관없이 집행유예를 할 수 있다. ○ ×

해설

형법 제62조(집행유예의 요건) ① 3년 이하의 징역이나 금고 또는 500만원 이하의 벌금의 형을 선고할 경우에 제51조의 사항을 참작하여 그 정상에 참작할 만한 사유가 있는 때에는 1년 이상 5년 이하의 기간 형의 집행을 유예할 수 있다. 다만, 금고 이상의 형을 선고한 판결이 확정된 때부터 그 집행을 종료하거나 면제된 후 3년까지의 기간에 범한 죄에 대하여 형을 선고하는 경우에는 그러하지 아니하다.

정답 ×

039 과료를 납입하지 아니한 자는 1일 이상 30일 미만의 기간 노역장에 유치하여 작업에 복무하게 한다. ○ ×

해설

형법 제69조(벌금과 과료) ② 벌금을 납입하지 아니한 자는 1일 이상 3년 이하, 과료를 납입하지 아니한 자는 1일 이상 30일 미만의 기간 노역장에 유치하여 작업에 복무하게 한다.

정답 ○

040 형을 선고받은 사람에 대해서는 시효가 완성되면 그 집행이 면제된다. ○ ×

해설 형법 제77조(형의 시효의 효과) 형(사형은 제외한다)을 선고받은 자에 대해서는 시효가 완성되면 그 집행이 면제된다.

정답 ○

041 가석방 기간 중 고의 또는 과실로 지은 죄로 금고 이상의 형의 선고를 받아 그 판결이 확정된 때에는 가석방 처분은 효력을 잃는다. ○ ×

해설

형법 제74조(가석방의 실효) 가석방 기간 중 고의로 지은 죄로 금고 이상의 형을 선고받아 그 판결이 확정된 경우에 가석방 처분은 효력을 잃는다.

정답 ×

042

집행유예의 선고를 받은 후 그 선고의 실효 또는 취소됨이 없이 유예기간을 경과한 때에는 형의 집행을 종료한 것으로 본다. ○ ×

해설

형법 제65조(집행유예의 효과) 집행유예의 선고를 받은 후 그 선고의 실효 또는 취소됨이 없이 유예기간을 경과한 때에는 형의 선고는 효력을 잃는다.

정답 ×

043

공무원이 뇌물을 받으면서 그 취득을 위하여 상대방에게 뇌물의 가액에 상당하는 금원의 일부를 비용의 명목으로 출연하거나 그 밖에 경제적 이익을 제공한 경우, 공무원이 받은 뇌물은 그 뇌물의 가액에서 위와 같은 지출액을 공제한 나머지 가액에 상당한 이익에 한정되고 이를 몰수·추징해야 하는 것이지 받은 뇌물 자체를 몰수·추징해야 하는 것은 아니다. ○ ×

해설 공무원이 뇌물을 받음에 있어서 그 취득을 위하여 상대방에게 뇌물의 가액에 상당하는 금원의 일부를 비용의 명목으로 출연하거나 그 밖에 경제적 이익을 제공하였다 하더라도, 이는 뇌물을 받는 데 지출한 부수적 비용에 불과하다고 보아야 할 것이지, 이로 인하여 공무원이 받은 뇌물이 그 뇌물의 가액에서 위와 같은 지출액을 공제한 나머지 가액에 상당한 이익에 한정되는 것이라고 볼 수는 없으므로, 그 공무원으로부터 뇌물죄로 얻은 이익을 몰수·추징함에 있어서는 그 받은 뇌물 자체를 몰수하여야 하고, 그 뇌물의 가액에서 위와 같은 지출을 공제한 나머지 가액에 상당한 이익만을 몰수·추징할 것은 아니다. (대법원 99도1638)

정답 ×

044

추징의 가액산정은 재판선고시의 가격을 기준으로 하므로, 경우에 따라 추징하여야 할 가액이 몰수의 선고를 받았더라면 잃게 될 이득상당액을 초과하는 것도 가능하다. ○ ×

해설 몰수의 취지가 범죄에 의한 이득의 박탈을 그 목적으로 하는 것이고 추징도 이러한 몰수의 취지를 관철하기 위한 것이라는 점을 고려하면 몰수하기 불능한 때에 추징하여야 할 가액은 범인이 그 물건을 보유하고 있다가 몰수의 선고를 받았더라면 잃었을 이득상당액을 의미한다고 보아야 할 것이므로 그 가액산정은 재판선고시의 가격을 기준으로 하여야 할 것이다. (대법원 91도352)

정답 ×

045

금품의 무상대여를 통하여 위법한 재산상 이익을 취득한 경우, 범인이 받은 부정한 이익은 그로 인한 금융이익 상당액이라 할 것이므로 추징의 대상이 되는 것은 무상으로 대여받은 금품 그 자체가 아니라 위 금융이익 상당액이라 보아야 한다. ○ ×

해설 대법원 2008도2590

정답 ○

046

마약류관리에 관한 법률 제67조에 의한 몰수나 추징은 범죄행위로 인한 이득의 박탈을 목적으로 하는 것이 아니라 징벌적 성질의 처분이므로, 그 범행으로 인하여 이득을 취득한 바 없다 하더라도 법원은 그 가액의 추징을 명하여야 하고, 그 추징의 범위에 관하여는 죄를 범한 자가 여러 사람일 때에는 각자에 대하여 그가 취급한 범위 내에서 의약품 가액 전액의 추징을 명하여야 한다. ○ ×

해설 대법원 2010도7251

정답 ○

047 이미 범한 외국환거래법위반 혐의로 체포될 당시에 향후 외국환거래법을 위반하여 송금하기 위하여 소지하고 있던 자기앞수표나 현금은 형법 제48조 제1항에 따라 몰수할 수 있다. ○ ×

해설 체포될 당시에 미처 송금하지 못하고 소지하고 있던 자기앞수표나 현금은 장차 실행하려고 한 외국환거래법 위반의 범행에 제공하려는 물건일 뿐, 그 이전에 범해진 외국환거래법 위반의 '범죄행위에 제공하려고 한 물건'으로는 볼 수 없으므로 몰수할 수 없다. (대법원 2007도10034) 정답 ×

048 甲과 乙이 공모하여 사행행위를 한 경우 甲에 대한 재판에서 사행행위에 제공된 乙 소유의 현금은 형법 제48조 제1항에 따라 몰수할 수 있다. ○ ×

해설 대법원 2006도8929 정답 ○

049 뇌물로 제공한 현금으로 위법한 절차에 의하여 압수된 경우는 형법 제48조 제1항에 따라 몰수할 수 있다. ○ ×

해설 대법원 2003도705 정답 ○

050 징역형의 집행유예와 벌금형의 병과를 선고받은 자에 대하여 징역형의 집행유예의 효력을 상실케 하는 특별사면이 있었다면 그 벌금형 역시 선고의 효력이 상실된다. ○ ×

해설 형법 제41조, 사면법 제5조 제1항 제2호, 제7조 등의 규정의 내용 및 취지에 비추어 보면, 여러 개의 형이 병과된 사람에 대하여 그 병과형 중 일부의 집행을 면제하거나 그에 대한 형의 선고의 효력을 상실케 하는 특별사면이 있은 경우, 그 특별사면의 효력이 병과된 나머지 형에까지 미치는 것은 아니므로 징역형의 집행유예와 벌금형이 병과된 신청인에 대하여 징역형의 집행유예의 효력을 상실케 하는 내용의 특별사면이 그 벌금형의 선고의 효력까지 상실케 하는 것은 아니다. (대법원 96모33) 정답 ×

051 「형법」 제48조 제1항 제1호의 '범죄행위에 제공하려고 한 물건'은 범죄행위에 사용하려고 준비하였으나 실제 사용하지 못한 물건을 의미하며, 어떠한 물건을 '범죄행위에 제공하려고 한 물건'으로서 몰수하기 위해서는 그 물건이 유죄로 인정되는 당해 범죄행위에 제공하려고 한 물건임이 인정되어야 한다. ○ ×

해설 형법 제48조 제1항 제1호는 몰수할 수 있는 물건으로서 '범죄행위에 제공하였거나 제공하려고 한 물건'을 규정하고 있는데, 여기서 범죄행위에 제공하려고 한 물건이란 범죄행위에 사용하려고 준비하였으나 실제 사용하지 못한 물건을 의미하는바, 형법상의 몰수가 공소사실에 대하여 형사재판을 받는 피고인에 대한 유죄판결에서 다른 형에 부가하여 선고되는 형인 점에 비추어, 어떠한 물건을 '범죄행위에 제공하려고 한 물건'으로서 몰수하기 위하여는 그 물건이 유죄로 인정되는 당해 범죄행위에 제공하려고 한 물건임이 인정되어야 한다. (대법원 2007도10034) 정답 ○

02 형의 양정

052 형의 집행과 구속영장의 집행이 경합하고 있는 경우에는 미결구금을 본형에 통산하여야 한다. ○ ×

해설 형의 집행과 구속영장의 집행이 경합하고 있는 경우에는 구속 여부와 관계없이 피고인 또는 피의자는 형의 집행에 의하여 구금을 당하고 있는 것이어서, 구속은 관념상은 존재하지만 사실상은 형의 집행에 의한 구금만이 존재하는 것에 불과하므로 즉, 구속에 의하여 자유를 박탈하는 것이 아니므로, 인권보호의 관점에서 이러한 미결구금 기간을 본형에 통산할 필요가 없고, 오히려 이것을 통산한다면 하나의 구금으로써 두 개의 자유형의 집행을 동시에 하는 것과 같게 되는 불합리한 결과가 되어 피고인에게 부당한 이익을 부여하게 되므로, 이러한 경우의 미결구금은 본형에 통산하여서는 아니된다. (대법원 2001도4583)

정답 ×

053 피고인이 범행 후 미국으로 도주하였다가 「대한민국 정부와 미합중국정부 간의 범죄인인도조약」에 따라 체포된 후 인도절차를 밟기 위해 미국에서 구금되어 있던 기간은 「형법」 제57조에 의하여 본형에 산입될 미결구금일수에 해당하지 않는다. ○ ×

해설 피고인이 범행 후 미국으로 도주하였다가 대한민국정부와 미합중국정부 간의 범죄인 인도조약에 따라 체포되어 인도절차를 밟기 위한 절차에 해당하는 기간이 본형에 산입될 미결구금일수에 해당하지 않는다고 한 사례이다. (대법원 2005도5822)

정답 ○

054 판결선고 당일에 집행유예, 선고유예, 벌금형 등의 선고나 보석, 구속취소 등으로 인하여 그날 중으로 석방된 피고인이 바로 당일에 상소를 제기한 경우에는 그 선고 당일(석방된 당일)의 구금일수 1일은 상소심의 통산의 대상이 된다. ○ ×

해설 판결 선고 당일에 집행유예, 선고유예, 벌금형 등의 선고나 보석, 구속취소 등으로 인하여 그날 중으로 석방된 피고인이 바로 당일에 상소를 제기한 경우, 그 선고 당일(석방된 당일)의 구금일수 1일이 상소심의 재정통산의 대상이 된다. (대법원 2005도6246)

정답 ○

055 외국에서 무죄판결을 받고 석방되기까지의 미결구금은 국내의 형벌권 행사와 같이 공소의 목적을 달성하기 위하여 필수불가결하게 이루어진 강제처분으로 볼 수 있으므로 「형법」 제57조에서 규정한 본형에 당연히 산입되는 미결구금과 같다고 볼 수 있다. ○ ×

해설 외국에서 무죄판결을 받고 석방되기까지의 미결구금은, 국내에서의 형벌권 행사가 외국에서의 형사절차와는 별개의 것인 만큼 우리나라 형벌법규에 따른 공소의 목적을 달성하기 위하여 필수불가결하게 이루어진 강제처분으로 볼 수 없고, 유죄판결을 전제로 한 것이 아니어서 해당 국가의 형사보상제도에 따라 구금 기간에 상응하는 금전적 보상을 받음으로써 구제받을 성질의 것에 불과하다. 또한 형사절차에서 미결구금이 이루어지는 목적, 미결구금의 집행 방법 및 피구금자에 대한 처우, 미결구금에 대한 법률적 취급 등이 국가별로 다양하여 외국에서의 미결구금으로 인해 피고인이 받는 신체적 자유 박탈에 따른 불이익의 양상과 정도를 국내에서의 미결구금이나 형의 집행과 효과 면에서 서로 같거나 유사하다고 단정할 수도 없다. 따라서 위와 같이 외국에서 이루어진 미결구금을 형법 제57조 제1항에서 규정한 '본형에 당연히 산입되는 미결구금'과 같다고 볼 수 없다. (대법원 2017도5977 전합)

정답 ×

056 판결선고 전의 구금일수는 그 전부 또는 일부를 유기징역, 유기금고, 벌금이나 과료에 관한 유치 또는 구류에 산입한다.

○ ×

> **해설**
>
> **형법 제57조(판결선고전 구금일수의 통산)** ① 판결선고전의 구금일수는 그 전부를 유기징역, 유기금고, 벌금이나 과료에 관한 유치 또는 구류에 산입한다.

정답 ×

057 위증죄를 범한 자가 그 공술한 사건의 재판이 확정되기 전에 자백한 때는 필요적 감경 또는 면제 사유에 해당한다.

○ ×

> **해설**
>
> **형법 제153조(자백, 자수)** 전조의 죄를 범한 자가 그 공술한 사건의 재판 또는 징계처분이 확정되기 전에 자백 또는 자수한 때에는 그 형을 감경 또는 면제한다.

정답 ○

058 형법상 추행 목적 약취유인죄를 범한 자가 그 약취유인된 사람을 안전한 장소로 풀어준 때는 필요적 감경 또는 면제 사유에 해당한다.

○ ×

> **해설**
>
> **형법 제295조의2(형의 감경)** 제287조부터 제290조까지, 제292조와 제294조의 죄를 범한 사람이 약취, 유인, 매매 또는 이송된 사람을 안전한 장소로 풀어준 때에는 그 형을 감경할 수 있다.

정답 ×

059 현주건조물방화예비죄를 범한 자가 그 목적한 죄의 실행에 이르기 전에 자수한 때는 필요적 감경 또는 면제 사유에 해당한다.

○ ×

> **해설**
>
> **형법 제164조(현주건조물 등 방화)** ① 불을 놓아 사람이 주거로 사용하거나 사람이 현존하는 건조물, 기차, 전차, 자동차, 선박, 항공기 또는 지하채굴시설을 불태운 자는 무기 또는 3년 이상의 징역에 처한다.
> ② 제1항의 죄를 지어 사람을 상해에 이르게 한 경우에는 무기 또는 5년 이상의 징역에 처한다. 사망에 이르게 한 경우에는 사형, 무기 또는 7년 이상의 징역에 처한다.
> **형법 제175조(예비, 음모)** 제164조제1항, 제165조, 제166조제1항, 제172조제1항, 제172조의2제1항, 제173조제1항과 제2항의 죄를 범할 목적으로 예비 또는 음모한 자는 5년 이하의 징역에 처한다. 단 그 목적한 죄의 실행에 이르기 전에 자수한 때에는 형을 감경 또는 면제한다.

정답 ○

060 장물취득죄를 범한 자가 본범과 동거친족인 때는 필요적 감경 또는 면제 사유에 해당한다. ○ ×

해설

> 형법 제365조(친족간의 범행) ② 전3조의 죄를 범한 자와 본범간에 제328조제1항의 신분관계가 있는 때에는 그 형을 감경 또는 면제한다. 단, 신분관계가 없는 공범에 대하여는 예외로 한다.

정답 ○

061 형법상 몰수의 대상은 범죄의 실행행위 자체에 사용한 물건에만 한정되고, 실행행위 착수 전 또는 실행행위 종료 후의 행위에 사용한 물건은 이에 해당하지 않는다. ○ ×

해설 형법 제48조 제1항 제1호의 "범죄행위에 제공한 물건"은, 가령 살인행위에 사용한 칼 등 범죄의 실행행위 자체에 사용한 물건에만 한정되는 것이 아니며, 실행행위의 착수 전의 행위 또는 실행행위의 종료 후의 행위에 사용한 물건이더라도 그것이 범죄행위의 수행에 실질적으로 기여하였다고 인정되는 한 위 법조 소정의 제공한 물건에 포함된다. (대법원 2006도4075)

정답 ×

062 하나의 죄에 대하여 징역형과 벌금형을 병과하는 경우 특별한 규정이 없더라도 징역형만을 작량감경하고 벌금형에는 작량감경을 하지 않을 수 있다. ○ ×

해설 하나의 죄에 대하여 징역형과 벌금형을 병과하여야 할 경우에 특별한 규정이 없는 한 징역형에만 작량감경을 하고 벌금형에는 작량감경을 하지 않는 것은 위법하다. (대법원 2011도3161)

정답 ×

063 선고유예는 선고할 형이 1년 이하의 징역이나 금고, 자격정지 또는 벌금의 형인 경우에 한하고 구류형에 대하여는 선고를 유예할 수 없다. ○ ×

해설 형법 제59조 제1항은 1년 이하의 징역이나 금고, 자격정지 또는 벌금의 형을 선고할 경우 같은 법 제51조의 사항을 참작하여 개전의 정상이 현저한 때에는 선고를 유예할 수 있다고 규정하고 있어 형의 선고를 유예할 수 있는 경우는 선고할 형이 1년 이하의 징역이나 금고, 자격정지 또는 벌금의 형인 경우에 한하고 구류형에 대하여는 선고를 유예할 수 없다. (대법원 93오1)

정답 ○

064 자기 또는 타인의 법익에 대한 현재의 부당한 침해에 대한 방위행위가 그 정도를 초과한 때에는 그 형을 감경할 수 있을 뿐, 면제할 수는 없다. ○ ×

해설

> 형법 제21조(정당방위) ① 현재의 부당한 침해로부터 자기 또는 타인의 법익(法益)을 방위하기 위하여 한 행위는 상당한 이유가 있는 경우에는 벌하지 아니한다.
> ② 방위행위가 그 정도를 초과한 경우에는 정황(情況)에 따라 그 형을 감경하거나 면제할 수 있다.

정답 ×

065

범행이 심신미약의 상태에서 저질러진 때에는 그 형을 감경해야 한다. ○ ×

해설

형법 제10조(심신장애인) ① 심신장애로 인하여 사물을 변별할 능력이 없거나 의사를 결정할 능력이 없는 자의 행위는 벌하지 아니한다.
② 심신장애로 인하여 전항의 능력이 미약한 자의 행위는 형을 감경할 수 있다.

정답 ×

066

경합범 중 판결을 받지 아니한 죄가 있는 때에는 그 죄와 판결이 확정된 죄를 동시에 판결할 경우와 형평을 고려하여 그 죄에 대하여 형을 선고하되, 이 경우 그 형을 감경 또는 면제해야 한다. ○ ×

해설

형법 제39조(판결을 받지 아니한 경합범, 수개의 판결과 경합범, 형의 집행과 경합범) ① 경합범 중 판결을 받지 아니한 죄가 있는 때에는 그 죄와 판결이 확정된 죄를 동시에 판결할 경우와 형평을 고려하여 그 죄에 대하여 형을 선고한다. 이 경우 그 형을 감경 또는 면제할 수 있다.

정답 ×

067

자구행위가 그 정도를 초과하였지만 정황에 참작할 사유가 있는 경우 형을 임의적으로 감경 또는 면제할 수 있다. ○ ×

해설

형법 제23조(자구행위) ① 법률에서 정한 절차에 따라서는 청구권을 보전(保全)할 수 없는 경우에 그 청구권의 실행이 불가능해지거나 현저히 곤란해지는 상황을 피하기 위하여 한 행위는 상당한 이유가 있는 때에는 벌하지 아니한다.
② 제1항의 행위가 그 정도를 초과한 경우에는 정황에 따라 그 형을 감경하거나 면제할 수 있다.

정답 ○

068

실행 수단의 착오로 인하여 결과의 발생이 불가능하지만 위험성이 인정되는 경우 형을 임의적으로 감경 또는 면제할 수 있다. ○ ×

해설

형법 제27조(불능범) 실행의 수단 또는 대상의 착오로 인하여 결과의 발생이 불가능하더라도 위험성이 있는 때에는 처벌한다. 단, 형을 감경 또는 면제할 수 있다.

정답 ○

069 직계혈족, 배우자, 동거친족 또는 동거가족의 재물을 절취한 경우 형을 임의적으로 감경 또는 면제할 수 있다. ○ ×

해설

> 형법 제328조(친족간의 범행과 고소) ① 직계혈족, 배우자, 동거친족, 동거가족 또는 그 배우자간의 제323조의 죄는 그 형을 면제한다.
> ② 제1항 이외의 친족간에 제323조의 죄를 범한 때에는 고소가 있어야 공소를 제기할 수 있다.
> ③ 전 2항의 신분관계가 없는 공범에 대하여는 전 이항을 적용하지 아니한다.

정답 ×

070 피해자의 의사에 반하여 처벌할 수 없는 죄에 있어서 피해자에게 자복(自服)한 경우 형을 임의적으로 감경 또는 면제할 수 있다. ○ ×

해설

> 형법 제52조(자수, 자복) ② 피해자의 의사에 반하여 처벌할 수 없는 범죄의 경우에는 피해자에게 죄를 자복(自服)하였을 때에도 형을 감경하거나 면제할 수 있다.

정답 ○

071 범인이 자의로 실행에 착수한 행위를 중지하거나 그 행위로 인한 결과의 발생을 방지한 경우 형을 임의적으로 감경 또는 면제할 수 있다. ○ ×

해설

> 형법 제26조(중지범) 범인이 실행에 착수한 행위를 자의(自意)로 중지하거나 그 행위로 인한 결과의 발생을 자의로 방지한 경우에는 형을 감경하거나 면제한다.

정답 ×

072 형사사건으로 외국 법원에 기소되었다가 무죄판결을 받은 사람은, 설령 그가 무죄판결을 받기까지 상당 기간 미결구금 되었더라도 이를 유죄판결에 의하여 형이 실제로 집행된 것으로 볼 수는 없으므로, '외국에서 형의 전부 또는 일부가 집행된 사람'에 해당한다고 볼 수 없고, 그 미결구금 기간은 형법 제7조에 의한 산입의 대상이 될 수 없다. ○ ×

해설 대법원 2017도5977 전합

정답 ○

073 피고인이 수사기관에 자진 출석하여 처음 조사를 받으면서는 돈을 차용하였을 뿐이라며 범죄사실을 부인하다가 제2회 조사를 받으면서 비로소 업무와 관련하여 돈을 수수하였다고 자백한 행위를 자수라고 할 수 없다. ○ ×

해설 대법원 2011도12041

정답 ○

074 법관은 양형을 함에 있어 법정형에서 형의 가중 감면 등을 거쳐 형성된 처단형의 범위 내에서 양형의 조건을 참작하여 선고형을 정하여야 한다. ○ ×

해설 대법원 2008도7543

정답 ○

075 작량감경이란 법률상 특별한 감경사유가 없는 경우에도 피고인에게 정상참작의 여지가 있을 때 법원이 재량으로 하는 형의 감경이고, 법률상 감경사유가 있을 때에는 항상 작량감경이 우선해야 한다. ○ ×

해설 형법 제56조는 형을 가중 감경할 사유가 경합된 경우 가중 감경의 순서를 정하고 있고, 이에 따르면 법률상 감경을 먼저하고 마지막으로 작량감경을 하게 되어 있으므로, 법률상 감경사유가 있을 때에는 작량감경보다 우선하여 하여야 할 것이고, 작량감경은 이와 같은 법률상 감경을 다하고도 그 처단형보다 낮은 형을 선고하고자 할 때에 하는 것이 옳다. (대법원 93도3608)

정답 ×

076 임의적 감경사유의 존재가 인정되고 법관이 그에 따라 징역형에 대해 법률상 감경을 하는 경우에는 법정형의 하한만 2분의 1로 감경한다. ○ ×

해설 형법 제55조 제1항은 형벌의 종류에 따라 법률상 감경의 방법을 규정하고 있는데, 형법 제55조 제1항 제3호는 "유기징역 또는 유기금고를 감경할 때에는 그 형기의 2분의 1로 한다."라고 규정하고 있다. 이와 같이 유기징역형을 감경할 경우에는 '단기'나 '장기'의 어느 하나만 2분의 1로 감경하는 것이 아니라 '형기' 즉 법정형의 장기와 단기를 모두 2분의 1로 감경함을 의미한다는 것은 법문상 명확하다. (대법원 2018도5475 전합)

정답 ×

077 경합범에 대하여 형법 제38조 제1항 제3호에 의하여 징역형과 벌금형을 병과하는 경우 징역형에만 작량감경을 하고 벌금형에는 작량감경을 하지 아니하는 것은 위법하다. ○ ×

해설 형법 제38조 제1항 제3호에 의하여 징역형과 벌금형을 병과하는 경우에는 각 형에 대한 범죄의 정상에 차이가 있을 수 있으므로 징역형에만 작량감경을 하고 벌금형에는 작량감경을 하지 아니하였다고 하여 이를 위법하다고 할 수 없다. (대법원 2006도1076)

정답 ×

078 법정형에 하한이 설정된 형법 제37조 후단 경합범에 대하여 형법 제39조 제1항 후문에 따라 형을 감경할 때에는 형법 제55조 제1항이 적용되지 아니하여 유기징역의 경우에는 그 형기의 2분의 1 미만으로도 감경할 수 있다. ○ ×

해설 형법 제37조 후단 경합범(이하 '후단 경합범'이라 한다)에 대하여 형법 제39조 제1항에 의하여 형을 감경할 때에도 법률상 감경에 관한 형법 제55조 제1항이 적용되어 유기징역을 감경할 때에는 그 형기의 2분의 1 미만으로는 감경할 수 없다. (대법원 2017도14609 전합)

정답 ×

079 절도죄로 3차례에 걸쳐 징역형을 선고받고 그 형의 집행을 종료한 후, 누범기간 내에 수회의 절도 범행을 저지른 경우에는 반복적으로 범행을 저지르는 절도 사범에 관한 법정형을 강화한 특정범죄 가중처벌 등에 관한 법률 (2016.1.6. 법률 제13717호로 개정·시행) 제5조의4 제5항 제1호가 적용되므로 별도로 형법 제35조의 누범가중 한 형기범위 내에서 처단형을 정할 필요는 없다. ○ ×

해설 2016.1.6. 법률 제13717호로 개정·시행된 특정범죄 가중처벌 등에 관한 법률 제5조의4 제5항 제1호가 형법 제35조(누범)와는 별개로 새로운 구성요건을 창설한 것이므로 위 처벌 규정에 정한 형에 다시 형법 제35조의 누범가중한 형기범위 내에서 처단형을 정하여야 한다. (대법원 2019도18947)

정답 ×

080 반복된 음주운전행위에 대해 도로교통법 (2011.6.8. 법률 제10790호로 개정) 제148조의2 제1항 제1호를 적용하고 다시 형법 제35조에 의한 누범가중을 하는 것은 헌법상 일사부재리나 이중처벌금지에 반하지 아니한다. ○ ×

해설 대법원 2014도5868

정답 ○

081 죄를 범한 후 수사책임이 있는 관서에 자수한 경우 형의 임의적 감경·면제 사유에 해당한다. ○ ×

해설

형법 제52조(자수, 자복) ① 죄를 지은 후 수사기관에 자수한 경우에는 형을 감경하거나 면제할 수 있다.

정답 ○

082 심신장애로 인하여 사물변별능력 또는 의사결정능력이 미약한 경우 형의 임의적 감경·면제 사유에 해당한다. ○ ×

해설

형법 제10조(심신장애인) ② 심신장애로 인하여 전항의 능력이 미약한 자의 행위는 형을 감경할 수 있다.

정답 ×

083 미성년자약취죄를 범한 사람이 약취된 미성년자를 안전한 장소로 풀어준 경우 형의 임의적 감경·면제 사유에 해당한다. ○ ×

해설

형법 제295조의2(형의 감경) 제287조부터 제290조까지, 제292조와 제294조의 죄를 범한 사람이 약취, 유인, 매매 또는 이송된 사람을 안전한 장소로 풀어준 때에는 그 형을 감경할 수 있다.

정답 ×

084 범죄에 의하여 외국에서 형의 전부 또는 일부의 집행을 받은 경우 형의 임의적 감경·면제 사유에 해당한다. ○ ×

> **해설**
>
> **형법 제7조(외국에서 집행된 형의 산입)** 죄를 지어 외국에서 형의 전부 또는 일부가 집행된 사람에 대해서는 그 집행된 형의 전부 또는 일부를 선고하는 형에 산입한다.

정답 ×

085 형을 가중감경할 사유가 경합된 때에는, 형법 각칙 본조에 의한 가중 → 형법 제34조 제2항의 가중 → 누범가중 → 경합범가중 → 법률상감경 → 작량감경의 순서에 의하여야 한다. ○ ×

> **해설**
>
> **형법 제56조(가중·감경의 순서)** 형을 가중·감경할 사유가 경합하는 경우에는 다음 각 호의 순서에 따른다.
> 1. 각칙 조문에 따른 가중
> 2. 제34조 제2항에 따른 가중
> 3. 누범 가중
> 4. 법률상 감경
> 5. 경합범 가중
> 6. 정상참작감경

정답 ×

086 형을 병과할 경우에도 형법 제59조에 따라 형의 전부 또는 일부에 대하여 그 선고를 유예할 수 있다. ○ ×

> **해설**
>
> **형법 제59조(선고유예의 요건)** ② 형을 병과할 경우에도 형의 전부 또는 일부에 대하여 선고를 유예할 수 있다.

정답 ○

087 징역 또는 금고의 집행 중에 있는 자가 그 행상이 양호하여 개전의 정이 현저한 때에는 무기에 있어서는 20년, 유기에 있어서는 형기의 3분의 1을 경과한 후 행정처분으로 가석방을 할 수 있다. ○ ×

> **해설**
>
> **형법 제72조(가석방의 요건)** ① 징역이나 금고의 집행 중에 있는 사람이 행상(行狀)이 양호하여 뉘우침이 뚜렷한 때에는 무기형은 20년, 유기형은 형기의 3분의 1이 지난 후 행정처분으로 가석방을 할 수 있다.

정답 ○

088 징역 또는 금고의 집행을 종료하거나 집행이 면제된 자가 피해자의 손해를 보상하고 자격정지 이상의 형을 받음이 없이 7년을 경과한 때에는 본인 또는 검사의 신청에 의하여 그 재판의 실효를 선고할 수 있다. ○ ×

> **해설**
> 형법 제81조(형의 실효) 징역 또는 금고의 집행을 종료하거나 집행이 면제된 자가 피해자의 손해를 보상하고 자격정지 이상의 형을 받음이 없이 7년을 경과한 때에는 본인 또는 검사의 신청에 의하여 그 재판의 실효를 선고할 수 있다.

정답 ○

089 필요적 감경의 경우에는 감경사유의 존재가 인정되면 반드시 형법 제55조 제1항에 따른 법률상 감경을 하여야 함에 반해, 임의적 감경의 경우에는 감경사유의 존재가 인정되더라도 법관이 형법 제55조 제1항에 따른 법률상 감경을 할 수도 있고 하지 않을 수도 있다. ○ ×

해설 대법원 2018도5475 전합

정답 ○

090 형법은 형의 가중·감경할 사유가 경합된 때에 그 적용 순서에 관하여, 각칙 조문에 따른 가중, 제34조 제2항에 따른 가중, 누범 가중, 법률상 감경, 경합범 가중, 정상참작감경 순으로 규정하고 있으므로, 법관이 처단형을 결정하는 과정에서 최종선고형을 머릿속에 그리면서 임의적 감경 여부를 결정하는 것은 법리적·논리적 순서에 부합한다고 볼 수 없다. ○ ×

해설 법관이 처단형을 결정하는 과정에서 피고인에 대한 양형조건들을 참작하여 최종 선고형을 머릿속에 그리면서 임의적 감경 여부를 결정하는 것이 법리적·논리적으로 잘못이라 할 수도 없다. 형의 양정 즉 양형은 법정형을 기초로 하여 형벌의 종류를 선택하고 이를 가중하거나 감경하여 처단형을 정한 다음 그 처단형의 범위에서 구체적인 선고형을 정하는 과정으로 이루어진다. (대법원 2018도5475 전합)

정답 ×

091 유기징역형에 대한 법률상 감경을 하면서 형법 제55조 제1항 제3호에서 정한 것과 같이 장기와 단기를 모두 2분의 1로 감경하는 것이 아닌 장기 또는 단기 중 어느 하나만을 2분의 1로 감경하는 방식이나 2분의 1보다 넓은 범위의 감경을 하는 방식 등은 죄형법정주의 원칙상 허용될 수 없다. ○ ×

해설 대법원 2018도5475 전합

정답 ○

092 형법이 '형을 감경할 수 있다.'고 규정하고 있는 것은 임의적 감경사유가 인정되더라도 그에 따른 감경이 필요한 경우와 필요하지 않은 경우가 모두 있을 수 있으니 임의적 감경사유로 인한 행위불법이나 결과불법의 축소효과가 미미하거나 행위자의 책임의 경감 정도가 낮은 경우에는 감경하지 않은 무거운 처단형으로 처벌할 수 있도록 한 것이다. ○ ×

해설 대법원 2018도5475 전합

정답 ○

093 징역 10년 형을 선고받은 甲은 그 형의 집행이 종료하거나 면제될 때까지 다른 법률에 특별한 규정이 있는 경우를 제외하고는 공무원이 되는 자격, 공법상의 선거권과 피선거권, 법률로 요건을 정한 공법상의 업무에 관한 자격이 정지된다. ○ ×

> **해설**
>
> 형법 제43조(형의 선고와 자격상실, 자격정지) ① 사형, 무기징역 또는 무기금고의 판결을 받은 자는 다음에 기재한 자격을 상실한다.
>   1. 공무원이 되는 자격
>   2. 공법상의 선거권과 피선거권
>   3. 법률로 요건을 정한 공법상의 업무에 관한 자격
>   4. 법인의 이사, 감사 또는 지배인 기타 법인의 업무에 관한 검사역이나 재산관리인이 되는 자격
> ② 유기징역 또는 유기금고의 판결을 받은 자는 그 형의 집행이 종료하거나 면제될 때까지 전항 제1호 내지 제3호에 기재된 자격이 정지된다. 다만, 다른 법률에 특별한 규정이 있는 경우에는 그 법률에 따른다.

정답 ○

094 甲에게 징역 12년 형이 확정된 후 그 집행을 받지 아니하고 15년이 경과했다면 그 기간 내에 형의 집행을 면할 목적으로 국외에 3년 동안 나가 있던 것이 확인된 경우라도 형의 시효는 완성된다. ○ ×

> **해설**
>
> 형법 제78조(형의 시효의 기간) 시효는 형을 선고하는 재판이 확정된 후 그 집행을 받지 아니하고 다음 각 호의 구분에 따른 기간이 지나면 완성된다.
>   3. 10년 이상의 징역 또는 금고 : 15년
> 형법 제79조(시효의 정지) ② 시효는 형이 확정된 후 그 형의 집행을 받지 아니한 자가 형의 집행을 면할 목적으로 국외에 있는 기간 동안은 진행되지 아니한다.

정답 ×

095 법원이 중상해죄(1년 이상 10년 이하의 징역)로 유죄가 인정된 甲에게 형의 가중·감경사유 중 형법 제10조 제2항(심신미약)과 제35조(누범)만을 적용하여 형을 선고할 경우 甲에게 선고할 수 있는 형의 최하한은 징역 6월이다. ○ ×

> **해설**
>
> 형법 제55조(법률상의 감경) ① 법률상의 감경은 다음과 같다.
>   3. 유기징역 또는 유기금고를 감경할 때에는 그 형기의 2분의 1로 한다.
> 형법 제56조(가중·감경의 순서) 형을 가중·감경할 사유가 경합하는 경우에는 다음 각 호의 순서에 따른다.
>   1. 각칙 조문에 따른 가중
>   2. 제34조 제2항에 따른 가중
>   3. 누범 가중
>   4. 법률상 감경
>   5. 경합법 가중
>   6. 정상참작감경

정답 ○

096

법원이 피고인 甲에게 30억 원의 벌금을 선고하는 경우 이를 납입하지 아니하는 것을 대비하여 500일 이상의 노역장 유치 기간을 정하여 동시에 선고하여야 한다. ○ ×

해설

> **형법 제70조(노역장 유치)** ② 선고하는 벌금이 1억원 이상, 5억원 미만인 경우에는 300일 이상, 5억원 이상 50억원 미만인 경우에는 500일 이상, 50억원 이상인 경우에는 1천일 이상의 노역장 유치기간을 정하여야 한다.

정답 ○

03 누범

097 금고 이상의 형을 받고 그 형의 집행유예기간 중에 금고 이상에 해당하는 죄를 범하였다면 누범으로 처벌할 수 있다.   ○ ×

해설 금고이상의 형을 받고 그 형의 집행유예기간 중에 금고 이상에 해당하는 죄를 범하였다 하더라도 이는 누범가중의 요건을 충족시킨 것이라 할 수 없다. (대법원 83도1600)   정답 ×

098 구성요건상 상습범에 해당하는 경우라도 누범가중을 할 수 있다.   ○ ×

해설 대법원 2007도4913   정답 ○

099 행위책임에 형벌가중의 본질이 있는 상습범과 행위자책임에 형벌가중의 본질이 있는 누범을 단지 평면적으로 비교하여 그 경중을 가릴 수는 없다.   ○ ×

해설 상습범과 누범은 서로 다른 개념으로서 누범에 해당한다고 하여 반드시 상습범이 되는 것이 아니며, 반대로 상습범에 해당한다고 하여 반드시 누범이 되는 것도 아니다. 또한, 행위자책임에 형벌가중의 본질이 있는 상습범과 행위책임에 형벌가중의 본질이 있는 누범을 단지 평면적으로 비교하여 그 경중을 가릴 수는 없고, 사안에 따라서는 폭력행위 등 처벌에 관한 법률 제3조 제4항에 정한 누범의 책임이 상습범의 경우보다 오히려 더 무거운 경우도 얼마든지 있을 수 있다. (대법원 2007도4913)   정답 ×

100 포괄일죄의 일부 범행이 누범기간 내에 이루어졌다고 하더라도 나머지 범행이 누범기간 경과 후에 이루어졌다면 선행 범죄만이 누범에 해당한다고 보아야 한다.   ○ ×

해설 포괄일죄의 일부 범행이 누범기간 내에 이루어진 이상 나머지 범행이 누범기간 경과 후에 이루어졌더라도 그 범행 전부가 누범에 해당한다고 보아야 한다. (대법원 2011도14135)   정답 ×

101 누범을 가중 처벌하는 이유는 전범에 대하여 처벌을 받았음에도 다시 범행을 하는 경우에 전범도 후범과 일괄하여 다시 처벌한다는 것이다.   ○ ×

해설 누범을 가중 처벌하는 이유는 전범에 대한 형벌에 의하여 주어진 기왕의 경고를 무시하고 다시 범죄를 저질렀다는 점에서 비난가능성 및 책임이 높기 때문이지 전범에 대하여 처벌을 받았음에도 다시 범행을 하는 경우에 전범도 후범과 일괄하여 다시 처벌한다는 것은 아닌 점 등에 비추어 보면, 이 사건 법률조항을 적용하고 다시 형법 제35조에 의한 누범가중을 허용한다고 하더라도 헌법상의 일사부재리나 이중처벌금지에 반한다고 볼 수 없다. (대법원 2014도5868)   정답 ×

102 누범가중의 사유가 되는 전과에 적용된 법률조항에 대하여 위헌결정이 있어 재심이 가능하다는 이유만으로 그 전과의 누범가중사유로서의 법률적 효력에 영향이 있다고 할 수는 없다.   ○ ×

해설 대법원 2016도9032   정답 ○

04 선고유예·집행유예·가석방

103 집행유예시 받은 사회봉사명령 또는 수강명령은 집행유예기간 내에 이를 집행한다. ○ ×

> 해설
> 형법 제62조의2(보호관찰, 사회봉사·수강명령) ③ 사회봉사명령 또는 수강명령은 집행유예기간내에 이를 집행한다.

정답 ○

104 형의 집행을 유예하면서 피고인에게 유죄로 인정된 범죄행위를 뉘우치거나 그 범죄행위를 공개하는 취지의 말이나 글을 발표하도록 하는 내용의 사회봉사명령은 위법하다. ○ ×

> 해설 대법원 2007도8373

정답 ○

105 형법 제37조 후단 경합범 중 판결을 받지 아니한 죄에 대하여 형을 선고하는 경우에, 형법 제37조 후단에 규정된 '금고 이상의 형에 처한 판결이 확정된 죄'의 형은 형법 제59조 제1항 단서에서 정한 선고유예의 예외사유인 '자격정지 이상의 형을 받은 전과'에 포함되지 않는다. ○ ×

> 해설 형법 제39조 제1항에 의하여 형법 제37조 후단 경합범 중 판결을 받지 아니한 죄에 대하여 형을 선고하는 경우에 있어서 형법 제37조 후단에 규정된 금고 이상의 형에 처한 판결이 확정된 죄의 형도 형법 제59조 제1항 단서에서 정한 '자격정지 이상의 형을 받은 전과'에 포함된다. (대법원 2010도931)

정답 ×

106 1년 이하의 징역이나 금고, 자격정지 또는 벌금의 형을 선고할 경우에 개전의 정상이 현저한 때에는 그 선고를 유예할 수 있다. 단, 자격정지 이상의 형을 받은 전과가 있는 자에 대하여는 예외로 한다. 형을 병과할 경우에도 형의 전부 또는 일부에 대하여 그 선고를 유예할 수 있다. ○ ×

> 해설
> 형법 제59조(선고유예의 요건) ① 1년 이하의 징역이나 금고, 자격정지 또는 벌금의 형을 선고할 경우에 제51조의 사항을 고려하여 뉘우치는 정상이 뚜렷할 때에는 그 형의 선고를 유예할 수 있다. 다만, 자격정지 이상의 형을 받은 전과가 있는 사람에 대해서는 예외로 한다.

정답 ○

107 형의 선고를 유예하는 경우 재범방지를 위하여 필요한 때에는 보호관찰을 받을 것을 명할 수 있고 그 기간은 법원이 형법 제51조의 사항을 참작하여 재량으로 정한다. ○ ×

> 해설
> 형법 제59조의2(보호관찰) ① 형의 선고를 유예하는 경우에 재범방지를 위하여 지도 및 원호가 필요한 때에는 보호관찰을 받을 것을 명할 수 있다.
> ② 제1항의 규정에 의한 보호관찰의 기간은 1년으로 한다.

정답 ×

108 선고유예 판결에서도 그 판결이유에서는 선고할 형의 종류와 양을 정해 놓아야 한다. ○ ×

해설 대법원 74도618

정답 ○

109 형의 선고유예를 받은 날로부터 2년을 경과한 때에는 면소된 것으로 간주한다. ○ ×

해설

> 형법 제60조(선고유예의 효과) 형의 선고유예를 받은 날로부터 2년을 경과한 때에는 면소된 것으로 간주한다.

정답 ○

110 집행유예기간 중에 범한 죄에 대하여 공소가 제기된 후 그 재판 도중에 집행유예기간이 경과한 경우에는 그 집행유예기간 중에 범한 죄에 대하여 다시 집행유예를 선고할 수 있다. ○ ×

해설 대법원 2007도768

정답 ○

111 집행유예 선고의 판결 확정 전에 이미 수사단계에서 검사가 집행유예 결격사유가 되는 전과의 존재를 당연히 알 수 있는 객관적 상황이 존재하였음에도 부주의로 알지 못한 경우에는 집행유예의 선고를 취소할 수 있다. ○ ×

해설 집행유예 선고의 판결확정 전에 이미 수사단계에서 검사가 집행유예 결격사유가 되는 전과의 존재를 당연히 알 수 있는 객관적 상황이 존재하였음에도 부주의로 알지 못한 경우에 해당한다고 하여 집행유예의 선고를 취소할 수 없다. (대법원 2001모135)

정답 ×

112 선고유예는 집행유예와 마찬가지로 법원이 유예기간을 정하여야 한다. ○ ×

해설

> 형법 제60조(선고유예의 효과) 형의 선고유예를 받은 날로부터 2년을 경과한 때에는 면소된 것으로 간주한다.

정답 ×

113 주형에 대하여 선고를 유예하는 경우에는 그 부가할 몰수 추징에 대하여도 선고를 유예할 수 있으나, 그 주형에 대하여 선고를 유예하지 아니하면서 이에 부가할 몰수 추징에 대하여서만 선고를 유예할 수는 없다. ○ ×

해설 대법원 88도551

정답 ○

114 피고인이 범죄사실을 자백하지 않고 부인한 경우에는 선고유예의 요건 중 '개전의 정상이 현저한 때'에 해당하지 않으므로 언제나 선고유예를 할 수 없다. ○ ✕

> 해설 선고유예의 요건 중 '개전의 정상이 현저한 때'라고 함은, 반성의 정도를 포함하여 널리 형법 제51조가 규정하는 양형의 조건을 종합적으로 참작하여 볼 때 형을 선고하지 않더라도 피고인이 다시 범행을 저지르지 않으리라는 사정이 현저하게 기대되는 경우를 가리킨다고 해석할 것이고, 이와 달리 여기서의 '개전의 정상이 현저한 때'가 반드시 피고인이 죄를 깊이 뉘우치는 경우만을 뜻하는 것으로 제한하여 해석하거나, 피고인이 범죄사실을 자백하지 않고 부인할 경우에는 언제나 선고유예를 할 수 없다고 해석할 것은 아니다. (대법원 2001도6138 전합) 정답 ✕

115 선고유예의 실효사유인 '형의 선고유예를 받은 자가 자격정지 이상의 형에 처한 전과가 발견된 때'란 형의 선고유예의 판결이 확정된 후에 전과가 발견된 경우를 말한다. ○ ✕

> 해설 대법원 2007모845 정답 ○

116 집행유예를 선고할 경우에는 보호관찰을 받을 것을 명하거나 사회봉사 또는 수강을 명할 수 있으나, 보호관찰과 사회봉사 또는 수강을 동시에 명할 수는 없다. ○ ✕

> 해설 형법 제62조의2 제1항은 "형의 집행을 유예하는 경우에는 보호관찰을 받을 것을 명하거나 사회봉사 또는 수강을 명할 수 있다."고 규정하고 있는바, 그 문리에 따르면, 보호관찰과 사회봉사는 각각 독립하여 명할 수 있다는 것이지, 반드시 그 양자를 동시에 명할 수 없다는 취지로 해석되지는 아니할 뿐더러, 소년법 제32조 제3항, 성폭력범죄의처벌및피해자보호등에관한법률 제16조 제2항, 가정폭력범죄의처벌등에관한특례법 제40조 제1항 등에는 보호관찰과 사회봉사를 동시에 명할 수 있다고 명시적으로 규정하고 있는바, 일반 형법에 의하여 보호관찰과 사회봉사를 명하는 경우와 비교하여 특별히 달리 취급할 만한 이유가 없으며, 제도의 취지에 비추어 보더라도, 범죄자에 대한 사회복귀를 촉진하고 효율적인 범죄예방을 위하여 양자를 병과할 필요성이 있는 점 등을 종합하여 볼 때, 형법 제62조에 의하여 집행유예를 선고할 경우에는 같은 법 제62조의2 제1항에 규정된 보호관찰과 사회봉사 또는 수강을 동시에 명할 수 있다고 해석함이 상당하다. (대법원 98도98) 정답 ✕

117 집행유예기간 중에 범한 범죄라고 할지라도 집행유예가 실효 또는 취소됨이 없이 그 유예기간이 경과한 경우에는 이에 대해 다시 집행유예의 선고가 가능하다. ○ ✕

> 해설 대법원 2007도768 정답 ○

118 집행유예의 선고를 받은 후 그 선고의 실효 또는 취소됨이 없이 유예기간을 경과한 때에는 형의 선고는 효력을 잃는다. ○ ✕

> 해설
>
> **형법 제65조(집행유예의 효과)** 집행유예의 선고를 받은 후 그 선고의 실효 또는 취소됨이 없이 유예기간을 경과한 때에는 형의 선고는 효력을 잃는다.

정답 ○

119 집행유예의 선고를 받은 자가 유예기간 중 고의 또는 과실로 범한 죄로 금고 이상의 실형을 선고받아 그 판결이 확정된 때에는 집행유예의 선고는 효력을 잃는다. ○ ×

해설 형법 제63조(집행유예의 실효) 집행유예의 선고를 받은 자가 유예기간 중 고의로 범한 죄로 금고 이상의 실형을 선고받아 그 판결이 확정된 때에는 집행유예의 선고는 효력을 잃는다.

정답 ×

120 주형에 대해 선고유예하지 않으면서 부가형에 대하여만 선고유예 할 수 있다. ○ ×

해설 형법 제59조에 의하더라도 몰수는 선고유예의 대상으로 규정되어 있지 아니하고 다만 몰수 또는 이에 갈음하는 추징은 부가형적 성질을 띄고 있어 그 주형에 대하여 선고를 유예하는 경우에는 그 부가할 몰수 추징에 대하여도 선고를 유예할 수 있으나, 그 주형에 대하여 선고를 유예하지 아니하면서 이에 부가할 몰수 추징에 대하여서만 선고를 유예할 수는 없다. (대법원 88도551)

정답 ×

121 「형법」제55조 제1항 제6호에서 벌금을 감경할 때의 다액의 2분의 1이라는 문구는 그 상한과 함께 하한도 2분의 1로 내려가는 것으로 해석하여야 한다. ○ ×

해설 대법원 78도246 전합

정답 ○

122 무죄의 판결을 선고하는 경우, 피고인이 무죄판결공시 취지의 선고에 동의하지 아니하거나 피고인의 동의를 받을 수 없는 경우를 제외하고 무죄판결공시의 취지를 선고하여야 한다. ○ ×

해설

형법 제58조(판결의 공시) ② 피고사건에 대하여 무죄의 판결을 선고하는 경우에는 무죄판결공시이 취지를 선고하여야 한다. 다만, 무죄판결을 받은 피고인이 무죄판결공시 취지의 선고에 동의하지 아니하거나 피고인의 동의를 받을 수 없는 경우에는 그러하지 아니하다.

정답 ○

123 500만 원의 벌금형을 선고할 경우, 금고 이상의 형을 선고한 판결이 확정된 때부터 그 집행을 종료한 후 3년까지의 기간에 범한 죄가 아니고 「형법」제51조의 사항을 참작하여 그 범죄의 정상에 참작할 만한 사유가 있더라도 그 형의 집행을 유예할 수 없다. ○ ×

해설

형법 제62조(집행유예의 요건) ① 3년 이하의 징역이나 금고 또는 500만원 이하의 벌금의 형을 선고할 경우에 제51조의 사항을 참작하여 그 정상에 참작할 만한 사유가 있는 때에는 1년 이상 5년 이하의 기간 형의 집행을 유예할 수 있다. 다만, 금고 이상의 형을 선고한 판결이 확정된 때부터 그 집행을 종료하거나 면제된 후 3년까지의 기간에 범한 죄에 대하여 형을 선고하는 경우에는 그러하지 아니하다.

정답 ×

124 1천만 원의 벌금형을 선고할 경우, 「형법」 제51조의 사항을 참작하여 개전의 정상이 현저하고 자격정지 이상의 형을 받은 전과가 없다면, 그 선고를 유예할 수 있다. ○ ×

해설

> 형법 제59조(선고유예의 요건) ① 1년 이하의 징역이나 금고, 자격정지 또는 벌금의 형을 선고할 경우에 제51조의 사항을 고려하여 뉘우치는 정상이 뚜렷할 때에는 그 형의 선고를 유예할 수 있다. 다만, 자격정지 이상의 형을 받은 전과가 있는 사람에 대해서는 예외로 한다.

정답 ○

125 형의 선고를 유예하는 판결을 할 경우에는 유예되는 선고형에 대한 판단이 있어야 한다. ○ ×

해설 대법원 2014도15120

정답 ○

126 하나의 자유형 중 일부에 대해서는 실형을, 나머지에 대해서는 집행유예를 선고하는 것은 허용되지 않는다. ○ ×

해설 대법원 2006도8555

정답 ○

127 형의 선고를 유예하는 경우 보호관찰이나 사회봉사를 명할 수 있다. ○ ×

해설

> 형법 제59조의2(보호관찰) ① 형의 선고를 유예하는 경우에 재범방지를 위하여 지도 및 원호가 필요한 때에는 보호관찰을 받을 것을 명할 수 있다.

정답 ×

128 형의 집행을 유예하는 경우 보호관찰과 사회봉사를 명령할 수 있다. ○ ×

해설

> 형법 제62조의2(보호관찰, 사회봉사·수강명령) ① 형의 집행을 유예하는 경우에는 보호관찰을 받을 것을 명하거나 사회봉사 또는 수강을 명할 수 있다.

정답 ○

129 2,000만원의 벌금형을 선고할 경우에도 그 형의 선고를 유예할 수 있다. ○ ×

해설

> 형법 제59조(선고유예의 요건) ① 1년 이하의 징역이나 금고, 자격정지 또는 벌금의 형을 선고할 경우에 제51조의 사항을 고려하여 뉘우치는 정상이 뚜렷할 때에는 그 형의 선고를 유예할 수 있다. 다만, 자격정지 이상의 형을 받은 전과가 있는 사람에 대해서는 예외로 한다.

정답 ○

130 집행유예의 기간의 시기(始期)에 관하여 명문의 규정을 두고 있지는 않으므로 법원은 그 시기를 집행유예를 선고한 판결 확정일 이후의 시점으로 임의로 선택할 수 있다. ○ ×

해설 우리 형법이 집행유예기간의 시기(始期)에 관하여 명문의 규정을 두고 있지는 않지만 형사소송법 제459조가 "재판은 이 법률에 특별한 규정이 없으면 확정한 후에 집행한다."고 규정한 취지나 집행유예 제도의 본질 등에 비추어 보면 집행유예를 함에 있어 그 집행유예기간의 시기는 집행유예를 선고한 판결 확정일로 하여야 하고 법원이 판결 확정일 이후의 시점을 임의로 선택할 수는 없다. (대법원 2000도4637)

정답 ×

131 형법 제37조 후단의 경합범 관계에 있는 죄에 대하여 형법 제39조 제1항에 의하여 따로 형을 선고하여야 하기 때문에 하나의 판결로 두 개의 자유형을 선고하는 경우 그 두 개의 자유형은 각각 별개의 형이므로 형법 제62조 제1항에 정한 집행유예의 요건에 해당하면 그 각 자유형에 대하여 각각 집행유예를 선고할 수 있는 것이고, 또 그 두 개의 자유형 중 하나의 자유형에 대하여 실형을 선고하면서 다른 자유형에 대하여 집행유예를 선고하는 것도 허용된다. ○ ×

해설 대법원 2000도4637

정답 ○

132 '사형, 무기금고, 유기징역, 벌금, 자격상실, 자격정지, 구류, 과료, 몰수'는 형이 무거운 것부터 순서대로 나열한 것이다. ○ ×

해설 사형, 무기금고, 유기징역, 자격상실, 자격정지, 벌금, 구류, 과료, 몰수 순이다.

정답 ×

133 금고 이상의 형을 받아 그 집행을 종료하거나 면제를 받은 후 5년 내에 금고 이상에 해당하는 죄를 범한 자는 누범으로 처벌한다. ○ ×

해설

> 형법 제35조(누범) ① 금고(禁錮) 이상의 형을 선고받아 그 집행이 종료되거나 면제된 후 3년 내에 금고 이상에 해당하는 죄를 지은 사람은 누범(累犯)으로 처벌한다.
> ② 누범의 형은 그 죄에 대하여 정한 형의 장기(長期)의 2배까지 가중한다.

정답 ×

134 몰수는 타형에 부가하여 과한다. 따라서 행위자에게 유죄의 재판을 아니 할 때에는 어떤 경우에도 몰수만을 선고할 수는 없다. ○ ×

> **해설**
> 형법 제49조(몰수의 부가성) 몰수는 타형에 부가하여 과한다. 단, 행위자에게 유죄의 재판을 아니할 때에도 몰수의 요건이 있는 때에는 몰수만을 선고할 수 있다.

정답 ×

135 유죄의 확정판결에 대하여 재심개시결정이 확정되어 법원이 그 사건에 대하여 다시 심판을 한 후 재심의 판결을 선고하고 그 재심판결이 확정된 때에는 종전의 확정판결은 당연히 효력을 상실하므로, 누범전과가 될 수 없다. ○ ×

해설 피고인이 폭력행위등처벌에관한법률위반(집단·흉기등재물손괴등)죄 등으로 징역형을 선고받아 판결이 확정되었는데, 그 집행을 종료한 후 3년 내에 상해죄 등을 범하였다는 이유로 제1심 및 원심에서 누범으로 가중처벌된 사안에서, 피고인이 누범전과인 확정판결에 대해 재심을 청구하여 재심대상판결 전부에 대하여 재심개시결정이 이루어졌고, 상해죄 등 범행 이후 진행된 재심심판절차에서 징역형을 선고한 재심판결이 확정됨으로써 확정판결은 당연히 효력을 상실하였으므로, 더 이상 상해죄 등 범행이 확정판결에 의한 형의 집행이 끝난 후 3년 내에 이루어진 것이 아니다. (대법원 2017도4019)

정답 ○

136 형의 집행유예를 선고받은 후 형법 제65조에 의하여 그 선고가 실효 또는 취소됨이 없이 정해진 유예기간을 무사히 경과하여 형의 선고가 효력을 잃게 되는 경우에는 선고유예의 판결을 할 수 있다. ○ ×

해설 형의 집행유예를 선고받은 자는 형법 제65조에 의하여 그 선고가 실효 또는 취소됨이 없이 정해진 유예기간을 무사히 경과하여 형의 선고가 효력을 잃게 되었다고 하더라도 형의 선고의 법률적 효과가 없어진다는 것일 뿐, 형의 선고가 있었다는 기왕의 사실 자체까지 없어지는 것은 아니므로, 형법 제59조 제1항 단행에서 정한 선고유예 결격사유인 "자격정지 이상의 형을 받은 전과가 있는 자"에 해당한다고 보아야 한다. (대법원 2003도3768)

정답 ×

137 집행유예의 선고를 받은 후에 그 선고가 실효 또는 취소됨이 없이 유예기간이 경과하더라도 형의 선고가 있었다는 사실 자체가 없어지는 것은 아니다. ○ ×

해설 대법원 83모8

정답 ○

138 형의 선고를 유예하는 판결을 할 경우에도 선고가 유예된 형에 대한 판단을 해야 하기 때문에 그 선고형을 정해 놓아야 하고, 벌금의 경우에는 벌금액을 정해야 하지만 환형유치처분까지 할 필요는 없다. ○ ×

해설 형법 제59조에 의하여 형의 선고를 유예하는 판결을 할 경우에도 선고가 유예된 형에 대한 판단을 하여야 하므로, 선고유예 판결에서도 그 판결 이유에서는 선고형을 정해 놓아야 하고 그 형이 벌금형일 경우에는 벌금액뿐만 아니라 환형유치처분까지 해 두어야 한다. (대법원 2014도15120)

정답 ×

139 「형법」 제62조 제1항은 '형'의 집행을 유예할 수 있다고 규정하고 있는데 이는 하나의 형의 전부에 대한 집행유예에 관한 규정으로 해석하여야 하고, 따라서 하나의 형의 일부에 대한 집행유예는 불가능하다. ○ ×

> 해설 대법원 2006도8555
정답 ○

140 형의 집행유예를 선고받은 자가 유예기간을 무사히 경과하여 형의 선고가 효력을 잃게 되는 경우, 형의 선고가 있었다는 사실 자체까지 없어지므로 선고유예 결격사유인 '자격정지 이상의 형을 받은 전과가 있는 자'에 해당되지 않는다. ○ ×

> 해설 형의 집행유예를 선고받은 사람이 형법 제65조에 의하여 그 선고가 실효 또는 취소됨이 없이 정해진 유예기간을 무사히 경과하여 형의 선고가 효력을 잃게 되었더라도, 이는 형의 선고의 법적 효과가 없어질 뿐이고 형의 선고가 있었다는 기왕의 사실 자체까지 없어지는 것은 아니므로, 그는 형법 제59조 제1항 단서에서 정한 선고유예 결격사유인 "자격정지 이상의 형을 받은 전과가 있는 자"에 해당한다고 보아야 한다. (대법원 2011도10570)
정답 ×

141 판결 선고 후 누범인 것이 발각된 때에는 그 선고한 형을 통산하여 다시 형을 정하여야 한다. 단, 선고한 형의 집행을 종료하거나 그 집행이 면제된 후에는 예외로 한다. ○ ×

> 해설
>
> 형법 제36조(판결선고 후의 누범발각) 판결선고 후 누범인 것이 발각된 때에는 그 선고한 형을 통산하여 다시 형을 정할 수 있다. 단, 선고한 형의 집행을 종료하거나 그 집행이 면제된 후에는 예외로 한다.

정답 ×

142 가석방의 처분을 받은 자가 감시에 관한 규칙을 위배하거나 보호관찰의 준수사항을 위반한 때에는 가석방처분을 취소한다. ○ ×

> 해설
>
> 형법 제75조(가석방의 취소) 가석방의 처분을 받은 자가 감시에 관한 규칙을 위배하거나, 보호관찰의 준수사항을 위반하고 그 정도가 무거운 때에는 가석방처분을 취소할 수 있다.

정답 ×

143 법원이 사회봉사명령으로서 일정액의 금전출연을 주된 내용으로 하는 사회공헌계획의 성실한 이행을 명하는 것은 허용될 수 없으나, 유죄로 인정된 범죄행위를 뉘우치거나 그 범죄행위를 공개하는 취지의 말이나 글을 발표하도록 하고 이를 위반하는 경우 집행유예의 선고를 취소할 수 있도록 하여 그 이행을 강제하는 것은 허용된다. ○ ×

> 해설 재벌그룹 회장의 횡령행위 등에 대하여 집행유예를 선고하면서 사회봉사명령으로서 일정액의 금전출연을 주된 내용으로 하는 사회공헌계획의 성실한 이행을 명하는 것은 시간 단위로 부과될 수 있는 일 또는 근로활동이 아닌 것을 명하는 것이어서 허용될 수 없고, 준법경영을 주제로 하는 강연과 기고를 명하는 것은 헌법상 양심의 자유 등에 대한 심각하고 중대한 침해가능성, 사회봉사명령의 의미나 내용에 대한 다툼의 여지 등의 문제가 있어 허용될 수 없다. (대법원 2007도8373)
정답 ×

144 형법 제62조의2의 규정에 의하여 보호관찰이나 사회봉사 또는 수강을 명한 집행유예를 받은 자가 준수사항이나 명령을 위반하고 그 정도가 무거운 때에는 집행유예의 선고를 취소해야 한다. ○ ×

> **해설**
> **형법 제64조(집행유예의 취소)** ② 제62조의2의 규정에 의하여 보호관찰이나 사회봉사 또는 수강을 명한 집행유예를 받은 자가 준수사항이나 명령을 위반하고 그 정도가 무거운 때에는 집행유예의 선고를 취소할 수 있다.

정답 ×

145 주형에 대하여 선고를 유예하지 아니하면서 부가형인 몰수·추징에 대해서만 선고를 유예할 수는 없다. ○ ×

> **해설** 대법원 78도3098

정답 ○

146 선고유예는 자격정지 이상의 형을 받은 전과가 없는 경우에 2년 동안 형의 선고를 유예하고, 그 유예기간이 경과한 때에는 면소된 것으로 간주하는 제도이다. ○ ×

> **해설**
> **형법 제60조(선고유예의 효과)** 형의 선고유예를 받은 날로부터 2년을 경과한 때에는 면소된 것으로 간주한다.

정답 ○

147 금고 이상의 형을 선고한 판결이 확정된 때부터 그 집행을 종료하거나 면제된 후 3년까지의 기간에 범한 죄에 대하여 형을 선고하는 경우에는 집행유예를 할 수 없다. ○ ×

> **해설**
> **형법 제62조(집행유예의 요건)** ① 3년 이하의 징역이나 금고 또는 500만원 이하의 벌금의 형을 선고할 경우에 제51조의 사항을 참작하여 그 정상에 참작할 만한 사유가 있는 때에는 1년 이상 5년 이하의 기간 형의 집행을 유예할 수 있다. 다만, 금고 이상의 형을 선고한 판결이 확정된 때부터 그 집행을 종료하거나 면제된 후 3년까지의 기간에 범한 죄에 대하여 형을 선고하는 경우에는 그러하지 아니하다.
> ② 형을 병과할 경우에는 그 형의 일부에 대하여 집행을 유예할 수 있다.

정답 ○

148 법원이 선고유예 또는 집행유예를 하는 경우에는 보호관찰을 받을 것을 명하거나 사회봉사 또는 수강을 명할 수 있다. ○ ×

> **해설**
>
> 형법 제59조의2(보호관찰) ① 형의 선고를 유예하는 경우에 재범방지를 위하여 지도 및 원호가 필요한 때에는 보호관찰을 받을 것을 명할 수 있다.
> 형법 제62조의2(보호관찰, 사회봉사·수강명령) ① 형의 집행을 유예하는 경우에는 보호관찰을 받을 것을 명하거나 사회봉사 또는 수강을 명할 수 있다.

정답 ×

149 집행유예가 실효되는 등의 사유로 인하여 두 개 이상의 금고형 내지 징역형을 선고받아 각 형을 연이어 집행받음에 있어 하나의 형의 집행을 마치고 또 다른 형의 집행을 받던 중 먼저 집행된 형의 집행종료일로부터 3년 내에 금고 이상에 해당하는 죄를 저지른 경우에, 집행 중인 형에 대한 관계에 있어서는 누범에 해당하지 않지만 앞서 집행을 마친 형에 대한 관계에 있어서는 누범에 해당한다. ○ ×

해설 형법 제35조 제1항은 "금고 이상의 형을 받아 그 집행을 종료하거나 면제를 받은 후 3년 내에 금고 이상에 해당하는 죄를 범한 자는 누범으로 처벌한다."라고 규정하고 있다. 따라서 집행유예가 실효되는 등의 사유로 인하여 두 개 이상의 금고형 내지 징역형을 선고받아 각 형을 연이어 집행받음에 있어 하나의 형의 집행을 마치고 또 다른형의 집행을 받던 중 먼저 집행된 형의 집행종료일로부터 3년 내에 금고 이상에 해당하는 죄를 저지른 경우에, 집행 중인 형에 대한 관계에 있어서는 누범에 해당하지 않지만 앞서 집행을 마친 형에 대한 관계에 있어서는 누범에 해당한다. (대법원 2021도8764)

정답 ○

150 집행유예의 선고를 받은 다음 집행유예의 선고가 실효되거나 취소되지 않고 유예기간이 지난 때에는 형의 선고는 효력을 잃으므로, 그 후 형법 제64조 제2항에서 정한 사유로 집행유예의 선고를 취소할 수 없다. ○ ×

해설 집행유예의 선고를 받은 후 그 선고의 실효 또는 취소됨이 없이 유예기간을 경과한 때에는 형법 제65조가 정하는 바에 따라 형의 선고는 효력을 잃는 것이고, 그와 같이 유예기간이 경과함으로써 형의 선고가 효력을 잃은 후에는 형법 제62조 단행의 사유가 발각되었다고 하더라도 그와 같은 이유로 집행유예를 취소할 수 없고 그대로 유예기간경과의 효과가 발생한다. (대법원 98모151)

정답 ○

151 「형법」은 벌금형의 집행유예는 인정하나, 벌금형의 선고유예는 인정하지 않는다. ○ ✕

> **해설**
>
> **형법 제59조(선고유예의 요건)** ① 1년 이하의 징역이나 금고, 자격정지 또는 벌금의 형을 선고할 경우에 제51조의 사항을 고려하여 뉘우치는 정상이 뚜렷할 때에는 그 형의 선고를 유예할 수 있다. 다만, 자격정지 이상의 형을 받은 전과가 있는 사람에 대해서는 예외로 한다.
> **형법 제62조(집행유예의 요건)** ① 3년 이하의 징역이나 금고 또는 500만원 이하의 벌금의 형을 선고할 경우에 제51조의 사항을 참작하여 그 정상에 참작할 만한 사유가 있는 때에는 1년 이상 5년 이하의 기간 형의 집행을 유예할 수 있다. 다만, 금고 이상의 형을 선고한 판결이 확정된 때부터 그 집행을 종료하거나 면제된 후 3년까지의 기간에 범한 죄에 대하여 형을 선고하는 경우에는 그러하지 아니하다.

정답 ✕

152 수뢰자가 뇌물로 받은 수표를 은행에 예금한 후 그 수표금액에 상당하는 금전을 찾아 증뢰자에게 반환한 경우, 증뢰자로부터 그 가액을 추징하여야 한다. ○ ✕

해설 피고인이 뇌물로서 수수한 자기앞수표를 일단 소비한 후에 증뢰자에게 다시 동액의 금원을 반환하였다 하더라도 피고인에 대하여 위 금액상당을 추징한 조처는 정당하다. (대법원 83도2871)

정답 ✕

05 형의 시효·소멸·기간

153 징역 또는 금고의 집행을 종료하거나 집행이 면제된 자가 피해자의 손해를 보상하고 자격정지 이상의 형을 받음이 없이 5년을 경과한 때에는 본인 또는 검사의 신청에 의하여 그 재판의 실효를 선고할 수 있다. ○ ×

> **해설**
>
> 형법 제81조(형의 실효) 징역 또는 금고의 집행을 종료하거나 집행이 면제된 자가 피해자의 손해를 보상하고 자격정지 이상의 형을 받음이 없이 7년을 경과한 때에는 본인 또는 검사의 신청에 의하여 그 재판의 실효를 선고할 수 있다.

정답 ×

154 자격정지의 선고를 받은 자가 피해자의 손해를 보상하고 자격정지 이상의 형을 받음이 없이 정지기간의 2분의 1을 경과한 때에는 본인 또는 검사의 신청에 의하여 자격의 회복을 선고할 수 있다. ○ ×

> **해설**
>
> 형법 제82조(복권) 자격정지의 선고를 받은 자가 피해자의 손해를 보상하고 자격정지 이상의 형을 받음이 없이 정지기간의 2분의 1을 경과한 때에는 본인 또는 검사의 신청에 의하여 자격의 회복을 선고할 수 있다.

정답 ○

155 시효는 형이 확정된 후 그 형의 집행을 받지 아니한 자가 형의 집행을 면할 목적으로 국외에 있는 기간 동안은 진행되지 아니한다. ○ ×

> **해설**
>
> 형법 제79조(형의 시효의 정지) ② 시효는 형이 확정된 후 그 형의 집행을 받지 아니한 사람이 형의 집행을 면할 목적으로 국외에 있는 기간 동안은 진행되지 아니한다.

정답 ○

156 시효는 사형, 징역, 금고와 구류에 있어서는 수형자를 체포함으로, 벌금, 과료, 몰수와 추징에 있어서는 강제처분을 개시함으로 인하여 중단된다. ○ ×

> **해설**
>
> 형법 제80조(형의 시효의 중단) 시효는 징역, 금고 및 구류의 경우에는 수형자를 체포한 때, 벌금, 과료, 몰수 및 추징의 경우에는 강제처분을 개시한 때에 중단된다.

정답 ○